陶 勇
TAO YONG

中关村历史课题组研究员,有着十数年媒体工作经历,先后从事财经(人物、企业),时政,法制调查报道,曾在互联网、财经人物类报社杂志和时政、法制类报社杂志任记者、编辑,并担任报社采编中心主任、杂志主编、国家级新闻网频道策划总监、行业网站执行总编等。在多年的新闻实战经历中,积累了较为丰富的从业经验。

目前从事中关村历史研究,在研读大量有关联想、华为创业史的资料过程中,曾与关注中国高科技企业发展的媒体有关人士交流心得。在媒体友人倡议下,决定撰写本书,以便为关心中国企业发展和产业进步的人士提供一些可资借鉴的参考。

联想做大 华为做强

陶 勇 著

电子工业出版社·
Publishing House of Electronics Industry
北京·BEIJING

内 容 简 介

中国民族 IT 产业旗帜联想和中国民营企业发展典范华为，30 年来对中国与世界 IT、通信产业的发展都做出了令人瞩目的贡献，也先后上榜全球最具价值品牌 100 强名录。联想针对消费者市场，主营 PC 机和笔记本，成为全球第一大 PC 厂商。华为针对运营商市场，提供通信设备和解决方案，成为全球第二大通信设备供应商。在经济全球化的大趋势中，联想、华为都顺应时代潮流，走出国门，把中国制造与中国创造推向世界，一举成为海内外知名的国际化企业。本书尝试从管理实践、行业竞争力、国际化能力、企业智能化程度、产业链效应、品牌建设、创新能力等七个方面比较分析联想和华为各自的优势、特点与成就，为关心中国企业发展、产业进步的人们提供一些可资借鉴的参考。

本书适合所有中国高技术产业企业领导和员工阅读。

图书在版编目（CIP）数据

联想做大 华为做强 / 陶勇著. —北京：电子工业出版社，2018.3

ISBN 978-7-121-33408-5

Ⅰ . ①联…　Ⅱ . ①陶…　Ⅲ . ①通信企业—企业管理—经验—深圳　Ⅳ . ①F632.765.3

中国版本图书馆 CIP 数据核字（2017）第 328863 号

策划编辑：吴　源
责任编辑：吴　源　　特约编辑：陈　燕
创意策划：范根定
印　　刷：北京盛通印刷股份有限公司
装　　订：北京盛通印刷股份有限公司
出版发行：电子工业出版社
　　　　　北京市海淀区万寿路 173 信箱　邮编　100036
开　　本：720×1 000　1/16　印张：24.25　字数：382 千字
版　　次：2018 年 3 月第 1 版
印　　次：2018 年 3 月第 1 次印刷
定　　价：88.00 元

凡所购买电子工业出版社图书有缺损问题，请向购买书店调换。若书店售缺，请与本社发行部联系，联系及邮购电话：（010）88254888，88258888。

质量投诉请发邮件至 zlts@phei.com.cn，盗版侵权举报请发邮件至 dbqq@phei.com.cn。

本书咨询联系方式：（010）88254440。

华为和联想这两家企业在中国高技术企业界有很大影响。研究它们的经验和教训，无论是对从事创新创业的人还是对关心高技术企业的人，都有重要意义。本书作者通过调查研究，搜集了丰富的史料，客观全面地记述了这两家企业 30 年来的发展史，使读者读来有耳目一新的感觉。

——中国工程院院士、中科院计算所研究员、联想集团首任总工程师

倪光南

还原历史，给正在创业的人士提供参考和激励

介绍企业发展的书，有两种写法。一种是成功者自己吹嘘的，把企业发展中对自己不利的事实掩盖起来，只说好的不说坏的，甚至歪曲事实，把别人的功劳算到自己头上。还有一种是尊重事实，把企业发展中遇到的各种坎坷、各种问题充分展示出来，对企业领导者在其中的做法进行如实描述，对企业中各位有贡献的人是如何表现的进行描写，对他们在其中所起的作用进行分析，把政府以及社会上其他单位和该企业的关系做一个交代。

前者所写的书，只是他们在为自己的企业打广告，忽悠不知底细的读者，不值一读。后者的写法，才是真正还原历史，让读者了解真相，给正在创业的人士提供一份参考和激励，也是对被书写企业中人士的一种尊重，能引起他们对以往奋斗的美好回忆。

陶勇先生所著的《联想做大 华为做强》，就是用上述第二种方法著述的力作。他经过对史实的大量收集和对当事人的采访，再现了这两大企业发展的经历，相信读者在阅读之后定能得到启发。

四通文字处理机发明人、四通集团前总工程师

四通集团主管技术开发前执行副总裁

王缉志

回眸长路 由大到强

　　20世纪80年代开始的中关村电子一条街的准确起点,现在已经众说纷纭,莫衷一是。在中关村和园区打造的成百上千的高科技企业的发展,一直在澎湃向前。企业发展方向和管理是与技术创新相同的热门问题,联想和华为在不同时期的经验已悄然成为创业人需要借鉴的经验,甚至是刻意模仿的样板。

　　作者陶勇写的《联想做大 华为做强》这本书,非常有意义、有价值。1954年,"一五"开始实施156个重大项目,造就了第一批国企,其中也包括电子工业的电子管厂(774)、有线电厂(738)和无线电器材联合厂(718)。但要建立适应当代社会发展和国际竞争需要的大型科技企业,尤其是民营企业,要持续发展做大做强,还有许多新问题需要摸索,需要实践,需要解决。回顾联想和华为创业的经历,总结、评说当然十分必要。

　　作者选定了产业链、管理实践、行业竞争力、品牌建设、国际化能力、文化程度、创新能力等七个方面,在自己多年积累的有关两家企业的大量第一手资料的基础上,进行了回顾和对比。当然必不可少的是直接分析比较柳传志和任正非——两个人的经历、决策和成就。有意思的是他们两家早年在电话交换机的开发上就有交集,华为做大了,而联想在势头正猛时却人为放弃了。现在两家又在智能手机上并肩发展,领军产品、市场份额和企业利润都是对比的"数据"。

　　30年来联想和华为与其他高科技企业一起,好似乘上了高速列车。经验也好,教训也罢,大都只是在一段时间里,在自家范围内讨论、总结,然后又急急忙忙地进入下一阶段。生存就是道理,发展才是实力。科技开发的方向,技术加工的组织,市场销售的占有,人员队伍的管理等,都是相互交错相关的问题。华为经历过的"活下来"是一种"金科玉律"。而在外界,媒体或是客户似乎总是突出华为的产品开发、联想的市场贸易。

我以为,不管是对这两家企业的人士,还是刚刚开始创业的人士,以及管理部门制定政策,这本书都是很有参考意义的。

1940 年,英国人创造了防空指挥中心的概念,用雷达加电话组织了"空战数据流"。他们用人工摆放的模型,在"桌面"上布置了敌我态势,以少胜多,打败了希特勒的轰炸攻势。那时还没有电子计算机,但是有了系统构成和人工队伍的组织思路,就形成了"软实力",形成了智能构成,形成了战斗力。

今天,网络的能力和各种形形色色的装备,给企业提供了更广泛的发展空间。但是人的组织依然是根本要素,文化底蕴也是任何企业所不可轻视的。从书中列举的上百个事例中,可以看出企业是什么。企业就是一群有智慧的人的集群生存,一步差错就可能遭遇失败。任正非正是从这种生态中穿越而出的,因而他个人面对辉煌的发展目标时,也保持更多的谨慎。华为有许多进击方向,其中芯片战略在艰难中默默无闻起步,直到欣欣向荣。

30 年,讲述两个龙头企业,"强大"可谓名副其实,是一本认真的作品。当然 30 年的经历,绝非一册书能够全面完成的。三年前,中关村的百位大咖推荐了 604 册图书,结果前 100 册书中仅有 23 册属于本土创作,前 30 册中只有 1 册是本土著述。虽然我们的新闻多、案例多、材料多、文章多,媒体和论坛热热闹闹,可认真组织论著却较少见。

在打造优秀创新企业的时候,也应当打造优秀专业图书。当前"口述历史"异军突起,无论是老一辈的科技人员,还是中关村创业者的回顾,与大家创造的成就相比都显得单薄。张爱萍将军曾呼吁航天人都来写,对电子人也理应如此。

写书,在计算机时代依然是艰苦的劳动。9 个月时间,陶勇完成《联想做大 华为做强》十分不易。更希望几年之后,能够有更多的企业参与到讲述和对比之中来。

《溯源中国计算机》作者、北京信息产业协会原秘书长 徐祖哲

做大还需做强，中国制造更须升级中国创造

创新

习近平主席指出：创新是一个民族进步的灵魂，是一个国家兴旺发达的不竭动力，也是中华民族最深沉的民族禀赋。在激烈的国际竞争中，惟创新者进，惟创新者强，惟创新者胜。

在今年召开的中国第十九次党的全国代表大会报告中，"创新"是一个出现了50多次的热词。而说到创新，中国高科技领域的两家著名企业联想与华为，就是先后践行创新实践且成就卓著的代表。

联想早年由中科院计算所创办，曾是一家典型的科技创新企业，凭借"技工贸"战略，发展自主创新能力，创立"联想"品牌，并一举跃升为中国民族IT业的一面旗帜。

然而，联想的技术创新之路却没有能够坚持下去。转型"贸工技"战略后，一味靠引进组装，再也难以摆脱技术落后的局面，现在沦落为一个缺少创新能力的企业，全球PC老大地位不保，只好再次并购挽回危局。但如今已经连年亏损，不得不通过减少员工福利、裁员，甚至出卖办公楼、物业等弥补亏空。

2017年，联想发布公告称，拟收购富士通（2016年亏损100亿）个人PC业务板块。联想此举显然是想通过扩大规模效益，摊薄成本，进而提升业绩水平。

华为最初创业是开小铺子，什么挣钱干什么，甚至卖过减肥药。华为起家凭借的是"贸工技"战略，即帮人代买小型电话交换机掘得第一桶金。在

做代理的过程中，华为每每因为没有自主技术而受制于人。痛定思痛之后，毅然尝试技术创新，进而走上自主研发之路，实现了由"贸工技"到"技工贸"的华丽转身。如今，华为连续 10 年位列中国民营企业 500 强之首，是民营企业 500 强中的纳税大户。而华为手机在国际市场也成为一张响亮的中国名片。

事实上，放眼天下，华为已经成为中国创造的代名词。

根据市场调研机构 IDC 公布的今年第三季度全球智能手机市场份额的数据，三星的全球手机出货量依然位居榜首，第二到第五位分别为苹果、华为、OPPO 和小米。

时任副总理张德江在一次大会讲话中指出：全世界著名企业产品品牌有 100 个，但中国位列其中的只有一个，就是华为。

那么人们一定想知道，华为是怎么成为中国高科技企业翘楚的？联想又是怎么从创造无数 IT 辉煌滑下神坛的？这其中都有些怎样的内幕故事？本书对此一一道来。

《联想做大 华为做强》第一版出版一年，发行量即突破 5 万册，受到社会各界的欢迎与好评，笔者为此颇感欣慰。

《联想做大 华为做强》精装版即将推出之际，笔者有感而发，在这里向读者直抒胸臆，汇报撰写这部书的"初心"。

初心

2016 年 4 月 26 日，习近平主席在网信工作座谈会上强调，"市场换不来核心技术，有钱也买不来核心技术，必须靠自己研发、自己发展。"

"市场换技术"源自改革开放初期，主要是通过开放国内市场，获取国外先进技术，并通过消化吸收，最终形成我国独立自主的研发能力，提高我国的技术创新水平。但是，这项举措最后却基本归于失败：我们让出了大多数市场，却没有换来期望中的技术。

"市场换技术"使中国付出了沉重代价，可谓"赔了夫人又折兵"。市场丢失，真正需要的技术却没有获得。中国在相关技术与制造上，陷入了"越引进越落后、越落后越引进"的恶性循环中。过去，一些学者曾津津乐道：

通过引进我们已经制造出自己的电脑、彩电、冰箱、手机、DVD 等。但是这些组装、仿造的产品所带来的利润恰似刮刀片般的微薄，甚至到了"毛巾拧水"的地步。高额的技术专利费使国内数量可观的生产企业被迫退出生产领域，或沦为外资企业的贴牌生产企业。所谓"自主品牌"实质上是"中国贴牌"，为此很多知名企业长期处于破产边缘。

由于落入"引进—落后—再引进"陷阱，中国由此形成了对外资的技术依赖，以及对国际垄断资本的依赖。我们长期停留在劳动密集、低技术密集的国际分工序列中。人们难以想像，8 亿件中国衬衫才能换回一架波音飞机，这就是"中国制造"的尴尬。

改革开放近 40 年来，大量的市场沦丧，先进技术欲求之而不得，警示我们"前事不忘、后事之师"。

那么，迄今为止我们都有哪些经验成就可以总结，哪些东西可以发扬光大，哪些不足应该吸取教训？为此，笔者尝试从高科技领域入手，通过典型企业与典型案例的研究、解剖和分析，探究中国高科技领域核心技术自主研发的经验与教训。

比较

在中国高技术产业领域的两家著名企业——联想和华为，在发展历程中经历的人和事颇具代表性，于是笔者的视线聚焦到联想和华为上。联想和华为几乎同时创办，30 年来他们对中国与世界 IT、通信产业的发展都做出了令人瞩目的贡献，也先后上榜全球最具价值品牌 100 强名录。拥有不同优势的联想和华为先后引领科技创新潮流，成为所在领域的行业翘楚。同时，通过各自的实践证明，科技创新能力是高技术企业的核心竞争力。

作为中国高科技企业样板的联想和华为，30 年的发展实践为中国高技术企业提供了值得借鉴的创新经验。

在经济全球化的大趋势中，联想、华为都与时俱进，顺应了时代的潮流，走出国门，把中国制造与中国创造推向世界，一举成为海内外知名的国际化企业。

联想则针对消费者市场，主营 PC 机和笔记本，成为全球第一大 PC 厂商。

华为针对运营商市场，提供通信设备和解决方案，成为全球第一大通信设备供应商。

作为曾经的中国民族 IT 产业旗帜，联想对中国信息革命具有独特贡献。在其创立初期推出联想汉卡，为华人较好地解决了在电脑中使用汉字的难题；开发、出品了联想微机，极大地推动了个人计算机在中国的迅速普及和应用。由于联想汉卡与联想微机产品系列成就瞩目，尤其联想微机形成产品系列后延续至今，联想也因此成为中国制造的龙头企业。

截至 2017 年 6 月，中国网民达 7.51 亿，这意味着网民人数最多、联网区域最广、全球第一大网的中国互联网发展水平又获得了长足进步，网络技术的发展对当今中国历史和社会产生着前所未有的积极影响。而在奔涌而来的中国信息化革命浪潮中，联想汉卡与联想微机对中国信息产业的发展起到了推波助澜的作用，可谓"功勋卓著"。

华为则是中国民营企业发展的典范。作为中国高科技企业后起之秀，华为二十多年来坚持"技工贸"战略，把强化自主创新研发作为重中之重。华为聚焦中高端市场，与国际先进技术接轨，将技术研发国际化，以不断的技术创新，开拓市场，赢得用户。为此，华为成为财富 500 强唯一的非上市公司，是国际化程度最高的中国民营企业。

与此同时，华为不仅是中国制造业的代表者，更是推动中国制造业从制造大国走向制造强国的典范。

截至 2016 年 12 月 31 日，华为累计获得专利授权 62 519 件，累计申请中国专利 57 632 件，累计申请外国专利 39 613 件。其中 90% 以上为发明专利。

早在 2016 年，华为的专利申请总量就是全球第一。苹果那时就向华为支付专利费用，每年高达数亿美元。

华为坚持每年将 10% 以上的销售收入投入研究与开发。2016 年，从事研究与开发的人员约 8 万名，约占公司总人数的 45%。研发费用支出约为人民币 764 亿元，占总收入的 14.6%。近十年累计投入的研发费用超过人民币 3130 亿元。

作为中国企业国际化的标杆，华为对中国与世界通信业做出了彪炳史册的贡献。在全球经济一体化进程中，华为做出了独特的贡献。

本书选择联想与华为互为参照系，是因为它们之间的发展路径、发展过程、发展目标既有相似、相交，又有相向、相对。但是，最后却殊途同归，在云计算时代向着一个方向努力奋进，并成为彼此的竞争者之一。

从历史来看，联想和华为的出身有云泥之别。

联想具有国家科学院的传承血统，是中央科研单位的嫡系，可谓"高大上"。因此，联想创业团队属于"国家队"。

出身"高贵"的联想秉承中国科学院计算技术研究所的人力、物力、财力等有形与无形资产，初出茅庐就身手不凡，凭借计算所历经 20 年研发之成果——联想汉卡打天下，进而引领国内行业的潮流。

与联想的不凡出身相比，华为缔造者任正非纯属草根创业，靠几个创业伙伴凑份子钱 2 万元开办公司。因此，华为是典型的"矮穷矬"，完全靠自己东拼西杀，摸着石头过河。所以其创办过程颇具悲情性与戏剧性色彩。

今天，人们不会想到，甚至难以相信，华为在初创的时候甚至还卖过减肥药。一次，听说在深圳卖墓碑的生意很火，赚钱快，任正非还派人去调研过。

任正非创立的华为公司，起步生意是"倒卖"电信设备，用那个年代的贬义说法，是"二道贩子"。然而，正是任正非华为这个"二道贩子"，在涉足通信领域之初，就画了一张大饼："20 年后，华为要成为世界级的电信制造企业。"

华为公司由一个销售代理公司成功转型为一个具有高新技术开发能力的综合性信息技术产业集团，公司运营起步的第一个项目自主开发 PBX 成功为其奠定了重要基础。华为 PBX 项目起点低目标高，制定了正确的长期发展规划指导思想，先占领低端市场，再慢慢向高端市场转移，打好企业技术基础，步步为营。

最重要的是华为公司在企业创始之初就深刻认识到了企业技术创新开发能力是一个企业能长期发展的命脉，坚持不懈地加大科技创新的投入也是华为公司能够在市场上独占鳌头的重要保证。

世事沧桑、时光易逝。30 年的时间对于人类发展进程而言，只不过是历史长河中的一滴水，但对于企业发展历史来说，却是一个值得记载的创业历程。

经过 30 年的长足发展，联想和与华为都成为中国高技术企业的代表，它们分别实践了"贸工技"和"技工贸"两种发展路线，两者的业绩和发展路径也成为其他企业仿效的目标。

由于华为与联想的发展路径与成就，为中国产业界提供了极其宝贵的经验，堪称教科书般的经典。为此，本书尝试从管理实践、行业竞争力、国际化能力、企业智能化程度、产业链效应、品牌建设、创新能力七个方面比较分析联想和华为各自的优势、特点与成就，为关心中国企业发展、产业进步的人们提供一些可资借鉴的参考。

陶勇

2018 年 1 月

目录

PK2 管理实践
办公司就是办人 VS 以奋斗者为本

PK3 行业竞争力
独一无二的并购 VS 自主技术创新

第五章 | **兼并、兼并、再兼并 · 076**

柳传志在出席中欧商学院2009级EMBA毕业典礼上与学员对话时表示："在核心竞争力上我跟杨元庆不一样，我也不觉得核心竞争力是兼并。我觉得联想核心竞争力是管理三要素，是怎么样建班子、定战略、带队伍。"

第六章 | **研发、研发、再研发 · 097**

企业生存靠产品，持久发展靠研发。没有市场就没有研发，没有研发就没有销售。销售管一时，研发管一世。

——《华为研发》作者张利华

> PK4 品牌建设
> "蛇吞象" 的打法 VS "先易后难" 模式

第七章 **人类失去联想，世界将会怎样** · 120

这句话更准确的表达应该是："人类失去创新，世界将会怎样？"在我看来，人类的进化，社会的进步，科技的发展，就是一个创新的过程。独立行走是一次创新，工具的出现是一次创新，从石器时代到铁器时代到蒸汽时代到现在的信息时代，则是这次创新的延续。可以说，如果没有创新，就没有人类的进步、社会的发展。

——一位不知名的网友

第八章 **华为开启全球品牌中国时代** · 139

2014 年美国 Interbrand 发布了 "2014 年全球企业品牌价值排行榜"，华为位列第 94，成为首次闯入百强的中国企业。2015 年，全球领先的品牌咨询公司 BrandZ 发布 2015 年度 "全球最具价值品牌百强榜"，华为公司首度入围。华为成为唯一同时进入两大全球品牌榜的中国企业。

PK5 国际化能力
合并+品牌 VS 狼性拼搏

第九章 | **从本土 Legend 到全球化 Lenovo · 156**

2003 年，为了适应国际化发展需要，联想把集团原有的英文商标"Legend"改为"Lenovo"。通过本土 Legend 到全球化 Lenovo 的转变，联想在国际市场上的宣传活动得以正常进行，Lenovo 的国际知名度有了新的提高。

第十章 | **农村包围城市式扩张 · 174**

2004 年 2 月的一天，一阵突如其来的电话铃声，打破了华为总部办公室里的宁静。当工作人员拿起话筒，听到对方自报家门是奥运会承办方时，颇感意外。尤其在接下来的通话中得悉他们要华为给即将召开的雅典奥运会提供全套 GSM 设备系统，并表示立即支付 900 万美元的订金时，简直有点不相信自己的耳朵。

PK6 企业智能化程度
商业智能推手 VS 提供企业信息化解决方案

PK7 创新能力
技工贸 VS 贸工技

总结篇
爬 "南坡" VS 爬 "北坡"

PC+战略 VS "云管端" 一体化

第一章

基于联想汉卡的产业链

一、联想式汉卡从研发到产品

20世纪80年代IBM推出了PC,在西方迅速流行并进入了各个应用领域。但在中国,PC的推广却遇到了处理汉字的难题,包括汉字的输入、输出、显示、编码、字型、汉字软件等。在这一需求的推动下,各种汉字系统应运而生。PC上最早的汉字系统是CCDOS,它是纯软件的解决方案,成本低廉,但也有缺点。例如在PC/XT上,汉字显示速度每秒只有几十个,全屏幕只能显示10行汉字文本,汉字字库占据了1/3的RAM,汉字显示必须通过BIOS,破坏了"直接写屏"协议,使西文软件不能适应。为了提高汉字处理的性能,中国科学院计算技术研究所就将已在8位汉字微机LX-80上实现的联想汉字技术移植到PC上,成为PC的一个扩展卡。通过硬件与软件相结合的方法,使PC不论处理中文还是处理西文,显示速度不变,显示格式不变,字库不占RAM,"直接写屏"协议不变,西文软件基本上不需"汉化"就可使用。当然,还因具有"联想"功能这一特色,将其命名为"联想式汉卡",全称是"联想式汉字微型机系统LX-PC"。

(一)"联想式输入"一枝独秀

在当时"汉卡"这类产品中,联想式汉卡推出较早,销量和影响最大。与后来那些仅作为汉字字库的汉卡不同,联想式汉卡以提高汉字处理性能为主。

对于 386 以下的 PC，它把西文 PC 变成中文 PC，中西文软件达到高度兼容。

虽然联想式汉卡的软件与硬件捆绑，不单独销售，但实际上软件占有重要的地位，包括中文系统软件和应用软件。联想式汉卡也发展了智能化汉字输入：除联想功能外，用户可用码表生成任意输入方案，支持词输入，"联想"的相关长度达到 4 个汉字，利用"联想"可调整输入中的候选字顺序，允许在输入现场定义词，输入中的候选字动态排序……因此有人说，联想式汉卡将汉字从"字处理"扩展成了"词处理"。

从 1989 年起，联想式汉卡的硬件采用了自主开发的 ASIC 芯片，这就是七型（ASIC）卡的 DLX-9000 芯片和九型卡的 TLX-9200 芯片，后者集成了 SVGA 显示芯片，成为汉字显示芯片（CSVGA），取代了显示卡。

20 世纪 90 年代中期，随着中文 Windows 3.2 的推出和 486 以上 PC 的普及，基于 DOS 的汉字系统包括联想式汉卡被淘汰出局。联想式汉卡到 1995 年结束销售，前后历时 10 年，共销出了 16 万套，利税逾亿元。

早在 1968 年，计算所六室显示组在万永熙主持下已在 717 机上首先实现了汉字显示。1975 年在 SK-1 光笔图形显示器上有了发展，倪光南参与了这项工作，与显示组合作做出光笔汉字显示器作为人机交互汉字输入手段。这期间倪光南在所内学术报告中提出了利用上下文的关联由计算机辅助汉字输入，即联想输入方法。1974 年的 748 工程会议后，倪光南所在的六室输入组开展了汉字处理研究。1979 年开发出"111 汉字信息处理实验系统"，获中科院二等奖。它解决了汉字输入、输出、显示等技术问题，并为机器翻译、情报检索等研究项目提供汉字处理服务。

接着，又发展为汉字图形微型机 LX-80，通过成果转让生产了 600 台。1984 年 6 月，在中航技深圳工贸中心和信通公司支持下，计算所进行了将 LX-80 移植到 PC 成为联想汉卡的开发工作，到年底已基本完成。

（二）专访计算所原研究员级高级工程师万永熙

2014 年 12 月 26 日，笔者前往北京市海淀区中关村，在一栋绿树掩映的老式红砖楼房里，对计算所外部设备领军人物、原研究员级高级工程师、96 岁高龄的万永熙老人进行了上、下午连续访谈。

1. 主持研制第一台汉字显示器

1960 年，计算所分到一台大型计算机，成立外部设备配套研究室（后来才叫六室），万永熙担任副主任，是整个外部设备的技术负责人。当时这个大组大约有 40 人。

六室是研制计算机外部设备的，包括输入设备、输出设备、显示设备和磁存储设备，也就是磁鼓、磁带、磁盘等设备。

1961 年，倪光南大学毕业到计算所六室后就分在万永熙的大组里，那时是在计算所北楼的 204 房间，倪光南在大组中的输入组工作。

当时，万永熙深感苏式外部设备技术水平极为落后，因而提出一系列改进措施，以期赶上世界先进水平，其中主要的技术切入点就是开展电子显示设备的试验和应用。第一次应用是为卫星的发射用监控计算机研制配备一种能实时显示 64 种汉字的显示器，使用效果良好，以后进一步改进成为一种制式设备推广使用。

万永熙说，在研制此种设备过程中一直有倪光南、秦梅芳、贾沛长等多人参加，解决了不少技术难题。

1968 年，倪光南参与万永熙主持的 717 机显示器研制。它是我国最早的汉字显示器，这项研究揭开了倪光南研制联想式汉字系统的序幕。

万永熙回忆道，倪光南那时在研究汉字输入，想利用计算机来帮助人输入汉字。但那时的计算机都不能显示汉字，只有进行汉字显示器的研制，计算机能显示汉字了，才能帮助人们输入汉字。因此，倪光南主动参加万永熙他们的研制工作，既然能帮助解决技术难关，他们当然欢迎。

万永熙说，倪光南先后参加了几台显示器的研制。

1970 年，他们在 717 汉字显示器的基础上，又开展针对 111 型集成电路大型计算机，研制配备一种具有人机对话功能的国际标准字符输入输出显示设备，以取代常规笨大的中央控制台。这在国内属于首创应用，效果良好。以后这种汉字显示器受到各方纷纷响应，得到普及推广。

这是国内第一台光笔图形显示器，随后国防科技大学等单位也做了类似的工作。在这台显示器上，用光笔可以在显示器的屏幕上画图，也可以在屏幕上指点图形和文字，他们称此为人机交互作用图形显示器。关于这个显示器，万永熙和倪光南还有显示组的同事发表过一篇研制总结，发表在《计算机动态》上。后来倪光南用这些技术在111机上专门为联想汉字输入方法设计了带光笔的汉字显示器。

2. 联想输入研究吸引众多参与者

"倪光南用光笔图形显示帮我一起搞，有一些电路需要用模拟机的他帮我设计电路。用计算机图形带显示器，关键部分是倪光南帮着搞的。计算机键盘显示器是倪光南、秦梅芳帮着一起搞的，这在计算机上的应用属于国内首创。后来秦梅芳与倪光南一起搞汉字输入研究，当时汉字输入法很多、很热门，但弄起来很麻烦。倪光南产生灵感，想到联想式输入法，把常用的汉字弄在一起，比如按一下键盘D，那些相关的汉字就可以显示出来了，这样省事，不用一个个去敲键盘，输入汉字就很快。当时，汉字输入搞得有希望了，就吸引了其他技术人员参与，他们都跑到倪光南这个组来了。"

说到倪光南参与汉字显示器的研制与改进，万永熙表示，有些改进是他专门为联想输入方法设计的。"以前我们的光笔是用手开关控制的，当光笔指点了屏幕上的图形和文字后，还要用手指按一下笔上的触点（手开关），进行选择。倪光南的做法是在光笔头上加上一个微动开关，只要光笔指点了屏幕上的汉字，轻轻一压，开关一动作，汉字就被选择了。他的这种做法，使联想式汉字输入方法操作起来比较方便，只要用光笔在屏幕显示的汉字上一点，就能输入这个汉字，这是专门为联想汉字输入方法设计的。"

万永熙还介绍，倪光南很早就有了联想式汉字输入方法的设想，就是利用计算机来帮助人们输入汉字。后来他把这种方法称为联想式汉字输入方法，他参加我们显示组的工作，就是想实现这种方法。倪光南很愿意和人交流，他的这种想法我们显示组的老同事都知道。在70年代中期，倪光南还在所阶梯教室作过学术报告，介绍过联想式汉字输入方法。

"加拿大专家来参观，是从我这儿推荐去倪光南那里的。"万永熙主动提起一件至关重要的事情："加拿大国家研究院副院长来中科院参观，院里安排先到计算所参观，我负责接待。那时倪光南已经在搞联想汉字输入研究，我带他（加拿大国家研究院副院长）去机房参观，看倪光南搞的计算机界面、实验等。他对倪光南的联想输入法产生兴趣，倪光南参与陪同参观工作，他的研究成果获得来访副院长的欣赏，于是副院长邀请他去加拿大国家研究院从事研究工作。"

1981 年 8 月，倪光南应邀到加拿大国家研究院（NRC）工作，担任访问研究员（VRO）。出国工作使他对西方高技术企业有了感性认识，同时也熟悉了微处理器和 C 语言技术，他决心将联想式汉字处理成果做成一台实用的汉字微机。为此他自己掏出几千加元买了够研制几台汉字微机样机的关键器材带回国来，包括 Z80 CPU、SRAM、DRAM、接口等超大规模集成电路芯片和 C 编译器，这些器材当时如在国内购买需要进口，周期很长。

回国后他就组织课题组研发。由于硬件器材齐备，软件采用 C 语言开发，效率很高。到了 1984 年初就开发出汉字处理的第二项产品，这是一台完整的汉字微机，即"LX-80 联想式汉字图形微型机系统"。

（三）联想式汉卡从研究、开发到产品化的前期过程

联想式汉卡从开始研究到推出产品，用了十多年时间。联想式汉卡推出后，计算所公司确立了以"联想式汉卡作为拳头产品，作为龙头，带动起整个经销"的业务（1988 年 3 月公司总经理柳传志的讲话），汉卡自身也在公司这一机制下得到了迅速发展和推广，实现了产业化。

二、始于分销的产业链

1991 年杨元庆担任联想集团 CAD 部总经理时，被人们形容为"连话都讲不好"，在公开场合发言还带着一丝羞涩。可是，在此后的两年里，这位不被人看好的基层负责人，却把他管辖部门的年销售额从 3000 万元增加到 3 亿元。

（一）第一份代理合同产生

杨元庆上任后，联想 CAD 部与中关村的一家公司签订了代理分销合同。这家公司承担分销惠普绘图仪的责任，而联想 CAD 部将营业额的 3%返还作为回报。这份模仿惠普代理协议签署的第一份代理合同对杨元庆来说有着非同寻常的意义，从此中国 IT 业诞生了真正意义上的分销商。杨元庆以这种销

售模式使得 CAD 的销售业绩持续上升，由 1991 年的 3000 万元达到 1993 年的 3 亿元。

不过，此时的联想微机市场却遭遇了滑铁卢。因销售策略错误和管理问题，1993 年联想微机销售业绩很差，造成联想微机严重积压。

"1993 年联想微机销售不好，主要是销售策略有问题。即当时的'行业直销和代理分销相结合'策略，造成了直销和分销的矛盾。代理制建立不起来，实际上只是靠行业直销。杨元庆'临危受命'领导微机部后，实行了完全由代理销售的策略，使联想微机迅速成为中国微机第一品牌。"中国工程院院士、联想首任总工程师倪光南回忆起这段他所熟悉的往事时说道。

（二）构建二级代理分销模式

1994 年，联想成立微机事业部，杨元庆临危受命，担任微机部总经理。同年，联想在香港上市。

杨元庆将原来公司的"由行业直销和代理分销相结合的策略改变为完全由代理销售的策略"。不过，"树欲静而风不止"。事实上，杨元庆的直销转分销渠道改革颇费周折。当他对联想的销售体制进行脱胎换骨式或者说颠覆式的改革，去除冗员，变更渠道时，掀起了层层波澜，引起联想部分创业元老的强力抵制，差点危及到他自身的地位稳固。但最后杨元庆的举措获得联想高层的认可，于是联想销售模式才得到根本性的转变。

1994 年秋天，杨元庆推行"94 联想伙伴计划"——复制"惠普模式"，即"代理制"。不过杨元庆并非对惠普模式"照葫芦画瓢"。虽说是复制"惠普模式"，但联想并没有照搬国际厂商的总代理政策，从直销到分销并非一蹴而就，而是实现了渐进式过渡。

1994 年联想成立微机事业部后，联想电脑年销量大约是 5 万台，这时联想依然是"两条腿走路"。对于零散用户采用分销—经销的方式，而对于行业用户依然通过直销来进行。企业客户在联想电脑初期的销售额中占据了很大比重，并且比零散用户忠诚度更高，更易管理。这对于刚刚转向分销的联想电脑而言，是一个稳定的利润来源。至于分销渠道，则有待于不断加盟的代理商进一步发展。

在杨元庆的领导下，微机部迅速扭转销售形势，此后公司推广联想电脑取得巨大成功。

1993 年联想微机销售不佳，1994 年杨元庆"临危受命"，把 1+1 家用电脑也统一收入麾下。联想微机部门取得了每年翻一番的好成绩，联想微机荣登中国第一宝座。1996—1997 年香港联想因经营失误连续亏损 2 亿多，难以为继。1997 年下半年北京联想注入香港联想，整合为一，使股价急升 233 倍，救了香港联想。现在联想电脑已成为联想集团公司营业额、利润和声誉的主要来源。杨元庆也获得了"五四"奖章、十佳青年等荣誉。

1. 进入紧密分销阶段

1998 年至 2004 年，联想的分销模式"升级换代"，即进入紧密分销阶段，并提出"大联想"概念。其内涵是建立以客户、代理、联想三位一体共同成长的开放型大架构。其宗旨是缩短渠道链，建立扁平渠道结构，把联想的营销渠道代理商作为长期的商业合作伙伴联结起来，形成利益共同体。在这个"大联想"概念下，整个渠道体系采用定向管理，按地域来分割售货渠道。之后又对二级渠道进行系统梳理，渠道架构随之更趋于扁平化、透明化，减少了不必要的内部竞争。

联想紧密分销阶段的最大特点是"渠道信息化水平"获得大幅提升。联想虽然不与二级代理商发生直接关系，但是却与他们进行信息交换和共享。通过来自二级供应商的信息反馈，联想对客户的需求有了更加细致的认识。同时联想开始广泛为各级经销商直接提供技术、培训和市场推广等方面的支持。

2. 实施集成分销战略

2005 年，联想开始实施集成分销战略，进入新的发展阶段。

"集成分销"简言之就是把大客户产品线和中小客户产品线分离，两类面对不同客户的营销模式自成体系。

2006 年，联想成立专门的销售部。为了更好地实施集成分销战略，联想将客户类型分为两大类四小类，于是最终形成联想四大销售体系——零售分销体系、商用行销体系、关系销售体系和全球协同销售体系。联想将集成分销作为指导思想，逐步完善四大类销售体系，持续打造"大联想"的整体竞争力，进而更好地全面服务于联想的客户。

联想集团的集成分销把渠道纳入了整体设计与联想分工协同之中，这是一个高度契合的过程。联想就是通过集成分销这一渠道将自己的合作伙伴结成更加紧密的战略伙伴，使得彼此之间的信息可以共享。联想集团对于大中小客户市场的把握度是很有分寸的。在中小客户可以做到分销零售，精耕细作。在大客户方面却是让每个客户代理商、客户服务商清晰锁定有限数量的指定客户，大打感情牌，以关系型营销抢占足够多的份额。

（三）创建垂直特许专卖营销系统

垂直营销系统是 20 世纪 90 年代渠道发展中最重大的成果之一，它是作为对传统营销渠道的挑战而出现的。垂直营销系统与传统营销系统相反，是由生产者、批发商和零售商所组成的一种统一联合体。某个渠道成员拥有其他成员的产权，或者是一种特约代营关系，或者这个渠道成员拥有相当实力，其他成员愿意合作。垂直营销系统可以由生产商支配，也可以由批发商或者零售商支配。垂直营销系统有利于控制渠道行动，可以消除渠道成员为追求各自利益而造成的冲突。

联想的 1+1 特许经营专卖店就是这种基于垂直营销的特许经营体系。联想是在 PC 行业中最先也是规模最大地开展专卖形式的厂商，充分体现了其差异化的竞争战略。专卖店的发展基于市场对某种产品需求选择新的增长，源于较高的经济发展水平和居民消费能力。专卖店是品牌竞争的结果和运用，它显示企业的实力，突出品牌效应，体现了一种从接单式销售到专业性销售，最后到顾问式销售的转变。

事实上，特许经营专卖方式被誉为 20 世纪最成功的营销创举。我国多数特许经营行业集中在衣食住行等方面。

1998 年，联想率先将专卖店的特许经营模式带进中国的电脑行业，即创建"联想 1+1 特许经营专卖店"。

联想 1+1 专卖店的建立填补了信息产业在特许经营专卖领域的空白。在此之前，国外品牌电脑进入中国都是采取找总代理的销售模式，由总代理再层层分销。这和专卖店的连锁方式是有所区别的。分销职能的物流是储备和物流的发配。这里有一个二级通道，然后发货到下一层的经销商。分销商和二级通道是两个利益体，他们的价值是在传递的。简言之，就是在采用总代理的分销中，各个层次都要赚取自己的利益，从而造成在客户服务方面有很多问题。因此，渠道的市场秩序非常混乱，分销商发展的渠道销售价格具有不统一的问题。而联想需要的是要保证最终的销售渠道提供用户很好的客户服务，连锁方式就很好地解决了这些问题。

连锁组织利益体只有一个，多家连锁店共享着管理资源和资金。联想采取六个统一的模式，即统一的产品和价格、统一的理念、统一的布局、统一的形象、统一的管理和统一的服务。

2000 年 8 月 29 日上午，联想电脑公司在位于北京、上海、广州的 6 家 1+1 专卖店同时举办开业庆典。它们是位于北京的联想 1+1 阜成门专卖店、蓝岛专卖店和西单专卖店，位于上海的徐家汇专卖店，以及广州的友谊商店专卖店和天河东路专卖店。

联想建立专卖店体系，是其实现"大联想"战略的一个重要步骤。专卖店的建设是在原有渠道中剥离并融入一些新的合作伙伴，进而共同组建一个面向家庭、满足家庭用户需求的新渠道，同时也可给联想的代理商创造更大的发展空间。更重要的是，专卖店的体系一旦确立，在渠道的供货和配货机制保证下，联想在家用电脑供货和市场反应上就几乎接近于直销。厂家具有了这样的优势，就能有效降低渠道的运作成本，最终让用户受益。

新开业的 1+1 专卖店不仅为家庭用户提供了一个购机场所，还集咨询、教学、展示于一体，分功能区、操作区、验机处和培训教室四大部分。总之，从专卖店的总体布局就可看出，它不仅是一个联想家用电脑销售的新渠道，也是新技术、新产品展示的窗口，是联想为家庭用户提供全面服务的平台。

联想建立专卖店的设想其实很简单：一是客户需求，客户要求统一的价格、良好的服务。二是促使联想的渠道发展。三是"大联想"概念的进一步深化。随着电脑进入家庭，联想电脑产品系列也分为商业电脑和联想 1+1 家用电脑。联想 1+1 电脑的概念很简单，就是把 PC 加一些功能就叫家用电脑。

而联想之所以要开设特许加盟专卖店，是因为家用电脑的销售和商用电脑的销售是不一样的。原来家用电脑的销售，或采用委托代理制，或通过大型百货商场零售代销。但电脑的科技含量较高，使用和维护都有一定难度，商场销售人员无法满足家庭用户专业化服务的需求。因此联想针对家庭用户建立全新的专卖店体系，由代理制转变为特许经营是市场的选择。采用特许经营的方式，可以提高整体竞争力，实现对品牌、管理经验的整合，产生"大联想"的品牌效应。

专卖店的产生也是给代理一个发展空间。在连锁经营之前，全国 26 个城市里，最大的 IT 代理公司代理的产品都有联想的，70%～80% 的营业额都来自联想电脑，有的甚至是 100%。这些公司在 1994 年都是些小公司，它们是和联想一起成长起来的。所谓"大联想"的概念就是大家荣辱与共、共担风险、共享收益。特许经营的这种专卖店商业模式正符合它们的要求。多年来，"大联想"策略可以说是联想成功的秘诀之一，特许专卖店的建立也是这一策略的延伸。

基于上述思想，联想开始做专卖店。联想是想在 IT 业验证特许经营这个模式，其核心的成功要素是三赢。即客户要认可，加盟方要挣钱，联想也要赢利。

在区域市场方面，联想倡导客户导向，向服务型转变。一方面，在各大区建立客户经理制。另一方面，转变客户公关导向。由单纯以 PC 产品为主体的竞标，向以企业需求为导向转变。在此基础上，区域市场强调做深做透，细分区域，通过设立办事处等方式，更好地了解各地用户的需求，并提供相应的产品和服务。这成为联想在区域市场谋求发展的重要思路。

（四）"lenovo 社区"应运而生

2007 年 7 月，联想"lenovo 社区"隆重亮相，这是联想刚推出的渠道创新模式。在这种模式中，联想把渠道销售伙伴分为 4 个社区，合作伙伴可根据自己的市场领域申请成为社区成员。4 个社区分为大型企业、中型企业、小型企业和公共部门用户市场。社区成员可以享受联想提供的优惠政策，其中包括帮助伙伴发展新用户的各种工具、宣传用品、营销费用补贴和演示装备等。

根据每个社区用户的不同特点，联想为其分门别类地提供各不相同的配套服务。不过，新渠道政策的受益者仅为代理商，给终端用户的产品价格依然不变，联想的优惠主要用于补贴和奖励渠道商争取终端新用户的支出。与此同时，联想还建立"社区顾问委员会"，为销售商提供战略咨询和帮助。

自从联想分销体制建立以来，一直维持二级分销体系，即联想自己建设并主导的分销渠道——从联想到消费者之间最多只经过两个层次。事实上，这也是中国 IT 行业最典型的分销体系，这种模式可以使销售效果达到最优化。

联想始于分销渠道的网络初步建成，通过渠道建设，促进了联想产业链的构建、延伸、拓展和完善。

三、多元化战略促成全国营销渠道

联想的多元化战略虽然未能达到预期目标，但在这个过程中，却催生了多元化渠道。

1999 年，联想启动多元化发展战略，拟以公司战略和业务群的需求为导向，加大研发的投入，建立具有前瞻性的产品规划能力、研发能力及研发管理体系。在公司层建立竞争力的保障体系，并使该保障体系能被各业务群所继承和发扬。坚持贯彻人才意识，建立科学系统的人力资源管理体系。

2000 年，联想首次进行正规的、大规模的企业战略发展规划建设。按照规划，联想的企业愿景是：到 2003 年实现 600 亿元人民币销售额，2010 年成为全球领先的高科技公司和全球五百强之一。企业的使命是：为机构和个人提供信息、服务和工具，使人们的生活更加便利、有效和丰富多彩。联想重构了组织架构来实现这个目标，创建消费 IT、IT 服务、企业 IT、信息运营、手持设备、合同制造六大业务群。业务群下辖事业部，最大的企业 IT 拥有 7 个事业部。

作为中国最大的电脑生产商，联想集团在北京、上海和广东惠阳各拥有一个现代化的生产基地，生产的产品有：笔记本电脑、台式电脑、掌上电脑、打印机、服务器等。电脑的年生产能力可以达到 500 万台，同时大规模的手机生产基地建在厦门。其投资区域的多元化和生产产品的多元化，配合高效的营销能力，在中国信息行业占据了领先地位。

联想凭借汉卡立身，以联想微机打天下，依靠销售网络实现产品价值。因此，联想在由"技工贸"战略转向"贸工技"路线后，就变成一个渠道为王的企业。为此联想一直致力于压缩渠道长度，使渠道扁平化，达到信息传递快、客户满意度高、更多的渠道盈利、更好的盈利空间的目的。

（一）复制 PC 销售模式

自从采用分销模式后，联想将其发挥到极致，一切照搬。当然，在手机销售上却未尽如人意。

在"多元化产品"销售方面，联想也依葫芦画瓢尽量复制 PC 渠道做法。比如联想激光打印机也基本上采用 PC 销售模式：对于大客户市场的销售，采用客户经理加服务商模式，同时设置客户代理商；针对中小客户市场，采用分销商加零售商，以及分销商加经销商两种销售渠道模式。

事实上很多公司大体上使用的模式差别都不大，但是联想更注重渠道的发展壮大，能够帮助渠道不断进步。联想可取之处是不和渠道抢客户。联想也有直销的客户，但这也完全是为了满足客户的需求。很多大型企事业单位希望能够直接和厂商合作，以达到价格低、反应迅速、服务到位的目的，因此针对有这种特殊需求的用户联想会采用直销的模式。其他没有这种需求的客户联想就会和渠道共同开发维护客户，比如联想的客户经理会和渠道一起拜访客户，一起做客户关怀活动，最终销售却交给渠道完成，帮助渠道去盈利。

联想会给渠道很多支持，其中最重要的就是资金支持。联想有信用体系，达到一定要求就会提供长期和短期信用，帮助渠道周转资金，扩大规模。联想除了给渠道提供资金，还给渠道提供人力和物力，比如人员培训、人员支持。联想有着庞大的督导体系，目的就是帮助经销商提高出货能力。在物质方面，联想不仅会支持渠道做广告，即使自己做广告也会附带渠道名称、联系方式等。就是因为联想不断支持营销渠道建设，不断给渠道以发展的动力，所以渠道也在不断跟随联想成长壮大。

从 2001 年起，联想开始探索并尝试在已有发展壮大的分销为主业务模式基础上，开辟另外一条针对行业销售的大客户模式，直到 2004 年初具端倪。据此联想将业务模式分为关系型与交易型两大模式。前者主要针对政府、教育、金融、电信等行业客户，其特点是单点采购量大，会持续采购，使用需求比较复杂，需要良好的客户信任关系以建立长期的持续合作，联想内部称之为 R 模式。后者主要针对家庭、中小企业等消费者，其特点是客户数量多，单点采购量少，不持续采购，以分销模式为主，联想内部称之为 T 模式。两类客户的产品偏好、采购方式、决策方式及服务内容等都各有不同。联想在销售模式上是很下工夫的，之前有"两条腿走路"的分销直销兼顾模式，现在又有独创的 R、T "双模式"。而 R、T "双模式"则成为联想多年来在业界所向披靡的利器，它帮助联想逐渐成长为业界王者。

联想打印机客户就是 R 模式的典型体现。凭借联想打印机多年的客户和供应商关系，联想形成了针对用户的完善的专业服务体系。联想的专业服务使得联想和用户的关系具有比较大的黏性，长期的合作关系使得这种商业模式非常难以复制。公司在长期发展过程中，通过提供优质服务积累的客户群体为联想公司开拓市场提供了一定的优势条件，使得联想打印机可以首先从行业客户中的大客户做起，通过树立良好的品牌和形象，向企业行业不断渗透。以最为关键的客户资源为例，联想历年来积累了大量的中石化、中海油和国航等不同行业大客户资源。为行业客户提供产品和服务的经验及积累，使得联想拥有了大量的忠实大客户，这些大客户自然成为联想产业链上价值交换的重要伙伴。

（二）联想服务伴随阳光而来

无论是 PC 还是激光打印机或是其他产品，联想都拥有业界规模最大的联想客户联络中心，专门设定的大客户服务专线 400-810-6666，专属电话服务经理提供全天候电话支持服务，确保客户在第一时间得到专业的电话咨询服务。联想拥有中国规模最大的服务网点——2000 多家服务网点，全国任何地点实现 100%上门服务，无论是在北国边陲小镇，还是在西疆雪域高原，或者是遥远的南海群岛，有阳光的地方就有联想服务的身影。联想拥有 10 000 名通过国家工信部权威认证的服务工程师，其中 805 名工程师达到 CompTIA 国际权威认证标准，另外 330 多名工程师通过 MCSE、CCNA 等两类以上权威认证，为解决用户问题提供强大的技术支持。联想服务于 2008 年 3 月创建"三网合一"业务模式，这是业界首创的以网络服务为中枢的新型三网合一的网络服务模式，它将电话、网络、服务站这三套独立的体系，利用网络整合成一个大的服务平台，共享客户信息，联动服务流程。通过"三网合一"，为用户提供 360 度全方位关怀。

虽然联想早期的多元化战略曾经一波三折，欲速不达，但"有心栽花花不开、无心插柳柳成林"。联想因多元化战略而催生的"多元化"营销渠道，构建了联想的全国营销渠道。与此同时，联想的产业链获得了全国布局。

四、跨国并购打造全球产业链

如果说联想之前的产业链构建还局限在国内的话，2004 年开始的并购 IBM 则开启了产业链国际化拓展。

"联想突破——2004·国际化·并购产业链"是 2005 年第一期《中外管理》杂志上刊登的一篇封面报道，笔者曾经熟识的资深记者邓羊格领衔采写了这篇重头稿。

2004 年 12 月 8 日，联想宣布以 6.5 亿美元现金、6 亿美元的公司股票收购 IBM 在全球的个人计算机业务，此外还将 IBM 个人计算机 5 亿美元的债务转到自己名下。联想在一夜间成为世界第三大个人计算机厂商，拥有至少 130 亿美元的年销售收入和 7.6%的全球个人计算机市场占有率。2005 年 5 月 1 日，联想正式宣布完成收购 IBM 全球 PC 业务。

联想此次被外界誉为"蛇吞象"的收购，把自己的产业链成功扩展到国外，从此开启了国际化发展战略。

并购后的联想其最大挑战是如何保留 IBM 的核心客户，并打败戴尔和惠普。联想对客户流失风险是有预计的，并采取了相应措施：全球销售、市场、研发等部门悉数由原 IBM 相关人士负责，并将总部搬到纽约，目的是把联想并购带来的负面影响降到最低。IBM 在全球发行的《纽约时报》和《华尔街日报》上刊登巨幅广告，向消费者承诺：IBM PC 业务并入联想后，IBM 大部分经理级主管人员仍会是新公司里的主角，IBM PC 的系统架构也不会改变。

2004 年 12 月 13 日，联想集团披露与 IBM 之间的附属协议，特别强调，对一些特殊客户（如已签订合同并未交割的政府客户），联想集团将被允许向 IBM 提供这些客户的个人计算机和某些服务。联想将使用 IBM 品牌 5 年，这对客户的保留有很大的帮助。联想还会继续使用 IBM 的销售模式，继续使用 IBM 的服务，继续使用 IBM 的融资手段，这些对客户来说感觉没有变化。联想和 IBM 一起，一共派了 2500 个销售人员到各个大客户去做安抚工作并说明情况，因此市场并没有出现动荡。

此后，联想在全球各地进行了一系列收购行为。在过去十来年里，联想用全球并购和业务创新成功地把自己打造成业务范围遍布全球的跨国公司。

2011 年 6 月联想以每股 13 欧元的价格收购了德国消费电子公司 Medion 36.66%的股份，交易总价约 2.31 亿欧元。

德国消费电子公司 Medion 成立于 1982 年，业务集中在个人电脑、多媒体产品、移动通信服务及消费电子领域。通过收购，联想的产业链延伸覆盖到上述领域。

联想此举成功拓展了欧洲消费电子市场，尤其是移动互联网终端市场。收购完成后，双方将在采购、全球供应链、软件开发、分销渠道，及产品和业务模式创新方面展开合作。

通过这次收购，联想在德国的市场份额扩大了一倍，成为欧洲第三大电脑厂商。

几乎同时，2011 年 7 月，联想集团又挺进日本，和 NEC 成立合资公司。联想集团控股合资公司 51%股份，NEC 持有 49%，占据日本市场第一份额。

从此，联想的产业链又伸展到东亚地区。

2012 年 9 月 5 日，联想集团以 1.47 亿美元收购巴西个人电脑和消费电子行业企业 CCE 公司，这笔交易扩大了联想集团在巴西的影响力。

通过此次收购，联想在巴西这个全球第三大个人电脑市场的业务规模得到显著提升。CCE 公司在巴西有近 50 年历史，主要从事个人电脑及消费电子产品的制造、分销、市场推广和销售业务，是巴西消费电子产品的最大本地制造商之一。

联想集团凭借收购，进一步拓展了拉丁美洲的市场份额，把自己的产业链铺设到了南美洲。当时，CCE 和联想在巴西 PC 市场份额分别位于第六位和第七位。收购完成后，两家公司共同市场占有率达到 8%，排名第三位。

2014 年 1 月 30 日，联想集团以 29 亿美元的价格从谷歌手中收购了摩托罗拉移动，又一次引起业界关注。

据悉，虽然此前在海外市场有过一连串的收购，但联想的业绩表上并未呈现出更多吸引眼球的看点。这除了品牌影响力尚不够之外，渠道构建的局限也是其中的原因。联想 PC 销量虽然全球第一，国内外公共关系和渠道建设也可圈可点，但在智能手机领域，联想却差强人意、建树不多。并且联想手机渠道依然按照 PC 渠道那样如法炮制，难免"水土不服"。反观摩托罗拉，作为一个老牌跨国公司，有着多年的全球布局与世界级品牌口碑。摩托罗拉在全球的强大公共关系以及品牌形象，对于联想海外市场的发展和扩张，确实具有推动作用。

而"醉翁之意不在酒"的地方更在于，摩托罗拉在美国市场的占有率颇为可观。虽然按照单季出货量，联想集团已经是全球第三大智能手机厂商，但是这些统计数字主要来自中国、印尼、拉美等新兴市场。联想集团手机业务一直企望进入美国等成熟市场而不得法门，收购摩托罗拉正好帮联想圆"美国梦"。

2014 年 10 月 1 日，联想又以 21 亿美元收购 IBM X86 全部的服务器业务，包括 System x Blade Center、Flex System 刀片服务器与交换机、X86 平台的 Flex 集成系统、NeXtScale 与 iDataPlex 服务器以及相关软件。

在这次收购过程中，联想获得台式、机架、刀片服务器、融合架构、针对高性能计算和云计算的架构模块，以及网络产品。此外，将针对 IBM 终端存储、云计算方案、文件系统等展开战略合作。这种收购 IBM 针对大数据和云计算等的 6 条产品线，增加了联想业务多样性和多元化，有利于联想产业链的丰富、延伸。

随着联想的业务转型与多元化，联想的产业链再次进行调整与布局，于是 PC+战略应运而生。

五、PC+战略完善产业链

"各种互联看似错综复杂，但它就像一棵大树，再枝繁叶茂、盘根错节，也只有一个根、一个主线，那就是用户……从以产品为中心的公司，向以用户为中心的公司转变，从销售产品向经营客户转变，这就是我们新的使命。"杨元庆用长达半个多小时的演讲阐明了他的战略，为联想未来发展指明方向。

2012 年 4 月，在每年例行的联想全球誓师大会上，杨元庆首次对外公布了联想的 PC+战略，将推出覆盖智能手机、平板电脑、个人电脑和智能电视四大品类的终端产品，通过与乐云服务的完美融合，实现从传统 PC 领域领先厂商到 PC+领域领先厂商的过渡。

（一）以用户为中心

"以用户为中心"这句话是人们耳熟能详的口号，因为华为早就如此提出并践行。此次联想转型，看来是以华为为师，仿效成功者的做法，因此联想乃识时务之俊杰。

事实上，"以客户为中心"并非华为独创，而是一种普遍的商业价值观。"客户就是上帝"的口号最早从西方人口中喊出，一部西方商业发展史自始至终都渗透着"客户第一"的理念，就像"诚实信用"一样，与其说是目的，不如说是手段。原因很简单：创办企业就要盈利，盈利之源当然是客户。只有把客户当成上帝，才能赚到钱、多赚钱。如此一来，企业口碑就很重要。企业形象或产品形象不好的，消费者不会购买其产品或服务。因此只有满足客户需要，企业才能盈利。

联想从以产品为中心到以用户为中心，虽然一词之差，但却反映出企业导向和价值观的改变。正当联想三十而立，国际化成绩令人瞩目之时，杨元庆明确提出联想新的价值观，体现了联想与时俱进、顺应产业发展潮流、应对互联网+时代机遇与挑战的积极举措。

（二）提供"三位一体"设备

"无论你是安卓，还是 Windows 的用户，联想提供的设备都不再仅仅是硬件，而将是硬件+软件+服务平台的结合，是'三位一体'的设备。" 2015 年 4 月 30 日，联想宣布"快速彻底转型"。杨元庆解释未来的联想不只是一家硬件公司时，发表上述讲话。杨元庆此言令笔者回想起联想早年的"关联技术应用"。

2003 年的某一天，时任某科技投资杂志记者的笔者参加了联想"关联技术应用"新闻发布会。现场为大家演示"关联技术应用"场景的，正是杨元庆本人。

杨元庆提出，"'关联应用'是联想从贸工技企业向技术性企业转型过程中，提出的第一个应用技术战略。"杨元庆此说符合联想发展实际，因为第二年联想就宣传"贸工技"道路走到尽头，需要转型技术路线，实际上是回归"技工贸"道路。

参加这次发布会后，笔者以杨元庆为原型，创作了一篇文章，下面部分就是该文章的节选。

｜ 年轻老总的 e 天 ｜

早晨卧室里一段预先设定好的音乐开始自动播放，阳台的窗帘缓缓拉开，还是单身贵族的年轻总经理吴刚慢慢睁开眼睛，他随手在枕旁的 PDA 上按了两下，卧室墙上的屏幕便出现画面并播报天气消息。

　　小伙子下得床来进入盥洗室，设有感应开关装置的壁挂式电视随即播出滚动新闻。当他洗漱完毕，智能马桶已打印出一份对人体的检测分析报告。由于电脑、家电之间的互联互通，在厨房里吴刚从冰箱中拿出一瓶牛奶倒入锅里，电子灶便自动为其加热；把发酵面团放入微波炉，微波炉马上自动烘制新鲜面包。与此同时，本地超市网上客户供应中心通过冰箱显示屏提示他食品需要补充，向他发出询问：哪些需要补充？如果需要什么时候送到？他通过冰箱触摸信息显示屏发出指令订购食品。

　　之后他来到客厅，通过大屏幕电视收看各种经济信息，也用可视系统与同行交流，又与下属"面对面"听取汇报并布置工作。吃早餐时，他通过饭厅的电视观看网上娱乐节目。这时手腕上戴的微型电脑表以语音提示今天还有个约会……

当年"关联技术应用"的美好设想虽然尚未完全实现，但今天的可穿戴设备等正是这种理想的沿袭与继承。而联想现在的硬件+软件+服务平台"三位一体"结合，跟"关联技术应用"多少有些相关。

因此可以说，硬件、软件、服务的优势叠加是联想一以贯之的战略思路。

杨元庆提出优势三叠加的战略路线。第一步，从 PC 领域拓展到整个移动领域；第二步，从前端的智能设备，拓展到后台基础设施；第三步，为全部的硬件设备插上软件的翅膀，打造云服务业务，构成完整的联想产品体验。

如果说优势三叠加更多的是从联想自身优势出发提出的战略，那么这一次，联想站在用户的角度确立了转型的方向——用户需要的是整合后的卓越体验，而不再只是单一的设备。所以联想要提供的也是组合好的"三位一体"的设备，而这同样是联想的强项所在。

（三）迈向"多点接触"

"从与用户的单点接触转向多点接触，将每一个用户转化为关系型客户。"

在业务模式上，杨元庆提出要在与用户接触的每一个环节与用户建立互动，产生黏性，把每一个用户转化为关系型客户。

当年，联想创造性地提出了双模式："R 模式"（关系型客户模式）和"T模式"（交易型客户模式）。针对企业用户和普通用户实行差异化的打法，最终确立了市场领先地位。而在今天，联想认识到双模式在应对互联网用户上的局限。伴随着互联网的发展和社交媒体的兴起，每个用户都可以随时随地在网上与企业建立联系。不论是吐槽还是夸赞都将被放大，影响到成百上千的其他用户。

正是基于此，杨元庆提出，从"单次购买"迈向"多点接触"，真正拥有每个接触点，与用户建立更加紧密的联系。

联想打算通过智能手机、平板电脑、个人电脑和智能电视四大终端全面覆盖各个细分市场，同时还推出以乐云为核心的完整"个人云"解决方案，将上述"四屏"与乐云服务融合，完成硬件、软件、云端的全面布局。

联想拟在国内推出智能手机、平板电脑和智能电视三条产品线的全新组合。其中智能手机方面，联想将推出 40 余款乐 Phone 系列产品，全面涵盖WCDMA、TD-SCDMA、EVDO 三种制式。此外，联想还将进军海外智能手机市场。

联想的 PC+战略将根据不同市场的业务成熟度分步骤执行。在中国，联想将进一步巩固其在传统 PC 领域的领先优势，提升盈利能力，同时向智能手机、智能电视等新领域发起猛烈进攻。在中国以外地区，由于联想的消费业务起步不久，其战略目标首先是把业务从商用为导向，扩展到消费领域。

杨元庆认为，未来 PC 无处不在。柯达的失败在于没有顺应互联网及数字化时代的趋势，而诺基亚、爱立信也因为没有及时预测到未来的变化而处于相对劣势。反观苹果、三星，却相当成功。

（四）面临全产业链挑战

杨元庆认为，对于联想来说，最大的威胁是发展的风险。从 PC 走到 PC+的过程"有很多不确定性，我们要跨过整个新的领域"。比如联想在智能手机和电视方面的品牌亟待建立，这些新领域的渠道、生态环境乃至业务模式，都与联想所熟悉的个人电脑业务不尽相同。

　　"如果我们只能做类似 iPhone、iPad 的产品，我们没有多少胜算。"杨元庆表示，未来联想希望在用户体验和生态系统上，能够做到与竞争对手势均力敌的同时，做出具有自己特色、有突破性的产品。

第二章

基于交换机的产业链

华为的产业链发端于中国的县级邮电局，市场推展从县到省，再从省到全国，最后扩展到全球。实现了由产品代理商、偏僻落后地区产品供应商，到跨区域供应商、全国性供应商，最后到国际供应商的巨大飞跃。与此同时，华为的产品进步、人才进步、管理进步以及组织进步也实现了同步飞跃。2005年之后，华为与全球几百家客户的关系已经不再是简单的甲乙方关系了，而是已经上升到互为依存、互相促进的战略伙伴关系。这对华为的产业链来说，是一个根本性的转变和提升。

一、始于直销的产业链

创办于1987年的华为，开始就像个小杂货铺一样，什么赚钱做什么。一次偶然的机会，华为创始人任正非经辽宁省农话处一位处长的介绍，开始代理香港鸿年公司的 HAX 用户交换机（即单位里转分机的小交换机），从此华为与通信行业结下了不解之缘。

在短短的三四年间，华为在全国建立起近十个销售办事处，通过销售 HAX 用户交换机，积累了几百万的资金，挖掘到第一桶金。

但是，作为国内较早建立渠道营销管理部的电信企业，华为很早就把渠道建设作为企业产品营销的一个重要通路，在不同阶段提出了不同的渠道销售策略。

从最初创业起，很长一段时间里，华为都把直销作为自己唯一的销售渠道，这点与联想相似。联想创业初期的市场渠道也主要是直销——因为有自己的产品联想式汉卡。但到 PC 时期，直销已经不能适应发展，才改为分销。

今天，已经在国内外享有盛誉的华为如日中天，销售渠道遍布全球。然而人们哪里会想到，华为的渠道建设与自主研发一样，曾经走过一条颇为艰难的道路。

2000 年初，《中国计算机报》记者李瀛寰在采访华为企业网事业部渠道总监陈凛时，对陈凛所说的"目前，华为就是自己网络产品的总代理"感到惊诧。而陈凛则心平气和地对他解释道："这是不得已而为之，因为大的分销商还不愿意代理国产网络产品。"

经过艰苦的研发，当年第一款网络产品——Quidway2501 问世之后，一个最现实的问题出现了，怎么做这个市场？电信市场与网络市场最大的不同就在于销售模式：前者是直销，后者是分销。而 1997 年的华为还从未做过分销，所以华为的分销与联想比较，算是学生。

当时，国产网络刚刚起步，网络市场还是由国外产品一统天下。尽管华为已在通信市场有一定名气，但在数据通信市场，华为的知名度几乎是零。摸清华为的背景后，再看看华为还不成系列的低端产品，那些大的分销商们只是摇头。万般无奈，华为只好做起了自己产品的总经销，直接发展中小型分销商。不过经过此番挫折，华为已经知道今后的发展方向以及路在何方。因为此时联想的分销体制不仅建立起来，而且已经做得风生水起、有声有色。

二、由直销转向分销

华为从创立不久，就明确了以技术为先导的发展道路。在数据通信领域，其核心价值也专注在网络技术的高投入和人才的积累上。但是光有好的产品还不行，产品怎样才能顺利到达用户手中，用户的各种需求又怎样及时反馈到厂商？如何建立这样一个良性循环机制，才是渠道建设中的首要问题。

事实上，随着网络技术的进一步发展，传统渠道战略必将经历一个变革的时代。只有那些根据新变化及时调整，并在新的定位下实现自己价值的厂商才能演绎出一部新渠道传奇。从技术、产品的研究开发和解决方案的提供，到渠道策略的调整，华为在网络产品领域一直都在不断创新发展中。在一个多变的环境里，只有善于应变并能抢在市场变化前面的人才能赢得发展先机，这也正是华为的成功之道。所谓变为先，先为胜。华为的新渠道构架启动于先，以适合数据通信产品这样技术复杂的市场领域。

当分销渠道体系建起来之后，还有一些销售人员出于习惯，总是忍不住自己去签单。华为明确提出，决不能让直销进渠道，一定要保证分销商的利益。谈客户可以，但签单一定要让分销商去做。

在建立渠道的同时，华为以提高整体产品质量等措施来吸引最终用户接受华为的产品。通过最终用户对华为品牌的认可来争取集成商和分销商，逐渐打开了分销渠道格局。到 1999 年 10 月，经过一年多的努力，华为的渠道建设取得了初步成果，在全国建立了七大代理销售体系，发展了三十几家代理商，低端产品的分销网络基本建立起来。华为利用其在全国的 33 个办事处和 35 个用户服务中心，在及时供货、提供备件等方面支持当地的分销商和代理商。

在华为脚踏实地的努力之下，华为产品开始获得市场认同。这时国内知名的几家总代理开始与华为洽谈合作，这使华为产业链上进行价值交换的合作企业阵容进一步扩大。

1998 年 10 月，华为公司渠道拓展部成立，开始正式建立华为的渠道体系。尽管困难重重，但华为的目标很明确："渠道建立是第一目标，销售业绩还是其次。"一定要在进入市场的初期，严格按照网络市场的规则，建立起完善的渠道体系。在招募经销商的过程中，华为把门槛调低，不论规模大小，只要愿意代理华为的产品就可以加入。

华为的渠道理念是："合作共赢，耕耘收获。"

合作共赢——通过渠道体系的建立、支持、管理，建立和谐的渠道环境，确保客户、华为、渠道的共同长期利益。

耕耘收获——鼓励渠道对市场的长期耕耘，以及华为品牌在行业市场的长期树立，持续为渠道、客户创造最大价值。

按合作伙伴的自身运作特点、市场覆盖能力以及与华为的合作方式，定位成一级渠道：产品总经销商，一级经销商；二级渠道：金牌认证经销商、银牌认证经销商，项目经销商两层。

一级渠道：具有覆盖全国的渠道销售网络，负责产品的分销业务，负责面向用户及二级渠道提供华为产品技术支持、演示测试、品牌支持等工作。承担华为产品的总体销售目标。

二级渠道：负责授权区域行业的客户平台建设，承担华为授权区域行业产品的销售目标；负责向用户提供华为产品的售前技术支持、品牌支持工作。向授权项目的最终用户或合作伙伴供货。

（一）分销的建立——华丽转身

1999 年初，擅长电信直销模式的华为公司宣布正式进入数据通信网络产品领域，这是华为探索分销模式的开始。

任正非是一个危机意识极强的企业家。当华为度过了死亡风险极高的创业期，进入快速发展轨道的时候，他已经敏锐地意识到华为的不足。

再加上正式向国际市场发起进攻之后，发现随着客户群体的不断扩大，企业需要一种能为不同客户提供有针对性的全面的产品解决方案。因此果断改变了直销这个一直是华为销售生命线的渠道策略，转而寻求制定一条新的销售渠道。经过不断完善改革，最终形成了分销商供应渠道模式。

华为准备培养一批中小分销商，熟悉华为，了解华为的产品，真正能把华为的产品推向市场。在华为的渠道计划里，发展中小分销商绝不是一时的权宜之策。华为要与他们共同成长，建立一支有战斗力的团队。基于这种思路，华为在对代理商的支持和培训方面，从一开始就下了很大工夫。

1999 年 10 月，华为第一个代理商级授权培训中心在北京成立，同期开展面向特约代理商和最终用户的培训工作。

2001 年，华为大幅度调整了分销模式，从平面型的区域分销体系调整为一级、二级渠道这样的大众化模式。华为拟用两三年时间建立一个规模化且具有高品牌知名度的分销体系。

为了用分销更好地开拓国际市场，华为已将分销模式提升到公司发展的战略高度，并推出了具体的调整措施。其中最引人注目的就是成立华为公司分销管理委员会。经过十多年的努力拓展，华为已经成长为一个全球化公司。目前，华为在海外设立了 22 个地区部，100 多个分支机构，可以更加贴近客户，倾听客户需求并快速响应。

（二）引入大分销商——渠道变革

任何市场在发展到一定阶段之后都一定要细分。华为认识到一个企业要成为自己领域内的领导者，就必须在核心价值上超前于其他竞争者，也就是通常所说的"形成核心竞争力"。这就要求企业将自己的全部精力投入到提升核心价值中，否则战线拉得太长，必定将自己拖垮。而通过与分销商的深入合作，华为可以提高整个渠道成员的技术实力，可以满足不同用户、不同技术深度、不同反应速度的需求。

在"2001 年阳光行动"中，华为推出的主题就是合作。在华为看来，这是一个合作的年代，每一个社会单元都有其核心价值，渠道也是如此。厂商的价值在于产品、技术的供应上；经销商的价值在于产品流通和客户需求采集上；系统集成商的价值在于方案集成和客户个性化需求满足上；独立软件开发商的价值在于对方案的丰富和业务外包的承接；还有服务供应商的价值在于本地服务的供应上。这些价值，对于客户而言没有孰重孰轻，都是相当重要的。只有把这些价值有机地结合在一起，才能给客户带来最完善的服务。厂商由于是价值产生的源泉，负有责任把这些力量集合起来。这只是责任，而不是权力。而且合作过程就是价值实现的过程，每个角色在价值交接的时候是互相影响的，没有谁控制谁的可能。如果出现短板，那么价值将在传递中流失很多，对于客户而言是损失。所以，"以客户为中心"的理念不光体现在产品设计上，还体现在渠道建设上。

于是华为在分销线上引入大分销商加盟。高级分销商港湾网络、和光两家 IT 知名分销商首次成为华为的合作伙伴，并全面负责华为所有网络产品在全国的销售及渠道建设。行业线上，保留高级认证代理商和一级代理商，分别负责面向区域行业项目和全国性行业大客户的销售。

从厂商到消费者，从研发生产到销售服务，在整个供求价值链上，华为的核心价值就在于多年专注于网络的技术沉淀及人才积累。但光有产品是不行的，必须得卖出去才能形成市场。分销商及 SI、ISV 等的核心价值就是对市场的准确把握和强大的客户资源，这也是产品销售的关键。华为希望借助他们的力量将自己的产品及服务带给更多的用户。现在，企业网用户面临一天比一天严峻的市场竞争，当成本在一定水平之下时，他们对效率更为重视。

三、扁平化和立体化结合

华为的这个销售渠道经过扁平化处理，进一步加强了渠道功能的细分以及行业的覆盖率。代理商之间没有绝对的从属关系，享受同样的政策优惠，均依靠业绩积累和周转获得与华为产品品牌、性能、服务水平相当的利益。

虽然"渠道扁平化"概念一段时间内非常为人们所推崇，然而无论对华为还是对用户来说，渠道都是一把双刃剑。扁平化无疑是对成本的单一追求，但现在用户同样面临一天比一天严峻的市场竞争。当成本在一定水平之下时，他们对效率更为重视，要找到成本与效率的最佳组合。在这种情况之下，华为摒弃了"渠道扁平化"的流行概念，放弃了对成本的单一追求。

华为的网络产品渠道调整就是希望能在扁平化与立体化之间找到一个平衡点，在成本与效率之间占据最佳结合点，建立富有弹性的多样化渠道体系。引入大分销，借此进一步简化渠道管理、改善物流，使坚持技术导向的华为更专注于企业核心竞争力的提高和核心技术的创新。而加强与各级代理商的合作，可以更好地提高对金融、公安、财政等行业用户和中小企业的产品供应和服务质量。

新的渠道构成也是在扁平化和立体化之间找到一个结合点。立体化的服务体系既可以满足用户不同技术深度、不同反应速度的需求，同时也与分销体系有许多共同点。换句话说就是，正是由于服务不能扁平化，才需要渠道去支持针对性服务的实现。

四、完成产业链战略布局

"以农村包围城市,最后夺取城市"的打法,是华为任正非运用毛泽东思想指导企业发展的战略战术。

就在华为开始创建渠道的同时,华为也开始了自主技术创新。如此一来,它对华为产业链战略布局意义重大。

1990 年,迫于形势,"逼上梁山"的华为开始自己组装交换机。

1993 年,华为开始自主研发更高技术水平的程控交换机。此时此刻,华为的销售队伍已经在全国形成网络。

多年前,全球大多数国际电信巨头已经大举进入中国,并且盘踞在中国各个省市。华为要与这些拥有雄厚财力和先进技术的百年巨头直接交火,不啻以卵击石。更为严峻的是,由于国内市场迅速进入恶性竞争阶段,国际电信巨头依仗雄厚财力,也开始大幅降价,妄图将华为等国内新兴电信制造企业扼杀在摇篮里。熟读毛泽东著作的任正非,采取"敌进我退""敌退我进""避实就虚"的战术,选择"以农村包围城市,最后夺取城市"的市场进攻策略,先占领国际电信巨头兵力有限、无法深入的广大农村市场,稳扎稳打、步步为营。最后总攻城市市场,与跨国巨头刀兵相见、决一死战。

电信设备制造是对售后服务要求很高的行业,售后服务要花费大量人力、物力。当时国际电信巨头的分支机构最多只设立到省会城市以及沿海重点城市,对于广大农村市场无暇顾及,而这正是华为这样的本土企业的优势所在。另外由于农村市场购买力有限,即使国外产品大幅降价,也与农村市场的要求有段距离,因此国际电信巨头基本放弃了农村市场。

事实证明,"以农村包围城市"的战略不仅使华为避免了被国际电信巨头扼杀,更让华为获得了长足发展,培养了一支精良的技术与营销队伍,造就了一支研发团队,积攒了打城市攻坚战的力量。因此,虽然当年与华为一样代理他人产品的数千家交换机公司,以及随后也研制出类似程控交换机的中国新兴通信设备厂商纷纷倒下,但华为在农村市场的广阔天地依然大有作为。

为了使分销商这个销售渠道保持畅通，华为对渠道合作伙伴在市场推广、技术培训等方面也给予了更多的激励和支持。

2002 年 2 月 2 日，华为召开"华为网络 2001 年渠道表彰大会"，一大批华为合作伙伴受到表彰，并获得华为发放的金额从 5 万元到 25 万元不等的奖励。

在对代理商进行表彰的同时，华为还宣布正式实施"2002 阳光商业计划"，出台专门针对代理销售人员的"阳光里程俱乐部"表彰计划。这一计划是华为在渠道推广中实施的激励机制，所有华为认证代理销售人员都可以参加俱乐部并成为会员。这些销售人员的业绩都会赢得积分，根据积分多少，会员可以从基本会员晋升为银牌会员，乃至金牌会员。根据他们的业绩，华为再对其进行各种不同等级的物质奖励。

"2002 阳光商业计划"实施后，得到了合作伙伴的肯定与支持，渠道销售取得很大进展，对华为市场拓展起到了很好的推动作用。

在此基础上，华为企业网事业部随后又推出了"勇士计划"，对开拓空白行业的合作伙伴进行奖励。该计划奖励的对象为华为公司企业网络产品省级未实现销售行业的第一个项目订单。

2003 年 6 月 24 日，华为首次启动针对渠道代理商的一系列技术培训，此举的目的是通过对渠道商的技术培训，既提高渠道代理商的技术服务水平和竞争力，又增进与渠道代理商之间的沟通交流。

2003 年，华为数据通信产品在国内市场的销售额达到 28 亿元。赛迪数据显示，当年华为路由器、以太网交换机在国内市场分别占据了 21.6%和 21.2%的市场份额，此时思科的对应份额下降为 41.6%和 29.5%。这意味着思科在中国数据通信领域的绝对垄断格局被打破，华为在中国网络 IP 领域领军者的地位初步奠定。

2004 年，经过改革后的华为通信产品销售渠道基本完成战略布局，销售量稳步上升，已经具备冲击海外市场的实力。

1998—2008 年，是华为历史上最开放的 10 年，或者说是华为向西方全面学习的 10 年，华为与全球 700 多个运营商建立了合作伙伴关系。以 IBM 的 IPD、ISC 变革咨询为主轴，华为在多个方向与美、欧、日十多家咨询公司开展合作，全面打造和提升适应国际化市场的管理平台。

这些年来，华为广泛开展世界范围的技术和市场方面的合作，与包括竞争对手在内的国际大公司建立战略伙伴关系。先后与 TI、摩托罗拉、IBM、英特尔、朗讯等公司成立联合实验室；在印度、瑞典、俄罗斯等国设立研究所；同时也与客户建立了十多个联合研究所，其目的主要是共同研究客户需求；与西门子、3COM、赛门铁克等成立了合资公司，以推进在技术和市场两方面的优势互补。

任正非为此曾总结道："这些年，我们一直在跟国际同行在诸多领域携手合作，通过合作取得共赢，分享成功，实现'和而不同'。和谐以共生共长，不同以相辅相成，这是东方古老的智慧。"

五、"云管端"一体化

2012 年 10 月 31 日，华为在深圳举办了"2011 华为云计算大会暨合作伙伴大会"，来自全球的一千多名华为云计算合作伙伴和客户前来参会。此时，距华为正式宣布其云计算战略不到一年。

会上华为公司正式发布了"云帆计划 2012"，首次明确了华为云计算三大战略：大平台、促进业务和应用的云化、开放共赢。

华为的云计算形成了两大鲜明特色：一是注重业务和应用的云化，强调为客户带来实际的价值。

如今，华为云计算解决方案已经在电信、政府、医疗、教育等多个行业实现了规模应用。

华为云计算的规划中有一个很有特色的"灯塔"项目，该项目包含"办公云""健康云""信访云"等。而在继续打造"灯塔"项目的同时，华为还进军战略性项目、可快速复制项目等不同类型的云应用，整合自身优势资源促进各行业应用向云端迁移，重点推动云计算在电子政务、医疗、教育、物流等领域"行云布雨"。

云计算给华为带来的改变，不仅仅是技术上的变革，或者是业务上的拓展，还包括观念上的革新。就如任正非所说，华为不能再做"黑寡妇"。"现在华为要开放，要像黄河、长江、密西西比河一样，任雨水在任何地点、以任何方式流入都是一样的方便接入。我们在风起云涌的云业务上，要更多地包容。我们永远不可能独自做成功几朵云，千万朵云要靠千万个公司来做。"也就是说，与产业链上的合作伙伴大规模进行价值交换，最后实现共同的价值诉求。

华为之所以能在其成立的短短 20 多年的时间之内，超越思科、诺基亚、西门子、阿尔卡特、朗讯等全球知名企业，靠的正是华为人的奋斗精神。

华为成长的过程历尽艰辛。作为新兴企业，华为没有太多外界的资源可以依赖，因此一直保持着"独立自主""艰苦奋斗"的作风。这种埋头苦干的精神确实为华为积累了在技术、成本等多个领域的优势，但是这也容易让华为形成相对闭环的观念，以为靠自己就可以战胜一切困难。但是在华为走向海外，逐渐发展壮大之后，越来越发现让外界了解自身的必要性。

所以，云计算不仅推动华为走向开放，更为其走向开放提供了契机。

云计算是整个 IT 行业的革命，包括 IT 硬件、软件、解决方案等各类企业均是其中的参与者，华为无法以一己之力完成云计算的革命。在企业业务市场和终端业务市场，华为的积累不够深厚，很多时候都需要借助合作伙伴的力量。因此，以开放为旗帜，聚集产业链资源，就成为华为云计算战略的题中之义。

华为启动的"云帆计划 2012"特别强调了开放共赢，与合作伙伴共同为各行业提供最丰富的信息化解决方案，构筑共赢的生态链。

2011 年 8 月 3 日，华为与深圳国家高技术产业创新中心、中国电信深圳分公司、中国移动深圳分公司、中国联通深圳分公司、金蝶国际软件集团、深圳迅雷网络技术有限公司、国家超级计算深圳中心、中国科学院深圳先进技术研究院、哈尔滨工业大学深圳研究生院等单位共同发起成立了深圳市云计算产学研联盟，实施"鲲云计划"。该计划致力于推进云计算创新解决方案的试点，促进重大公共技术的研发，推动知识产权管理与标准化，加强认证检测与集成互通测试的服务，加强专业人才的培养。就此，华为与产业链合作伙伴的合作更加走向深入。

在整个 IT 行业面临 CT（通信技术）向 ICT（信息通信技术）的转型之际，华为云计算战略是华为实现向 ICT 转型的重要推手。

华为聚焦 ICT，在电信网络解决方案的基础上制定了云计算解决方案以及终端战略，形成"云管端"（云计算、网络、终端）的端到端 ICT 解决方案，从而形成了华为云计算的一个鲜明特色，即"云管端"一体化。

华为将云平台解决方案命名为"SingleCLOUD"，"Single"之意即是统一。华为云计算要实现"软件与硬件的解耦"，改变过去特定软件使用特定硬件的做法，实现所有的软件共享所有的硬件资源，从而提高硬件资源的利用率。

实际上，"统一"是整个云计算的核心理念。只有实现软硬件资源的统一调度，才能最大化资源利用效率。这一理念也体现在华为的"云管端"一体化战略中。

云计算的实现，"云"固然必不可少，"网络"和"终端"也是实现云计算的必要设施。华为在"管道"领域有多年的经验积累，技术已经非常成熟。在"云"端，华为有多年建设数据中心的经验，而且华为也推出了自有品牌服务器，在云端持续发力。近年来，终端成为华为新的聚焦点。

华为在终端领域推出了智能手机、移动宽带产品，以及包括平板信息机、家庭多媒体终端在内的融合类产品。随着华为终端销量的持续上升，华为终端产品已经渗透到很多消费者的日常生活之中。借助终端的用户，华为可以通过后台的"云"以及网络"管道"为终端消费者带去更多更丰富的服务。例如华为的 Vision（远见）手机作为华为云手机的代表产品，通过华为云，可以实现短信转移、信息擦除的远程管理、160 GB 超大存储空间和安全备份等功能。

在 IT 领域，像华为这样业务遍及云端、网络"管道"和终端领域的企业并不多。以苹果为例，苹果虽然在终端领域非常强势，但是在"管道"领域并不具备优势。华为的"云管端"一体化战略能够实现充分的业务协同，体现出综合性竞争力。

不过，华为的"云管端"一体化并不是一套封闭的体系。在云计算解决方案的提供上，华为也积极与合作伙伴合作，提供最具竞争力的云计算解决方案。就像任正非所言："我们要保持'深淘滩、低作堰'的态度，多把困难留给自己，多把利益让给别人。"

在云计算业务上，华为的步伐很扎实。但业内人士指出："稳扎稳打的思维能否适应 ICT 领域的瞬息万变？在向 ICT 转型的过程中，华为仍然面临很多挑战，并且其电信设备商的基因很难在短期之内改变。为此华为还需要去适应，去调整。"

不过，这位业内人士也对华为的未来表现出乐观态度："所幸的是，华为站在了一个正确的起点上。华为一向是一家善于创造奇迹的公司，在转变的关键时刻，华为能够再一次证明自己！"

办公司就是办人 VS 以奋斗者为本

第三章

柳传志的 "管理三要素"

一、搭班子——善于选用 "街上的人"

大家耳熟能详的是，柳传志在许多大型公开场合演讲时，曾屡屡介绍联想管理三要素。而媒体也曾反复报道联想的管理三要素，因此企业界几乎人尽皆知。

按照联想方面的诠释，"搭班子" 是指企业建立以总裁为首的战略领导核心，包含最高层领导班子及各级领导班子。这个班子有集体智慧且德才兼备，能进行战略设计和科学决策；能发挥个人专长同时又能优势互补，形成集体的力量；能分工协作，快速实施，办成个人能力所做不到的事；能带队伍，培养出各级干部梯队，使联想的事业后继有人，保持事业的稳定和可持续发展，形成团结向上的管理文化；能不断相互学习交流，取长补短，完善提高自我；有统一的意志和规范；有共同的行为准则。班子是联想发展的中坚力量。战略要靠班子来制定，队伍要靠班子来带，所以搭班子是三要素中第一位的，班子不和，什么事都做不成。

搭班子的主要内容包括：一把手是有战斗力的班子的核心。一把手应该具备什么条件，应该如何进行自身修养？一把手应该如何选择班子的其他成员，其他成员不合标准怎么办？班子的成员如何进行考核？没有一个意志统一的、有战斗力的班子，什么定战略、带队伍都做不出来。宗派是阻碍班子团结的绝症，要杜绝一切可能产生宗派的因素。

据介绍，联想的搭班子事实上就是要建立一套集团领导的机制来克服由于个人领导可能带来的弊端。柳传志曾说，"自己再怎么能干，也比不上李勤、杨元庆、郭为大家在一起能干。集体的智慧绝对是重要的。"柳传志说他把班子看成"一种制约"。"第一把手要能够知道建这个班子就是为了制约自己的，重要的事情要人人都知道。小的民营公司一把手将财务控制在自己一个人手里，什么事都不对别人说，这很容易造成相互猜忌与不团结。"

据报道，为了避免这种情况，联想规定：第一，公司的大事必须经过讨论，执委会的每一个人都要知道；第二，所有的话都摆在桌面上，为了贯彻这一点，认定之前说的话完全不算数；第三，坚决不允许宗派的出现，为了杜绝宗派，联想实行高层干部互相调换，避免拥兵自重，不知道老板是谁，不知道公司大的目标，只知道小部门的利益等情况的出现。另外，一旦发现宗派，不惜经济利益一定要把毒瘤切掉。联想认为及早处理的只是一小块，若不忍痛切除，大了以后损失会更大。联想是要办成一个长久发展的企业，而不是企业家自己的企业。

据介绍，对于联想班子的特点，柳传志认为联想这个中国企业的班子成员与美国的职业经理人是不同的。美国的职业经理人做到了高层，就有这样的认知："我能够从一个公司跳到另一个公司，到哪里都是这样的身价。"联想要求员工有"三心"：基层的普通员工要有责任心；中层员工要有上进心，去追求良好的工资待遇、广阔的个人发展空间；到了公司的高层领导，就应该具有事业心。柳传志说，杨元庆、郭为、朱立南这些人就等于卖给了联想，他们的认识是："联想的事业就是我的事业，联想的成功才是我的成功。"只有有了这样的感情，他们才能抵御得住其他公司来挖人。这是中国一种特殊的情况，也是与其他企业，甚至是国外大企业的不同之处。

联想认为，在管理三要素中，排在首位的是搭班子。不论在什么情况下，班子的团结永远是企业发展的首要条件，而宗派是形成团结班子的一个障碍。为杜绝一切可能产生宗派的因素，联想确定第一把手是一个有战斗力的班子的核心，并对一把手应该具备的条件、自身修养、如何选择班子的其他人员、对其他成员不符合标准的处理办法、班子成员如何发挥作用、班子成员的考核标准等问题举办过高级干部研讨班进行过培训。有了一个意志统一、有战斗力的班子，才能谈定战略、带队伍。

（一）选人打破常规

关于柳传志选人用人，在联想的老东家——中科院计算所流传着这么一个带有调侃意味的传言："柳传志善于选用'街上的人'。"此话的意思是说，柳传志用人与众不同，没有完全秉承中科院的"传统"，选拔人才不拘一格，敢于聘用社会人才并委以重任。比如杨元庆、孙宏斌等，都是社会招聘人才。

1988 年 5 月，联想在《中国青年报》要闻版刊登招聘广告，首次面向社会公开招募人才。包括杨元庆在内的一批新毕业的大学生和研究生加入了联想，为企业注入了活力，并伴随联想一路成长，成为联想发展的中坚力量。

通过公开招聘，联想在社会上延揽了大批优秀人才，他们在联想的后继发展中发挥了不可或缺的重要作用。

2015 年 1 月，笔者前往中科院计算所，就联想方面有关话题采访了一位在计算所工作了十多年的人士，这位人士向笔者透露了上述传言。据介绍，中科院有"近亲繁殖"的很多例子，往往导师开公司，对学生委以重任，而社会上的人才——"街上的人"，是很难进入法眼的。而柳传志却没有遵循这些条条框框，敢于打破常规、择优选拔人才，这是柳传志在管理方面取得相应成就的重要原因。

当年在中科院，技术研发才是正道，主流文化崇尚的是科研"国家队"。因此下海经商办公司属于旁门左道、"不务正业"。如果下海办公司失败，在院里面是很没面子的事情。"中科院有国家一流技术，但产业化做大是短板，理念不符合运营办公司，而柳传志的做法恰恰弥补了这个短板。20 世纪 80 年代，中科院办过很多企业，但大多没有办成，只有联想最突出。"这位有着经济学博士头衔、在国家重量级科研机构中科院计算所浸淫十多年的人士，对计算所、中科院知根知底。

（二）内部人才依然看重

需要补充说明的是，柳传志善于选用"街上的人"，并不意味着排斥内部的人。事实上，笔者在采访计算所另一位退休老专家时获知，在柳传志担任联想第二任总经理后，联想各部门负责人，大多数是早期联想员工、计算所员工，以及中科院员工。比如高级工程师刘金铎，原是计算所政治部的，后来参加了联想汉卡的研究工作，曾任中科院计算所六室助理研究员，再后来担任联想集团公司业务三部总经理。此后调任公安部计算机安全监察局，任图像处副处长。

据媒体报道，柳传志在研读《基业常青》后颇受启发，发现从内部挑选接班人的企业更成功。用他自己的话来说，除了职业经理人的角度，内部选拔出的高管对工作有一份事业的感觉。而杨元庆则兼具"街上的人"与内部挑选的接班人的特点。

（三）建班子的要旨

据媒体报道，联想管理三要素第一个要素是：选拔德才兼备的管理者组成领导班子，班子内部形成纵向和横向分工，倡导"有话直说"和"有话好好说"，以群策群力的方式实现理性决策和高效执行，对一把手形成制约，提升领导层威信。

据披露，在柳传志看来，不论传统企业还是互联网企业，一把手永远是决定企业成败最关键的因素。怎么判断一把手的素质呢？有三条：一是得有高远的目标，拼命往上奔；二是要有坚忍不拔的意志，咬定青山不放松；三是学习能力，能跟得上时代，学习能力本身包括了人的胸怀、情商。评论杨元庆是行还是不行，包括我在内，都还早点。你也不能说某一个企业一下到了高峰的时候，你就认为这个企业真怎么样，也许一个浪就下去了。如果前面有历史证明他经过低谷还能爬起来，你还真得高看他一眼。我对杨元庆还是高看一眼，希望他能够把这个事琢磨得更透。

二、定战略——注重"势"的选择

资深媒体人士、传媒学博士张涛在其著作《柳问 柳传志管理三要素》中这样诠释"定战略"——"注重'势'的选择"。

曾担任过柳传志 8 年助理的张涛认为，"定战略"是指公司各级领导干部要有大局观念，要学会长远考虑，形成发展目标以后要学会分解成具体的战术步骤和实施策略，并在发展过程中不断调整。联想在学习西方企业的过程中，通过自己的具体实践，总结出一套制定战略的方法，而且进一步把它们分解为一个个具体步骤推进下去。

据介绍，联想定战略分为以下五个步骤。

第一步是确定公司远景。联想早期确定的公司远景就是：做大规模的、长久的、高科技的联想，将联想做成一个百年老店。新的时代和环境下，新联想少帅杨元庆描绘未来的联想应该是：高科技的联想、服务化的联想、国际化的联想。

第二步是确定中远期发展战略目标。公司目标的长短各有不同，计算机领域的一些核心技术还掌握在别人手里，联想需要根据形势的发展不断调整自己的战略目标。2001 年新联想成立时宣布：确定在 2010 年进军世界 500 强。联想率先为中国人圆了这个梦。

第三步是制定发展战略的总体路线。这是制定战略比较重要的部分，有很多具体步骤。一是制定前的调查和分析。首先是外部的调查分析——世界和地区的政治、经济方面的调查分析，本行业的状况和前景的分析。二是内部资源能力的审视，包括形成价值链各个环节的分析、核心业务流程的分析、核心竞争力的分析等。三是竞争对手的分析和比较。分析竞争对手的战略、实际情况等。调查分析之后就是制定路线。

第四步是确定当年的战略目标（总部和各子公司的），并分解成具体战略步骤操作实施。

第五步是检查调整，达到目标。

联想把制定战略分为五步，明确了要达到中长期的目标到底走什么路，进一步怎样在中长期目标的指导下确定当前做什么或者不做什么。

制定企业的这种战略路线很重要。联想成立之初，整个创业团队处于彷徨状态，大家都不知道企业的发展方向，而摆在面前的棘手问题是如何生存下去。

2009 年 11 月 16 日，联想首任总经理王树和接受《每日经济新闻》采访，回忆当时的情形时说："当时有的人要卖旱冰鞋，有的人要做收音机，有的人要卖电子表，还有的人要做计算器，货都已经进了。"

事实上，有人曾把一双旱冰鞋挂在公司会议室，但仅仅半天就被领导制止，责令取下。

大约在混乱的状态下运行了一个多月，作为总经理的王树和感觉不能再这样下去，便对所有人说："我们是计算所的公司，就应当卖计算机。"从此才正式确定计算所公司的发展方向和发展道路。

创业初期，总经理王树和、副总经理张祖祥和柳传志等人整天都在办公室加班。在讨论公司的发展问题时，他们觉得计算所第六研究室的副研究员倪光南研发的汉卡不错。

当时倪光南已经在和信通公司合作生产汉卡。对此王树和回忆道："计算所公司成立后，我带着柳传志邀请倪光南来做总工程师，后期的汉卡才主要由我们来做。"

1984 年 12 月，倪光南被邀加盟计算所公司并出任总工程师，成为计算所公司最早的创业员工之一。

至此，计算所公司形成了完整的创业团队领军阵容。之后所内约 130 名科技人员陆续加入，形成强大的科技创新力量。于是联想以开发汉卡起家，挖到第一桶金。再自己设计 PC 主板，开发出联想微机，创立了自己的品牌。从此按照"技工贸"战略实施企业发展规划，在公司运营的头十年，创造了无数 IT 辉煌，进而成为中国民族 IT 业的一面旗帜。

1995 年 5 月，联想集团总裁办公室发布《联想之路百题问答》。其中第 35 题问，"联想集团在发展进程中的第一个战略目标是？"答："建成技工贸一体化的产业结构。"可见，联想在创建的初期，以"技工贸一体化的产业结构"作为企业发展战略。

三、带队伍——锤炼能征善战的团队

无论是媒体报道，还是联想的宣传资料，以及柳传志本人的介绍，都强调带队伍跟战略制定是密不可分的。在制定战略路线前，要审视公司内部的资源能力，这个主要体现在带队伍方面。带队伍实质上有这么几件事：第一、如何调动人的积极因素，激励措施是什么。第二、光调动是不够的，员工没本事也不行，怎么去培养他，发现新人，培训新人。第三、怎么能够有序地工作，也就是说，怎么使机器有序地协调，效率高，这是企业的组织架构、规章制度方面的问题。

据悉，联想的带队伍由五个方面组成，第一是企业的架构，第二是规章制度，第三是企业文化，第四是激励方式，第五是培育人。柳传志对规章制度与企业内部的一些原则特别重视，他特别强调做事的时候，如果定规章的话，要先简后繁，不定则已，定了就一定要做到。

柳传志在介绍联想管理三要素，谈到带队伍时曾披露：我们在公司成立之初定了几个天条。天条的意思就是谁违反了都绝对不行。到现在已经形成了联想的一项项制度，这些制度定下以后一定能做到，从1990年到现在绝没有虚说的情况。像开会不许迟到，这本来是个很小的事情，但是在我们这里要求得特别严。因为开会的机会太多，要是总有人迟到的话，很多事情那就议不成了。所以我们定了规矩：只要你不请假，不管多重要的事情，那都不能迟到，迟到就要罚站，罚站就一定要站一分钟。罚站的方式是把会停下来，大家看着你站一分钟，像默哀似的很难受。第一次被罚的是我们的一个老领导，原来计算所科技处的处长，很好的一个同事，他第一次开会就被罚了。罚的时候我跟他说，老吴你今天赶上了，你今天就非站不可了，很对不起。今天你在会上站一分钟，晚上我到你们家我给你站一分钟。他站了一身汗，我也出了一身汗。但这个事情就这么坚持下来了。我自己这么多年被罚过三次，其实应该讲成绩很不错了，因为我开的会多。也有很多意外的情况发生，比如说我被关在电梯里边了，没人能够通知你，去通知请假，这种情况都可能发生的。但是为什么要说这个事难呢？定这个制度的时候，联想才几百个员工，今天一万多人了。这些年轻同事，从大学毕业出来，从社会上来，谁会把这样的制度当个事呢？迟到不是很平常的嘛。因此必须经常宣传，还年年就有被罚的，年年就有很尴尬的场面，这样一件事情才能进行得下去。所以规章制度的事情，做了就要非常认真地执行并宣传。

柳传志在谈到联想企业文化时，曾介绍联想的"入模子"。他表示，联想强调要"入模子"，就是要把员工个人的追求与目标融入到企业的事业目标之中来。那么大家说这还叫以人为本吗？我们认为这依然是以人为本。因为在一个企业，员工不把自己融入到这个企业之中，这个企业就不能形成力量。但是企业这个模子是可以通过员工来改造的。我们公司内有不少国外来的人，还有160多个是清华大学毕业的，其中MBA大概有十几个。这些年轻同事到了我们这儿以后，都在改造模子上起了很好的作用。模子是我们大家的。但是你进来以后，不肯按照模子行事那是不行的，所以这一点是我们的一个特殊要求。

关于联想的激励方式与企业文化方面，据联想前员工回忆，联想推崇的是日本式的企业文化。它要求大家把企业当成自己的家，当然同时也给所有人提供一种家的温馨和庇护。联想教育职工看长远的发展，鼓励职工要有责任心、上进心，干部们还必须有事业心。

据媒体报道时援引柳传志的观点说，联想相当重视对职工的承诺。当年他本人为了给职工兑现奖金，不惜违背税务制度而遭罚。联想的逻辑是你拼命干，只要干出成绩，公司是不会吝惜钱、职务和股票的，像杨元庆他们本身就是例子。联想的奖惩体系也倾向于长远，比如工资，联想的基本工资并不高，但是如果公司完成任务，每个人都有相当于15个月的工资。还有股票期权的分期兑现，也是鼓励员工看中长远的。4年以上的老员工，还会享受到公司提供的免费出国旅游一次，并且每隔4年一次。联想的口号是：把员工的个人发展融入到企业的长远目标中。所以联想"新人"的流动非常大，而两年以上的老员工，特别是那些有一定职务和拿到股票期权的人，离开联想的就非常少了。

不过说到"当年柳传志为了给职工兑现奖金，不惜违背税务制度而遭罚"，其实还有更惨烈的牺牲者、无名英雄。这位更惨烈的牺牲者、无名英雄就是联想早年的合作者、"联想"品牌的首倡者、广东省科学院实验工厂厂长王少才。

据联想前部门负责人回忆，联想在总体上，至少从20世纪80年代和90年代走过的道路看，是希望自己成为一种类似日本模式的公司，而不是英美或者中国香港式的。它希望公司能吸引每个成员，使他们热爱公司，以公司为家。而公司也能认真地把职工看成联想家庭的一员。虽然联想也有末位淘汰一说，但是公司要开除一名员工，需要一个很严肃认真的过程。除非违反纪律被公司开除的，能力或者其他方面有欠缺的员工，不是被经理直接辞退，经理甚至总经理都没有这个权力。

由于联想开掉一个人如此复杂，同时又由于联想每个员工的成本相对较高，包括员工的办公设备、工薪、福利和摊到每个人头上的培训费、部门活动费、会议费等，联想 2000 年的人均成本据说达 20 万元。因此联想在进人问题上非常慎重。同时对每一个"新人"都精雕细琢，希望他不仅适应岗位的要求，而且能够认同联想的企业文化。而文化认同的"同化过程"，主要是经过"入模子"实现的。

所谓"入模子"，根据《联想之路百题问答》第一百题的解释是："要求联想员工遵守公司的规章制度和行为规则，认同联想的信念、奋斗目标和联想精神，把个人的意志、情感和需求自觉融入到联想的事业中。"

关于"入模子"，柳传志有一句名言，大意是：爬喜马拉雅山，可以从南坡爬，也可以从北坡爬。但是联想一旦决定从北坡爬，大家就不要再争了。哪怕北坡看似更远、更陡、更危险。他的意思是，企业里所有的制度不是用来讨论的，而是用来执行的。

据相关报道以及联想资料表明，"入模子"是联想员工的典型台词。它是"为新员工融入联想，在联想的鱼缸里自由游动"而开设的相关培训内容。

"入模子"，顾名思义，是说职工必须进到联想的"模子"里来，被塑造成联想的理想、目标、精神、情操、行为所要求的形状。联想主要从两个层次开展对职工的"入模子"教育。

对于一般员工，联想有个"入模子"的基本要求，就是要按照联想所要求的行为规范做事。联想的行为规范主要指执行以岗位责任制为核心的一系列规章制度，包括财务制度、库房制度、部门接口制度、人事制度等。执行制度是对一个联想员工最基本的要求。

各种制度有效地制约着企业的运行。按照联想职工"入模子"的基本要求，职工从开始受到压力"入模子"，到习惯成自然的过程，"这个过程就是联想全体员工素质提高的过程"。

对于联想的管理骨干，上述基本的"入模子"要求还不够，还要进入一个高层次的"模子"，包括以下几个方面：

其一，联想的骨干，尤其是执行委员会以上的核心成员，必须有牺牲精神。在公司遇到困难、遇到风险的时候要勇敢地迎上去，不许退缩，不许推诿。公司的核心成员在工作中需要付出很高的代价，在不为社会和周围所理解的时候，还要能忍受委屈，承受住巨大的精神压力，并且坚持不懈地把事业做到底。这就要求联想骨干胸怀宽广、任劳任怨、以事业为重、不计得失、不谋私利。

其二，联想的骨干，必须堂堂正正、光明磊落，不许拉帮结派，有问题摆在桌面上谈。"杨元庆就是一个'正'的人"，柳传志就是这样评介现任联想总裁杨元庆的。

其三，联想的骨干，必须坚持公司的基本准则，坚持公司的统一性，坚决服从总裁室的领导，不允许为了本部门的利益和别的部门造成摩擦。

有了上述几方面的素质，各部门就有可能形成核心，具备管好一个部门的首要条件。管好一个部门以后，才有可能担任更大的领导职责。

在所有的素质中，强调的是管理团队在培训和传承联想战略中的作用，这是联想对"干部"的模子要求。

从最初企业核心价值的提炼，到课程设计，再到上课培训，人力资源部都要求管理团队人员全程参与。高层经理参与培训可以了解员工困惑的问题，因为"探讨共同的问题，解决员工身边的问题，其实是特别好的沟通渠道"。

"人力资源是联想集团的企业核心，联想集团的一项使命就是为员工创造发展空间，提升员工价值，提高工作和生活的质量。"杨元庆说。其本质是加强"能者上"的激励，其另一面必然是"不能者下"的负激励。

"联想集团有一个通过企业文化创造良好环境的氛围，以公平、公正的态度作为评价员工的标准，有一个比较好的物质激励机制。"杨元庆说公司要发展，人才要进步。

而为员工设计的下一步比"入模子"的要求更高了。培训不仅仅配合公司战略和业务需要，而且要员工与公司协调发展是最难的，尽力做到"要为人才的成长铺设一条高速通道，不断开创新的业务，不断建设施展和提高员工才华的新平台"。

2015 年 11 月 18 日，《溯源中国计算机》读者座谈会在中关村品牌协会隆重举行，其间恰逢一位联想前员工与笔者比邻而坐，于是关于联想的话题在我们之间产生了。这位联想前员工对联想略有微词，因为她曾过关斩将经过九道关口，最后被联想聘用。可几个月后，她所在部门就被联想整体出售，让他们直接与收购企业签署聘用合同。"通过了九个关口啊！"在说到应聘联想的一番经历时，这位联想前员工依然感慨不已。

联想方面强调，联想的入模子是为了培养员工的下级服从上级、全体服从总裁的意识，这样才能形成团队的统一意志。大家朝着一个方向努力，有利于企业发展战略规划的顺利实施。

关于人才培养的问题。据有关资料介绍，联想在培养人的时候，要求德才兼备。

这个"德"特别强调的就是如何看待企业利益的问题。柳传志有一个"三心"的提法。即一般的员工要有责任心，人没有责任心什么事情也做不成。将来诸位去当经理了，你们下边任何一个人，最起码他得负责任。不负责任他说的话不算，事情就没法做了。高一层的人，也就是到了中层，就应该有上进心，就是他得为了工作而努力。到了最高层次的时候，仅有上进心是不够的，这时应该有事业心。你要为了一个事业，为了这个而奋斗。这个时候人才能有更大的牺牲精神，才能舍得牺牲。

"才"方面我们特别提出要善于总结和学习，因为不管你是做哪项工作的，它都有自己的边界条件。所以你做成以后，失败也好，成功也好，自身要善于总结和善于归纳，到底这个仗是怎么打赢的。凡是做到这样的人，他就有可能晋升。光能把事情做好的人，那是不够的，所以联想强调要能干会说。说本身不光是口头表达，而是善于归纳，这样的人就会得到重用。其实一流的人才，就是一个善于总结的人。

柳传志对于"做一个好的总裁要做到什么样"这个问题的表述是，总裁得明白自己企业里的事是个什么事。比如说像管理三要素，这个事情用一分钟你怎么表达，用三天三夜说怎么说？把厚书读薄了的方法是什么，这个你要明白，这是第一点。第二，总裁要明白，什么样的人能做什么样的事，哪个人在哪个环节上，他应该出现在什么位置上，他具有什么样的特点，这个你要清楚。第三，你手里边的人是个什么状况。你手里边的人和你想要的状况肯定不一样，这个你必须得明白公司内的关键人员的特性。第四，你用什么样的方法来使用自己手里的人，或者去发现更好的人才。把这几点做好了，总裁就当好了。

四、统一意志——打造斯巴达方阵

斯巴达方阵是指古希腊时期斯巴达人作战时士兵排列的一种阵形：方阵中每个人都身穿防护上半身的青铜盔甲，头戴铁盔，左手持圆盾，右手持长矛。作战的时候士兵排列为肩并肩的紧密阵形，最前排士兵一起将长矛放平，指向前方。后排士兵将长矛架在前排士兵的肩上，构成一面由长矛织成的墙壁，踏着一致的步伐像一座移动的大山压向敌人，将试图抵抗的敌人碾碎。没有复杂的变化，没有玄妙的机关，但是威力惊人，令对手胆寒，这就是斯巴达方阵。最初斯巴达人也尝试了各种阵形，如最初的三到五人一列，几百人一排的阵形，但是极其容易被敌人打散或截成几段。如同我们一些企业一样，经营战线拉得过长，消耗资源且无法凝聚力量。也尝试过"一字长蛇"的阵形，但就像我们企业过长的渠道或层级过多的管理一样，行动缓慢，力量薄弱分散。最终斯巴达军队才确定了方阵的阵形。斯巴达方阵具有极高的科学性、战略性与团队协作性。

方阵没有复杂的设计与过于精心的安排，甚至说是很简单，简单得有些纯粹。而往往越是简单的东西才越具有力量，越有效果。简单的阵法又容易被只知道战斗、不知道思考的士兵们轻松掌握，否则过于复杂的阵法就缺乏了可复制、可替换的特性。虽然斯巴达方阵看起来很简单，但是其力量既强大又玄妙。

虽然当时希腊很多国家都采用此类方阵作战，但只有斯巴达人把这种方阵的威力发挥到极致。因为斯巴达方阵的作战策略不同于其他军队，它不仅是一面坚固锋利的墙壁，更是一张灵活有力的大网。当方阵发动并向前推进时，几乎无人能冲破这个方阵。当方阵中某个局部被敌人冲破后，后面的人马上就会补充上去，使整个方阵不会出现混乱。而当敌人想撤退或溃散时，方阵又可以迅速变成一张大网，将敌人包围，或逐一击破，或围歼之。可以用"聚中有散，散中有聚"来概括形容斯巴达方阵的组织策略。

它巧妙地解决了大规模战斗中大量士兵参与导致的组织行动迟缓、失去灵活性，而过于灵活则使组织分散、失去了团队的协作力量这一矛盾的问题。无论团队多么分散都是一样的强，无论多么凝聚又都是那么的灵活，这样自然使对手无法匹敌。在当时的希腊甚至有人认为：斯巴达方阵是一支由神所带领的军队。这对于我们今天很多规模达到一定程度的企业来说是一个启示。我们很多企业组织庞大且臃肿，行动迟缓。而拓展分公司或分厂时又控制不利，每个个体各自为政，很难发挥协同的威力。斯巴达士兵可以在最短的时间内集结成整齐的方阵并发动进攻，局势需要时方阵又能迅速散开，战线半径甚至可以拉到几公里。这使斯巴达方阵在作战时可以根据情况随时灵活切换点、线、面的阵形，而战斗力与团队协作性并不会因为阵形的调整而受到影响。

斯巴达方阵能将聚散分合的战略发挥到极致的原因除高度的团队成员之间的协作外，还由"力""首""基""魂""钢"五项基础要素作为支持，使整个组织变得有情、有法、有文化、有梦想、有血有肉、有思想、有灵魂，成为一个具有高度智能的组织。

联想的"斯巴达方阵"按《联想之路百题问答》第一百零一题是指联想队伍的特点："即面对激烈的市场竞争，联想人要永远保持锐意进取、步调一致、纪律严明、奋力拼搏的精神风貌，以不负发展壮大中国计算机产业的历史使命。"

对于联想的"斯巴达方阵"，许多人都耳熟能详。

1990年10月6日，联想召开管理思想讨论会，这次会议主要讨论联想《管理大纲》，以"制定出一系列和公司每一个同志都直接相关，和整个公司的兴衰密切相联的具体制度"。对于《管理大纲》，柳传志打了一个比方，"抢市场好比在玉米地里抢棒子，内部管理好比收棒子，收进箱子收好。"早期的公司发展，要求"抢棒子"重要。而现在孙宏斌事件说明此刻再不把管理搞好，再不把棒子摆好就不行了。换句话说，"抢棒子"和"摆棒子"同样重要，甚至后者眼前更重要。就在此次会上，柳传志发表动员讲话《造就一个真正的斯巴达方阵》，从此联想有了"斯巴达方阵"之说。

1990 年，联想的一项主要任务就是管理要上档次，要抓队伍建设，公司应该有自己的德才标准。柳传志表达了自己对于联想管理体系的期望，"总体原则上，我们希望公司将来能够发展成一种类似日本式的管理模式，而不是英美式或者中国香港式的。也就是希望公司能够吸引每个成员，使他们热爱公司，以公司为家。而公司也能认真地把职工看成联想家庭的一员。"造就"斯巴达方阵"的目的在于，"即使某个局部出了毛病，整个方阵也不能乱。公司是一个模子，我们要通过制度的作用，把外面进来的各种各样的人按联想的模式塑造成我们需要的人。"

柳传志提出"斯巴达方阵"的说法，其最重要的作用就是划清界限。就如文中所讲："我们要树一面旗帜，非常鲜明地写清楚公司要干什么和怎样去干。愿意跟着一起干的就站到旗下来，不愿意干的就离远一点。"斯巴达方阵是一种原则，就是要么你符合要求成为队伍中的一员，要么就彻底离开。也许这被看来是缺乏人性的管理或是缺少开放的文化，但从另一个角度讲，正是这种"非此即彼"的做法，让联想有了一个更为紧密和统一的核心。斯巴达方阵是柳传志心目中的一种队伍体系，用柳传志的话说，"我主要是佩服它后退的时候阵脚不乱，进攻的时候一步一步非常坚实，说打在哪儿就打在哪儿。更重要的是一退下来的时候，不是哗啦一下就退下来了。"简单地说，就是一支纪律严明、服从统一指挥的战斗队伍。正所谓"大旗一树，各部分的兵马不能左顾右盼""大家都能带领队伍往前冲"。

在联想系中，据说当时杨元庆负责的联想电脑事业部更符合"斯巴达方阵"的要求，更像是"正规军"。

曾有联想前员工回忆："在联想集团大家庭里，电脑公司一直被公认是最正规的一支部队。做个不太恰当的比喻，联想系统集成有限公司（LAS）就像匪气十足的游击队，联想科技公司（LTL，后来的神州数码）像是杂牌军，而电脑公司（LCS）才是嫡系的正规军。这在早期联想一年一度的春节联欢会上看得很清楚。那些叼着烟卷、着装随意的准保是 LAS 的；另一批着装艳丽、打扮入时的女士很可能是 LTL 的；而那些整齐划一、不论男女都是一片联想蓝的则肯定是 LCS 的。"

据介绍，以杨元庆为主建立起来的联想集团继承了联想的命脉与衣钵，因此与联想控股"其他企业形象上是有很大差异的，这种企业职工面貌的差异反映出企业文化的差异。元庆在自有体系里面一直推行的是严格文化，这和元庆本人做事的严格细致的态度有关。当整个联想体系沉浸在柔性文化的温情中时，元庆则以其'严格文化'创建出一支联想的中坚力量。过分的温情滋生的宽松从来都不利于一个企业的发展"。

五、企业文化——不懈努力才能获得成功

根据有关资料介绍，联想的企业文化由核心价值观和方法论这两个部分构成。联想核心价值观是联想长期发展所信奉的关键信念，是联想企业文化的根本。联想方法论是在核心价值观主导下，联想人思考和解决问题的方法。

（一）核心价值观

企业利益第一。企业利益是其他利益实现的前提，在价值判断和利益取舍时，把企业利益放在第一位。个人服从组织，局部服从整体。

求实。实事求是，不骗自己；诚信负责，说到做到。求实是一种态度，也是一种能力。

进取。超越眼前利益，立意高远；超越固有经验，有想象力和创造力；超越自我局限，将 5% 的希望变成 100% 的现实。

以人为本。办公司就是办人，重视人的作用，尊重人的需求，为人的发展创造条件，搭建没有天花板的舞台。

（二）方法论

"目的性极强、分阶段实现目标、复盘"是联想的方法论，是联想文化的

重要组成部分。联想的方法论有其内在的逻辑。目的性极强是说凡事先厘清目的，保证做的是正确的事。然后将目标进行分解，变得可执行，分阶段推进。在过程中，还要注意不断复盘，及时调整，并为更长远的发展积累经验，总结规律。

（1）目的性极强。凡事先弄清楚目的，先弄清楚"为什么"，是瞄着打而不是懵着打。在做事的过程中，要经常"跳出画面看画"，时刻想着做事的根本目的，把想做的事做成。

（2）分阶段实施。实现目标不是一个一蹴而就的过程，要注意不把长跑当短跑。要综合考虑好轻重缓急、资源配置，分析好各种边界条件，前瞻性地将目标划分成子目标和阶段性目标，分阶段推进。

（3）复盘。复盘原本是一个围棋术语，在联想是指在工作中注意回顾总结，不断校验和校正目标，不断分析得失以便于改进，不断深化认识和总结规律。联想复盘方法论的本质是基于核心价值观的自我反省，强调"开放心态、坦诚表达、实事求是、反思自我、集思广益"。

第四章

任正非的"企业管理哲学"

　　任正非曾经坦承：在颁布《华为基本法》之前，华为内部思想一片混乱，有战术而无战略，机会主义盛行。而后在中国人民大学几位教授的帮助下，华为才有了完整和清晰的"顶层设计"——《华为基本法》，从而确保了华为后来发展的战略路径始终如一，并稳扎稳打。

　　任正非思想体系如下。

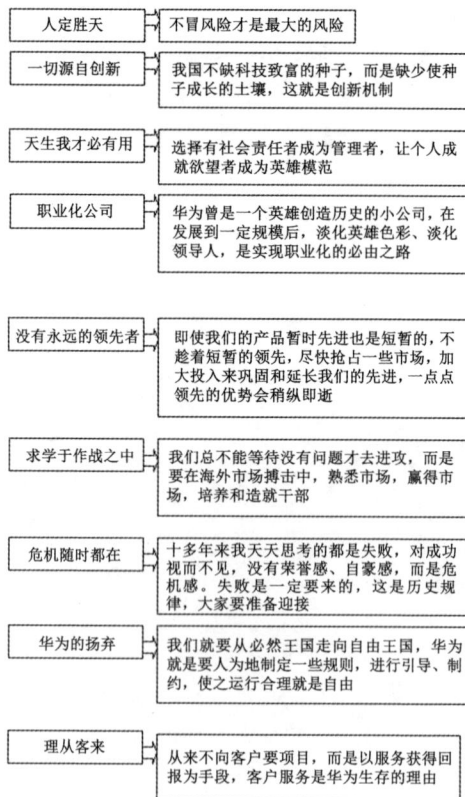

人定胜天	不冒风险才是最大的风险
一切源自创新	我国不缺科技致富的种子，而是缺少使种子成长的土壤，这就是创新机制
天生我才必有用	选择有社会责任者成为管理者，让个人成就欲望者成为英雄模范
职业化公司	华为曾是一个英雄创造历史的小公司，在发展到一定规模后，淡化英雄色彩、淡化领导人，是实现职业化的必由之路
没有永远的领先者	即使我们的产品暂时先进也是短暂的，不趁着短暂的领先，尽快抢占一些市场，加大投入来巩固和延长我们的先进，一点点领先的优势会稍纵即逝
求学于作战之中	我们总不能等待没有问题才去进攻，而是要在海外市场搏击中，熟悉市场，赢得市场，培养和造就干部
危机随时都在	十多年来我天天思考的都是失败，对成功视而不见，没有荣誉感、自豪感，而是危机感。失败是一定要来的，这是历史规律，大家要准备迎接
华为的扬弃	我们就要从必然王国走向自由王国，华为就是要人为地制定一些规则，进行引导、制约，使之运行合理就是自由
理从客来	从来不向客户要项目，而是以服务获得回报为手段，客户服务是华为生存的理由

一、"华为之道"——一种神秘的力量

（一）自创管理教派的"坛主"

来自中国的民营企业华为，意想不到地打败了众多国际电信巨头，在全球电信市场纵横捭阖，其业绩令人刮目相看。于是，人们纷纷打探华为有什么背景，背后有什么支持力量？

有人说，这是拜赐国家的进步、制度的变革。

然而，华为资深顾问、中国人民大学经济学和管理学博导田涛与吴春波经过深入研究后指出：在同一个时代、同一片天空下，中国曾经有过的 400 多家通信类相关企业大多不复存在。即使在深圳特区这方宝地，20 多年来最具中国品牌价值的 6 家企业，除华为之外的招商银行、平安保险、万科地产等均从国有体制脱胎而来，从完全的"民营"小草成长为参天大树的并不多。但是，华为却貌似"揪着自己的头发冲出了地球"。

改革开放 40 年来，中国民营企业历尽艰辛，遭受了种种磨难，终于一路风雨走了过来。而华为的意外成功，令人充满了好奇、猜测、质疑。

目前，国际化的华为在全球拥有 18 万员工，这 18 万真正来自五湖四海的华为人绝大部分是知识分子。他们没有经受过入模子的锻造、斯巴达方阵的锤炼、管理三要素的洗礼，但是他们的个人意志凝聚在一起并形成了坚强的力量，他们的潜能得以集中迸发。虽然华为精神领袖任正非一贯低调行事，拒绝媒体采访，没有公关部门的形象打造，但却始终具有至高无上的个人权威，而且 30 年来长盛不衰。

任正非的《从"哲学"到实践》为人们揭开了谜底："什么驱动力使华为成功？那就是华为的核心价值观描述的利益驱动力，驱动了全体员工的奋斗。这是一场精神到物质的转移，而物质又巩固了精神的力量……"

华为顾问田涛、吴春波指出："西方有媒体评论，任正非把华为宗教化了，任正非是这个商业帝国的教父。如果不带贬义的话，这段评论有一定道理。

任正非从骨子里就不是一个模仿者，所以他几乎一生与孤独为伍。虽然没有明言，但其实他从本质上不完全遵循传统教科书的管理理论，他是一个自创'教派'的坛主。一方面他是个'冥思者'，长达几个月几年地执著思考某个观点；另一方面他又善于与高层团队、外部专家、客户、学者等进行反复沟通，在信息充分开放的环境中完善自己的思想，使之成熟并且体系化。"

（二）华为成功的秘笈

任正非是一个善于忖量、富有思想的企业家。30 年来，任正非虽然基本不接受媒体采访，但他正式或非正式，公开或私密，系统或零散地表达过关于华为发展的无数观点，累计的文章、讲话稿、会谈纪要等超过数百万字。可以说，正是这些如珍珠般串接起来的碎片化理念火花、思维钻石形成了任正非思想——任正非企业管理思想体系。

在"任正非思想"的指导下，华为"游击队"从广袤无垠的"青纱帐"发展而来，逐渐壮大成攻城略地的"正规军"。他们不仅"以农村包围城市，最后夺取城市"，而且雄赳赳气昂昂，跨过"鸭绿江"——打入五大洲四大洋，与世界巨头叫板、过招，一跃成为国际化企业。

如今，华为不仅是中国制造业的代表者，更是推动中国制造业从制造大国走向制造强国的典范。

"任正非思想"是华为团队的精神武器、独门武功，这正是华为有别于中国乃至世界上绝大多数企业的根本所在。重要的还在于，在华为这个思辨色彩浓厚的现代工业组织里，"任正非思想"是华为军团的灵魂所在，总是能得到不折不扣的执行。

在田涛、吴春波所著《下一个倒下的会不会是华为》中这样著述：华为的成功是企业管理哲学的成功，这么说一点也不过分。任正非说："我们没有任何背景，也没有任何资源，我们除了拥有自己，其实一无所有。""一切进步都掌握在自己手中，不在别人。""制度与文化的力量是巨大的，不是上帝……"这即是华为成功的"神秘力量"。"我可以告诉你，释放出我们 11 万员工的能量的背景是什么？就是近 20 年来，华为不断推行的管理哲学对全体员工的洗礼。如同铀原子在中子的轰击下，产生核能量一样，你身上的小小的原子核，在价值观的驱使下，发出了巨大的原子能。"

"企业管理哲学"代表着顶层的"形而上"设计，这是任正非等少数人的特权。他和他们必须天马行空，多务虚少务实，勤于思考思辨，仰视星空，着眼于未来。"方法论"是制度的建设与架构，这是高层管理者全力关注的问题。领袖是务虚主义者。管理层代表着"功能派"，他们必须将企业领袖的哲学思考具体化、技术化以至于固化。

30 年后的今天，回头审视任正非的一系列讲话、观点，让人感到惊异的是，他的基本思想从未改变过，这即是：以客户为中心，以奋斗者为本，长期坚持艰苦奋斗。正如任正非所言："是什么使华为快速发展呢？是一种哲学思维，它根植于广大骨干的心中。这就是'以客户为中心，以奋斗者为本，长期坚持艰苦奋斗'的文化。并不是什么背景，更不是什么上帝。"

这即是华为所一贯秉持的核心价值观。在此基础上，又进一步形成了"开放、妥协、灰度"的管理哲学。这三句话、六个字让任正非和他的高层领导集体反复体悟、咀嚼了 30 年，并不断地丰富和系统化，以至于成为华为有别于任何企业的文化胎记，称得上是一部华为成功的秘笈。

（三）悟道、布道、践道、殉道

"任正非思想"形成的过程，被田涛、吴春波称之为：悟道、参道。

《下一个倒下的会不会是华为》这样描述道："悟"与"参"，岂是那么容易？其中浸透了成与败的总结，长期不殆的阅读、交流与思考，以及精神上的炼狱般的折磨。而且还必须有节制。思想家与精神病人的相同之处在于思想细胞的高度活跃，区别则在于：前者善于管理自己的妄想，而后者永远不能约束自己。

田涛、吴春波为此判定任正非做到了"悟道、参道"。所以他始终处于思考状态，但并没有癫狂。相反，在思想被实践的过程中，任正非又倡导了修正企业管理哲学与实践的一门"工具哲学"：自我批判。任正非讲，变化是永恒的，所以观念也要随之改变，思考一刻也不能停息。换个角度讲，华为的成功也在很大程度上源于任正非多年来所倡导的自我批判的文化，从上到下，无一例外，无一人例外，任正非本人即是自我批判的表率者。

　　田涛、吴春波对"布道、宣道"进行了精辟阐述：思想的传播是牧师的任务。但任何一座教堂的教主首先是悟道的先行者，同时也必须是虔诚的布道者。任正非便是"华为之道"最富蛊惑力的传播大师。他写的《我的父亲母亲》《北国之春》等文章被翻译成几十种文字，他在公司内部的每一次讲演、发言都能潜移默化地起到"洗脑"（华为人语）的作用。而他与客户、一些国家的政要、商界巨头们的交流，每一次也都给对方留下关于华为的深刻印象。

　　任正非反对"口号治企"，崇尚以系统的价值观统领团队。所以，在华为有多种方式，包括新员工培训，专项培训，各类务虚会、业务会议等，都不忘强调和宣讲华为的企业管理哲学：以客户为中心，以奋斗者为本，长期坚持艰苦奋斗。不厌其烦、大大小小的管理者诵经般的灌输，万变不离其宗的反复强化，其结果是，十多万人的队伍，几乎清一色的中高级知识分子，出身个性迥然不同，但血液中全都流淌着相同的商业价值观。这不能不说是一个商业奇迹、思想奇迹。

　　关于"践道"，在《下一个倒下的会不会是华为》中是如此介绍的：华为不是教堂，不是哲学沙龙，也不是坐而论道的商学院。华为的企业管理哲学需要落地生根，需要结出果实。所以，实践与应用的企业管理哲学是要下大力气的。

　　田涛、吴春波研究发现，首先，"道"与"术"的建设在华为是相辅相成的。比如华为推崇艰苦奋斗，但相对应的功能设计是：共享——工者有其股，让奋斗者共同享受公司发展的成果。渐进——也是华为管理的一大特征。任正非反复讲，保守是个好东西，不能总是变革与创新。一个组织的成长一定要保持行之有效的东西不变，也许它的效率略低一些，但稳定的总成本也会低一些。总是折腾的企业随时会垮掉。专注——耐得住寂寞，在一个喧嚣的时代已是十分不易。而抵挡诱惑，尤其是在各种机会纷至沓来之时，保持专注，坚守定力，更是十分困难。华为把这一条写进《华为基本法》中，以根本大法的形式约束决策者们的冲动。

　　长期从事企业管理理论教学、企业管理咨询和企业发展调研的田涛、吴春波总结道：实践企业管理哲学不仅是"术"的支撑。也就是说，企业的激励机制、决策流程、规章制度、文化建设等固然重要，但领袖们的决心、勇气、自觉性、奉献精神等也绝不可少。主教、牧师们要悟道、布道，又不能只是坐而论道，还必须身体力行去践道、行道，并且以毕生的激情去殉道。而任正非正是把他的全部生命注入华为，这座他搭建了30年的"商业教堂"。所以华为成功了，而任正非却是个痛苦的孤独者。

二、长治久安 ——一切围绕价值创造

"一个企业怎样才能长治久安，这是古往今来最大的问题。华为的旗帜还能打多久？华为在研究这个问题时，主要研究了推动华为前进的主要动力是什么，以及怎样使这些动力能长期稳定运行而又不断自我优化。大家越来越明白，促使核动力、油动力、煤动力、电动力、沼气动力……一同努力的源是企业的核心价值观，这些核心价值观要被接班人所确认。同时接班人要有自我批判能力，接班人是用核心价值观约束、塑造出来的，这样才能使企业长治久安。接班人是广义的，不是高层领导下台就产生个接班人，而是每时每刻都在发生的过程。每件事、每个岗位、每个流程都有这种交替行为，是改进、改良、不断优化的行为。我们要使各个岗位都有接班人，接班人都要承认这个核心价值观。"任正非每每居安思危、如履薄冰。

在华为，"创造价值"是所有工作的核心。根据"任正非思想"有关华为核心价值观的表述，华为核心价值观从七个方面来体现。

（一）华为的追求是在电子信息领域实现顾客的梦想，并依靠点点滴滴、锲而不舍的艰苦追求，最后成为世界级领先企业

为了成为世界一流的设备供应商，华为将永不进入信息服务业。通过无依赖的市场压力传递，使内部机制永远处于激活状态。

为此，华为以客户的价值观为导向，以客户满意度作为评价标准。瞄准业界最佳，以远大的目标规划产品的战略发展，立足现实，孜孜不倦地追求，一点一滴地实现。

华为曾针对管理落后问题，聘请了非常多的国外大型顾问公司提供顾问服务，如任职资格评价体系请了美国 HAY 公司担任顾问。

长期以来，华为坚持按大于 10% 的销售收入拨付研究经费（甚至超过 15%），追求在一定利润水平上成长的最大化。任正非提出，"必须达到和保持高于行业平均的增长速度和行业中主要竞争对手的增长速度，以增强公司的活力，吸引最优秀的人才，实现公司各种经营资源的最佳配置。在电子信息产业中，要么成为领先者，要么被淘汰，没有第三条路可走。"

在设计中构建技术、质量、成本和服务优势是华为竞争力的基础。为此华为建立了产品线管理制度，即贯彻产品线经理对产品负责而不是对研究成果负责的制度。

华为积极贯彻小改进、大奖励，大建议、只鼓励的制度。追求管理的不断优化与改良，构筑与推动全面最佳化的、有引导的、自发的群众运动。

在任正非看来，能提大建议的人已不是一般的员工了，也不用奖励。一般员工提大建议，我们不提倡，因为每个员工要做好本职工作。"大的经营决策要有阶段的稳定性，不能每个阶段大家都不停地提意见。我们鼓励员工做小改进，将每个缺憾都弥补起来，公司也就有了进步。"

任正非指出："务虚的人干四件事，一是目标，二是措施，三是评议和挑选干部，四是监督控制。务实的人首先要贯彻执行目标，调动利用资源，考核评定干部，将人力资源变成物质财富。务虚是开放的务虚，大家都可畅所欲言，然后进行归纳。所以务虚贯彻的是委员会民主决策制度，务实是贯彻部门首长办公会议的权威管理制度。"

华为通过破釜沉舟，把危机意识和压力传递给每一个员工。通过无依赖的市场压力传递，使内部机制永远处于激活状态。

任正非强调："我们决心永不进入信息服务业，把自己的目标定位成一个设备供应商。这在讨论中争论很大，最后被肯定下来是因为只有这样一种方式才能完成无依赖的压力传递，使队伍永远处在激活状态。进入信息服务业有什么坏处呢？自己的网络、卖自己产品时内部就没有压力，对优良服务是企业的生命理解也会淡化，有问题也会推诿，这样企业是必死无疑了。"

（二）员工认真负责和管理有效是华为最大的财富。尊重知识、尊重个性、集体奋斗和不迁就有功的员工是华为的事业可持续成长的内在要求

华为公司容许个人主义的存在，但必须融于集体主义之中。HAY 公司曾问任正非是如何发现企业的优秀员工的，任正非回答："我永远都不知道谁是优秀员工，就像我不知道在茫茫荒原上到底谁是领头狼一样。企业就是要发展一批狼，狼有三大特性：一是敏锐的嗅觉，二是不屈不挠、奋不顾身的进攻精神，三是群体奋斗。企业要扩张，必须有这三要素。所以要构筑一个宽松的环境让大家去努力奋斗，在新机会点出现时自然会有一批领袖站出来去争夺市场先机。市场部有一个'狼狈组织'计划，就是强调了组织的进攻性与管理性。"

机会、人才、技术和产品是华为成长的主要牵引力。这四种力量之间存在着相互作用，机会牵引人才，人才牵引技术，技术牵引产品，产品牵引更多更大的机会。员工在企业成长圈中处于重要的主动位置。

华为坚持人力资本的增值大于财务资本的增值。

华为不搞终身雇佣制，但这不等于不能终身在华为工作。公司与员工在选择的权利上是对等的，员工对公司的贡献是自愿的。自由雇佣制促使每个员工都成为自强、自立、自尊的强者，从而保证公司具有持久的竞争力。

华为在招聘、录用过程中，最注重员工的素质、潜能、品格、学历，然后才是经验。

华为工资分配实行基于能力主义的职能工资制。奖金的分配与部门和个人的绩效改进挂钩；安全退休金等福利的分配依据工作态度的考评结果；医疗保险按贡献大小对高级管理和资深专业人员与一般员工实行差别待遇，高级管理和资深专业人员除享受医疗保险外还享受医疗保健等健康待遇。

华为还设立自动降薪制度。企业在经济不景气时期、事业成长暂时受挫阶段，或根据事业发展需要，启用自动降薪制度，避免过度裁员与人才流失，确保公司渡过难关。

华为的晋升与降格制度也颇具特色。让最有责任心的人担任最重要的职

务。到底是实行对人负责制还是对事负责制这是管理的两个原则，华为确立的是对事负责的流程责任制。公司把权力下放给最明白、最有责任心的人，让他们对流程进行例行管理。高层实行委员会制，把例外管理的权力下放给委员会，并不断把例外管理转变为例行管理。流程中设立若干监控点，由上级部门不断执行监察控制，使企业做到无为而治。

实行职务轮换与专长培养。华为的干部轮换有两种，一是业务轮换，如研发人员去搞中试、生产、服务，使他真正理解什么叫做商品，那么他才能成为高层资深技术人员。如果没有相关经验，就不能叫资深。因此资深两字就控制了他，使他要朝这个方向努力。另一种是岗位轮换，让高中级干部的职务发生变动。一是有利于公司管理技巧的传播，形成均衡发展，二是有利于优秀干部快速成长。

（三）在技术方面华为广泛吸收世界电子信息领域的最新研究成果，虚心向国内外优秀企业学习，在独立自主的基础上开放合作地发展领先的核心技术体系，用自己卓越的产品自立于世界通信强者之林

俗话说"咬定青山不放松，立根原在破岩中"。华为紧紧围绕电子信息技术领域发展，不受其他投资机会所诱惑。树立为客户提供一揽子解决问题的设想，全方位为客户服务。

任正非高度重视核心技术的自主知识产权。他向大家提问："我国引进了很多工业，为什么没有形成自己的产业呢？""因为关键核心技术不在自己手里。"因此，"掌握核心，开放周边，才会使企业既能快速成长又不受制于人。"

任正非要求遵循在自主开发基础上广泛开放合作的原则。重视广泛的对等合作和建立战略伙伴关系，使自己的优势得以提升，优势更优势。

任正非还强调：没有基础技术研究的深度就没有系统集成的高水准；没有市场和系统集成的牵引，基础技术研究就会偏离正确的方向。

（四）在企业精神方面，爱祖国、爱人民、爱事业和爱生活是华为凝聚力的源泉。责任意识、创新精神、敬业精神与团结合作精神是华为企业文化的精髓，实事求是是华为行为的准则

"君子取之以道，小人趋之以利。以物质利益为基准是建立不起一个强大的队伍的，也是不能长久的。"任正非深谙君子小人之别，对"经济人假设"原理洞若神明。所谓"经济人假设"就是假定每个人都是"经济人"，"经济人"是以追求物质利益为目的进行经济活动的主体。每个人都希望以尽可能少的付出，获得最大限度的收获，并为此不择手段。"经济人"也可称"实利人"，是古典管理理论对人的看法，即把人当做"经济动物"来看待，认为人的一切行为都是为了最大限度满足自己的私利，工作目的只是为了获得经济报酬。

任正非坚决反对空洞的理想，要求员工做好本职工作。他提出没有基层工作经验不提拔，不唯学历。"青年学生最大的弊病就是理想太大"，因此在华为不论什么学历进公司一星期后学历自动消失，所有人在同一起跑线上，凭自己的实践获得机会，强调后天的进步，有利于员工不断学习。

"一滴水可以反射太阳的光辉。"因此，华为培养员工从小事开始关心他人。比如尊敬父母、帮助弟妹、对亲人负责等。在此基础上关心他人，支持希望工程、寒门学子、烛光计划……平时关心同事以及周围有困难的人，提升自己。

华为的企业文化是建立在国家文化基础上的，中国的国家文化就是共产党文化。华为把共产党的最低纲领分解成一点一点可执行操作的目标给员工，并加以引导与鼓励。

（五）在利益分配方面，华为主张在顾客、员工与合作者之间结成利益共同体，努力探索按生产要素分配的内部动力机制，决不让雷锋吃亏，奉献者定当得到合理的回报

1996 年，任正非在回顾华为发展历程时说，我们就是本着真诚互利的合作态度与人打交道，所以合作伙伴越来越多，销售额也越来越大。

华为的"真诚互利",实际上就是一种"共赢模式"。

在企业内部,华为与员工之间建立起了共赢的分配机制。华为员工往往高学历,并大多是来自名牌大学的一流人才。任正非认为,"高工资是第一推动力",因此员工薪资待遇几乎是国内最高的。与此同时,华为的内部股份把企业的整体利益与员工的自身利益紧密结合起来,使员工与公司之间形成"共赢模式"。

"共赢模式"内在典型体现是:任正非在华为仅仅持有 1.4%的股份,其他的 98.6%被员工所持有,因此华为是名副其实的"华为人"公司。

"共赢模式"外在体现是:华为与客户之间的合作,追求利益共享的结果。

1997 年,华为与全国各地邮电部门进行密切合作,成立了一大批合资公司,既解决了融资问题,又销售了华为的产品。而邮电系统入股职工,据悉每年可获得高达 70%的分红。

(六) 在企业文化建设方面,任正非认为资源是会枯竭的,唯有文化才会生生不息。一切工业产品都是人类智慧创造的,华为没有可以依存的自然资源,唯有在人的头脑中挖掘出大油田、大森林、大煤矿……精神是可以转化为物质的,物质文明有利于巩固精神文明,坚持以精神文明促进物质文明的方针

这里的文化,不仅包含了知识、技术、管理、情操……也包含了一切促进生产力发展的无形因素。

华为唯一可以依存的是人,当然这个"人"是指奋斗的、无私的、自律的、有技能的人。如何培养造就这样的人,是十分艰难的事情。

知识经济时代企业生存和发展的方式发生了根本的变化。过去是靠正确地做事,现在更重要的是做正确的事。过去人们把创新看做是冒风险,现在不创新才是最大的风险。过去是资本雇佣劳动,资本在价值创造要素中占有支配地位,而知识经济时代是知识雇佣资本。知识产权和技术诀窍的价值和支配力超过了资本,资本只有依附于知识才能保值和增值。

"我们要逐步摆脱对技术的依赖、对人才的依赖、对资金的依赖,使企业从必然王国走向自由王国,建立起比较合理的管理机制。当我们还依赖于技

术、人才和资金时，我们的思想是受束缚的，我们的价值评价与价值分配体系还存在某种程度的扭曲。"任正非的管理思想富有思辨色彩。

华为强调员工的敬业精神。选拔和培养全心全意高度投入工作的员工，实行正向激励推动，不忌讳公司不利因素，激发员工拼命工作的热情。

知识、管理、奋斗精神是华为创造财富的重要资源。华为在评价干部时，常用的一句话是：此人肯投入，工作卖力，有培养前途。"只有全心全意投入工作的员工才能造就优良的干部。我们常常把这些人放到最艰苦的地方、最困难的地方，甚至对公司最不利的地方，让他们快快成熟起来。"

（七）在企业社会责任方面，华为以产业报国和科教兴国为己任，以公司的发展为所在社区作出贡献

华为经历十年的努力确立了自己的价值观，这些价值观与企业的行为逐步可以自圆其说，形成闭合循环。因此，它将会像江河水一样不断地自我流动、自我优化，不断地丰富与完善管理，不断地流，不断地优化。企业规模增大，流量不断自动加大，管理不断自我丰富，存在的问题，这次不被优化，下次流量再大时一定会暴露无遗。不断地流，不断地优化，再不断地流，再不断地优化，循环不止，不断升华，慢慢淡化了企业家对它的直接控制（不是指宏观的控制），那么企业家的更替与生命终结就与企业的命运相分离了。长江就是最好的无为而治，不管你管不管它都不废江河万古流。

华为确立了接班人的标准，各级岗位上正在涌现成千以后还会上万的优秀儿女。他们承认华为的核心价值观，并拥有自我批判的能力。数十年对他们的不断优化，不断成长，接班队伍的不断扩大，任何不合乎发展规律的东西都经不起时间的考验，企业管理将会有良好的净化能力。经过一代又一代华为人的努力，华为的红旗会一代又一代更加鲜艳。

"只要我们努力，就一定可以从必然王国走向自由王国。""任正非思想"充满思辨色彩。

三、实现价值——坚持以奋斗者为本

"我们已经在公司干部大会上讲过，首先肯定金字塔模型这么多年对华为公司平衡的伟大贡献，接着还要继续改良。面对项目的复杂程度，一定要使金字塔模型异化。破格提拔是基于贡献、责任、牺牲精神。"任正非在华为仅占1.42%的股权，但华为是他的事业，某种意义上华为是任正非管理思想的实验场。所以从古今中外任何思想宝库和组织实践的范例中，吸收对华为有用的成果，成为他基本的思维定势。而"以奋斗者为本"，则是任正非管理思想精髓所在。

（一）价值创造与分配兼容

华为公司到底是肯定英勇作战的奋斗者，还是肯定股东？外界有一种说法，华为股票之所以值钱，是因为华为员工的奋斗。如果大家都不努力工作，华为股票就会是废纸。是员工在拯救公司，确保财务投资者的利益。作为财务投资者应该获得合理回报，但要让"诺曼底登陆"的人和挖"巴拿马运河"的人拿更多回报，让奋斗者和劳动者享有更多利益，这才是合理的。

"华为确保奋斗者利益。若你奋斗不动了，想申请退休，也要确保退休者有利益。不能说过去的奋斗者就没有利益了，否则以后谁还上战场？但是若让退休者分得多一点，奋斗者分得少一点，傻瓜才会去奋斗呢。因为将来我也是要退休的，如果确保退休者更多利益，那我应该支持这项政策，让你们多干活，我多分钱，但你们也不是傻瓜。华为将来也会规定，拥有一定股票额的人员退休后不能再二次就业。"

在田涛看来，华为之所以30年来没有因为分配问题而带来分裂和内讧，是因为体现了奋斗基础上的分配共享。30年来的评价系统是单一标准，而不是多元的。一个人所得到的股权、奖金、工资，是基于是否奋斗了，是否贡献了，是否给公司提供价值了，就是责任、贡献和牺牲精神。如果这个标准出了问题，公司干部的提拔、利益的分配要靠巴结各级管理干部，那华为就真出问题了。建立在单一的、简单的、透明的评价系统基础上的奖惩系统，是华为30年来"以奋斗者为本"的生动体现。

网上一位署名"kyren"的读者在阅读《以奋斗者为本》后，写下了《没有奋斗就不会有美好未来》的读后感。他总结道：

华为推行了堪称当今世界最完善的价值评价体制——左边支持价值创造，右边支持价值分配，形成了一个自我循环的利益驱动机制。它比较科学地解决了公正和公平的问题，实现了员工与企业目标最大程度的一致，也为全力创造价值提供了不竭的动力来源。在此机制下，能者上，为贤能之人提供了机会；庸者下，保证了机体的清洁，同时也形成了压力机制。员工不用看干部的脸色、眼色行事，更多注重的是工作绩效和自我价值的最好展示，更不会沦为奋斗着的奴才了。

华为是在注重责任结果、贡献、商业价值等导向的基础上推行"利益均沾"机制。通过按生产要素分配的内部动力，尽可能实现股东和员工的共同富裕、客户和企业的共同发展，从而有力促进了客户、员工与企业之间利益共同体的牢固建立。在华为"利益均沾"机制中，最能体现公平的指导方针就是：价值分配"向奋斗者、贡献者倾斜""不让雷锋吃亏""团队坚持利出一孔"等，有效钝化了价值分配处理过程中的各类矛盾，促进了企业均衡、可持续发展。

华为推行了令员工信服的干部选拔、配备、使用、管理机制。其中最契合对奋斗者激励的，就是华为选拔干部三原则："优先从成功团队中选拔干部""优先从主攻战场、一线和艰苦地区选拔干部""优先从影响公司长远发展的关键事件中考察和选拔干部"。这个机制全方位调动了那些想成为有成效奋斗者的员工的积极性，使他们更加注重融入团队、奋勇争先、敢于担责。

华为通过以上对奋斗者的种种激励，解决了"水平而不流，人平而不语"的管理问题，更有效地赋予了员工蓬勃向上、积极追求的意义。试想，对于如此开明开放的一个企业，员工又怎能不"士为知己者死"呢？

（二）建立人力资源标尺

2000 年 1 月，任正非在"市场部集体辞职" 4 周年纪念讲话中提到："任何一个民族、任何一个组织只要没有新陈代谢，生命就会停止。如果我们顾全每位功臣的历史，那么就会葬送公司的前途。"

由于华为的快速发展，同很多快速成长型企业一样，华为在用人方面也采取了一些揠苗助长的方式，在各业务线火速提拔了很多人。然而并不是选拔的所有干部都合乎科学客观的管理规律。那么，如何在全公司建立起统一的价值评价体系和统一的考评体系，使人员在内部流动和平衡成为可能，从制度上实现企业内部的新老接替？

1998 年开始，华为先后引进了美国 Hay Group 咨询公司以及 NVQ（英国国家职业资格委员会），开始一步步建立起职位体系、薪酬体系、绩效管理体系、任职资格体系及员工素质模型等重要人力资源管理体系。

华为与 NVQ 合作推行的任职资格制度，主要包括职业发展通道、任职资格标准和资格认证三大部分。其中，"五级双通道"的职业发展通道模型，使得华为所有员工，不仅可以通过管理职位的晋升来发展，也可以选择与自己业务相关的营销、技术等专业通道发展。对于每条通道的不同级别，都设立了相应的资格标准。原则上，每隔两年进行一次职位资格认证，公司根据认证结果，决定是继续留任、晋升，还是降级使用。

华为首先在行政部门开始了任职资格体系尝试，考评合格的秘书们可以获得由中英机构联合颁发的国际职业资格证书，此举极大地提高了秘书们参与任职资格体系内外部考评的热情。通过考评员与被考评者的一致努力，华为秘书部门的工作效率得到了极大提升。通过实践证明，通过秘书的有效工作，可以使管理者的工作效率提升一倍以上。此举也使华为的秘书部门获得业界极高的赞誉，经华为的实践证明了"成熟的企业都是由秘书和助理体系来推动的"。

此后，人力资源部成立了 2 个研究小组，开始制定其他工作岗位的任职资格体系。为了让华为各部门的员工认真对待这一次任职资格体系施行,任正非在《不做昙花一现的英雄》里这样写道:"企业的核心价值观通过任职资格来体现企业对员工的阶段性评价。首先,华为公司不是等待目标已经实现以后再予评价,而是在发展过程中进行评价。其次,评价是通过人作出来的,因此不可能做到所有的评价都让人人满意。我们要求各级部门要尽量公平、公正;更要求干部要能上能下,工资要能升能降。要正确对待自己,也要能受得委屈。如果不能做到,企业必定死亡。"

任职资格管理正式推行后,华为实现了所有管理人员"持证上岗"。对华为的员工来说,每上升一级需要提高的能力一目了然,培训也设计得更有针对性。每个员工都能通过 SAP 人力资源管理系统清晰了解到晋升需要学习哪些知识,掌握哪些技能,通过哪些测试,这些使得华为整个人员考评晋级体系更加透明和公平。通过任职资格标准牵引推动、培训体系支持配合,真正解决了员工职业发展问题。

同时,在做绩效考评时,HR 和部门管理者会依据人力资源管理系统上的记录及其上司、项目业绩等指标讨论决定继续聘用、降级或者晋升。在 KPI(关键业绩指标)和员工任职资格的界定下,可最大程度避免人情或感性等因素导致的企业人力资源管理体系内任职不合理、不公平、不合适的现象。

在任职资格制度之外,华为还有另外两项新老接替的制度设计。一是接班人培养制度。制度规定,主管只有在培养出可以接替自己的人选之后,本人才能得到提拔。否则即使工作再出色,还要继续留任。二是中高级干部岗位轮换制度。公司规定,没有周边部门工作经验的人,不能担任部门正职主管。以此来鼓励管理者积累多项业务的管理经验,并促进部门之间、业务流程各环节之间的协调配合。

(三)裁员过"冬"的智慧

华为公司早期的全员持股制度被认为是凝聚人才、激励团队和解决资金压力的一个非常成功的战略,但是这个战略的奏效取决于公司对员工的高额分红。这个外界看来不可能实现的承诺在华为成功地操作了大约 12 年。

但是,随着国际竞争的加剧,销售价格回落,中国的人力资源成本也在逐年上升，利润摊薄和增长放缓成为企业迟早必须面对的现实，华为也是如此。随着销售额的上升，企业的规模也在不断扩大，企业中层管理者越来越多，效率低下，裁员困难。

2000 年，通信设备业的"冬天"来了，各通信设备供应商纷纷裁员，华为也不能例外。任正非是个深念旧情的人，基本上不主张直接裁员的精简方案。在他看来，采取内部创业模式，企业拿出一笔费用来支持老员工，既保护了离职创业员工的基本利益，也为华为未来发展培植良好的周边关系，是一件一举多得的大好事。

2000 年下半年，华为出台了《关于内部创业的管理规定》。规定凡是在公司工作满两年以上的员工，都可以申请离职创业，成为华为的合作商。公司为创业员工除提供股票本金 70%的货物支持之外，还有半年的保护扶持期。员工在半年之内创业失败，可以回公司重新安排工作。

于是，数以千计的华为员工自由组织起来，开始了自己的创业历程，其中包括李一男、聂国良二位公司董事常务副总裁。任正非在欢送李一男的讲话中，把华为鼓励内部创业的目的概括为：一是给一部分老员工以自由选择创业做老板的机会，二是采取分化的模式，在华为周边形成一个合作群体，共同协作，一起做大华为事业。潜在的含义是希望通过创业员工的自我尝试，趟出一条路来，弥补华为在分销渠道方面与竞争对手的明显差距。

然而，任正非没有道出更加深层的目的，就是实施第二次有组织的新老接替运动。可以说，内部创业的举措实际上是给一批在公司长期工作的中层管理者寻找一条良好的出路。

在这个过程中，华为将非核心业务与服务业务，如生产、公交、文英餐饮业以内部创业方式社会化，先后成立了广州市鼎兴通讯技术有限公司、深圳市华创通公司等。然而变革在带来收益的同时，也产生了一些负面影响。如李一男的港湾网络，黄耀旭的钧天科技，或者刘平的格林耐特，最终朝向与华为竞争这条路发展，这恰恰是违背华为初衷的，是始料未及、也最不愿看到的结果。

（四）"辞职门"事件让外界跌破眼镜

华为7000人"辞职门"事件，曾被媒体解读成"地震式"变革。然而在华为内部，一切都有条不紊按部就班地进行着，波澜不惊的状况令外界跌破眼镜。事实上，7000人本身就是华为公司的股东——一损俱损一荣俱荣——华为发展好坏关系到他们的切身利益。因此华为的改革只要有益于企业发展，他们自然是获益者。更何况与此同时，华为对他们这些顾全大局、委曲求全的员工也优抚厚重。为了让所有工龄超过 8 年的员工辞职再竞岗，华为采取了"N+1"模式，N 即员工在华为工作的年限。比如某人在华为的月工资是1.2 万元，一年奖金是 12 万元，平摊到每个月是 1 万元奖金。假如他在华为工作了10年，得到的最终赔偿数额是2.2万元（工资+年奖金平摊）乘以"10+1"，即 24.2 万元。

当然，有失必有得，华为的赎买政策换来了重大变革的顺利进行。显然华为事先做了认真的投入产出评估，"有什么比让组织机制持续保持活力更为重要的呢？"任正非的利害观十分明了。

与此同时，华为废除了工号制度，使那些没有进入辞职序列的员工感到激动。"公司里没了论资排辈，心理上轻松了许多，也感到在这里奋斗有盼头了。"华为工号排序，曾经是论资排辈的符号、神秘而神圣的象征。任正非的工号是 Number 01，以此类推。工号越前，资历越老，一般来说级别也越高。工号文化"使得内部员工戴上了有色眼镜，让新员工产生自卑感"。现在，经过"辞职门"事件，华为工号进行了重新排列，连任正非的工号都排在了 12 万多名之后。如此一来，大家似乎重新回到起跑线上，公平竞争。工号制度改革也是华为组织变革的一大进步。

华为"辞职门"事件共涉及 6687 名中高级干部和员工，其中也包括任正非。任正非在《我的辞职及退休申请》中写道："1984 年由于大裁军我复员转业后，因打工不顺利，为了生存自88年创办华为公司，不觉已经过去 20 年。从几万元销售额、几个人开始，到今天销售额将超过 165 亿美元，业务结构、管理体系、组织人员等方面也已初步全球化。未来几年，华为将顺应全球化的潮流，把握自身的命运，继续有一定规模地健康快速发展。也许不需要太长的时间，公司可能突破 400 亿。一个领导几万元、几百万元产值的人，不可能胜任 400 亿的领导职位。我个人也深感能力、水平与体力的不足。长江后浪推前浪，江山代有人才出。请允许我辞去现在的领导职位，离开公司。"

"华为的可持续发展最终靠的是科学合理的制度，和一代又一代认同公司核心价值观并不断奋斗的接班人。我想这个制度建设应该从我开始，我也想留一些时间去做自己一直想做但没有时间做的事情。"

任正非的退休申请和其他 6686 名干部和员工的辞职报告，在 2007 年 11 月得到董事会的批准。经董事会的挽留协商，公司继续聘请任正非担任 CEO 职务，另有 6581 名员工完成了重新签约上岗。共有 38 名员工自愿选择退休或病休，52 名员工于 12 月 4 日因个人原因自愿离开公司寻求自己的其他发展空间，16 名员工因绩效及岗位不胜任等原因，经双方友好协商后离开公司。

"辞职门"带来的变化是，一些中高级干部重新续聘后职务做了调整，有升有降，或者换到其他岗位；另有一批年轻的新面孔在后来的几年中崭露头角。

一场在外界看来激起轩然大波的数千人集体辞职事件，曾经遭受媒体狂轰滥炸和社会有关方面的诟病，但却在华为不显山不露水地平稳进行，这完全拜赐华为的优秀企业文化。华为企业文化精髓与本质是"以奋斗者为本"，其具体表现则是"奋斗者有其股"。6 万多员工集体持股，使华为企业骨干与公司成为血脉相连的利益共同体，这就从根本上决定了华为的利益格局。"站在股东的立场思考，如果企业的变革、制度的建立与优化有利于公司的成长，有利于每一位股东，我为什么要抵制和反对呢？即使我被降职了、换岗了、降薪了，但如果有更优秀更年轻有为的人替我们股东创造更多价值，何乐而不为呢？"

于是，6686 位大大小小的"老板"、股东，在拥有 1.42% 的"大股东"任正非的率领下，心甘情愿地进行了一次"自宫式"的革命。

"我们要欢迎那些胸怀大志、一贫如洗的人进入华为公司，他们将是华为公司一支很强的生力军。在这种情况下，华为公司会有更强的战斗力，有更强的战斗力我们就可以抢到更多的粮食，有更多的粮食我们就可以有更大的投入，有更大的投入我们就有更大的实力。我们这几个'更'，就成了良性循环。" 2011 年，任正非在公司市场大会上的讲话《成功不是未来前进的可靠向导》中如此说道。

四、干部队伍建设——"将军是打出来的"

华为管理者的成长大致遵循"士兵"（基层员工）—"英雄"（骨干员工）—"班长"（基层管理者）—"将军"（中高层管理者）的职业发展路径。根据华为公司人才培养工作的实践特点，华为管理者的培养过程划分为三个阶段。

（一）基层历练阶段："将军是打出来的"

对于华为的基层员工，任正非强调"要在自己很狭窄的范围内，干一行、爱一行、专一行，而不再鼓励他们从这个岗位跳到另一个岗位"。"士兵"要在本职岗位上不断提高业务水平和绩效产出，当然公司也允许基层员工在很小的一个面上有弹性地流动和晋升。与其他企业的做法不同，华为对于干部只强调选拔，不主张培养和任命。公司的干部不是培养出来的，而是选拔出来的，干部需要通过实际工作证明自己的能力。正如任正非在 2013 年 EMT 办公例会的讲话中所称，"苗子是自己窜出土面上来的，不是我拿着锄头刨到地下找到这个苗子。认可你，然后给你机会，但能不能往上走在于你自己。机会是靠自己创造的，不是别人给你安排的。"

基层经验与成功的实践，是华为选拔干部的标准。"猛将必发于卒伍，宰相必取于州郡。"华为强调："每个人都应该从最基层的项目开始做起，将来才会长大。如果通过烟囱直接走到高层领导来，最大的缺点就是不知道基础具体的操作，很容易脱离实际。"因此，将军必须从实践中产生，而且是从成功的实践中产生。公司的组织建设也与军队的组织建设类似，先上战场，再建组织。"扛着炸药包打下两个山头你就当连长，没有什么服气不服气。"

（二）训战结合阶段：干部的"之"字形成长

"证明是不是好种子，要看实践，实践好了再给他机会，循环做大项目，将来再担负更大的重任，十年下来就是将军了。人力资源管理部和华大要加强对种子的管理。种子到各地去干几年以后，不要沉淀下来了，把他忘记了。优秀种子回炉以后，可以往上将上校上走。"华为对有管理潜力的人才通过基层实践选拔出来后，将进入培训与实战相结合的阶段，此时公司会提供跨部门跨区域的岗位轮换和相应的赋能培训。任正非强调："自古以来，英雄都是班长以下的战士。那么英雄将来的出路是什么呢？要善于学习，扩大视野，提升自己的能力。"

为此，任正非责成华为人力资源部和片联负责选拔优秀的管理型人才进行循环轮换。此阶段也加入组织层面的赋能培训任务，由华为大学承担。

1. 循环轮换

在训战结合中对于"战"的部分，华为学习美国航空母舰舰长的培养机制，关注干部的"之"字形成长，认为"直线"成长起来的干部缺少担负全面发展和协调性强的事务的实践历练。因此《华为基本法》规定："没有周边工作经验的人不能担任部门主管，没有基层工作经验的人不能担任科以上干部。"

各部门还要负责帮助新流动进来的人员尽快融入和成长。循环流动的人员到了新部门，也要通过学习去适应新环境和新工作。

任正非同时也强调干部的循环流动是根据业务需要，不是为了流动而流动。"比如搞概算、合同场景，只需要少部分人跨全球使用，但要求多数人能跨区域使用。为了培养一支有实践能力的队伍，我们才流动。我们只会给可能上航母当舰长的人进行循环流动；其他职员不需要海外经验，也不需要流动。职员族固定下来，干一行、爱一行、专一行。所以不是为了干部成长去流动，而是你成长了，就给你流动的机会。"

2. 赋能培训

训战结合阶段中"训"的部分主要由华为大学承担，华为大学通过短训赋能输出"能担当并愿意担当的人才"。为此,华为大学教育学院基于"管事"和"管人"两个角度专门开发了相关培训项目——后备干部项目管理与经营短训项目(简称"青训班"),还有一线管理者培训项目(First-Line Manager Leadership Program,简称"FLMP")。

(三) 理论收敛阶段:理念、文化与哲学的"发酵"

在华为,从基层到高层培养是不断收敛的,会逐步挑选出越来越优秀的人员。"在金字塔尖这层人,最主要是抓住方向。"走过训战阶段进入高阶后,干部若想成长为真正的将军,进一步成为战略领袖和思想领袖,就要使"自己的视野宽广一些、思想活跃一些,要从'术'上的先进,跨越到'道'上的领路,进而在商业、技术模式上进行创造。"为此,华为要求高层干部要学习公司文件,领会高层智慧精华。为帮助中高级干部实现由"术"向"道"的转变,公司规定每位高级干部都必须参与华为大学的干部高级管理研讨项目,简称高研班,亦堪称华为的"抗大"。

高研班的主要目标不仅是让学员理解并应用干部管理的政策、制度和管理方法工具,更重要的是组织学员研讨公司核心战略和管理理念,传递公司管理哲学和核心价值观。和一般企业大学的做法不同,华大的高研班向每位参训学员收取 20 000 元的学费,学费由学员个人承担,目的是为了让每位参训干部增强自主学习的意识。而且不经过高研班培训的干部不予提拔。

(四) 总结:华为管理者的成长路径

著名管理学家罗伯特·卡茨早在 20 世纪 50 年代就提出,培养管理者不应只关注其个人特质,而真正该关注的是"一个人能做什么"。有效的管理行为依赖于三种可开发的基本能力:执行技术活动的技能(技术技能)、理解与激励个人和团队的技能(人际技能),以及协调和整合组织中所有活动和利益以便趋向共同目标的技能(概念技能),它们的相对重要性随管理层级变化而变化。

1．基层历练阶段，对基层员工以技术技能开发为主

华为强调基层员工在本职岗位上"埋头苦干"，干一行爱一行，不提倡基层员工换岗。

正如新员工培训班"领导座谈"课程环节中某位高级干部在对刚入职的员工的寄语中提到："希望大家走上工作岗位之后，要踏踏实实地把业务基础打好。本职岗位前几年在扎根，一旦扎下之后，你会成长得很快。"

2．训战结合阶段，成为"班长"后的干部以人际技能开发为主，技术技能开发与概念技能开发为辅，实现管理能力的全面提升

青训班项目重在开发项目管理能力，打通项目管理的全流程，使受训者从本职岗位的单一视角扩展到项目管理全过程的整体视角，体现了技术技能的开发。FLMP项目对基层管理者在团队管理与激励等方面进行团队领导力赋能，实现"士兵"到"仕官"的角色转变，有效开发人际技能。

3．理论收敛阶段，要想成为真正的"将军"，中高级干部需要"有大视野，大到天文地理，但更要能放能收"，实现"术"向"道"的转变

具体来说，学员通过干部高级管理研讨班系统研讨，把实践经验总结上升到理论高度，深度发酵。这一过程的重点是概念技能的开发，从组织层面出发，建构战略管理与公司文化管理思维。

独一无二的并购 VS 自主技术创新

第五章

兼并、兼并、再兼并

一、中西合璧的本土管理层

联想中国管理层中西合璧，熟悉 PC 业务，是联想做大的重要前提。联想管理三要素之一的"建班子"，其要旨就是打造高效能领导团队。

2009 年前后，联想高层管理团队成员曾进行调整——组建中西合璧的领导班子。

据媒体报道，在联想管理传统中，"听多数人的意见，和少数人商量，自己做决定"被奉为管理之圭臬。为此联想 CEO 位高权重，重大决策只"跟少数人商量，一个人说了算"，之后就公开宣布，下面员工只管执行。这也是与"斯巴达方阵"匹配的联想"军规"。但是这样一来，却导致执行错位，各部门之间配合不利。而在最高领导的搭配与组合方面，也存在错位与配合失调。表面上看，作为董事长的杨元庆负责企业发展战略方面的工作，阿梅里奥负责日常运营管理，但"杨阿配"实际运作更像"联席 CEO"。这种互相牵制、掣肘的权力模式，导致联想决策效率大打折扣，联想成了一头"双头怪兽"。杨元庆是一个年富力强、注重执行力、喜欢亲力亲为的中方董事长，阿梅里奥则是个性鲜明、国际化经验丰富、精于日常运营的西方"成本杀手"。除此之外，联想管理班子成员具有多元化文化背景。他们来自多家公司，既有联想的"本土文化"价值观，又有 IBM 的企业文化理念，还有戴尔人的职业习惯。多种文化背景的冲突，行为模式的诸多差异，员工相互之间存在隔阂，进而容易产生矛盾和冲突，如此一来降低了各部门之间协同工作的效率。

而管理班子成员中普遍存在的"职业经理人心态",必然注重短期绩效,进而对企业发展战略和企业成长(如品牌、研发)重视不够,投资不足。在这个问题上,阿梅里奥就比较具有典型代表意义。为了五年任期内的业绩报表好看,他在任期内的许多举措都是注重短期绩效的。

经过2009年的调整,联想"新班子"最高管理层是磨合多年、堪称绝配的"杨柳组合""大小发动机组合"(柳传志担任董事局主席,杨元庆担任CEO)。

柳传志曾声称,"联想是我的命";至于杨元庆,与联想也是"一损俱损、一荣俱荣"的关系;他们都具有"主人翁"的使命感。所以,"杨柳依依"自然会精诚合作、携手共进。

联想新班子执行委员会成员由4名中国人和4名外国人组成。经过一番磨合、协调,他们彼此之间建立了共同的价值观:相互欣赏、尊重,可谓"中西合璧"。同时强调集体参与、群策群力,从务虚到务实,对重大决策反复深入沟通,充分考虑各种意见和执行因素,达成共识后坚决执行。由于领导团队成员有"主人心态",高管有事业心,既有远虑,也有近忧。不仅关注当期绩效,而且着眼长远打算,因此使联想的运营、发展等大有改观。

(一)杨柳依依,步调一致

杨柳组合是联想发动机文化的典型体现。

"元庆他们这一层是发动机文化。发动机文化就是,我是一个大发动机,元庆是一个小发动机,总目标一致,两者同步。"2014年1月出版的《谁是这个时代的思想家》里,作者提问什么是联想的"发动机文化"时,柳传志如此回答。

柳传志口中联想提倡的"发动机文化",意思是最高管理层是大发动机,而子公司的领导、职能部门的领导是同步的小发动机。大发动机制定好下一阶段公司发展的目标、战略路线(当然制定这些时也会请小发动机参加研究),每个小发动机努力吃透总目标,然后领回分解到自己这一部分的子目标,以及相应的责、权和利(责、权、利是可以和大发动机讨论商榷的)。

据有关方面披露:联想"新班子"成员经过深入研讨,迅速制定出台了简单、明确、有效的"双拳战略"。而且通过高效的分工、协作，从产品、市场、交易模式、供应链、服务、IT 支持等企业运作的方方面面进行了重组和再造，确保了战略执行的各个环节都能明确目标，而且能够层层分解落地，使联想全球员工统一意志、步调，协调一致，为联想集团快速扭转亏损起到了"杠杆效应"。某处的微小变化可以对系统整体产生显著的或长期的、根本性的变化，而组织高层团队成员及其运作模式的调整，尤其对组织具有举足轻重的影响。联想的实践表明，这也是打造高效能团队的关键因素之一。

资料表明，对于联想来说，"建班子"的核心内容当然包括选拔"德才兼备"的成员进入班子。

据悉，对于高层干部，不仅要求具备事业心、自知之明，要靠自己的业绩表现与综合能力，也要求有很强的学习能力。这从机制上保证了领导团队中成员的个人素质，奠定了打造高效能团队的基础。

同样，联想"管理三要素"中的"建班子"核心内容也包括班子如何运作。

有关研究资料指出，基于实践经验，联想摸索出了一整套行之有效的班子运作模式与规则，如"务虚"与"务实"相结合的沟通机制、独特的集体决策规则以及让执行的人参与决策等，保证了团队的沟通效率以及绩效表现。

（二）联想的复盘制

联想的复盘制曾经是媒体之间津津乐道的话题。

据介绍，联想的定期复盘、人才评估机制以及人才培养体系，可以不断提升团队成员的个人素质，并选拔优秀人才进入团队，适当更换不适合的成员，确保领导团队的活力和能力。

据了解，在联想的实践中，"对话"主要体现为班子的议事规则和柳传志常说的"把嘴皮子磨热"以及频繁的"务虚"研讨会等。在决策中，既注重决策的过程，有特定的决策规则，也让执行的人参与到决策之中，从而提高了协同行动的质量和效果。同时，联想内部也建立了有效机制，促进各部门之间在行动过程中的反馈、协同。

据报道，联想的"复盘"是非常行之有效的集体反思机制。"复盘"原本是围棋术语，指的是对弈一局之后，把对弈的过程重新回放一遍，以检查局中招法、应对策略的优劣与得失，总结经验教训，提高棋艺。一开始，"复盘"是柳传志个人的工作习惯，之后逐渐形成各级干部和整个组织普遍自觉采用的工作方法。进而在"建班子""定战略""带队伍"中，也广为使用。

二、出色的本土渠道控制能力

本土渠道的把控能力，是联想做大的重要因素。渠道的强力渗透、信息的及时反馈、强大的售后服务能力与网络造就了联想的优势。

有研究者指出，联想的行业竞争力即核心竞争能力体现在对分销系统增值能力的把握上。通过分销渠道的管理，把生产商、大经销商与零售店、消费者绑定为利益共同体，并实现"三赢"局面，获得分销增值。

联想集成分销模式是联想集团在发展过程中总结出来的。与华为一样，创业早期的联想营销模式是直销。随着市场销售形势的变化，联想不得不放弃以直销为主的营销渠道。与华为不一样的是，联想早期直销的是自主研发技术产品汉卡与自有品牌微机联想 286 等。华为早期直销是代理他人的产品。

因此联想的分销模式，是杨元庆渠道管理创新的尝试，是在营销思路和营销理念上的根本与彻底转变。事实上，在 IT 产业领域，采取分销模式的企业不胜枚举，杨元庆渠道模式的改革其实也是效法惠普的市场营销模式。分销模式有利于企业快速提高市场占有率和品牌知名度，但分销模式也存在难以逾越的障碍。

分销模式的弊端在于渠道战线长，渠道商素质良莠不齐，经营管理水平低下、粗放，缺乏必要的服务规范和内部管理规程，服务品质不高。

分销模式的局限还在于，销售系统具有高度分散性，为此成本代价相当高。面对客户的个性化需求日益突出，客户对服务流程的要求也越来越高，为此传统的分销模式在信息交互和客户服务等方面缺乏效率。分销模式易造成生产制造、管理部门与市场的隔离，而且随着企业规模越大，离第一线（用户）越远，市场反应灵敏度越弱，用户的需求变化很难及时传达到厂商处。生产厂商没有直接面对市场，无法切实把握市场。

分销模式的缺陷还在于应收款管理难度相当大，如何根据应收的账期和支付方式确定分销商的信用，保证生产厂商的资产不受到损失，成为一大挑战。说到这里，可以给大家讲述一个极富悲剧色彩的故事。

丨 "孙宏斌事件"与分销模式改造 丨

孙宏斌，融创中国董事会主席。出生于山西省临猗县，毕业于清华大学，获得硕士学位。硕士毕业后，孙宏斌来到联想集团工作，之后到美国哈佛大学研读了两个月的管理课程。

2016年9月18日，融创中国和联想控股联合发布公告，融创作价137.88亿元正式收购联想控股附属公司融科智地41家目标公司相关股权及债权，涉及联想控股旗下包括北京、天津、重庆、杭州等16个城市42个物业项目权益，总占地面积约693.72万平方米，总建筑面积约1802.22万平方米，未售面积为730.05万平方米。

孙宏斌对融科的收购在业界引起强烈反响，"度尽劫波兄弟在，相逢一笑泯恩仇。"媒体用鲁迅《题三义塔》中的这一句话，来形容融创孙宏斌和联想柳传志之间的关系演绎。因为，在孙宏斌与柳传志之间，曾经发生过一段恩怨情仇的故事。

当年时任联想企业发展部主管的孙宏斌，因为回款问题与总公司、最高领导之间产生误解，进而引发严重冲突，结果孙宏斌锒铛入狱。尽管后来得以平反，但双方付出的代价却颇为高昂，整个事件过程也充满戏剧性色彩。

1988年，孙宏斌进入联想，工作出色、业绩突出，很快成为联想企业发展部主管，分管联想北京以外的所有业务。其时，杨元庆是联想的一名工程师。

联想前员工、当今房地产界领军人物孙宏斌

孙宏斌为人桀骜不驯、特立独行，在管理上独树一帜、不落俗套，因此与传统理念难以兼容，与联想元老冲突纷起。于是，各种不利传言四下流传。

1990 年，孙宏斌被认为有从联想独立出去的企图。柳传志从香港联想飞回北京。在不长的时间里，孙宏斌身陷囹圄。

孙宏斌为什么会被送进监狱？让我们来解开这个谜底。

1990 年初甚至更早些，有关孙宏斌的传闻就开始不断进入身在香港的柳传志的耳朵里。

孙宏斌权力太大，结党营私。孙宏斌要从联想独立出去。联想要失控。

经过调查，柳传志认为孙宏斌的问题确实严重，独立倾向明显。

随后发生了一系列事件，"孙宏斌和他的领导团队在管理理念上与集团发生了激烈的冲突，乃至发生了严重违反公司规章制度的行为。其中最重要的表现是试图独立掌控资金，使其所管理的业务独立于公司的监控体系之外，也确实造成了资金在公司财务体系之外的运行缺乏监督监控的事实。"（参阅联想集团《有关孙宏斌事件的说明》）

于是，柳传志认为这已经形成"毒瘤"，需要动外科手术挖掉。

但事情的真相是，当时孙宏斌任经理的企业部"资金在公司财务体系之外的运行"是因为联想集团公司财务规章制度跟不上企业部业务发展需要——不能及时提取现金供业务开支，严重影响业务开展。于是，孙宏斌把武汉、青岛、太原等分公司还给联想集团公司的购货款76万"截留"，存放在一个朋友公司的账上。孙宏斌将此款中的6.8万余元为联想集团公司下属分公司购货，30余万元用于联想集团公司的其他业务。

这件事情孙宏斌曾给自己的上级主管、时任联想企划部总经理的陈恒六汇报过，陈恒六对此情况实际知悉。但很不幸，孙宏斌的朋友违反与孙宏斌达成的不擅自动用该笔资金的承诺，多次私自挪用此款金额达13.46万余元，盈利2.6万余元。而孙宏斌始终蒙在鼓里。结果，孙宏斌代人受过、锒铛入狱。

1990年5月28日，孙宏斌被北京海淀警方刑事拘留。10天后被正式逮捕，"罪名"是挪用公款。1991年7月10日，北京市海淀区法院公开审理孙宏斌"挪用公款、受贿"案。1992年8月22日，孙宏斌被北京市海淀区法院判处有期徒刑5年。1994年初，孙宏斌被北京市中级人民法院裁定减刑1年零2个月，1994年3月27日刑满释放。

2003年2月10日，孙宏斌向北京市海淀区人民法院递交刑事申诉状，对北京市海淀区人民法院刑事判决书不服，提出申诉。请求：一、撤销原审判决，依法再审。二、改判申诉人无罪。

2003年9月28日，北京市海淀区法院开庭再审孙宏斌"挪用公款案"。经过再次审理，海淀区法院认为"原审判决认定孙宏斌的行为构成挪用公款犯罪的定性有误，应依法予以纠正。改判：一、撤销（1992）海法刑字第176号刑事判决书。二、被告人孙宏斌无罪。

1992年8月22日和2003年10月22日迥异的两个判决，所依据的事实、证据完全一样，并没有增加新证据。孙宏斌自己解释说，这主要是因为当时我国法律不健全，对经济活动中出现的新情况、新问题没有明确的规定，法律严重滞后，造成了被客观归罪的结果。

"孙宏斌事件"的发生，显然令联想对分销模式的优劣有了更清晰认识。

鉴于分销模式存在的一些不足，联想就审时度势对其加以改造。

从联想集成分销的模式上看，无论是服务于大客户市场的客户经理加服务商和客户代理商模式，还是服务于中小客户市场的分销商加零售商、分销商加经销商模式，都在很大程度上压缩了渠道的长度，也就是使渠道扁平化，从而强化了联想对渠道的掌控能力和对市场的反应能力。

所谓企业渠道结构趋于扁平化，就是企业由多层次的批发环节变为一层批发。例如，零渠道、一级渠道、二级渠道、三级渠道、供应商渠道、消费者等。

联想扁平化的渠道结构使企业能更敏锐地捕捉消费群体的需求脉络，迅速调整现有的营销组合策略，最大限度地降低营销成本，减少库存压力，使自己的产品能够具有很强的竞争力。并且联想的渠道扁平化绝不是简单地减少某一个层次，实际上是优化供应链的过程，它真正减少的就是供应链中不增值的环节和增值很少的环节。

联想在实施渠道扁平化的同时，还进一步实施了 ERP。这不仅大大降低了渠道成本，而且提升了与渠道成员之间信息交换的数量、质量和效率。

三、家喻户晓的民族品牌形象

早年的联想是中国民族 IT 业的一面旗帜，联想品牌电脑也深受消费者的欢迎与喜爱。于是"联想"塑造成了民族品牌，并进而被打造成源自中国的国际品牌形象。

千里之行始于足下，得人心者得天下。联想品牌最初靠价廉物美赢得了市场的认可。

（一）1990 年联想自有品牌微机诞生

1990 年，联想在国内市场推出自己设计制造的主板。

尽管因当时的政策所限，联想无法获得生产自主品牌微机的批文，但创业者们依然致力于实现"研制自有品牌微机"的理想。1988 年，香港联想成立，以贸易积累资金，了解海外市场，进而形成了技术、生产、销售一体化的 PC 机主板制造业，产品远销欧美，并逐步将其规模化。1990 年，联想自有品牌微机在德国汉诺威电子技术交易会上大获成功，最终获得国家认可，取得 PC 生产许可证。

联想 286 电脑，是联想品牌电脑之鼻祖，是联想在创业初期打下的基业

1990 年，联想品牌的微机在国内市场推出，成为当时国内四家自有品牌微机的公司（长城、联想、浪潮、东海）之一，而联想品牌形象此时已经初步形成。虽然联想推出自有品牌微机较迟，但联想在香港和深圳的 R&D 部是国内最强的微机设计队伍，联想微机能采用自己设计制造的主板、扩展卡，而其他各家只能依靠进口，这不但使联想微机具有性能价格比的优势，而且使联想能比国内别家公司更早推出新的机型。

联想 286 微机主板和联想式汉卡在进行测试

1989 年 3 月，联想在德国汉诺威的 CeBIT 博览会上首次推出的联想 286 微机主板产品，不是采用的"公板"（现成已设计好的主板），而是联想总工程师倪光南领衔的研发团队自行设计的。尤其采用了"零等待页面模式"和

"隐蔽再生"技术，使性能得到较大提高。用测速软件测试，运算速度是当时中国市场上最快的 286（AST 286）的 1.7 倍，这就使联想 286 在汉诺威展上一鸣惊人、影响轰动，并成为畅销品。所以那个时候，联想品牌已经在国际上崭露头角。

　　凭借技术力量雄厚的优势，到海外市场闯一条新路，中科院计算公司职工奋力拼搏，只争朝夕，开创向外型高科技产业，在短期内研制成功的"联想"Q286 微机——

走 向 汉 诺 威

《人民日报》记者　费伟伟

汉诺威，联邦德国北部一座以举办博览会而闻名世界的工业重镇。1989年3月，一个国

《人民日报》报道联想微机在汉诺威博览会参展

　　1990 年初，联想在北京建成联想 286 微机整机生产线，第一台联想微机在当年 5 月举行的全国计算机展览会上推出。

　　一场突如其来的大火把厂房、办公室付之一炬，车间、办公室的生产设施和各种物品不少都化为灰烬。然而，一台计算机却始料未及地"劫后余生"。虽然它已经烧得面目全非、变形扭曲，可人们接上电源打开电脑，发现它仍然能够正常工作。这台神奇的机器就是联想 286 微机。这个传奇般的故事，发生在 1990 年代初期北京前门附近一家企业里。

某企业失火后质量过硬的联想微机仍能正常工作

那时外国公司的新产品首先在国外发布，到中国发布要延迟半年左右。而国内公司一般没有自己的开发部，新机型要从国外进口，也很慢。1991 年11 月，联想在国内率先推出第一台 486 微机。1993 年 11 月，联想在国内率先推出第一台 586 微机。这些都比其他公司领先半年左右。

那时，联想正是依靠自己强大的微机开发力量和公司上下的全力投入，很快赶上了国内其他微机公司。到 1991 年底，联想微机获"亿利达"科技奖。1992 年底，联想系列微机获得国家科技进步一等奖，并被全国用户评为"最佳国产微机"。

信息产业部领导参观 Comdex92 联想（QDI）展台

1993 年联想微机销售出现了问题，但这主要是体制、管理、销售策略等造成的。杨元庆接手微机部后，并没有改造微机开发部门，联想微机就取得了巨大的成功。

1994 年，联想成立微机事业部，杨元庆担任微机事业部总经理。同年，联想在香港上市。

进入 90 年代，中国 PC 市场格局发生了巨变。国家取消了进口批文，关税大幅下调，大批国际知名电脑品牌纷纷涌入中国市场，中国本土电脑厂商生死攸关。当时的媒体报道担心"联想还能撑多久"。经过认真分析和反复研讨，联想决心坚持发展自主品牌电脑，扛起民族计算机工业大旗。为此公司在 1994 年主动调整组织结构，任命时年 29 岁的杨元庆为微机事业部总经理。

实行代理制，与国际 PC 巨头展开直面竞争。同年，联想在香港联交所上市。

　　1994 年，联想开始实施"高举联想微机大旗，打响国产微机品牌"战略。"采用世界最新技术、高标准的系统设计、严格的质量控制、具有竞争力的价格、强大的技术支持、真实全面的售后服务"，从而把联想微机品牌铸造成享誉天下的民族品牌。

（二）质量可靠、价廉物美

　　1996 年，中国电脑市场依然方兴未艾，而国内电脑价格居高不下。联想主动通过渠道整合等技术手段将原本售价 17 000 元的电脑降到了 10 000 元以内，这大大提高了电脑在中国的普及程度，个人电脑第一次走进寻常百姓家。而消费者在享受电脑带来的乐趣的同时，联想品牌"实力强大，质量可靠，价廉物美"的品牌形象也不知不觉植入消费者的心中。

　　平心而论，那时的联想远没有今天这般营销、公关谋略与铺天盖地的广告，更没有众多媒体出力推波助澜。但"桃李不言、下自成蹊"。在国内电脑厂商鱼龙混杂的"战国时代"，突然出现一个敢于向国外电脑巨头叫板的民族电脑品牌，立刻让人刮目相看，从而确立了联想实力强大的品牌形象。再加上联想电脑的性价比毫不逊色于国外巨头的产品，"价廉物美，品质可靠"的联想品牌从此深入人心。

（三）适用、够用、好用

　　随着电脑软硬件技术的不断发展，电脑产品逐渐成为越来越多的单位与个人工作与生活的必需品。针对这些情况，联想提出"适用、够用、好用"的全民电脑应用理念。

　　当时，对于不少人而言，电脑属于既新鲜又颇具吸引力的东西，很多人非常渴望拥有一台集世界最尖端技术于一体的个人电脑。但是他们中真正懂得电脑的应用和操作的又极其有限，因此联想适时倡导的"适用、够用、好用"的全民电脑理念就成为一个非常明智的品牌建设策略。

　　联想关于电脑消费的适用理念，仿佛为夜行的人射出了一道手电筒光，给众多彷徨的电脑迷提供了选择电脑产品的指南，帮助消费者理性消费，让其摆脱对高新技术的过分迷信。

虽然当时联想已经具有一定的知名度，但联想品牌远不如今天这样家喻户晓、妇孺皆知。在市场认可度还不理想的情况下，虽然不少消费者熟悉联想品牌，但出于质量、售后服务等考虑，未必会抵挡得住外国品牌的诱惑而购买联想产品。有鉴于此，联想通过宣扬"适用、够用、好用"以及展示"民族品牌"标签，成功引导了电脑消费者的新理念，隐性地为联想 PC 植入了适用、够用、好用的"民族品牌"标记。

经过几年的苦战和在竞争中的不断学习，联想对行业规律和企业发展的基本规律进行了深入探索与总结。1997 年，联想 PC 在中国市场的占有率首次位列榜首并保持至今。

"1997—1999 年是联想历史上一个辉煌的盛世时期。在这几年，联想完成了作为一个大企业的飞跃，连续位居中国电子 100 强第一名。联想的品牌电脑打败了 DELL、IBM、COMPAQ 等国外品牌，牢牢占据了中国市场最大一块份额。" 曾经先后任联想 FM365 网站内容主编、联想信息服务事业部高级经理的吕彤在其所著《联想喘息》中这样写道。

与此同时，联想电脑作为"民族品牌"的形象深入人心，最终成为家喻户晓的民族品牌形象。

2000 年，联想电脑获亚太地区（不含日本）市场份额首位，并保持至今。

2013 年 7 月 11 日，国际 IT 市场分析机构 IDC 与 Gartner 发布的数据显示，联想在 2013 年第二季度全球市场份额为第一位，首次成为全球个人电脑（PC）行业的领导者。直到 2016 年，联想集团个人电脑市场份额仍稳居全球第一。

四、强大的政府公关能力

"联想过去 30 年来一直和政府有着比较密切的合作关系，是政府信赖的合作伙伴。联想积累了丰富的为政府服务的宝贵经验，能够快速发现政府信息化中的难点、痛点，并快速提供恰当的解决方案。"2015 年 11 月 3 日，联想集团中国区总裁童夫尧在"政务互联网+创新发展论坛"上就联想与政府的关系作了这样一番阐述。

事实上，作为中科院计算所 1984 年创办的高科技企业，后来又升格成为中科院院管企业，联想既有国有企业的身份，又有高科技企业的牌子，因而属于"双料王牌"的骄子，政府部门一直对联想厚待有加。

比如早在 1993 年 4 月，中国银行就提供给联想 3000 万美元的"机电产品专项"外汇贷款。

而联想能够进行一系列并购，也跟政府部门的资金支持颇有关系。中央财经大学商学院副院长胡宗良在《联想收购 IBM 个人电脑业务的价值评价分析》中指出："以联想百亿美元市值，何以频频出手大方收购外企业务部门？就是中国仍然像现在一样，是一个不规范的资金市场。但借助于政府的支持，联想可以拿到低利息的资金。"

另一方面，联想对政府的公关能力也非常强，所以能够得到巨大的政府支持。这些支持除了政府贷款方面外，还主要表现在政府采购方面。

从 1997 年开始，联想 PC 一直在国内市场占据第一位的销售份额，这其中包括通过政府采购获得政府强有力的支持。

2002 年《政府采购法》颁布时，联想大客户团队仅有 5 人。如今联想大客户政府行业在全国范围内已经发展成 120 多人的大团队。"多年来，联想大客户政府行业团队为政府行业客户持续提供了稳定、可靠的先进产品和及时、全面的优质服务。"

2012 年，在《政府采购法》颁布 10 周年之际，《中国政府采购报》记者陈昂专访了联想集团副总裁中国区大客户事业部总经理童夫尧。在其采写报道的《联想："传奇"拼图》中，把在政府采购 IT 市场的表现称为"传奇"："是他凭借精湛的技术方案让采购单位摘掉了有色眼镜，改变了政府采购 IT 产品被国外品牌垄断的历史。"

报道指出，"目前，联想在政府采购 PC 市场的份额大约占 6 成，稳居第一；在服务器市场的份额保持在 16%左右，位列第四。"

采访中，童夫尧携大客户事业部政教行业总经理王俊杰回顾 10 年来联想参与政府采购的过程与业绩时，"娓娓道来，共同揭开联想绘制的政采版图。"

在销售上，联想在全国共设有 23 个分区，矩阵式分布，这与国家政府的组织架构基本吻合，尤其体现在大型项目的配合上，可以顺畅地上传下达、下传上达。无论采购单位有何需求，通过基层的销售单位都可以直接传递到联想总部，再由高层领导决策，这样能更快地做出解决方案。

在交付上，联想能真正做到及时交付，在文化共享、远程教育等领域体现得更加明显。这也是联想在政府采购市场得到普遍认可的法宝之一。服务的渗透力和覆盖面以及 IT 产品的回收再利用等都是围绕产品生命周期展开的。

在售后上，联想的售后服务网点已覆盖到中国所有县级城市，构建了大联想体系。又通过合作伙伴的帮助解决了一部分四六级市场的售后问题，并给维修人员提供专业培训。

对于"十二五"医疗体制改革，联想准备了诸多资源共同参与信息化建设，为此专门成立了一个新的部门，叫医疗卫生行业。联想曾成功拿下村卫生所信息化改造项目，42 万台电脑直接配送到各个村。

有一个特别需要介绍的是，联想集团较早参加了国家 863 项目 HPC（超级计算机业务）。在得到国家财力智力支持下，通过几度努力，在国内成为领先者，为国家超级计算领域做出了较大贡献。

与其他主要产品不同，联想的 HPC 恰恰走的是一条自主创新的道路。2014 年联想登顶中国超算 TOP 100 之后，在 IDC 公布的 2015 年 Q1 全球 HPC 报告中，联想 HPC 也斩获佳绩：营收接近 3.8 亿美元，占比 15%，排名全球第三。

五、强势的媒体公关能力

说到联想的媒体公关能力，从铺天盖地的联想广告、软文与公关稿就可以看出。而笔者本人就与联想有过多次采访机缘。

2001 年某月，笔者加盟国内一家知名财经人物杂志，负责 IT、通信领域企业老总人物报道，其时本刊当期封面报道人物就是联想杨元庆。不过杨元庆不同意仅就他个人进行宣传，而要对联想整个管理团队进行报道，所以对联想的报道是包括整个团队的。

因为笔者刚就职，没有赶上参与对联想的采访，但根据同事们对联想杨元庆等的采访报道，第一次对联想有了整体上的深入了解。后来得悉，此次对联想的报道活动，是由本刊经营部门率先与联想公关部门联系，双方经过洽商之后，进行的一次合作。

后来因为经常参加业内会议、论坛与活动等，就与杨元庆多次见面。那时的元庆，待人谦和、低调有礼。估计见的记者太多，没法一一记住，所以第二次见面，他又客客气气地掏出名片，双手递出，笔者赶紧说"我们上次换过"。

2002 年，笔者转任一家经济、生活类杂志主笔，接受的第一个任务就是采写封面人物报道，对象正是杨元庆。

当笔者来到联想上地总部，与前台接洽采访事宜后，蓦然听到前台小姐电话通报，"有个记者想采访元庆。"当时颇为吃惊，没想到联想下属竟然直呼大领导名字。

2003 年，笔者所在科技投资类杂志需要对联想采访报道，但整整两周过去，联想公关部门一直没有安排回复。在等不及的情况下，笔者直接给杨元庆发邮件，第二天元庆秘书就打来电话告知马上安排有关采访事宜。

对于联想公关，业界的评价是："一个一直在形象公关上屡有创新的联想"。据了解，从 1999 年前后开始，联想的公关稿在业界就一直倍受欢迎。当时的联想总裁杨元庆在其他厂商还没有意识到公关公司的价值时就率先大胆使用公关公司，曾有"奉一身'北大脾气'的陈博士（陈良华）为座上宾的故事"广为流传。

对于从 1999 年开始走"贸工技"发展路线的联想来说，公关公司、公关类稿件对联想的品牌塑造起到了不可或缺、举足轻重的作用。据悉，20 多年来联想为此砸下的公关广告费用已达几十亿之巨。

公共关系的成功处理，使联想尝到了甜头，也自然形成了联想的一个"优良传统"。近 20 年来，联想每次一旦有大动作，什么新品发布、收购 IBM 的PC 业务、挖来戴尔高管……从来都是公关文章开道。用到顺手之处，变成了事无巨细，都习惯性地公关文先行。一招奏效，屡试不爽。

联想还有一年一度的媒体日，每年公关部门都会安排全国各大媒体参观联想，柳传志亲自出马接待。

《联想喘息》作者吕彤在其著中披露道："联想有个核心记者圈子，一般由五六个有影响的主流媒体的记者参与组成。我从 1998 年开始与联想集团公关部打交道，这几年联想的几乎所有重大事件，我都是亲身经历者，包括联想完成股权改造、倪光南风波、联想 15 周年大庆。"

吕彤先后在中国新闻社、中国青年报社从事记者和编辑工作 10 年。2000年顺着互联网的大潮下海，加入联想集团，先后担任联想 FM365 网站内容主编、联想信息服务事业部高级经理。

据吕彤披露："联想跟记者打交道，也像是培养自己的职工一样，要'入模子'，要反复向你宣讲联想的企业文化，为什么这样做，为什么不那样做，联想是怎么想这个问题的。联想会邀请记者参加许多公司内部的活动，比如每年一次的誓师大会、运动会、总结表彰会、春节联欢会，甚至在电视台录制联想发展历程的节目时，也会邀请记者参加，让你非感动不可。"

"联想在媒介的透明度相当高，属于中国非常少见的表里如一的公司。它对待记者的办法，不是像绝大多数中国企业那样，你来帮我发稿宣传，我给你这样或那样的好处。联想不是这样，它一定是首先说服了你，让你理解甚至感动了，让你发自内心地替它说话。从公关的角度看，应该说这是化境，至少那个时候的我对联想的一切发自内心，深信不疑。"吕彤常常与企业界资深人士一起讨论企业问题，最经常的是拿联想、方正、TCL、海尔、康佳这些他们都非常熟悉的企业作比较。由于吕彤对联想推崇备至，常常遭到他们的嘲笑。等他真正投身联想两年以后才明白，记者眼中的企业，永远只能是表象。"其实这个话，更准确的表达应该是，记者们善于把握变化，特别是在一个广阔的宏观背景下，细节往往成为巨变的前奏。所以很多企业家非常喜欢跟跑行业的记者们打交道，也愿意读他们的文章。但是，记者们如果以为他们真的了解企业，那就大错特错了。其实企业运行有一套完全不同的方式，而且绝不是书本上能够读到的。所以仅仅过了一年以后（即吕彤加盟联想后），我就对那些动辄应该怎样怎样的 IT 名记嗤之以鼻了。"

在联想，"公关"被定义为：主要从事组织机构信息传播、关系协调与形象管理事务的咨询、策划、实施和服务的管理职能。在这样的活动里有两个主要角色就是机构与公众，而在实际的操作过程中，机构内部沟通和机构的对外沟通都是同样重要的。因此，沟通是多方向、多角色、多层次的。

"多方向"是指沟通不同于传达指令，信息是双向的。从机构领导到执行人员，再从市场反馈回决策层；从机构内部到达用户，再由公众传回到产品或服务的提供者。"多角色"是指公关活动所要沟通到的不同利益体，领导、员工、用户、媒体、政府、公众都是这个秀的演员。而"多层次"则是指沟通的方法与技巧。总之，公关活动应该是一个循环对等、往复向上的过程，从调查到策划再到实施，最后评估。

为此权威人士指出："维护公共关系同样需要有节奏、有层次。从产品发布到企业人物，从员工活动到危机事件，从主动的到被动的，企业不停地在市场上发出自己的声音，让用户在铺天盖地的广告中发现、关注自己，毕竟还是一个长期不断的工作。"

六、独一无二的并购

2011 年 10 月 13 日，联想集团宣布根据第三方调查数据，其 PC 出货量超过戴尔公司，跃居全球第二。联想 CEO 杨元庆在随后接受记者专访时表示，"并购已经成为联想的核心竞争力。"

不过大约半个月以后的 10 月 30 日，柳传志在出席中欧商学院 2009 级 EMBA 毕业典礼与学员对话时表示："在核心竞争力上我跟杨元庆不一样，我也不觉得核心竞争力是兼并，我觉得联想核心竞争力是管理三要素，是怎么样建班子、定战略、带队伍。兼并是我们战略中的重要手段之一，只能说它是战略中一个组成部分。而我们由于对兼并中某些核心问题解决得比较好，所以我们连续兼并几家企业，还比较成功。"

无论联想内部两个领军人物对核心竞争力的认定与看法迥异还是趋同，联想的并购在全球范围内也确实属于独一无二的。它给联想带来了巨大变化，这些变化正负面兼具。但不争的事实是，联想的并购不仅推动了企业的国际化进程，而且使联想品牌一举成为国际品牌，并跟随华为，先后迈入全球最具价值品牌 100 行列。

关于联想并购，业界人士有过不少精彩分析，我们先看看比较有代表性的正面评价。

2014 年 10 月 29 日，搜狐科技频道刊登了署名作者毛启盈的文章《并购！并购！这就是联想的国际化模式》。

文章开篇写道："联想并购 IBM X86 服务器业务，并购摩托罗拉手机业务。今天，业界再次传闻联想有可能并购黑莓手机业务……联想每一次出手，都让业界为之震惊。IBM、摩托罗拉，还有未曾确定的黑莓手机，他们当年可都是在全球 IT 界叱咤风云的百强企业。"

为此毛启盈提出："联想会用什么方式让 IBM、摩托罗拉重拾新生？联想下一步要并购谁？"

文章透露，联想 CEO 杨元庆曾称，"联想常年都有并购的目标和计划，就像每天都要吃饭一样。"因此，下一步联想收购无论是黑莓还是 HTC，都在情理之中。用杨元庆的话说，联想正积极地"练内功"，提升竞争力，为全面拓展海外市场做准备。

在作者看来，联想的收购看似杂乱无章，其实从 PC 端到移动端，联想是把这些企业作为国际化的"跳板"。外行看是简单业务收购，实质上是联想曲线国际化战略。从目前收购效果看，联想采用收购这种模式国际化是成功的。因此联想得以获得 PC 和手机全球 No.1 的成绩。

而对于联想收购 IBM X86 企业级服务器业务，毛启盈预测联想将在 X86 企业级服务器市场跻身全球第三、中国第一。

毛启盈表示，在老一代媒体人看来，IBM、摩托罗拉都是非常强势的企业，有"日不落"的跨国企业色彩。如今悉数被中国企业联想拿下，可见国际化的路子可以有多条，看你怎么选。中国企业华为、中兴屡屡在美国市场遭遇禁令，迟迟难以打开美国市场，会不会也来一场轰轰烈烈的收购呢？

　　毛启盈的文章最后还引用了杨元庆关于并购的语录：

　　（1）我们既是国产品牌，也是国际品牌。我们已从其他市场得到鼓舞，尤其是美国市场。平板对 PC 冲击时，我们不是一味防守，而是主动发现 PC 的弱点，去加强，用进攻和主动的方式去防守，这是联想创新的基因。

　　（2）如果竞争对手想赶超我们，可能需要很多年，如果非要加一个期限的话，我想是一万年。

　　（3）10 年之前，联想和 IBM 相关部门同事都对那次"蛇吞象"收购忧心忡忡，毫无信心。这次情况完全不一样，这次 IBM 即将加入联想的同事不再需要我们主动地去做工作。不能说所有人都欢欣鼓舞，但至少对未来比较乐观。因为这个部门在 IBM 是边缘化的业务，而在联想是核心业务，起着增长引擎的作用。

　　而对联想并购的评价，最具代表性的当属联想前总工程师、联想汉卡与联想微机研发领军人倪光南。

　　倪光南认为，虽然联想的并购很出色，帮助联想拓展了国际化路径，但"联想以巨资收购了 IBM 的 PC 业务，却买不来技术含量较高的服务器业务。"作为中国工程院院士、计算所研究员的倪光南，多年来一直在积极呼吁、奔走，以推动自主创新。为此他强调："实践表明，金钱买不到核心技术，市场也换不来核心技术，要掌握核心技术只能依靠自主创新。"

　　同样，有财经评论家指出：从 ThinkPad 到 IBM X86 Server 再到 Moto，联想从 PC 到 Server 再到手机，都没有实现技术或者品牌的突破，都是通过并购来完成的。诚然，并购是一个很好的提高自己的手段，但是收购的品牌无一例外作为自己的高端品牌就不得不让人深思了。自己原本的产品和品牌为什么做不起来？

　　这位业界资深人士还把联想并购与苹果比较，他先列举苹果收购清单：

　　2008 年 2.78 亿美元收购了微处理器设计公司 P.A.Semi，然后推出了自己的处理器。

　　2010 年 4 月 1.21 亿美元收购移动芯片制造商 Intrisity 公司。

　　2010 年 4 月 2 亿美元收购 Siri，推出语音服务。

　　2012 年 7 月 3.56 亿美元收购 AuthenTec，推出指纹服务。

2012 年在收购 Placebase、Poly9、C3、Locationary、BroadMap、HopStop、Embark 等之后推出自己的地图服务。

对比之后就会发现，同样是收购，联想与苹果差距甚大。苹果是收购技术为自己的产品服务，打造自己的品牌；而联想是直接收购其他品牌。是因为苹果有钱所以有这么多收购吗？显然不是，上面列出的这些公司加起来都没有联想收购 MOTO 的花费高。

不过这位人士也指出，从 PC 业务继承过来的供应链以及库存管理体系，让联想在手机行业技术更新换代过程中，避免了产品的大量积压，这也许是联想手机区别于其他手机企业的最大不同。可是随着小米模式的崛起，这仅有的优势也不再是优势。联想的路在何方？联想从骨子里都不具备独创某种新的商业思维和商业模式的基因，从选择贸工技路线开始就已经不具备华为那种对技术研发的热情，这远不是成立一个脱胎于联想的神奇工厂就能改变的。虽然如此，联想手机要做大并不是不可能，只是对它抱有更多的期望有点儿不切实际。

第六章

研发、研发、再研发

一、蕴涵丰富的核心价值观

"以客户为中心""长期坚持艰苦奋斗"和"以奋斗者为本"是华为的核心价值观中最根本的内容。

"以客户为中心"是华为的企业宗旨、目标指向,是华为的生存之本。

"长期坚持艰苦奋斗"是华为事业发展的基础,因为华为"一直在成长,始终没有成功",所以要提倡长期艰苦奋斗。

"以奋斗者为本"指多劳者多得,奋斗者有其股份,"不让雷锋穿破袜子",充分考虑员工的经济诉求、个人价值实现。

悉心研究华为发展的权威专家、《下一个倒下的是不是华为》作者田涛指出:华为成长壮大的外部约束条件很多。早期缺资本,缺人才,缺产品,无背景;早中期缺管理经验,缺流程,缺制度;后十来年又不断遭遇西方公司的围追堵截;二十多年里历尽坎坷与磨难。内部的约束条件也不少,首先是数万股东,这样庞大的个人持股群在全球范围内也是罕见的。而且没有一个人能够相对控股,任正非的股份也只有那么一点点。同时"拒绝多元化与商业机会主义"。这就使得华为的管理层如履薄冰,拥有的选择、回旋余地非常小,重大战略不能有任何失误。在经营决策、管理流程、研发方向、队伍建设、接班人选拔,以及具体运作举措等方面都必须避免走错棋。物极必反,在这样一种严苛的环境与形势下,竟然激发出璀璨的思想火花、管理理念和领导艺术,华为核心价值观应运而生。

作为华为顾问的田涛指出：华为的成功首先在于思想战略的成功。华为早期倡导一种"斯巴达精神"，崇尚力量，崇尚狼性，崇尚"海盗文化"。而这种文化和精神背后所支撑的是奖惩系统：奋斗者不吃亏和惰怠者走人的鲜明逻辑。本来这是自然界和人类社会的常识性逻辑，但在现实社会中却常常难以实施。华为从一开始就大张旗鼓地予以推行，并长期坚持了 20 多年。今天华为各个系列的中高层干部，无不是在残酷的市场中打拼出来的功臣。同样，他们也是成功之后的"既得利益者"——拥有数量可观的股票以及其他可观的收入。

"几千人、几万人、十几万人的奋斗方向是什么？以客户需求为导向。在这面永不动摇的旗帜下，华为人在中国市场、全球市场奋力搏杀，终于冲出了重重包围，趟出了一条大道。用邓小平在设立深圳特区之初的说法，叫'杀出一条血路'来形容华为 20 多年的艰难行军，一点也不为过。"

（一）成就客户

在任正非看来，为客户服务是华为存在的唯一理由，客户需求是华为发展的原动力。华为坚持以客户为中心，快速响应客户需求，持续为客户创造长期价值，进而成就客户。为客户提供有效服务，是华为工作的方向和价值评价的标尺，成就客户就是成就华为自己。

早期的华为是一家贸易公司，开始就跟一家小铺子似的，甚至不如京东创始人刘强东。京东创业还有一个门面店，还集中在 IT 产品代销上。华为创业差点干到卖墓碑之类的活计，最后靠代理交换机立足谋生。即使如此也是"十几个人，七八条枪"，既无产品，又无资本，硬生生在外企、国企的铁壁合围中杀出了条血路。所以，"活下来就是硬道理"一直成为华为 30 年发展的主旋律。而当时在华为最响亮的口号就是，"胜则举杯相庆，败则拼死相救。"

任正非是一个胸藏鸿鹄之志的人，但"理想很丰满，现实很骨感"。只有活下来，才能有所图谋。

从企业发展的根本来看，生存与发展都必须赚钱，但利润只能从客户那里来。为此华为的生存与发展，就构建在满足客户需求之上——通过提供客户所需的产品和服务并获得合理的回报来支撑。"员工是要给工资的，股东是要给回报的，天底下唯一给华为钱的，只有客户。我们不为客户服务，还能为谁服务？客户是我们生存的唯一理由！"

既然决定企业生死存亡的是客户，提供企业生存价值的是客户，企业就必须为客户服务。现代企业竞争已不是单个企业与单个企业的竞争，而是一条供应链与一条供应链的竞争。企业的供应链就是一条生态链，客户、合作者、供应商、制造商命运在一条船上。只有加强合作，关注客户、合作者的利益，追求多赢，企业才能活得长久。只有帮助客户实现他们的利益，华为才能在利益链条上找到自己的位置。只有真正了解客户需求，了解客户的压力与挑战，并为其提升竞争力提供满意的服务，客户才能与你的企业长期共同成长与合作，你才能活得更久。所以需要聚焦客户关注的挑战和压力，提供有竞争力的通信解决方案及服务。

据悉，相当长的一个时期，华为在客户那里的形象是：低价格、次产品、优质的服务。国内某运营商的老板至今还记忆深刻：早年华为的交换机大多在县级邮电部门使用，产品稳定性差，经常出问题。但华为的跟进服务做得好，24 小时随叫随到。而且邮电的职工做主人惯了，动不动就把华为的员工包括任正非训斥一顿。他们不但没有任何的辩驳，而且总是诚恳检讨，马上改正。与西方公司习惯把责任推给客户、反应迟钝相比，华为让人印象深刻。你怎么能拒绝把客户真正当做"上帝"呢？要知道，20 世纪 90 年代前后，"服务"的概念在中国尚属稀缺产品，华为却把它推到了极致。

不过直到 1997 年，华为才正式提出"面向客户是基础，面向未来是方向"的观点。任正非说，"如果不面向客户，我们就没有存在的基础。如果不面向未来，我们就没有牵引，就会沉淀、落后。"就此开启了华为核心价值观的渐进式形成之旅。

自此以后，无论个别措词上有什么变化，但"以客户为中心" 的鲜明思想一直贯穿到华为公司发展的每个阶段和每个环节。

2002 年，"华为的魂是客户，只要客户在，华为的魂就永远在，谁来领导都一样。如果公司寄托在一个人的管理上，这个公司是非常危险、非常脆弱的。华为公司已经实现了正常的自我循环和运行，这是我们公司更有希望的一点。"

2003 年，"我们强调，要坚持客户需求导向。这个客户需求导向，是指理性的、没有歧变、没有压力的导向，代表着市场的真理。有压力、有歧变、有政策行为导致的需求，就不是真正的需求。我们一定要区分真正的需求和机会主义的需求，我们要永远抱着理性的客户需求导向不动摇，不排除在不同时间内采用不同的策略。"

2007 年，"华为公司不是天生就是高水平，因此要认识到不好的地方，然后进行改正。一定要在战争中学会战争，一定要在游泳中学会游泳。在很多地区，我们和客户是生死相依的关系，那是因为我们已经和客户形成了战略性伙伴关系。机会不是公司给的，是客户给的。机会在前方，不在后方。我们要有战略地位，如果没有战略地位我们就无法站住。"

在"以客户为中心"的理念上，华为领导层的认识又深化了一步，即"理性的、没有歧变、没有压力的"，"代表着市场真理"的"客户需求导向"。在这一认识的支配下，华为基本放弃"小灵通"方面的投入，以及其他的一些市场机会，这在公司内部也曾引起过激烈的争论。但后来大家一致认为，华为不会放弃任何商业机会，但我们是一家有理想的公司。

2005 年之后，华为与自己产业链上的全球几百家客户的关系已经不再是简单的甲乙方关系了，而是已经上升到互为依存、互相促进的战略伙伴关系，这对华为来说是一个根本性的转变和提升。恰恰在这种新型关系中，企业往往会迷失自我，模糊常识，在"以客户为中心"的追求方面出现动作变形或价值观扭曲。西方一些企业就是在这个阶段步入发展下行轨道的。华为的决策层也正是在目睹一座座山峰倒下去的惊心动魄中，认识到常识与真理的颠扑不破。因此在 2006 至 2010 这几年，华为以极高的频率大讲特讲"以客户为中心"，并通过多层次的培训活动进行系统强化。

华为 2010 年的一次 EMT 会议纪要明确提出："公司长远的战略方针，是要通过不断提高产品和服务质量，提高交付能力，来提高公司的市场竞争力，并解决我司和西方对手的平衡问题。没有提高服务质量，仅仅依靠压低价格，结果实际上也没有拉开与战略竞争对手的差距，还过度挤压了西方厂商的生存空间。"这是华为在与客户形成战略合作伙伴关系之后，对"以客户为中心"的价值追求的新的理解，也进而调整了华为与竞争对手的战略竞争方式，进一步拓宽了华为的市场空间。

2010 年，"以客户为中心，以奋斗者为本，长期坚持艰苦奋斗"，被正式确定为华为的核心价值观。

（二）艰苦奋斗

"我们没有任何稀缺的资源可以依赖，唯有艰苦奋斗才能赢得客户的尊重与信赖。奋斗体现在为客户创造价值的任何微小活动中，以及在劳动的准备过程中为充实提高自己而做的努力。我们坚持以奋斗者为本，使奋斗者得到合理的回报。"任正非一直强调奋斗精神。

早期在华为，新来的员工一报到，就到总务室先领一条毛巾被、一张床垫做家当。午休的时候，席地而卧，方便而实用。晚上加班，很多人盈月不回宿舍，就一张床垫，累了睡，醒了再爬起来干。用华为员工自豪的说法："床垫文化意味着从早期华为人身上的艰苦奋斗，发展到现在思想上的艰苦奋斗，构成华为文化一道独特的风景。"

2008 年前后，国内一些媒体针对华为个别员工的自杀事件，铺天盖地地指责华为的"垫子文化"和奋斗精神。华为一位高管的解释是："创业初期，我们的研发部从五、六个开发人员开始，在没有资源、没有条件的情况下，秉承 60 年代'两弹一星'艰苦奋斗的精神，以忘我工作、拼命奉献的老一辈科技工作者为榜样，大家以勤补拙，刻苦攻关，夜以继日地钻研技术方案，开发、验证、测试产品设备。没有假日和周末，更没有白天和夜晚。累了就在地板上睡一觉，醒来接着干，这就是华为'垫子文化'的起源。虽然今天床垫主要已是用来午休，但创业初期形成的'垫子文化'记录的是老一代华为人的奋斗和拼搏，是我们宝贵的精神财富。"

"不奋斗，华为就没有出路。"2006 年 7 月 21 日，华为公司内部刊物《华为人》报第 178 期头版头条上刊登了题为《天道酬勤》的专稿。文章由华为公司党委和人力资源委员会联合撰写，文章对此前《第一财经日报》独家报道的"胡新宇事件"和之后引发的"床垫文化"讨论等一系列热点问题进行了回应。任正非强调，创业初期形成的"垫子文化"华为至今仍要坚持和传承。任正非还在文章中透露，华为正推行人力资源变革，以适应新的企业情况，应对严峻的海外市场竞争。

任正非警告：华为走到今天，在很多人眼里看来规模已经很大了、成功了。有人认为创业时期形成的"垫子文化"、奋斗文化已经不合适了，可以放松一些，可以按部就班，这是危险的。

对此任正非表示："我们还必须长期坚持艰苦奋斗，否则就会走向消亡。"

在任正非看来，信息产业正逐步转变为低毛利率、规模化的传统产业。电信设备厂商已进行和将进行的兼并、整合正是为了应对这种挑战。华为相对还很弱小，面临更艰难的困境。要生存和发展，只能用在别人看来很"傻"的办法，就是艰苦奋斗。

任正非进一步透露，目前华为正在推行人力资源变革，希望"建立一支宏大的，能英勇奋斗、不畏艰难困苦、能创造成功的干部员工队伍"。华为还将推行"以岗定级、以级定薪、人岗匹配、易岗易薪"的工资制度改革，实行基于岗位责任和贡献的报酬体系，为更多新人的成长创造空间。

任正非强调，任何员工，无论新老，都需奋斗。从高层管理团队到每个基层员工，只有保持不懈怠的状态，华为才能活着走向明天。

作为毛泽东的崇拜者，任正非的"艰苦奋斗"理念渊源显然来自毛泽东思想，并与毛泽东艰苦奋斗思想一脉相承。艰苦奋斗作为毛泽东思想体系中的一个重要方面，被任正非发扬光大后，其内涵又具有了鲜明的时代特征。

基于战争年代的艰难困苦环境，毛泽东为"抗大"确定了教育方针："坚定正确的政治方向，艰苦奋斗的工作作风，灵活机动的战略战术。"于是，艰苦奋斗作为人民军队的工作作风被正式提出来。当然毛泽东的这一观点绝不仅仅是针对军队的，也包含整个中国共产党在内。

而任正非"津津乐道"地弘扬"艰苦奋斗"，是因为华为的企业发展战略"沿袭"了毛泽东领导中国革命获得成功的发展道路，"以农村包围城市、最后夺取城市。"无论国内市场的攻城略地，还是国际市场的疆域开拓，华为都遵循了中国革命发展战略主导思想。而伴随其中的战略方针之一，就包括"艰苦奋斗"。

有鉴于此，"艰苦奋斗"被任正非"天天讲、月月讲、年年讲"也就合情在理。

（三）自我批判

"批评与自我批评"是中国共产党的优良传统，是中国共产党的三大作风之一。

批评和自我批评是以毛泽东为首的中国共产党人，在马列主义关于无产阶级政党理论基础上，总结中国共产党在革命建设中的实践经验形成和发展起来的。作为党的优良作风，批评与自我批评有着丰富的内容，包括基本的原则、态度、方法、形式等。做好批评与自我批评，必须全面认识自己的缺点与不足。别人的批评指正以及自我反省是主要的两种手段，而自我总结和反省是必不可少的。古代就有"吾日三省吾身"的思想，共产党人更要经过自己总结，找到自己的优点和不足。只有经常开展批评和自我批评，虚心接受批评，才能不断改造自我、提高自我、完善自我。

批评是指对别人的缺点或错误提出意见，自我批评是指政党或个人对自己的缺点或错误进行的自我揭露和剖析。党内批评是解决党内矛盾，坚持真理、修正错误的基本方法，是在马克思主义原则基础上巩固和加强党的团结，加强党内监督，保持党的肌体健康，使党充满生机和活力的有力武器。

而华为的"自我批判"与"批评与自我批评"恰恰异曲同工，显然这也是任正非学习毛泽东思想并付诸行动的典型实践。

在华为，自我批判目的是不断进步，不断改进，而不是自我否定。只有坚持自我批判，才能倾听、扬弃和持续超越，才能更容易尊重他人和与他人合作，实现客户、公司、团队和个人的共同发展。

这些年来，"批评和自我批评"在中国民间社会并没有多少人提及，遑论践行。但在华为，任正非却拣起了它，并运用了 20 年。"华为从上到下每月一次的民主生活会，从来都是较真的。每个成员都必须只讲自己的缺点和问题，不能互相推诿，不准敷衍塞责，还必须从思想根源上查找原因，其他成员也要开展批评和帮助。然而，禁忌夸大事实，不准对自我和他人进行人身攻击，禁止上纲上线，反对情绪化。"

"批评和自我批评"没有带来团队的分崩离析，相反极大地激发了 18 万华为人积极向上的奋斗激情。在华为，任正非最瞧不上眼的是没个性没激情的员工。干部要是没激情了，他都懒得理你，他觉得这是一个人最大的缺点，要废人有啥用？

华为战略顾问田涛是这么看华为"批评和自我批评"的。"自我批判是一种工具，关键是批判什么？以什么方式开展批判？还是为批判而批判？搞得不好，以促进团结、提高组织战斗力为目标的自我批判会滑向它的反面。民主生活会这类'批评与自我批评'的活动在国有企业已经被制度化，其效用笔者不敢妄评。而在国内的民营企业，一些军人或官员出身的企业家，也尝试以此作为清除内部腐败的工具，但往往会造成团队的内斗以至于分裂，所以鲜有成功。"

任正非说："华为自我批判的前提是围绕核心价值观进行的，绝不能走偏，走偏一点需要扭回来。"核心价值观的魂就那么几句话，你是否以客户为中心？是否坚持艰苦奋斗不动摇？管理者对团队的评价是否以奋斗者为本？20年的自我批判绕来绕去就这几条，所以它只能强化战斗力，而不是削弱。

华为一位高管感叹：自我批判尤其是思想批判不好掌握。华为为什么做到了？一是领导层带头，不怕丢面子；二是妥协。一般企业是做不到的。

（四）任正非论"自我批判"

据了解，30 年来，任正非讲得最多的就是华为的核心价值观与自我批判。在华为顾问田涛看来，核心价值观是华为的"大法"，是确保华为在激烈的市场竞争中持续制胜的精神图腾。而"自我批判"则是核心价值观的"护法宝器"。两者如影随形，缺一不可。

1998 年，《华为公司基本法》定稿之时，任正非就提出，在华为新基地的总部门口要立一块石碑，上书"一个企业长治久安的基础是接班人承认公司的核心价值观，并具有自我批判的能力。"

那么任正非是如何阐述"自我批判"的呢？

1998 年："我们要不断地自我批判，不论进步有多大，都要自我批判，世界是在永恒的否定中发展的。""华为公司会否垮掉，完全取决于自己，取决于我们的管理是否进步。管理能否进步，就是两个问题，一是核心价值观能否让我们的干部接受，二是能否自我批判。"

2004 年："世界上只有那些善于自我批判的公司才能存活下来。因此英特尔葛洛夫的'只有偏执狂才能生存'的观点，还应加上一句话，要善于自我批判，懂得灰色，才能生存。"任正非第一次将"自我批判"和"灰度"并列为企业生存的两大要素。（任正非文《要从必然走向自由》）

2008 年："20 多年的奋斗实践，使我们领悟了'自我批判'对一个公司的发展有多么的重要。如果我们没有坚持这条原则，华为绝不会有今天。没有自我批判，我们就不会认真听取客户的需求，就不会密切关注并学习同行的优点，就会陷入以自我为中心，必将被快速多变、竞争激烈的市场环境所淘汰。没有自我批判，我们面对一次次的生存危机，就不能深刻自我反省、自我激励，用生命的微光点燃团队的士气，照亮前进的方向。没有自我批判，就会故步自封，不能虚心吸收外来的先进东西，就不能打破游击队、土八路的局限和习性，把自己提升到全球化大公司的管理境界。没有自我批判，我们就不能保持内敛务实的文化作风，就会因为取得的一些成绩而少年得志，忘乎所以，掉入前进道路上遍布的泥坑陷阱中。没有自我批判，就不能剔除组织、流程中的无效成分，建立起一个优质的管理体系，降低运作成本。没有自我批判，各级干部不讲真话，听不进批评意见，不学习不进步，就无法保证做出正确的决策并切实执行。只有长期坚持自我批判的人，才有广阔的胸怀。只有长期坚持自我批判的公司，才有光明的未来。自我批判让我们走到今天，我们还能向前走多远，取决于我们还能继续坚持自我批判多久。"（任正非《从泥坑里爬出来的人就是圣人》讲话）

为了使自我批判制度化，不流于形式，同时又不会用偏和走偏，华为成立了自我批判指导委员会。在"指委会"的一次座谈会上，任正非把是否敢于自我批判作为提拔干部的一条重要原则提了出来。"华为从上到下要调整，要使用敢于讲真话，敢于自我批评，听得进别人批评的干部。只有这种人才能担负得起华为的各级管理责任。"

而在 1998 年的《管理体制改革与干部队伍建设》讲话中，任正非就讲过相同的观点："凡是不能自我批判的干部，原则上不能提拔；群众对他没意见的干部要重点审查；群众意见很大的干部要分门别类进行识别与处理，若不是品德问题，那么这样的干部是可以培养的，我们还要再给他机会。社会会自动产生惰性，而不是自动产生创新。领导干部没自我批判能力，那么公司很快就会消亡。过几年后，公司将进而明确，没有自我批判能力的人不能当干部。"

二、自主创新的过硬技术

"急吼吼的华为'5G 梦'，终于成功验证新空口技术。"2015 年 10 月 9 日，雷锋网上一则资讯再次把华为聚焦到无数眼球上。

华为开展的 5G 核心技术信道传播特性测量与建模工作，将有助于支撑正在开展的 5G 传输、组网关键核心技术的研究，支撑我国厂商提前开展核心技术储备，提升我国在国际 5G 标准化过程中的主导地位，推动国际 IMT 产业健康、持续发展。十年磨一剑。在中国的 4G 刚走向商用之际，瞄准 2020 年实现 5G 商用，符合移动通信"十年商用一代，十年预研一代"的发展目标。华为已经捷足先登。

2015 年 2 月 27 日，FDD-LTE 牌照正式下发，当时国内的 4G 用户才刚刚过亿。虽然这段时间以来，4G 核心技术用户猛增，目前已经超过 2.5 亿（全国移动用户达 9.37 亿）。但考虑到过往的历史，1G、2G、3G、4G 之间的换代间隔时间分别为 12 年、10 年、8 年，我们有理由相信，从 4G 发展到 5G 可能需要 6 年时间。就是说 5G 核心技术还不是时候，但在实际中，已经有一拨人"急吼吼"杀到 5G 核心技术的面前了，这其中就包括华为。

华为此举极富前瞻性，因为在 5G 研发竞赛中，多个国家都已积极部署 5G 全球标准化发展战略。

作为全球领先的电信解决方案供应商，行业的特点要求华为必须具备先进的技术、过硬的技术。华为公司具有强大的研发团队，保证了其拥有先进的技术、过硬的技术。先进过硬的技术是产品质量的根本保证，先进过硬的技术也使得华为公司的产品具有了卓越的品质。

作为中国高科技企业的标杆企业，华为从成立之初就将事业发展聚焦在通信核心网络技术的研究和开发上，深悟技术创新是决定企业生死存亡之本。为此，拥有企业自主知识产权和核心技术的产品，是华为技术创新所追求的目标。早年的代理经历让华为懂得，在科技含量高的通信领域，要实现针对强大竞争对手的竞争力，一定要形成自己企业的核心技术产品，才能赢得市场支持。通信设备的技术主要体现在硬件和软件上，而硬件和软件的核心技术又分别体现在芯片和核心软件（如基本算法、协议、信令等）上。

1993 年，华为成立了基础研究部，专门负责研发华为通信设备所需要的专用集成电路（ASIC）。大量 ASIC 芯片的推出，不仅构筑了华为硬件方面的核心技术基础，而且大大降低了成本。

1996 年任正非提出了华为著名的"压强原则"，那就是通过持续的、大规模的科研投入和集中精力突破一点的方法，使华为与世界著名公司相比，部分产品达到先进水平，局部领先，从而获得市场的支持。

2009 年，一次川中腹地都江堰之游，使任正非悟出"深淘滩，低作堰"之理，并为此行文阐述："深淘滩就是多挖掘一些内部潜力，确保增强核心竞争力的投入，确保对未来的投入，即使在金融危机时期也不动摇。低作堰就是不要因短期目标而牺牲长期目标，多一些输出，多为客户创造长期价值。"

持之以恒、周而复始、心无旁骛地高投入技术研发，为华为取得技术优势和产品核心竞争力奠定了坚实的基础。

俗话说，隔行如隔山。华为的技术研发能力，超越一般人对中国企业的想象。华为拥有 3 万项专利技术，其中有 40%是国际标准组织或欧美国家的专利，华为已是电信领域的知识产权龙头企业。放眼世界 500 强企业，约 90%的中国企业是靠原物料、中国本土市场需求等优势挤入排行的，但华为却是靠技术创新能力，以及海外市场经营业绩获得今天地位的。华为是过去十几年间营业额年年增长的通信 IT 企业，在中国电子百强榜单上，已经连续 10

年蝉联冠军，这样的发展势头在整个行业为数不多。

每年不少国家的领导人来华访问，其中必有一项"节目"，安排参观中国高科技企业。而如果在北京的话，政府头一个选择的基本都是华为北研所。结果外国政要很震惊："原来中国高科技这么厉害！"

有了强大的技术研发实力，华为的通信产品得到更多运营商和企业客户的认可。全球有 20 亿人在享受华为产品带来的通信服务，全球有 500 多家企业是华为的客户。从北极到南极，从乞力马扎罗山到亚马逊平原，华为的产品无处不在。专业的通信设备毋庸多提，近年来被市场热捧的华为手机，不仅在中国得到用户的喜欢，成为国内最大的手机厂商，而且在海外更是品牌知名度最高的手机厂商之一，在欧洲、非洲、南亚次大陆、东南亚市场，广受欢迎。为什么？产品技术过硬。

三、独特的企业文化

华为人普遍认同这样的观点：资源是会枯竭的，唯有文化才能生生不息。在企业物质资源十分有限的情况下，只有靠文化资源，靠精神和文化的力量，才能战胜困难，获得发展。华为的愿景是丰富人们的沟通和生活，为人们提供最先进的电信设备和服务，成为全球最先进的电信解决方案供应商。华为的使命是聚焦客户关注的挑战和压力，提供有竞争力的通信解决方案和服务，持续为客户创造最大价值。华为的战略是以客户为中心。

华为良好的企业文化主要体现在其核心价值观上，主要有：成就客户、艰苦奋斗、自我批判、开放进取、至诚守信、团队合作、聚焦、创新、稳健、和谐。华为内部面向市场的态度是通过无依赖的市场压力传递，使内部机制永远处于激活状态。良好的企业文化为团队之间合作的一致性提供了内在基础，最大限度地减少了内耗，使得协同效应达到最大化，大大提高了管理效率，推动了华为公司的发展。

（一）华为企业文化内涵

1．兼容民族、政治文化

华为把共产党的最低纲领分解为可操作的标准，来约束和发展企业高中层管理者，并以高中层管理者的行为带动全体员工的进步。在号召员工向雷锋、焦裕禄学习的同时，又奉行决不让"雷锋"吃亏的原则，坚持以物质文明来形成让千万个"雷锋"成长的政策。

2．双重利益驱动

坚持为祖国昌盛、为民族振兴、为家庭幸福而努力奋斗的双重利益驱动原则。

3．同甘共苦，荣辱与共

团结协作、集体奋斗是华为企业文化之魂。成功是集体努力的结果，失败是集体的责任。不将成绩归于个人，也不把失败视为个人的责任。一律同甘苦，除了工作上的差异外，华为人在工作和生活中，上下平等，不平等的部分用工资形式体现。自强不息，荣辱与共，胜则举杯相庆，败则拼死相救。

（二）华为企业文化的特点

1．远大的追求、求实的作风

华为公司的远大追求主要表现在实现顾客的梦想，成为世界级领先企业。在开放合作的基础上，独立自主和创造性地发展世界领先的核心技术和产品。以产业报国、振兴民族通信工业为己任。

2．尊重个性、集体奋斗

华为公司是以高技术为起点，着眼于大市场、大系统、大结构的高科技企业。高技术企业的生命力在于创新，而突破性的创新和创造力实质上是一种个性行为，这就是要求尊重人才、尊重知识、尊重个性。但高技术企业又要求高度的团结合作，今天的时代已经不是爱迪生的时代，技术的复杂性、产品的复杂性，必须依靠团队协作才能攻克。所以华为强调集体奋斗，需要所有的员工必须坚持合作，走集体奋斗之路。一个没有足够专业能力的人跨不进华为的大门，但融入不进华为文化，也等于丧失了在华为发展的机会。

3．结成利益共同体

企业是一种功利组织，但为谁谋利益的问题必须解决，否则企业不可能会有长远发展。企业应该奉行利益共同体原则，使顾客、员工与合作者都满意。这里合作者的含义是广泛的，是与公司利害相关的供应商、外协厂家、研究机构、金融机构、人才培养机构、各类媒介和媒体、政府机构、社区机构，甚至目前的一些竞争对手都是公司的合作者。

华为正是依靠利益共同体和利益驱动机制，不断激活整个组织。

4．公平竞争、合理分配

华为的价值评价体系和价值分配制度是华为之所以成功的关键，是华为公司管理中最具特点之处。华为本着实事求是的原则，从自身的实践中认识到，知识、企业家的管理和风险与劳动共同创造了公司的全部价值。公司是用转化为资本的方式使劳动、知识、企业家的管理和风险的积累贡献得到合理的体现和补偿。职工只要为企业做出了长期贡献，他的资本就有积累。另一方面，不但创业者的资本有积累，新加入者只要为企业做出特殊贡献，他们的利益也通过转化为资本的方式得到体现和补偿，使劳动、知识、管理成为一体，使分配更加合理。

华为力图使价值分配制度尽量合理，因此遵循价值规律，按外部人才市场的竞争规律决定公司的价值分配政策；引入内部公平竞争机制，确保机会均等，而在分配上充分拉开差距；树立共同的价值观，使员工认同公司的价值评价标准；以公司的成就和员工的贡献作为衡量价值分配合理性的最终标准。

（三）华为的"狼性"企业文化

"猛虎怕群狼"。嗜血成性的狼群令自然界里所有的庞然大物都不寒而栗，在它们的轮番围攻下，即使百兽之王也难以幸免于难。

华为非常崇尚"狼"，认为狼是企业学习的榜样，要向狼学习"狼性"，狼性永远不会过时。任正非说：发展中的企业犹如一只饥饿的野狼。狼有最显著的三大特性，一是敏锐的嗅觉，二是不屈不挠、奋不顾身、永不疲倦的进攻精神，三是群体奋斗的意识。同样，一个企业要想扩张，也必须具备狼的这三个特性。

作为最重要的团队精神之一，华为的"狼性文化"可以用这样的几个词语来概括：学习、创新、获益、团结。用狼性文化来说，学习和创新代表敏锐的嗅觉，获益代表进攻精神，而团结就代表群体奋斗精神。

狼能够在比自己凶猛强壮的动物面前获得最终的胜利，原因只有一个：团结。即使再强大的动物恐怕也很难招架得了一群早已将生死置之度外的狼群的攻击。所以说，华为团队精神的核心就是互助。

四、矩阵式组织结构

华为目前的人力资源分布呈矩阵型结构。矩阵型结构是由纵横两套管理系统组成的矩阵组织结构，一套是纵向的职能管理系统，另一套是为完成某项任务而组成的横向项目系统。横向和纵向的职权具有平衡对等性。

华为研发和市场各占 40%，行政和生产人员只占 20%。在华为公司内部实行二维结构，即按战略性事业划分的事业部和按地区战略划分的地区公司，同时又建立了完善的沟通机制，保证了组织的灵活性。这样构筑了华为卓越的研发能力和市场营销能力，而这两种能力的结合就构成了以客户需求为导向的创新能力，极大地推动了华为公司的发展。

华为刚成立时，由于员工数量较少，产品的研发种类也比较集中，组织结构比较简单，因此采取直线制管理结构。

这种权责分明、协调容易、快速反应的组织结构，使得华为在创业初期迅速完成了原始资本的积累。

随着企业高端路由器在市场上取得成功，华为的员工总数也从最初的 6个人发展到 800 人，产品领域也从单一的交换机向其他数据通信产品机及移动通信产品扩张，市场范围遍及全国各地，单纯的直线管理的缺点日益突出。没有专门的职能机构，管理者负担过重，难以满足多种能力要求；一旦"全能"管理者离职，一时很难找到替代者；部门之间协调性差。

随后在早期直线制结构管理体系基础上进一步完善创新，先后加入了事业部制和地区公司，并且只适合华为独一无二的组织管理体系。

按战略性事业划分的事业部，和按地区战略划分的地区公司，作为华为最主要的两个利润中心，由事业部的地区公司承担实际盈利的责任，加快了公司的发展速度。

（一）华为股东会是最高权力机构，对公司增资、利润分配、选举董事／监事等重大事项作出决策

董事会是公司战略和经营管理的决策机构，对公司的整体业务运作进行指导和监督，对公司在战略和运作过程中的重大事项进行决策。董事会下设人力资源委员会、财经委员会、战略与发展委员会和审计委员会，协助和支持董事会运作。

监事会主要职责包括检查公司财务和公司经营状况，对董事、高级管理人员执行职务的行为和董事会运作规范性进行监督。

华为实行董事会领导下的轮值 CEO 制度， 轮值 CEO 在轮值期间作为公司经营管理以及危机管理的最高责任人，对公司生存发展负责。

自 2000 年起，华为聘用 KPMG 作为独立审计师，负责审计年度财务报告，根据会计准则和审计程序，评估财务报表的准确性和完整性，对财务报告发表审计意见。

之后，华为一直实行中央集权，但其集权不是独裁，而是在集权的基础上进行层层有序的分权。并且在分权的过程中，进行成分的授权，严格监督。光凭事业部制很难了解各地市场的动向，因此决定辅以实行地区公司。

实行事业部制的华为在管理上大有起色。由于事业部制对产品的生产和销售实行统一管理、自主经营、独立核算，所以极大地调动了员工的积极性、主动性。事业部制在公司规定的经营范围内承担开发、生产、销售和用户服务的职责；地区公司在公司规定的区域内有效利用公司的资源开发经营。

2014 年，华为逐步对业务组织架构进行调整，以期建立在 ICT 融合时代创新和技术领先的优势，提供能够充分满足不同客户需求的解决方案，创造更好的用户体验。

华为的组织结构发展符合企业生命周期理论。在改制初期加入事业部制之后属于聚合阶段，出现过领导危机。"事业部制的成功与否，关键在于组织分权制度是否适度。企业的发展如果在分权的制度上把握不好，就会使企业发展走向僵局，甚至死亡。"

1. 股东会和持股员工代表会

股东会是公司最高权力机构，由工会和任正非两名股东组成。工会作为公司股东参与决策的公司重大事项，由持股员工代表会审议并决策。持股员工代表会由全体持股员工代表组成，代表全体持股员工行使有关权利。持股员工代表 51 人和候补持股员工代表 9 人由在职持股员工选举产生，任期五年。

2. 董事会

董事会是公司战略和经营管理的决策机构，对公司的整体业务运作进行指导和监督，对公司在战略和运作过程中的重大事项进行决策。

董事会的主要职责为：

对公司重大战略进行决策，审批公司中长期发展规划，并监控其实施；对公司业务发展中产生的重大问题，包括重大市场变化、重大危机，向管理层提供综合的建议及咨询意见；审视公司业务运作规律、组织与流程，并批准重大组织调整、业务变革、流程变革的举措；审批重大的财经政策、财务决策与商业交易活动；审批公司的经营及财务结果并批准财务报告；建立公司的监控机制并进行监督；建立公司高层治理结构，组织优化实施；首席执行官的选拔、考评和薪酬确定，批准公司高层管理人员的任命和薪酬；审批公司层面的人力资源规划和重大人力资源政策。

3．监事会

按照中国公司法的要求，公司设立监事会。监事会主要职责包括检查公司财务和公司经营状况，对董事、高级管理人员执行职务的行为和董事会运作规范性进行监督。监事列席董事会会议。监事会成员共 5 名，由全体持股员工代表选举产生。

4．轮值 CEO

公司实行董事会领导下的轮值 CEO 制度。轮值 CEO 在轮值期间作为公司经营管理以及危机管理的最高责任人，对公司生存发展负责。轮值 CEO 负责召集和主持董事会常务委员会会议。在日常管理决策过程中，对履行职责的情况及时向董事会成员、监事会成员通报。轮值 CEO 由三名副董事长轮流担任，轮值期为 6 个月，依次循环。

5．独立审计师

审计师负责审计年度财务报表，根据会计准则和审计程序，评估财务报表是否真实和公允，对财务报表发表审计意见。

审计范围和年度审计报告需由审计委员会审视。任何潜在影响外部审计师客观性和独立性的关系或服务，都要与审计委员会讨论。此外，独立审计师就审计中可能遇到的问题、困难以及管理层的支持情况，与审计委员会共同商讨。

自 2000 年起，华为聘用毕马威作为独立审计师。毕马威在全球 150 个国家拥有 138 000 名员工，并且在全球超过 140 个国家或地区设有分支机构。毕马威提供三类主营服务，分别是：审计、税务和咨询。

（二）全球化的组织结构

华为在海外设立了 22 个地区部、100 多个分支机构，更加贴近客户，倾听客户需求并快速响应。

华为在美国、德国、瑞典、俄罗斯、印度及中国等地设立了 17 个研究所，每个研发中心的研究侧重点及方向不同。采用国际化的全球同步研发体系，聚集全球的技术、经验和人才进行产品研究开发，使产品一上市技术就与全球同步。

华为还在全球设立了 36 个培训中心，为当地培养技术人员，并大力推行员工的本地化。

华为是一个大型的电子产品公司，以事业部制作为主要的组织结构，同时华为的组织结构也可看做矩阵制结构，但不会是一个稳定的矩阵结构。当该结构网收缩时，就会叠加起来，意味着华为要精简部门、岗位和人员；当其扩张时，网就会拉开，就要增加部门、岗位和人员。在这一过程中，流程会始终保持相对稳定的状态。

五、卓越的客户响应

据商业伙伴网报道，2015 年 11 月初，为进一步落实华为中国企业业务"被集成"战略，使订单流程更加符合业务实质，简化中间传递过程，缩短中小项目货期，更加快速响应客户需求，华为向核心合作伙伴开放 30 万及以下标准授权价成交项目自主提单权。

为此，华为杭州企业业务部特别邀请浙江区域总经销商、一级经销商、金银牌、分销金银牌等 30 余家核心合作伙伴参加"订单提交向合作伙伴延伸"赋能活动，学习华为商务流程，为后续订单业务变革打下良好基础。

订单流程优化前，由华为员工提交项目草案评审，经销商无法跟踪草案评审过程，需由华为员工查询后转达。经过本次优化，不仅加大了二级经销商配置报价权、向二级经销商发布标准授权价，针对 30 万及以下标准授权价订单，更是实现了总经销商、一级经销商、金银牌可自主提单，从而简化了中间传递过程，快速响应了客户需求。同时，华为也在考虑上调提单金额上限，以适配到更多的中小项目中。

本次赋能活动，华为向合作伙伴重点阐述了该业务变革的背景，分析此项变革后合作伙伴的收益，同时也向华为合作伙伴汇报该变革的进展以及下一步计划。同时，华为向合作伙伴现场详细演示了合作伙伴提单的系统操作，使合作伙伴能清楚地掌握整体订单提交流程。

赋能活动结束后，与会的合作伙伴反馈都非常好。杭州精益电子科技有限公司的管经理表示，"今天的活动现场解决了很多困扰我们已久的疑问，也了解了华为的订单业务流程，回去我们就尝试自己提交订单。以后我们的商务会保持与华为商务和渠道经理互动，确保合作更紧密、更高效。"杭州启恩网络科技有限公司的韩经理说，"本次商务赋能活动不仅让我们学习到华为优化后的商务流程和方向，同时也为我们提供了一条反馈问题的通道。"浙大图灵软件技术有限公司的王经理也表达了自己的想法，"华为流程越做越透明，通过订单流程的赋能，我们清晰地了解了华为内部的流程。同时华为在订单可视方面也越做越好，更加主动倾听渠道的声音。"

华为公司把战壕修到离客户最近的地方去，在每个地市建立客户服务中心，加强在地市一级城市的营销服务网络。以前的销售经理转变为客户代表，也就是代表客户来监督提高华为的服务水平。只要客户需要解决问题，就能在身边和华为的工程师沟通。每当集中采购时，需要地市公司这些使用单位提出需求和意见，构筑了决策者、技术人员、使用者、经营部门、财务部门等全方位的客户关系，成功构建了卓越的客户响应机制，最大限度地赢得了客户，推动了华为公司的发展。

大规模的营销人员确定了华为在市场上的优势，他们为客户提供快速而周全的贴身服务。

周俊曾经是华为河北和宁夏的销售代表，他在接受调研人员采访时说："我们跟客户保持良好的关系，甚至在一些县市的电信局也有自己的办公室，随时给客户解决问题。而国际大公司在一个省可能就只有几个人，怎么能跟我们比？"

六、低成本研发能力

华为是全球化的电信解决方案供应商，其主要竞争对手是全球先进的电信运营商，主要集中在西方发达国家的先进电信运营公司。中国拥有丰富的人力资源（每年毕业 300 万的理工科大学生），并且在中国一个研发工程师的工资是西方的三分之一到四分之一，而法定工作时间是西方工程师的 1.5 倍。

同时中国人勤奋，还经常加班加点，而研发费用的 80% 以上是人力资源成本，所以华为投入 1 块钱研发，相当于西方公司投入 10 块钱，也就是我们的研发成本是西方公司的十分之一。低成本的研发使得华为公司的产品具有了低成本竞争优势，大大增强了华为公司的生命力。

华为研发始于 1990 年代理香港交换机时期。当时华为开始采购成套散件进行整机装配，同时创建华为品牌。但由于散件提供商本身也在整机销售，所以在无法保证自己需求的情况下，就会给华为断供。可如果不能及时供货用户要求退款的话华为无款可退，因为华为已经把用户订货款转给了供应商，但供应商拖欠供货并不会先退还货款，这样华为就面临尴尬，面临绝境。痛定思痛的情况下，任正非背水一战，硬着头皮搞研发。

所以，当年华为研发过程简直令人唏嘘、甚至可歌可泣。

如今华为已经发展成销售额过千亿的大公司，正在向创新型公司稳步迈进。那么其他有志于转向知识力密集型企业的公司应该怎样转型？研究一下华为 30 年的发展历程，或许能够给我们更多启发。

1987 年底，当任正非创办华为技术有限公司时已经 43 岁，对于大多数中国人来说，已经可以开始考虑如何安排退休了。

这家只有 6 个员工，资产 21 000 元，租赁了另外一家电子工厂六楼来办公的企业，与当时其他公司并无二致。今天华为成了全球通信电子业的巨头，创造了一个神话。

在过去的 30 年中，这个神话可以由三个时间点来表述，它们分别是 1988 年、1998 年和 2003 年。

1988 年，华为开始运营。1998 年，华为开始接受 IBM 等外部咨询顾问的管理改造。2003 年，华为实现了国际市场的大规模突破。

当然，这些时间节点只是华为行动的起始时间点，而华为对这些问题的思考则是个渐进的过程。

20 世纪整个 90 年代，中国的通信产业发展狂飙突进，包括华为在内的中国通信设备制造商亦得益于此。在固话市场，电话交换机装机总量从 1991 年的 1445 万门飙升到 2000 年的 17 926 万门，增长了 12.4 倍。移动通信市场也从 1991 年的 4.75 万户，飙升到 2000 年的 8453 万户，增长了 1700 多倍。

有两位在华为服务 9 年的高管做了非常有趣的表述。一位说："因为我们圈了一块肥田。"另一位则形象地描述为："电子通信行业是一片深水，只有深水才能养大鱼。"肥田意味着高利润，深水意味着巨大的市场空间。

华为把 46%的人力集中在研发上，将 33%的人力集中在市场上。这是知识力密集型的组织形式与制造业代工的巨大不同，它使中国企业有可能摆脱一直位于价值链低端的宿命，获得更丰厚的利润和再生能力。有统计说，电信设备的物料成本只占价格的 3%，因此在制造方面，知识力密集型企业的制造完全可以交给中国强大的代工制造企业。

高额的利润和庞大的市场并不意味着一定为华为所得。BDA 首席分析师方美琴认为，华为身上充分体现了一个市场新进入者的后发优势，那就是用低价、良好的客户服务和高效研发快速占领市场。

在相当长的时期，华为的研发本质上是一种积极跟随的模式，它模仿国外的先进设备，然后做改良，增加更多的功能模块。

过去任正非曾公开承认，"迄今为止，华为并没有一项原创性的产品发明。我们主要是在西方公司的研发成果上进行了一些功能、特性上的改进，以及集成能力的提升，我们的研发成果更多表现在工程设计、工程实现方面的技术进步上。"

任正非并非不想做原创性的发明，不过知识和专利的积累需要时间，更需要大量有创新能力的人才，而中国的资源禀赋并非如此。中国不断改善的高等教育提供了大量有素养的知识员工，他们经过华为的培训，在 3 个月里就能成为工程师，且薪酬远低于国际同行。

在市场上，华为也强化了这种低成本、高素质、大规模的优势。在 1990 年代，国际品牌虽然有技术优势，但其价格远高于华为，而且其服务速度也很难跟上。

"蛇吞象"的打法 VS "先易后难"模式

第七章

人类失去联想，世界将会怎样

2015 年 11 月 19 日，"Interbrand 全球品牌百强榜"在上海揭晓，联想成为继华为之后第二个登上榜单的中国品牌。根据评估，首次上榜的联想品牌价值达到 41.14 亿美元，排在第 100 位。华为的品牌价值 49.52 亿美元，排在第 88 位。两家上榜的中国企业品牌价值逾 90 亿美元。

据了解，在评估品牌价值过程中，主要从品牌化产品或服务业绩的财务分析、购买决策过程中的品牌作用力和相对于竞争者的品牌强度等三个方面来衡量品牌对业务创造的价值。由于候选品牌的经营范围要求必须覆盖至少全球三大洲，必须广泛涉足新兴的发展中国家和地区，必须有足够的公开财务信息，必须长期盈利，30%以上的收入必须来源于本国以外的地区，因此很多中国大品牌未能入选。联想的业绩符合"Interbrand 全球品牌百强榜"的评估标准，因此也刚好入围。

"中国力量的崛起已经受到世界广泛的关注"，Interbrand 总经理姚承纲表示。在中国经济逐渐迈向全球化的背景下，越来越多的中国品牌对于成为全球品牌有着浓厚的兴趣。以华为和联想为代表的新一代中国品牌，正在通过一系列积极的思考和行动，逐渐在全球范围内把自身品牌的核心价值，落实到产品、服务、企业文化等各方面。

一、"联想"因为"联想汉卡"而得名

"联想"这两个字是很多人耳熟能详的。联想集团经历了 30 年风雨，迈

入全球最具价值 100 品牌排行榜，成为其品牌发展历程中的一个重要时刻，也是中国 IT 发展史上具有时代意义的事件。

在联想集团成为具有世界影响力的国际品牌企业过程中，"联想"品牌一直是联想集团发展壮大的支撑力量，"联想"品牌对联想的发展壮大和鼎盛可谓功勋卓著。而联想汉卡，不仅联想集团因其而得名，更是联想集团崛起的基石。

（一）谁最先用"联想"冠名企业名称

联想集团的"联想"名称源自联想汉卡，然而谁是率先冠名"联想"企业名称的人呢？

1984 年，广州市工商局注册企业名录里就出现了"广州联想电脑设备有限公司"这样一家企业，注册这家公司的人就是联想早年的合作者、广东省科学院实验工厂厂长王少才。

1984 年，广东省科学院实验工厂开始与中科院计算所倪光南课题组合作生产"LX-80 汉字图形微型机"（联想汉卡的前身）。该厂与 457 厂、大连科华公司等四家获得技术成果转让授权，他们共生产了 600 台"LX-80 汉字图形微型机"。

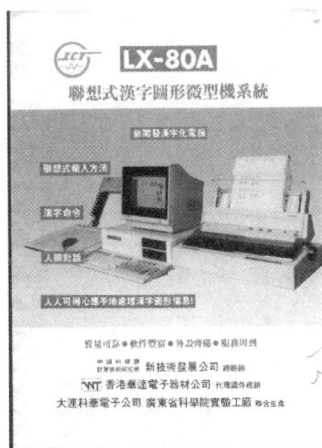

1984 年，广东省科学院实验工厂开始与中科院计算所倪光南课题组合作生产
"LX-80 汉字图形微型机"，这是联想式汉卡的前身，上图是当时的广告

后来，广东省科学院实验工厂又和计算所公司（联想）合作开发"GK-86A联想式汉字/英文终端机"并推广联想式汉卡，为联想早年事业发展立下了汗马功劳。

1984 年，王少才首先以"联想技术中心"的名称在银行开设账号，后来到广州市工商局注册了"广州联想电脑设备有限公司"，这个公司由计算所公司（联想）管理，开展器材采购等业务，于是"联想"的企业名称由此诞生。

有鉴于此，"联想"名称的第一位冠名者，乃时任广东省科学院实验工厂厂长王少才。

广东省科学院实验工厂是广东省科学院下属集科研、生产、销售一体化的实体企业，而厂长王少才是高级工程师、全国仪器仪表学会实验室仪器学会理事。他 1960 年毕业于中山大学无线电电子学专业，1961 年起在广州军区204 工厂、广东省科委任工程师、副厂长等职，从事电子新产品研制工作，研究方向是电子产品制造。他曾研制成大地倾斜仪、电子水平仪等 15 项新产品。曾获广东省科研成果奖 2 项，立三等功一次。撰有《电阻应变仪频率特性测试方法的研究》等论文 6 篇。

由于与计算所、计算所公司的密切合作关系，王少才先后与倪光南、柳传志都曾过从甚密。至今王少才与倪光南都一直保持密切联系。

"柳传志还在我家住过呢。"王少才亲口告诉笔者。当初计算所公司（联想）创业初期，为了节约开支，柳传志出差广州，曾经在他家住宿。

（二）"联想"企业名称第一冠名者

从前面讲述的故事可以看出，王少才对计算所公司（联想）的功劳最重要的不仅是帮公司推广联想式汉卡，用"支票换现金"帮助公司发奖金这些事。还值得说明的是：王少才是"联想"企业名称冠名第一人！

王少才首先以"联想技术中心"的名称在银行开设账号。后来王少才又以广东省科学院实验工厂的名义为计算所公司（联想）注册了"广州联想电脑设备有限公司"，这个公司由计算所公司（联想）经管，从事采购器材等业务。

王少才个人无偿帮助计算所公司（联想）管理"广州联想电脑设备有限

公司"——每年计算所公司（联想）交纳的 5 万元管理费他都上交给了实验工厂。

而把"联想"这样的技术名称作为公司名称，是一个大胆的尝试。

正是在王少才注册的"广州联想电脑设备有限公司"启发下，倪光南、柳传志等人在讨论计算所公司改名时，才确定叫"联想"。所以，有人说联想集团成立时，第一次把"联想"用于企业名称是不符合事实的。

在今天全球最具价值 100 品牌上榜品牌——"联想"的背后，有着王少才的一份功劳。如果王少才当年有今天人们普遍具备的"知识产权"保护意识，他把"联想"进行商标注册，那么今天"联想"品牌的知识产权归属恐怕又当别论了。

二、"联想"品牌的创立

联想集团在发展进程中的第一个战略目标是"建成技工贸一体化的产业结构"，为此经历了几个发展阶段。而"联想"品牌建设也伴随这一进程进行着。

严格地说，"联想"品牌的萌芽始于"联想式汉字输入系统"的应用时期；到后来的 LX-80 汉字图形微型机（其中"LX"本身就是"联想"汉语拼音首字母的大写），王少才用"联想"注册企业名称；再到联想汉卡问世、投放市场；然后启发联想管理层使用"联想"作为公司新名称"联想集团"；最后到联想微机投放市场，逐步形成"联想"品牌。

"尽管创业者都是学术和理论气息浓厚的科研人员，却并不缺少商业意识。1985 年 2 月，这家企业刚成立不久，就在中关村路口的一块向阳的墙上竖起一副宽 3 米、高 2 米的广告牌，上书'技术先进、质量可靠、价格合理、信守合同'十六个大字，还表明业务范围，并留下电话号码：283131。"在《联想品牌史：高到被全世界看见》里这样写道。

（一）品牌形成初期

联想的企业品牌"联想"的发展源自联想的产品品牌——两代拳头产品联想汉卡与联想微机。

1984 年是联想品牌萌芽时期，标志是 LX-80 汉字图形微型机的推广与王少才用"联想"注册企业名称。

1985 年是联想品牌产生时期，标志是"联想式汉字输入系统"。联想汉卡1985 年 5 月投放市场。

联想品牌正式形成是在 1989 年 11 月联想集团成立，把"联想"作为企业及集团名称。

1989 年 11 月 19 日，在联想集团成立大会上，总裁柳传志说："联想集团以开发成功联想汉字系统起家而得名。联想汉字系统，自投放市场三年多来，共销售了 2 万套，创造产值 6000 万元，1988 年荣获国家科技进步一等奖。1988年，在北京新技术开发试验区 700 多家高技术企业内，我公司成为拳头产品最多，也是唯一获得国家科技进步最高奖的公司。"

1985-1992 年是联想品牌发展、形成时期，在此期间，联想第一代拳头产品联想汉卡向第二代拳头产品联想微机过渡。1990 年自有品牌联想 286 微机推出。

1995 年，联想汉卡销售结束。从 1985 年起，10 年中共售出 16 万套，8个硬件型号，软件几十个版本，直接利润上亿元，并由这一拳头产品创建了联想公司的品牌。

（二）"Legend"标识诞生

1988 年 6 月 23 日，香港联想开业，进而形成了技术、生产、销售一体化的联想 PC 机主板制造业，产品远销欧美，并逐步实现规模化。与此同时，联想"Legend"标识出现，这是联想第一次采用"Legend"作为自己的英文品牌标识。

"Legend"标识的出现，表明联想企业品牌建设进入规范化运作，并为联想进军国际市场完成了相关铺垫。"Legend"的启用，意味着联想的发展具有了国际化视野，联想品牌的国际化建设迈出了第一步。

1989年3月10日，世界一流的电子技术交易会——"国际办公室、信息、电讯技术交易会"在汉诺威拉开帷幕。

全球四十多个国家的几十万商人，在16个大展厅中布下3300多个展台。在参展商家中，第一次参加大型展览会的中国科学院计算所公司仅30多平方米小展台前引来各国客商的围观。展台上，一种性能优异、价格便宜的新型微型计算机——联想286微机，吸引了众多眼球，把人们从其他展台上的同类产品前吸引过来。

第一天下来，就有5家欧洲公司签下了联想286微机超过200套的订单合同，意向订货量超过千台。

到3月14日，中科院计算所公司已经与欧洲、美国商人签订了7000多套联想286的订货合同。

当为期10天的交易会降下帷幕时，这家首次在国际市场亮相的公司竟一举获得来自欧洲的意大利、法国、英国、荷兰、比利时、丹麦、芬兰，还有当时的西德等20多个国家客商的订单：整套微机2073台，微机核心的主机板2483块。

联想286微机的魅力来自联想首次推出的联想286微机主板产品。

联想286微机主板产品不是采用"公板"（国外进口的已设计好的现成主板）的产品，而是联想设计人员自行设计，尤其采用了"零等待页面模式"和"隐蔽再生"技术的产品，因此使主板性能得到较大提高。经过测速软件测试，运算速度是当时中国市场上最快的286（AST 286）的1.7倍，这就使联想286在汉诺威展上成为畅销品。

1990年，联想第一台自有品牌286微机推出，在国内更掀起一股计算机热潮。联想品牌在更大范围内为海内外所知悉，随着联想系列微机386、486、586的次第推出，联想电脑销量、声誉不断提高，联想品牌形象也不断提升。

1992年，联想成立家用电脑事业部，并在全球率先提出"家用电脑"的概念，推出家用电脑1+1。而这款家用电脑的命名还是通过"竞标"产生的。

当时，《联想报》刊登了一则征名广告，有上百个应征者参加。最后几轮筛选下来还剩三个：金钥匙、小太阳、1+1。在经过无记名投票后，1+1 胜出，它是联想生产技术部工程师樊波的创意。《联想报》于 1992 年 10 月 24 日公告："这姗姗来迟的娇儿在问世伊始就注定要有一个响亮的称号。'1+1'脱颖而出，成为联想教育/家庭电脑的品牌。"后来联想将第一台家用电脑 1+1 赠送给樊波，樊波说 1+1 是一个横着写的"王"，中国的家用电脑就应该是卫冕之王。

联想 1+1 电脑推出后，在市场上供不应求。5 月份出厂 2000 台，两个星期就卖光。6 月份上市 3000 台，又是不到两星期就告罄。有的用户干脆带着钱、开着车来厂门口等着提货。

1993 年，随着联想品牌声誉的不断提高，联想响亮喊出："扛起民族计算机工业大旗"，一时响彻八方。从此联想品牌更加受到社会各界的关注，更加获得方方面面的青睐。

与此同时，联想进入"奔腾"时代，推出中国第一台"586"个人电脑。

三、产品推广初期

1994 年 2 月 14 日，联想股票在香港上市，联想品牌首次在海外市场亮相。

香港联想上市，联想总裁柳传志与大家合影

这时，联想的生产、销售初具规模。新官上任三把火，杨元庆就以产品销售体系的完善为主要突破点，构建代理分销体系。推广工作从广告、产品形象塑造和巡展等宣传角度出发，加强客户对产品的认知度，以便为渠道销售提供积极支持。为此联想开始在全国重点区域、重点城市攻城略地、扩大市场疆域。

多年的征战，使联想对市场运作趋于娴熟，可以根据客户需求来定义、定位产品。不过那时总体上人们对计算机应用依然缺乏清晰的认识，在生活与工作中还未大规模地与 PC "亲密接触"。例如笔者本人虽然 1991 年就学习了电脑应用技术与五笔字型输入法，但真正开始使用电脑，还是在 1998 年聘上某杂志编辑后，不过那时已经全然忘记五笔字型输入法了。

记得 1991 年学电脑时，电脑开关机，都需要输入一串字符密码，比较费劲。对现在的电脑使用者来说，简直不可想象。

20 世纪 90 年代，"春天的故事"在华夏九州次第传播，改革开放的热潮在神州大地一浪高过一浪，万象变迁的形势激励着国人奋发图强。国门一开，"外面的世界很精彩"。发达国家的先进技术与新锐产品奔涌而来，对比之下自身落后欠发达的现状，未免心有不甘、心理失衡，于是人们转而对本国产业成果寄托自己的民族感情。在这样一种背景下，国内的"民族品牌"和"爱国主义"思潮因势而生，逐渐兴起。

1995 年，联想集团公司手册上印着这样的励志宣导词："在改革开放的大潮中，联想以其成功的实践把科技与经济结合，成果转化为产品的思想变成了现实。面对更加开放的市场经济环境，面对信息化社会的到来，我们将继续发扬求实进取的精神，以一流的产品、一流的人才、一流的服务，发展中国计算机产业，为促进国民经济和社会的信息化而奋斗。"

"好风凭借力，送我上青云。"1995 年联想发生了一系列大事，这些大事对联想的品牌建设起到推波助澜的作用。

1995 年，当时的电子工业部公布了 6 家"政府重点支持企业"，联想首次与熊猫、上广电等家电大企业一同跻身其中，联想是其中唯一一家 IT 企业。

"用户是联想的上帝，联想向上帝请教，第 10 万台电脑去往何处？"1995年联想电脑第 10 万台电脑即将下线，他们把握时机，借势推广自己的产品。

联想为这第 10 万台电脑做了一个广告，广告播出后的 14 天里，2 万多个电话从全国各地蜂拥打来。一时间联想"民族品牌大旗"之下集聚起众多"爱国主义"人士。

著名媒体人士、中国名牌战略最早倡导者之一、时任"中国质量万里行"组委会主任的艾丰说，联想从事的是一项争气争光的事业。媒体开始总结"联想精神"。《北京青年报》甚至号召大家起来"保卫联想"。

那么，这第 10 万台联想电脑花落谁家、归属何方人士呢？

陈景润，中国当代著名数学家。1966 年 5 月，陈景润宣布证明了哥德巴赫猜想中的"1+2"；1972 年 2 月，他完成了对"1+2"证明的修改。令人难以置信的是，外国数学家在证明"1+3"时用了大型高速计算机，而陈景润却只靠纸、笔和头脑，其中光稿纸就用去了 6 麻袋。1973 年，他发表了著名的"陈氏定理"，被誉为筛法的光辉顶点。对于陈景润的成就，一位著名的外国数学家曾敬佩和感慨地赞誉道：他移动了群山！

1978 年 1 月的《人民文学》刊出徐迟的报告文学《哥德巴赫猜想》，对陈景润献身科学事业的优秀事迹进行了热忱报道。陈景润进而获得全国人民的爱戴，因为他所追求的科学事业为中华民族争了光。于是陈景润成为中国人心中的英雄，一代青年心中的楷模。当年笔者在阅读著名作家徐迟这篇令人荡气回肠、热血沸腾的鼎盛之作时，也是屡屡心潮澎湃、每每激动不已。

联想把自己的第 10 万台联想电脑赠送给了陈景润。陈景润获得联想第 10 万台电脑的馈赠，实在是众望所归，于是社会各界一片喝彩。

1995 年 5 月 12 日，联想规模空前的科普教育活动"联想电脑快车 1995 年中国行"以北京市政府为起点，开始了全国之旅。活动明确提出"掌握电脑是 21 世纪人才的身份证"的鲜明主题，北京市副市长胡昭广等北京市政府高级官员检阅了"联想电脑快车"。

联想的市场推广活动主要集中于一、二级城市，因为当时中国对 PC 的购买能力主要集中在一、二线城市和行业用户，个人 PC 消费处在发展的初期。联想的推广业务不单局限于产品，并且扩展到整个市场体系，同时有的放矢地配合重点区域市场的攻坚战的推广。尽管仍集中于一、二线城市，但将全国版图都纳入到市场推广的范围，同时在部分重点地区，开始向三、四线城市渗透。

接下来的 3 个月内，在全国数十个城市的科技馆、文化宫、政府机关、商店厂矿、中小学校，联想举行了近百场产品巡回展示和电脑知识咨询活动。数以百万计的中国人通过这样的途径了解了电脑知识，并且熟悉了联想那个内圆外方的蓝色标识。与此同时，富有感召力和情感色彩的"联想 1＋1"广告，首次出现在央视新闻联播后的黄金时段。

1995 年 9 月，联想还投入 500 万元，联合《经济日报》《光明日报》等 8 家新闻媒体，共同举办代号为"联想电脑驾校"的为期一年的电脑科普有奖征文活动，以促进家用电脑市场的普及。到 1995 年底，中国已有 30 家以上媒体专门开辟了电脑科普教育的专版或者节目，这极大地促进了电脑在中国的普及，同时树立了联想作为中国家用电脑第一品牌的形象。

1995 年，联想"不可思议"地主动登门国家技术监督局，要求他们对联想电脑进行"随机抽查"。尽管如此，国家技术监督局技术监督人员丝毫没有因为联想主动受检而放弃职责。检查人员坚持突击抽样，时间、地点完全保密。于是国家技术监督局在 7 月和 8 月三次来到北京市场，随机抽取三级联想微机，每组三台，并行操作，检测的内容有 8 类 26 项。这样的检测持续了20 天，检测结果没有通告联想，也一度让当时宣称对联想微机质量有足够信心的杨元庆"提心吊胆"。9 月 14 日，检查人员突然又到联想生产基地提取了43 台电脑，其中 3 台重复上述检验，另外 40 台则进行可靠性试验。9 天 9 夜之后，国家技术监督局终于宣布联想微机的各项检测指标均达到优秀水平。

1995 年，是联想品牌"造势"的一年。这一年，联想开展了一系列的宣传推广活动，巧妙借势爱国主义文化思潮，成功调动起社会各界人士的积极参与，为联想家用电脑"飞入"千万寻常百姓家，立下了不朽功劳。

联想"1995 年，在全国电子百强企业中排名第二，在全国 500 大企业中排名第 56 位，是目前我国计算机产业中最大的产业集团"。1996 年的联想集团公司手册上如是介绍。不过，1996 年联想集团公司手册上介绍联想"1995年，在全国电子百强企业中排名第二"实为 1995 年度"全国百强高新技术企业"排名榜第二名，在 1995 年全国电子百强企业中排名第四。

但是，1995 年华为集团在这两个百强榜单上均未见到踪影。

四、品牌全面推广

1996 年，电脑软硬件的整体发展带动了计算机的普及应用，尤其是基于 Wintel 技术架构的成熟，使用户由对技术的追求转移到了产品应用功能上来。

1996 年，联想再次发起积极的宣传攻势。9 月联想提出"适用、够用、好用"的"全民电脑"产品理念。以此为基础，联想先后针对不同行业领域的通用性需求陆续推出了"日、月、星"系列电脑，开始按不同行业应用特点和规律来区分用户，以便更好地满足用户需求。

随着联想代理体系的不断构建完善，联想提出了对代理商全面承诺的"彩虹方案"。即从产品、行业开拓、市场广告宣传、技术服务、商务等 7 方面支持代理商。与此同时，联想加大广告、公关运作力度来促进营销，并有计划地开展大型、连续的市场推广活动。

1996 年，联想推出"万元奔腾电脑普及风暴"，用多媒体概念推销家用电脑，由此掀起了家用电脑发展的第一个高潮。联想这一可圈可点的活动具有里程碑意义。当时，国外知名品牌大举进军中国市场，国产品牌全线溃败，国内电脑价格要远远超过欧美等发达国家的电脑价格，国产电脑的生存空间屡屡压缩，岌岌可危。危急时刻，联想挺身而出，毅然出手救市。联想采取果断措施，连续 4 次降价，电脑从 17 000 元左右降到 10 000 元以内。与此同时，联想结合渠道力量，先后掀起了 4 次强大的市场攻势，在社会上引起强烈反响。通过联想这次拯救国产电脑市场的"侠义行动"，人们看到了一个负责的国有高科技企业的高大形象。从此联想的国有、民族品牌形象在社会各界人士心目中全面树立起来。

经过几年"艰苦卓绝"的奋战和在竞争中的不断学习，联想更加洞悉市场法则，对行业动态和企业发展基本规律进行了深入探索与总结，把产品、价格、渠道进行了充分的推广与整合，从而在国人和国外竞争者面前展示了自己独特的能力。

1996 年，联想迎来中国电脑史上的一个里程碑，联想 PC 首次超越国外品牌，在中国市场的占有率首次位列榜首。这一纪录保持至今，始终无人打破。并且在此基础上，联想 PC 向国际市场进攻，不久成为亚洲市场霸主，最后成功夺取全球市场老大地位。

1996 年，联想笔记本电脑问世，联想品牌有了新的载体。

1996 年，联想品牌已经在中国用户心中打下深深烙印，"legend"的本意"传奇"有了完美的演绎。

得益于推广渠道、推广部门之间的鼎力配合，联想通过倾力扩张渠道的影响力，完善对代理商的承诺制度，极大地提升了代理商的"忠诚度"，促成了联想与代理商的共同成长。联想这一阶段的重要收获在于运用大规模集中优势兵力针对某一块市场展开全方位（产品、价格、渠道政策、促销、广告、宣传）的整合攻势，最终树立起品牌形象。

五、全面营销推广

1997 年，联想在竞争日益激烈的情况下做出品牌承诺：电脑品质与世界同步，让中国人用的好电脑。

1998 年，联想推出一系列面向个人消费者和企业客户的功能、应用电脑，并通过"若想中国、应用为本"为主题的百城巡礼活动，传播功能和应用理念，普及电脑的使用。与此同时，联想对营销体系进行整合，经营发展开始与国际接轨。

联想品牌战略的重点是把广告、公关、促销、活动等进行相关整合，形成更具市场冲击力的推广能力。此时，联想品牌在一、二级城市达到了非常高的知名度，并向重点区域的三、四级城市大规模渗透。随着中国经济的不断发展，中国政府积极推行信息化建设，中国 IT 产业迎来大好发展时期。联想在开拓市场方面有了更大空间，作为民族品牌的联想电脑具有了引领先机。

1998 年，联想开展"百城巡礼"活动，在全国 100 座城市巡回讲座和演示。活动把联想带进千家万户，联想电脑走遍大江南北，为互联网和电脑普及并走入寻常百姓家庭打下基础。

1998 年 5 月 6 日，联想第 100 万台电脑走下生产线。经过一番酝酿考虑，联想决定将这一标志民族电脑业荣耀的"天琴"电脑作为礼物，送给英特尔公司时任董事长兼总裁安迪·格鲁夫博士。因为从第 1 台联想电脑下线到 100 万台电脑下线，以致将来更多电脑下线，在相当长一个时期，联想 PC 都与英特尔是合作联盟。联想电脑的 CPU 大多来自英特尔。

在隆重的典礼之后，英特尔公司时任董事长兼总裁安迪·格鲁夫博士将联想所赠的第 100 万台电脑收为英特尔博物馆的馆藏品。

"100 万台！一个令所有 IT 人士、国人为之振奋的数字，一个联想电脑人为之奋斗了多年的梦想，在 1998 年 5 月 6 日这看似平常的一天得以实现！联想的这一天比计划提前了两年半，几乎是同时，中国市场的装机量达到了 1000 万台。"当年《每周电脑报》以《光荣与梦想——贺第一百万台联想电脑诞生》为题，对联想第 100 万台电脑下线进行了热烈报道。

1998 年，第一间联想专卖店在北京落成，自此联想开始建立起其庞大的专卖店体系。同年，联想推出幸福之家软件，并预置于每台联想家用电脑上，使得联想的市场占有率进一步提升到 14.4%。

根据 1998 年联想集团公司手册介绍，1998 年联想在全国电子百强企业中排名第二，在"全国百强高新技术企业"排名第一，成为国家 120 家试点大型企业集团之一。

六、全面品牌推广

1999 年，联想集团宣布了 Internet 战略，从业务范围、公司结构建设等全面向 Internet 转变，并推出第一代互联网电脑——天禧。与此同时，联想举行的覆盖 300 多城市的"联想 Internet 中国行"活动推动了互联网在中国的发展。

在"天禧电脑"发布的同时，联想推出"FM365"，两者相辅相成，极大提升了联想的品牌价值。同时，联想在全国范围内的三、四级城市进行了大范围渗透，建立起规模庞大的销售和推广体系，使联想品牌在中、小城市的影响力和推广力度逐渐加大。

1999 年，联想获得不菲成就：成为亚太市场顶级电脑商，在全国电子百强中名列第一。同年联想还发布了具有"一键上网"功能的互联网电脑。

2000 年 6 月 16 日，联想集团在成都隆重启动了"推动因特网，龙腾新世纪"大型主题活动。本次成都活动是联想全年活动的开篇，是继上年"龙腾"活动之后又一次规模宏大、影响广泛的大型活动。整个活动贯穿 2000 年，按两条主线同时进行。面向商业用户的"联想电子商务中国行"活动和面向消费市场的"联想因特网上新生活"活动。通过全年这一系列的活动，联想将从上年的 Internet "倡导者"发展为当年的 Internet 和电子商务的"推动者"。联想希望通过活动，把电子商务解决方案带给千千万万的企业，并为家庭用户提供更为便捷的上网方案和信息服务。同上年相比，联想当年的活动更加务实和丰富。面向商业用户的"联想电子商务中国行"大型活动历时一年，足迹遍及众多大中城市。

面向普通消费者的"联想·因特网上新生活"主题活动，把更为密集的店面、商场作为向中国老百姓普及因特网知识的阵地，并不断推出高品质、低价格、满足中国用户需求的因特网接入设备，让消费者全面了解产品的易用性和丰富的功能，全面推动因特网在中国的普及和发展，扩大电脑的用户数量，引爆中国的消费市场。

此次覆盖全国 600 多个城市、企业、行业的"联想电子商务中国行"活动，大大推动了电子商务在中国的应用和发展。而这两年的活动，树立了联想品牌 Internet 厂商的形象，联想品牌形象迅速提升。

2000 年 8 月，联想天禧电脑获得 Intel 公司年度全球家用电脑评比的"创新电脑产品奖"，标志着中国家用电脑在概念与技术上已达到了世界级水平。

2000 年，联想集团实现销售收入 284 亿元人民币，联想电脑以 28.9%的市场份额保持国内第一，并且蝉联亚太电脑第一，跻身全球电脑十强。

2000 年，联想股价急剧增长，联想集团有限公司进入香港恒生指数成分股，成为香港旗舰型的高科技股。

2000 年，联想跻身全球十强最佳管理电脑厂商。

2000 年，联想被世界多个投资者关系杂志评为"中国最佳公司"。

2001 年，联想分拆，杨元庆出任联想总裁兼 CEO。杨元庆接过联想帅旗后，承担起联想进一步发展的责任。联想向技术与服务型转型，提出"高科技的联想、服务的联想、国际化的联想"口号。为此，联想的市场推广、品牌建设也围绕既定目标展开。与此同时，联想品牌在国际化道路上开始了新的迈进。

针对"高科技的和服务的"目标，联想的市场推广和品牌建设开始大范围向高端的、综合性的技术开发和解决方案倾斜。利用联想国内 2000 多家代理商所组成的渠道体系，重点培养出面向商务解决方案的渠道体系，主要针对中小企业提供商用解决方案，同时联想还建立了商务解决方案品牌：IT141。

2001 年，联想首次推出具有丰富数码应用的个人电脑产品。

2001 年，联想位列中国电子百强企业第三名。

2002 年，联想举办首次联想技术创新大会（Legend World 2002），联想推出"关联应用"技术战略。

2002 年，联想成立手机业务合资企业，宣布进军手机业务领域。

另据有关报道，从 2002 年开始，联想开始大规模向高端全方位商务方案和科学计算机市场挺进，这是联想非常明智的一次选择与决定。通过自主创新，联想在国家财政支持下，获得了丰硕成果。为此 2002 年，联想"深腾 1800"（DeepComp 1800）高性能计算机问世。这是中国首款具有 1000 GFLOP/s（每秒浮点操作次数）的电脑，也是中国运算速度最快的民用电脑，在全球前 500 名运算最快的电脑中名列第 43 位。

据报道，联想推出的万亿次高性能计算机，打破了美国、日本企业一直以来的垄断地位，这是中国在高性能计算机领域第一次跻身世界排名榜。到 2017 年，联想超级计算机排名全球第二，并已经连续三年蝉联中国第一。

伴随着联想品牌的提升，联想的整体业绩也不断攀升。继 1997 年联想电脑获中国市场份额第一，2000 年联想电脑以 8.5% 的市场占有率荣登亚太地区（不含日本）PC 销量榜首，并保持至今。

七、"Lenovo"助力国际品牌推广

联想进军国际化的目标最早在创业初期就已经提出，而 1989 年联想 286 微机在汉诺威国际电子展上一炮打响，就迈出了国际化的第一步，而且是非常坚实的一步。有鉴于此，国际化始终是联想发展的战略之一。

2003 年，联想把集团原有的英文商标"Legend"改为"Lenovo"。

不过，联想英文商标"Legend"在国内市场曾经为消费者熟知，改为"Lenovo"后，国内市场的认知度至今远远低于"联想"标识。但在国际上，人们以前对"Legend"并不熟识，"Lenovo"的出现不需要重新辨认，所以"Lenovo"在国际上的传播效果远超国内。

2005年5月，联想完成了对于IBM个人电脑业务的收购，跻身世界电脑第三大生产商的地位。但在收购完成后，联想品牌在国际市场上的认可度并没有如预期一样大幅提升。为了尽快提升联想品牌在国际电脑市场上的地位，联想公司聘请了国际知名广告策划公司"奥美"负责联想品牌的全球推广。

（一）借力IBM影响力推广联想品牌

联想收购IBM本身就是看中其品牌、渠道等价值，为此依托IBM品牌，借势提升Lenovo品牌形象，也是题中应有之义。

"Lenovo的产品来自拥有IBM经验的生产、管理、营销、服务的人员之手，他们是你长久以来信赖、依靠的人们。"奥美为联想设计了这样的广告语，助力联想打入美国市场，希望通过引入IBM的元素来提升Lenovo的品牌价值与市场认可度。

并购对联想的品牌提升显而易见。对于联想而言，完全凭借自身力量要打造一个像IBM这样的品牌，资金和时间成本的投入非同一般、很难达到目的。

（二）联想积极赞助奥运会

在2006年的都灵冬奥会上，联想通过为大会赞助Lenovo办公设备，设立Lenovo休闲室等方式打开Lenovo的知名度，让更多的人亲身体验Lenovo产品的卓越品质。

2008年，联想成为北京奥运会官方指定赞助商。联想还与巴西足球运动员罗纳尔迪尼奥签约，聘请他成为联想公司的品牌形象代言人。

功夫不负有心人，通过一系列的宣传攻势，联想Lenovo品牌的国际知名度得到有效提升。

八、国际化战略成就全球品牌

2015 年 11 月 19 日，当联想成为继华为之后第二个登上"Interbrand 全球品牌百强榜"的企业品牌之后，"联想"品牌成为了不折不扣的全球品牌。

从 1985 年联想汉卡投放市场，到 2015 年联想获得全球品牌殊荣，整整 30 年。

30 年过去，弹指一挥间，联想品牌一路风雨走来。

（一）国际化战略发端

在联想集团的发展历史上，走向国际化一开始就提上日程。

根据联想集团公司总裁办公室 1995 年 5 月颁发的《联想之路百题问答》，从 1985 年到 1995 年，联想所实行的发展战略是面向"国际国内两个市场，以国际化带动产业化"。为此联想当年获得以下国际化发展成就。

（1）1994 年，联想微机板卡"QDI"品牌产品在国际市场上的销量达到 517 万块，当年联想进入国际市场板卡供应商前五名行列；

（2）1994 年，香港联想获得"总督工业奖之出口市场推广奖"；

（3）截至 1995 年 5 月，香港联想有 20 家海外分公司遍布全球 13 个国家和地区，包括美国 5 家，加拿大 3 家，澳大利亚 2 家，英国、法国、德国、荷兰、丹麦、西班牙、奥地利、新加坡、马来西亚以及我国台湾各 1 家；

（4）联想集团在美国硅谷设有研究开发部门。

有鉴于此，人们耳熟能详的 2005 年联想并购 IBM，并非是"联想进军国际市场的第一步"，联想进军国际市场的第一步早在 16 年前就已经迈出，而且成就瞩目。试想，以中国这种信息技术后发的国家，其信息化技术产品——联想微机板卡"QDI"品牌产品居然能够迈入国际市场前五名之列，这是很值得骄傲的成绩。

联想微机板卡"QDI"品牌产品是联想自主设计，具有自主知识产权的成果，在当年被西方技术先进国家垄断的全球 IT 市场上硬是挤开一条缝隙，突破技术壁垒，打入国际市场。当然，这是当年联想设计团队做出的突出贡献，也是联想最高管理层精诚合作的丰硕之果。

当年联想作为中科院计算所为转化科技成果而创办的高科技企业，是土生土长的中国企业。联想成立之初，就凭借自主研发和创新竞争实力占据了中国市场的主流地位。随后联想趁热打铁，经年不断地启动了一波又一波的宣传攻势，铺天盖地的广告让联想品牌成为家喻户晓、妇孺皆知的民族品牌形象深入人心。

2005 年，联想收购 IBM PC 部门，就此开启了并购之旅。在以后的一系列并购中，联想品牌伴随着这一系列异国他乡的商务合作，渐渐为世界各国人民所知悉。

联想品牌发展之路虽然漫长，但却获得了空前成功。

联想与华为的品牌国际化战略意义重大，为中国企业的国际化进程提供了宝贵的经验和值得借鉴的模式，从而增强了中国企业走向世界的信心和力量。与此同时，也为打造中国名片，增进中国与世界各国的交往和了解起到了促进作用。

当今的中国企业，在塑造国际知名品牌方面有很多路要走。联想与华为走出了一条成功之路，但其模式并不能照抄照搬。每个企业都必须按照自己的具体情况，结合自身特点，不断探索，才能获得最后成功。这就是：路多歧而树多枝，有所弃才能有所取，有所不为才能有所作为。

（二）联想品牌发展经历四个阶段

在经过联想人不懈努力后，联想品牌逐步实现了从最早的产品名称发展到今天价值 40 多亿美元的世界品牌。从 1984 年到现在，联想品牌的发展经历了四个非常重要的品牌时期。

第一阶段，萌芽时期。

从联想早年的合作者、广东省科学院实验工厂厂长王少才注册"联想"企业名称开始，到计算所公司创办。

第二阶段，"计算所"品牌时期。

从 1984 年 11 月联想成立，到联想发布"Legend"品牌。

第三阶段，"Legend"时期。

从香港联想的成立、"Legend"品牌发布到"Lenovo"新标识发布之前，这是联想品牌高速发展时期。

第四阶段，"Lenovo"时期。

从"Lenovo"新标识发布开始，开启了联想品牌发展的第四个历史时期，这一时期最重要的就是联想全力进行国际化拓展。于是联想新标识的启动，成为品牌国际化发展历程中的标志性时刻。

经过30多年的努力，联想的品牌价值从无到有，从低到高，从普通品牌到知名品牌，从企业品牌到民族品牌，从本土品牌到国际品牌，联想品牌价值一路飙升。根据权威机构发布的数据表明，1995年，联想品牌价值约为23亿元人民币；2015年，联想品牌价值约为270亿元人民币。20年间价值翻了10倍。

与此同时，2015年11月19日，"Interbrand全球品牌百强榜"在上海揭晓，联想成为继华为之后第二个登上榜单的中国品牌，首次上榜的联想品牌价值达到41.14亿美元。

第八章

华为开启全球品牌中国时代

2014 年，中国华为作为第一家加入"Interbrand 全球品牌百强榜"的企业，开启了全球品牌的中国时代。

2015 年，华为再传佳音，首次登上 BRANDZ 全球百家最具价值品牌榜，位列第 70 位，又成为第一家进入该榜单的中国企业。

与此同时，2015 年 11 月 19 日，"Interbrand 全球品牌百强榜"在上海揭晓，华为二度蝉联榜单，并从 2014 年的第 94 位跃升至第 88 位。

据全球知名调研机构 IPSOS 报告显示，华为品牌认知度增幅位列全球第一，其中整体知名度由 2014 年的 65%上涨至 76%，有超过 3/4 的消费者知道华为手机。在素以品牌高地著称的欧洲市场对华为手机的品牌认知大幅度提升，其中葡萄牙、意大利、西班牙、荷兰和德国 5 国的提升尤其明显，分别是 87%、82%、79%、73%和 68%；同时，在全球重点市场对华为手机的品牌认知亦有大幅度提升。华为品牌净推荐值上升至 47，位列全球前三甲。

当 2014 年国际咨询公司 Interbrand 发布"2014 全球 TOP 100 品牌排行榜"，中国企业华为一举上榜并名列第 94 位时，Interbrand 策略总监汤亚乾激动地说出一番令人感触的话语："经过 15 年的漫长等待，Interbrand 最佳全球品牌排行榜终于迎来第一个中国品牌。我们既骄傲又激动，必须打开香槟，由衷地为华为喝彩。"

的确值得喝彩，因为华为的上榜，结束了国际上对中国企业"大而不强"的印象，标志着中国企业在品牌国际化的道路上迈出了坚实的一步。这一步，对于国产品牌来说意义非凡！

与联想一样，华为的销售也是通过直销开始的，市场上拼杀的销售人员都身手不凡。在华为销售渠道尚未建立之际，华为发挥直销的优势，对高端数据通信产品，如 ATM 和接入服务器，通过华为原有的直销渠道进行，并且通过这种方式逐渐树立自己的品牌。

很少有企业能像华为一样长时间引起公众的关注。自 1988 年创立以来，华为以令人吃惊的速度成长为中国通信行业领头羊。华为正在世界范围内迅速扩张着自己的"领土"，从一家很小的通信产品代理商成长为国内首屈一指、国际声誉日隆的电信设备供应商。华为的成长历程和鲜明的企业特征，为正在做大做强，正在面向国际化的中国企业提供了一个样板。

一、品牌就是一种承诺

华为品牌的初步定位是全球领先的电信解决方案提供商。随着电信行业的发展，华为品牌的定位也产生了变化。在 3G、4G 时代，华为品牌定位成 3G、4G 环境下的"方案提供商"和"系统服务商"。当前华为已经在试水 5G 技术，不过还仅仅是探索。但 2016 年 2 月 21 日，在 MWC 2016 巴塞罗那世界移动大会开幕前夕，华为消费者 CEO 余承东正式对外发布华为笔记本产品 MateBook。产品售价 799 欧元起，最高配置款售价 1799 欧元。余承东坦言，华为要做 PC 老大。为此华为的品牌定位即将发生改变，但目前依然还不足以变更品牌定位。

研究表明，华为的创始人任正非有着多年军旅生涯，军人的报国情怀延伸到自己创办的企业文化中，于是华为品牌名称的寓意是"中华有为"。

华为品牌标志由图标和 HUAWEI 文字构成,品牌标志中 HUAWEI 文字是特别设计的。

华为品牌标志有竖版和横版两种版式。除非特殊情况，一般使用竖版品牌标志。华为的企业标识是公司核心理念的延伸。

聚焦——标识聚焦底部的核心，体现出华为坚持以客户需求为导向，持续为客户创造长期价值的核心理念。

创新——标识灵动活泼，更加具有时代感，表明华为将继续以积极进取的心态，持续围绕客户需求进行创新，为客户提供有竞争力的产品与解决方案，共同面对未来的机遇与挑战。

稳健——标识饱满大方，表达了华为将更稳健地发展，更加国际化、职业化。

和谐——标识在保持整体对称的同时，加入了光影元素，显得更为和谐，表明华为将坚持开放合作，构建和谐商业环境，实现自身健康成长。

（一）华为品牌的品牌文化

华为不仅在企业经营领域取得了巨大发展，而且形成了强有力的品牌文化。因为华为人深知，资源是会枯竭的，唯有文化才能生生不息。在企业物质资源十分有限的情况下，只有靠文化资源，靠精神和文化的力量，才能战胜困难，获得发展。华为品牌的品牌文化是狼性文化。

1. 具备狼一样的敏锐嗅觉。
2. 不屈不挠、奋不顾身的进攻精神。
3. 群体奋斗的精神。

从华为的实践来看，华为的特殊狼性精神实质就在于追求卓越的进攻精神，这是华为"狼性"文化的核心。

（二）华为品牌的品牌个性

自主研发以及核心科技技术是华为最显著的品牌个性。

华为坚持每年不少于销售收入 10% 的研究投入，甚至超过 15%。

（三）华为品牌的品牌属性

品牌就是产品：当你想到华为的时候，你可能会立刻想起路由器、IP、宽带、手机等电信设备。华为是世界品牌 500 强，想起华为，映入脑海中的就是信得过的企业，值得信赖的产品。

品牌就是人格：提到华为，就会让你想到团结、进取、超越、坚韧、勤劳的品牌人格。

（四）关于"品牌就是一种承诺"

在市场领域，品牌是用户安心使用某种产品的依靠。一旦用户选择某个品牌，他们就会对该品牌产生忠诚，持续地购买、使用这一品牌，并把它推荐给自己的友好关系。他们会在众多产品中对该品牌情有独钟，甚至超过那些拥有更好特性与更低价格的产品。

众所周知，早期华为对于电信网络设备的定义，是可靠性高，因为电信网络的复杂性决定了对电信网络设备的可靠性要求较高。不过由于技术和能力的限制，早期华为的产品可靠性差强人意，显然高不到哪儿去。所以最初，华为满足电信网络设备可靠性要求最原始的做法就是双管齐下。

第一是"人海战术"

人海战术，是一种以数量和巨大的消耗换取其他方面优势的战术，包括时间、空间、进攻或防守。在某种意义上可以简单理解为以多打少，它的基础是集中优势兵力，以数量增加整体的实力。

人海战术曾经是我军的拿手战法。在抗日战争、解放战争时期，我军现代化武器以及后勤严重不足，素质也参差不齐。为了赢取战争的最后胜利，以大量而密集的兵力、战术分工、长时间、大面积、破坏迟滞、游击与夜袭等方式，以高密度蚕食行为，摧毁敌人的力量。

商场如战场，作为一名退伍军官，任正非显然对我军传统的"人海战术"了然于胸、用之娴熟。

华为提供的电信网络设备在运行中如果出了什么问题，华为的技术服务人员要在一小时之内到达。如果他们不能解决问题的话，一声令下，设备技术研发人员就会十万火急、星夜兼程到达指定位置即刻投入战斗——乘坐最快的航班到达，通宵达旦地把设备给恢复过来。

要知道，华为早期的市场主要在幅员辽阔的广大农村。要做到上述要求，需要多少技术服务与研发支持人员啊！

第二是"以旧换新"

一旦出了故障的设备无法修复，马上用新设备免费更换。

"人海战术""免费更换"，成为早年华为在市场上"克敌制胜"的两大法宝。

于是通过这样的现身说法、口口相传，华为服务上乘的口碑声名远扬、四下传播开来。

当然，早年的华为有两个几乎没有人知道的秘密助其获得成功。一个是当年电信行业利润很高，电信设备赢利丰厚，华为才可能赚到足以支撑这样大花费的钱；另一个是当年华为的设备技术水平比较低，但同时农村电信局客户对于电信设备的稳定性要求低于大城市。而"人心都是肉长的"，据称大部分客户都被华为精诚服务的精神感动了，虽然觉得美中不足，但华为依然还是一个可靠的电信设备供应商。

后来华为发现口口相传的途径对它的美誉度传播速度比较慢，于是灵机一动就用非常精美的铜版纸印刷华为的产品介绍，以及电信网络设备应用经典案例，并在每个案例末尾留下客户的联系方式，以供查证核实。通过这些方式，华为给地方县市电信局留下的印象是："做事效率高，比较重信用，不是一个骗子公司，可以信赖。"

于是，早期阶段形成了华为品牌的最初概念："品牌就是一种承诺。"

二、品牌是打出来的

随着华为业务拓展、市场规模扩大，华为的电信网络设备就开始往地、市级（中等及以上城市）电信局卖。这时面临的问题不是随叫随到，把故障设备换回去就可以一了百了了。城市电信局对电信网络的稳定性以及网络可扩容性比县局要求高出很多，而且这些城市的电信网络设备来自"七国八制"。

为此市局对于华为电信网络设备的技术服务要求就是按照"七国八制"公司的要求来的。

所谓"七国八制",是 20 世纪 80 年代中后期,中国大陆固定电话网正处于由传统的步进制、纵横制向数字程控交换转型时期。当时中国大陆电话普及率还不到 0.5%,因此中国市场所蕴含的巨大商机,吸引了在程控交换技术上先行一步的世界各国交换机厂商来华淘金,从而形成了中国通信史上有名的"七国八制",即日本的 NEC 和富士通、美国的朗讯、加拿大的北电、瑞典的爱立信、德国的西门子、比利时的 BTM 和法国的阿尔卡特。一共七个国家、八种制式(技术标准)。"七国八制"实际上为华为的市场进入设置了一道无形的"封锁线",恰似"铁壁合围"。

严峻的形势对华为提出了新的挑战,要想打破"七国八制"的"铁壁合围",必须选好"突破口"。于是华为首先选择与自己关系相对较好的市局来把"七国八制"的"铁藩篱"撕开一个口子。

华为选择了电信实验局,一方面实验局可以检验出华为设备不足的地方,便于快速加以改进,另一方面也可以让市局看到华为拼搏的决心。但电信实验局就是一个自我测试的地方,真正要开通商用局的时候,市局还是不放心,特别要求到网上运行。后来没有办法,华为就想出来和外资电信设备商进行比拼测试,来证实能力。

1998 年中移动(当时还是中国电信)STP 项目,华为报出的价格只有上海贝尔的一半。再加一些其他因素,中移动冒着非常大的风险给华为一个平面,另外一个平面给了上海贝尔(美国朗讯中国公司)。所谓"平面"是指电信城域网由核心节点、主城区汇聚节点和区县汇聚节点,以及用户接入节点构成的物理平面网络。

当初,中移动在把一个平面给华为时,高层管理有三分之一反对。甚至有高管声称:"投票给华为的人,以后是中移动的罪人。"可是半年之后,华为"忽视"了中移动上上下下不信任的眼光,成功交付了 STP 项目。

当天,上海贝尔发生了大约五、六起"城市过载当机",即电信网络因超负荷运行而造成程控交换机中止运行进而中断通信。而华为的单个平面承接了所有通信指令,却没有发生一次中断事故。客观事实令当初不信任华为的中移动高管们对华为刮目相看。在中移动第二期电信网络设备招标的时候，华为把产品价格提高到和上海贝尔一样的价格，并成功进入中移动的购买清单。

最后，华为这场与外企过招获胜的战例创下了华为市场攻略最为著名的案例。

当然，华为也曾走麦城：1996 年，华为付出很大力气承接大连电信寻呼排队机的项目。因为技术能力不足，华为的寻呼排队机造成了整个大连电信网络瘫机事件，对华为品牌造成了极坏的影响。以致后来的 3 年中，华为几乎没有卖过一套设备给大连电信。

有鉴于此，华为品牌概念又赋予了新的内涵："品牌是打出来的，而不是宣传出来的。"

三、品牌具有投资收益比

虽然"品牌就是一种承诺""品牌是打出来的，不是宣传出来的"，但是酒好也怕巷子深。品牌知名度怎么扩大？这就是品牌问题。然而品牌传播对于华为而言却是一件令人头痛的事情。

最初，华为人抱着投影仪，带着幻灯片（内部称为胶片）到处给客户宣讲，讲华为创业、华为产品、售后政策、华为研发，不一而足。

"当初，看着一群人穿着深色西服，带着投影仪的，肯定就是华为的。后来变成了穿着深色西服，背着便携电脑的人，肯定也是华为人。"在一些老电信人的印象中，还保留着华为人与众不同的宣传企业品牌的记忆。

但华为宣讲人员发现，虽然经过一番努力，可还是有部分人将信将疑。偶然的机会，他们发现客户之间的口口相传影响"最为重大"，于是就开始在全国各地树立样板点。所谓样板点就是华为在一个地方成功开局后，和客户商量允许其他地方客户来参观。并且参观的时候，要求局方参与接待，说华为的好话。这样又打消了一部分客户对于华为的疑虑。

依然还有一部分人对华为私营企业的身份耿耿于怀，不予信任。华为就把这类客户请到深圳总部参观，看华为的展厅、研发等，并和高层交流。这样以诚相待，就让人确定"华为在中国是一个可靠的合作伙伴"。

如此一来，华为在国内市场上的品牌传播就基本成型，公司内部总结叫"151工程"。不过此时华为对于"品牌成本"是什么概念还不甚了解，对"品牌溢价"似乎也同样不知其所以然。

所谓品牌成本，是指为推出品牌所投入的人力、物力和财力等支出的总和。之所以有品牌成本，是因为越来越多的企业将产品的竞争逐步过渡到品牌的竞争上。因为消费者对品牌的注重程度可能在某种程度上要高于产品本身，消费行为的诱因是对品牌的忠诚度而不仅仅是产品。然而在市场上树立良好的品牌形象，同时被广大的消费者接受和认可，不是一朝一夕可以完成的。要在一定的区域内使企业的品牌和产品的品牌达到知名或著名的程度，就必须支付费用，运用各种手段，这就形成品牌成本。

品牌成本的大小和品牌在市场上的知名度并不成正比，关键还在于手段运用得当。

而关于品牌溢价，就是品牌的附加值。一个品牌同样的产品能比竞争品牌卖出更高价格，称为品牌的溢价能力。品牌是可以溢价的。

曾经就任于百度总裁助理、现全球首家C2M电子商务平台创办人毕胜调查发现，同样的牛仔裤，没有品牌的和世界著名品牌相比，差价达20倍。全世界60%的牛仔裤都在中国广州周围生产，但一条成本仅190元的牛仔裤，出口之后挂上世界著名品牌诸如美国牛仔文化三大经典之一Lee，就可以卖到4000元人民币。同样，中国江苏虎豹衬衣，被皮尔·卡丹收购贴牌后，售价也是几千元。

之所以有些消费者可能情愿多花几千块钱买Lee、皮尔·卡丹，尽管它们穿在身上跟没品牌的也差不多，但这是情感价值所致，是由消费心理决定的。由于存在这样的消费心理，所以企业必须把自己的品牌形象塑造得高于其他品牌的形象，这样品牌溢价才是水到渠成的事情。

不过说到广州周围的牛仔裤，几年前全球著名环保组织绿色和平赴当地进行实地调查，发现牛仔裤生产造成的环境损失后果惊人：当地水土严重污染、环境破坏触目惊心。绿色和平组织发布调查报告一时影响轰动，引起舆论极大关注。

四、"先祖国、再公司、最后产品"

1999 年，华为开始拓展海外市场，结果"新革命遇到老问题"。华为是谁？值得信任吗？当时中国产品在海外往往是低端货的代名词，曾经中国产的布鞋在加拿大商店门口仅一美元一双地贱卖，中国中草药在美国市场地摊上论斤卖。此时凭空掉下一个"高科技的华为"你让谁相信？这是不是在开玩笑啊？

于是华为按照国内战术如法炮制——依然坚持"品牌就是承诺""品牌是打出来的"，同时增加了"先国家品牌、而后公司品牌"。不过在传播路径上有所创新。

所谓"先国家品牌、而后公司品牌"就是利用国家形象帮助企业拓展市场。2002 年，华为采取区域落地的方式，由华为当地的市场拓展人员和渠道合作伙伴共同开展活动，并加强与行业用户面对面的沟通，使品牌推广做到"因地、因行业"制宜。

在一个"中国制造"被看做是低价低质的代名词的市场，以高姿态品牌进入，无疑意味着更大的难度。华为内部有一句玩笑话："先祖国，再公司，最后产品"，即先让国外客户承认中国品牌，再认可华为品牌，最后才开始认识产品。

为此华为提出"新丝绸之路"，即组织国外的运营商先参观北京、上海、深圳，后参观其深圳坂田基地。这种被华为称为"最有效"的手法其实是华为国际化战略的第一个大动作。通过这样的参观，一批批运营商被从世界各地请进来，北京—上海—深圳，走过这"三点一线"之后，绝大多数海外运营商无论对中国，对华为都会经历一个从陌生到熟悉，从拒绝到惊喜的心理转变。有了品牌保证，华为开拓海外市场终于可以抛开传统中国企业"低价"的印象了，客户对中国、对华为也开始刮目相看。大部分客户参观完这些后，基本会在一两年内采购华为的设备。

当时法国第一个吃螃蟹的电信公司采用华为设备后，法国一些媒体觉得不可思议，要求到华为采访。结果一位法国记者到华为采访后，连北京都没去就马上回国，赶写了一篇"惊世骇俗"的文章，告诫欧洲的电信制造企业：你们将会受到这家中国企业的严峻挑战。

上述做法屡试不爽，但是花费太高，机票、宾馆住宿人均约 5 万元人民币。如果是从拉美邀请的客户，还要高很多。于是华为就采取分门别类的举措：对于高中层和关键客户，采取"新丝绸之路"。对于普通客户，则召开用户大会，尤其是客户的维护工程师，同区域的召集起来，交流维护华为设备的心得，给华为设备提出建言，这样就迅速拉近了与华为忠实粉丝间的距离。

为了提升华为品牌在国际上的竞争力，2004 年开始，华为在欧洲开始了一个名为"东方快车"的品牌计划。下半年，与一家全球著名的咨询公司合作，对自身品牌进行了一次全面评估和规划，规划打造一个国际主流电信制造商品牌："破除了狭隘的民族自尊心就是国际化，破除了狭隘的华为自豪感就是职业化，破除了狭隘的品牌意识就是成熟化。"

有些客户想了解华为未来几年的设备研发、业务布局等发展趋势，以便和华为的业务合作更加圆满。最初西班牙电信提出和华为联合举行高层峰会，交流双方的战略发展规划。之后华为发现高层峰会也是品牌传播的一种有效方式，于是认真总结经验，并沿袭下来与各个大运营商举行高层峰会的做法。通过这种方式，确认双方未来几年的合作走向。

五、滴灌模型提升品牌溢价

在品牌推广过程中，渐渐发现可选择的推广方式很多。有人提出品牌传播可以采取滴灌模型，也就是让应该知道华为品牌的人群知道华为品牌，这样可以节省品牌传播费用，提升品牌的溢价。

通信产品的专业性和应用需求的复杂性，决定了品牌推广工作离不开研发部门的积极配合。华为创建了一支由资深技术人员组成的撰稿队伍，定期发表与技术趋势、解决方案、应用案例相关的文章，通过宣传产品和技术扩大企业的知名度。

在市场部与媒体的例行通气会上，与会的技术人员能了解到不同定位的媒体对文章侧重点的差异化需求。在市场部与公关公司、广告公司开年终总结会时，技术人员亦是"特邀嘉宾"，"细分市场""目标受众""诉求点"等传播策略中的重要概念在此过程中会对技术人员产生潜移默化的影响。

如今，华为企业网的研发部门总能预先列出关于网络产品技术和方案的详尽选题计划，技术人员在品牌推广方面已经形成自发意识。

通信行业的各种展会对企业品牌形象宣传和产品推广具有不可或缺的作用。因此只要是国际通信大展，华为都要参加，这已形成规律。华为每年都要参加 20 多个大型国际展览，动辄投入上亿费用在参展上。而华为每到一个新市场，都会把规模盛大的通信展办到那里。

2000 年，两辆 8 吨重的货柜车拉着设备和资料，沿南北两线跑了 17 个城市，这是华为发起的"阳光行动"。华为对当年年底的行业用户通过巡回撒播阳光，有针对性地进行重点"施肥"。"阳光行动"使区域市场的品牌到达率和行业市场的品牌认知度得到相应提升。

六、国际化战略成就全球品牌

2015 年，当华为作为唯一中国企业荣登 BRANDZ 全球百家最具价值品牌榜时，华为多年的海外战略得到了丰硕的回报。而华为成功的最根本原因是，华为所有出口产品均为高科技产品，均为华为自主品牌。

"冰冻三尺非一日之寒、水滴石穿非一日之功。"华为的海外战略从一开始就选择了一条最艰难的道路——自主研发技术、自主品牌出口。

自主品牌出口的重要基础之一是技术，特别是高科技行业。没有核心技术，品牌会空壳化，缺乏生命力。所以华为从一开始就非常重视自主的技术路线。

自主技术路线道路艰险，充满不确定性，但是华为选择了挑战风险。以华为研发为例，1991 年就成立了 ASIC 研究设计中心，今天海思芯片获得成就即源于当初的决心。1992 年，华为销售额刚刚突破一个亿，就以置之死地而后生的气概背水一战，以较大投入开发数字程控交换机。1993 年，华为在资金紧张、工资拖欠、人员流失的情况下，也不动摇研发项目，最后一举获得成功。1999 年，华为就意识到开发 WCDMA、ASIC 技术是一种必然趋势。当时业界尚无任何成熟的 ASIC，某西方公司已经公开宣布他们将于 2002 年推出 ASIC。于是当时很多声音认为自己开发风险太大，不如今后直接购买该西方公司的技术。但华为认为，要提高 WCDMA 产品的国际竞争力，就不能在核心技术上受制于人，因此必须启动自己的 ASIC 项目。事实证明，华为走对了。在华为 ASIC 技术突破后，这家西方公司却一再宣布延迟推出芯片，最后甚至彻底放弃了该芯片的开发。

华为要在核心技术上取得突破的思路可以说是与生俱来的。1988 年华为成立伊始，当时的中国电信设备市场几乎完全被跨国公司瓜分，初生的华为只能在跨国公司的夹缝中艰难求生。一开始的华为只是代理香港一家企业的模拟交换机，根本没有自己的产品、技术，更谈不上品牌。但志存高远的华为义无反顾地把代理所获的微薄利润，点点滴滴都放到小型交换机的自主研发上。利用压强原理，局部突破，逐渐取得技术的领先，继而带来利润。新的利润再次投入到升级换代和其他通信技术的研发中，周而复始，心无旁骛，为今后华为的品牌战略奠定了坚强的技术基础。

"带着自己的品牌闯天下"，1995 年，底气十足、激情满怀的华为人豪迈地走向了世界。但是历经坎坷的华为人，直到 1999 年才在全球市场形成规模，并建立起营销和服务网络。

1996 年华为承接了香港和记电信的订单，试水香江，初战告捷，就此开始了跌跌撞撞的国际化之旅。华为的国际化战略遵循"先易后难"的方针。东南亚、俄罗斯和东欧、拉美、非洲等，是华为最早开拓的地区。如今这些地区已经成为华为海外主要销售基地，并形成区域辐射效应，稳定地扩展着市场份额。

1999 年华为进入泰国市场时，当地运营商对华为基本没有什么了解，更谈不上认同感。华为经过深入研究泰国市场的特点，发现移动预付费业务在泰国大有市场，于是将其在中国移动通信集团公司获得成功的移动智能网产品推荐给泰国移动运营商 AIS。客户在将信将疑中答应试一试，并给华为立下规矩，一个半月不能成功开通，就让华为出局。对于华为而言，这不是第一次过难关。他们沉着应战，最后按质按量按期开通了设备，并按照在国内的运作方式，为客户建立了相应的商业模式。

2000 年 10 月在非洲的博茨瓦纳，华为的项目竣工后，验收者连连质疑，"这真的是中国人自己生产的产品吗？"他们认为这是其他发达国家的技术，只是在中国加工生产的。直到听了华为的详细解释说明，他们才表现出赞赏的态度。

从 2003 年开始，华为产品不仅在传统市场销售稳步增长，而且大规模挺进西欧、北美等发达国家，实现了国际各大主流市场的全线突破，成为国际电信市场的主流供应商。到了 2004 年，华为销售额总计 462 亿人民币，其中海外市场达到 22.8 亿美元。

在试水香港初战告捷后，从 1998 年开始，华为尝试向全球核心市场欧美地域进发。不过进军欧美依然采取"农村包围城市"的既有战略战术，即先从次发达国家或发展中国家这些欧美边缘地带做起。

1998 年，华为先遣部队开进莫斯科。据华为开拓市场的李杰向媒体披露："刚到莫斯科，我们就马不停蹄地把俄罗斯的每一个地区都跑了一遍。竞争对手滑雪、和家人团聚的时间我们都用来攻取阵地。但是 1998 年我们一无所获，1999 年还是一无所获。但我们坚持了下来，并告诉大家，华为还在。"

功夫不负有心人。华为的锲而不舍感动了上帝，华为终于获得了第一单合同。虽然只有 38 美元，可到 2001 年，华为与俄罗斯国家电信部门签署了上千万美元的 GSM 设备供应合同。2002 年底，华为又取得了 3797 公里的超长距离国家光传输干线的订单。到 2003 年，华为在独联体国家的销售额超过 3 亿美元，位居独联体市场国际大型设备供应商的前列。

俄罗斯市场得手后，华为乘势进入东欧、南欧区域，相继打开这些市场。之后，华为接着挺进西欧、北美，并把欧洲地区部的中心设在巴黎。

经过一番努力，华为成功打入德国、法国、英国、西班牙等国家在内的欧洲市场。然而万事开头难，当初开拓欧洲市场时，华为欧洲地区部只有两个人，连运营商的门都进不去。因为欧洲人认为中国只能生产廉价的鞋子，对中国人能生产高科技产品闻所未闻。当你今天看到华为笔记本电脑扬名巴塞罗那世界移动大会，你怎能想到，当年华为参加戛纳电信展，法国电视台的报道题目甚至是："中国居然也有 3G 技术"，充满了怀疑、不屑和轻蔑。

穷则思变，华为依然是"先祖国，再公司"，印制反映中国建设成就和美丽风光的精美画册送给客户，又通过"新丝绸之路"，逐步改变了客户对中国和华为的认识。

多年的商战实践，令华为悟出真谛：尺有所短、寸有所长。与外国通信巨头比，中国企业并非绝对处于劣势，中国企业同样有非常明显的优势。比如，欧洲企业的市场反应普遍较慢，用户提出的修改建议，往往要一年甚至一年半后才能获得改进。而华为则反应迅捷，只要用户有需求，总是加班加点、快速改进。一年改进与一个月改进，优劣高下自然显现。

2005 年 4 月 28 日，英国电信宣布了自己的 21 世纪网络供应商——"八家企业短名单"。华为作为唯一的中国厂商，与全球通信领域几家顶级企业一起入围，并且是同时在两个领域入选的两家供应商之一。

英国电信对于供应商的选择在业内素以苛刻著称，尤其对于此次被称为业界最具前瞻性的下一代网络解决方案。英国电信未来 5 年将为此投资 100亿英镑，所以仅"八家企业短名单"的产生就耗时整整两年。

1999 年，华为在美国通信走廊达拉斯开设研究所，专门开发针对美国市场的产品。2002 年 6 月，华为在得克萨斯州成立全资子公司 Future Wei，向当地企业销售宽带和数据产品。

2004 年 12 月，美国 CDMA 运营商 NTCH 正式对外发布公告：由华为承建 CDMA2000 移动网络，首期网络覆盖加利福尼亚州和亚利桑那州。与此同时，为配合市场国际化的进展，华为不断推进产品研发的国际化。

1999 年，华为在印度班加罗尔成立了华为印度研究所，迅速提升了自己的软件开发水平，成为国内唯一一家达到 CMM5 级认证的企业。如今印度研究所拥有 2700 名工程师，本地员工超过 98%，其中不乏本地员工担任领导职务。这一尖端的研发中心象征着印度软件行业在质量和项目管理方面的至高水准。华为希望将该研发中心打造成面向全球客户的重点开发和交付中心，有效支撑公司在 2014 年 460 亿美元年收入的基础上获得进一步增长。

2015 年 2 月 5 日，华为宣布在班加罗尔成立新的研发中心，以推动印度政府实施旗舰计划"印度制造"的承诺。

2000 年之后，华为先后在瑞典、俄罗斯建立了自己的研究所。通过这些机构引入国际先进的人才、技术，为华为总部的产品开发提供支持与服务。有外电这样评论说，来自中国的华为代表了一种全新的商业模式：推出产品更快，更贴近客户需求，更低的研发和制造、运作成本，更愿意面对市场作出灵活调整。这种模式更有生命力和竞争力，就如同当年丰田汽车进入美国。

2005 年，华为总销售额为 86 亿美元，其中海外为 50 亿美元，首次超过了国内市场的销售。

华为的成功极大地改变了世界对中国企业和中国产品的看法。

七、技术驱动乃品牌推广发动机

品牌价值的重要基础是自主研发技术，尤其是高科技企业，没有自主研发的核心技术，品牌就会沦为空芯化、空壳化。而产品技术源自他人，不仅受制于人，而且品牌也缺乏生命力。所以华为从创业不久就开始重视自主技术研发，华为在核心技术上取得突破的思路几乎是与生俱来的。

目前，华为在市场上建立的口碑来自它对客户需求的快速响应和定制化开发能力。在产品技术创新上，华为强调保持技术领先，但只能是领先竞争对手半步，领先三步就会成为"先烈"。华为明确将技术导向战略转为客户需求导向战略，通过对客户需求的分析，提出解决方案，以这些解决方案引导开发出低成本、高增值的产品。

有鉴于此，华为一再强调产品的发展路标是客户需求导向。以客户的需求为目标，以新的技术手段去实现客户的需求，技术只是一个工具。新技术一定要能促进质量好、服务好、成本低，非此是没有商业意义的。

30 年来，华为人坚持不懈地自主研发和创新，成就了今日全球信息通信产业中实力超群的中国企业。

在信息和通信产业领域，华为面向市场进行大规模的研究开发投入，因而得以实现 30 年的持续增长。且其技术能力迅速提高，目前已经进入全球电信设备领先企业的行列。

合并+品牌 VS 狼性拼搏

第九章

从本土 Legend 到全球化 Lenovo

2003 年 4 月，联想集团在北京正式对外宣布启用集团新标识"Lenovo"，以代替原有的英文标识"Legend"，并在全球范围内注册。

此前的 2004 年 3 月 26 日，联想集团以 6500 万美元，与国际奥委会签约正式成为国际奥委会的全球合作伙伴（简称 TOP）。据报道，早在 2001 年 8 月，北京申奥成功后一个月，联想集团就组成了专门小组 007，正式提出争取奥运会全球合作伙伴的计划。经过几年努力，联想终于实现了这一宏大心愿。

2004 年 12 月 8 日，柳传志代表联想对全世界宣布：联想以 12.5 亿美元的价格（另有 5 亿美元债务当时没公开宣布）并购了 IBM 的全球个人电脑业务，包括：PC 机和笔记本电脑，以及与个人电脑业务相关的研发中心、制造工厂、全球的经销网络和服务中心。根据并购协议，联想和 IBM 将结成长期战略联盟，IBM 将成为联想的首选服务和客户融资提供商，而联想将成为 IBM 的首选 PC 供应商。

据悉，2008 年北京奥运会，联想成为奥运会火炬官方合作伙伴，联想创新设计中心主创的"祥云"火炬燃遍五洲四海。

一、投资并购——敲开国际市场之门

据报道，2004 年中国产业行业领域发生了一件令人关注的大事件——联想集团以 12.5 亿美元的现金加股票（另有 5 亿美元债务当时没公开宣布）收购了 IBM PC 部门，获得 IBM PC 台式机和笔记本全球业务以及 IBM PC 研发中心、制造工厂、全球经销网络和服务中心。联想在 5 年内无偿使用 IBM 及 IBM-Think 品牌，并永久保留使用全球著名商标 Think 的权利。就此，联想成为全球第三大电脑公司。

这起并购被人喻为"蛇吞象"，因为无论是销售收入还是市场份额，IBM 的个人电脑业务都是联想的三倍，市场范围远大于联想，员工人数也超过了联想。

但对于联想而言，这次交易有力地推动了自己的国际化进程，使联想迅速成为关键产业中的全球性公司，由此进入个人电脑全球市场，一夜之间成为年销售额超过 120 亿美元的电脑制造商，位列全球三甲。它还独享 IBM 商标的 5 年使用权，并获得 Think 系列品牌。

IBM 以客户为中心、核术为王，有着无可挑剔的产品品质，因此始终占据着全球高端市场。IBM 的笔记本电脑一直牢牢吸引着大量极具含金量的高端商业用户，IBM 还拥有很高的全球品牌认知度、一流的国际管理团队、多元化的客户基础和分销网络。但是差强人意的是，IBM 从 2001 年到 2004 年上半年 PC 业务每况愈下，成为企业发展的鸡肋。

中国 IT 市场前景广阔、方兴未艾，但中国 IT 行业问题也不少。首先缺少资本，同时缺少核心技术，经营规模也停滞不前，增长后劲不足。中国 IT 企业大多处在起步阶段，有些甚至方向都不明确。更严重的是，中国内地 IT 制造业基本上停留在组装的阶段，没有形成自主创新的完整产业链，始终处于全球 IT 产业链的下游产业、低端区域，靠的是廉价劳动力和低廉运营成本。

由于国外厂商的进入，国内个人电脑市场容量虽然增加，但是随着竞争的加剧和 PC 产业的成熟，售价逐渐降低，并且减幅很大，利润空间大幅降低——利润"比刀片还薄"，赢利需要"把毛巾拧出水来"。为此，国内个人计算机市场发展遭遇瓶颈。

联想集团从创建之初，在发展规划中就有国际化发展目标，所以并购成为联想国际化之旅的首选。虽然联想在 20 世纪 90 年代就有国际化品牌发展思路，但是树立品牌、打通渠道靠自身条件还是有些力不从心。联想缺乏核心技术和自主知识产权，在全球市场上品牌认知度不高，缺乏销售渠道。而

IBM 拥有覆盖全球的强大品牌知名度、世界领先的研发能力以及庞大的分销和销售网络。为了让品牌、技术、营销渠道有进一步的发展空间，通过并购，可以帮助其实现发展目标。

并购极大地加速了联想国际化进程。并购提高了联想在全球 IT 市场的占有率，增加了长期获利机会。联想最终成为亚洲 PC 市场头牌老大企业，并且经年不衰地稳居第一，迄今尚无人撼动其地位。

当年，尽管 PC 已是 IBM 不挣钱的业务，属于淘汰部门，但对联想仍有相应价值。在本次收购中，联想最直接的收益就是获得了 IBM 研发力量和全球销售渠道，这些资源极大地帮助联想构建起完整的全球 PC 产业链，进而参与国际竞争。

与此同时，联想的产品在全球 PC 市场上也具有了更广泛的品牌认知。因此联想对 IBM PC 业务的收购，为联想打开了国际市场的大门，赢得了前所未有的发展空间。联想也一举成为全球第三大 PC 厂商，并进入世界 500 强企业。

当年这场收购曾经引来业界一片争议声，即使今天对此次收购依然有不同的声音。但不争的事实是，联想的这笔收购推开了国际市场的大门，正式开启了联想国际化之旅。

并购 IBM 后，联想在国际并购路上意犹未尽，接着又把目光瞄准下一个对象，并进行了一系列并购。

二、人才管理——搭建国际化团队架构

据报道，IBM 并购完成之后，国际化的人才缺口成为联想的软肋。联想面临国际化带来的人才紧缺，于是大量留用 IBM 原一线管理人员成为必然选择。

根据协议，联想购买的不光是 IBM 个人电脑业务的办公机构、场所等，IBM 的员工也被算做无形价值，给统一打包了。从上到下，不管你在 IBM 工作多长时间，只要属于个人电脑业务这块的，将无条件成为新联想的员工。也就是，你可以不喜欢联想，可以不愿意去联想，那么你就得选择离开 IBM

的个人电脑业务部门。

有的员工称以前是为 IBM 工作，而现在是为一个从没听说过的公司工作，这让人感觉前途莫测，部分 IBM 个人电脑部门的员工希望调到其他部门以避免被联想收购。

IBM 个人电脑业务部门中有经验的人，尤其是销售第一线的，是联想最希望得到的。联想收购 IBM 个人电脑业务部门，把关于 IBM 员工的条款也写进合同，可见其对 IBM 优秀人才的垂涎，尤其是对约 800 名原 IBM 一线销售经理的渴望。

IBM 个人电脑业务部门有近万名员工，分别来自 160 个国家和地区。如何管理这些海外员工，并留住关键人才，提防戴尔、惠普等厂商乘机挖墙脚，对联想来说是个巨大的挑战。为了稳定队伍，联想承诺将暂时不会解雇任何员工，原来 IBM 员工可以保持现有的工资水平不变，并把他们在 IBM 的股权、期权改成联想的期权。另外在并购协议中规定，IBM PC 部门的员工并入新联想两年之内，不得重投老东家 IBM 的怀抱。联想原想设立双总部，但是原来 IBM 方的部分员工坚持认为要有国际化的形象，还是把总部设在纽约。这些措施使 IBM PC 人员流失降低到最低程度。到目前为止，IBM PC 部门 9700 多名员工几乎全部留了下来，其中 20 名高级员工和新联想签署了 1～3 年的工作协议。

众所周知，收购后的整合尤其是企业文化及人员的整合尤为重要。联想与 IBM 在经营管理和企业文化方面存在巨大差异。而这些靠规章制度完全解决不了，必须靠企业文化来解决。在杨元庆执掌 CEO 以后，联想花了非常大的功夫，来建立起联想的企业文化，强调核心的主人翁精神。

自 2005 年 5 月完成对 IBM 个人电脑业务收购后，联想集团将总部移到了美国罗利，在全球 66 个国家建立了分支机构，业务版图涵盖 160 多个国家和地区，年营业额达 164 亿美元，成功进入全球 500 强企业行列。随着几年前并购 IBM 个人电脑业务成功，联想一下从一家中国本土公司成为跨国企业。在此之前，联想只是中国的一家民营企业，整个管理团队都是中国人。杨元庆也只有在中国的管理经历，联想急需一个国际化管理团队。为尽快熟悉、了解西方文化，贴近全球客户，当然同时也是为了更好地管理联想的国际业务，杨元庆加强了英语语言学习，举家搬到美国，很快就能用英语自如地交流甚至演讲。要开拓全球视野，首先使自己变成了一个名副其实的国际化指挥员。

与此同时，为了延揽经验丰富的国际化高端人才，杨元庆除了出任董事长一职外，不再担任 CEO，而是聘请原 IBM 负责个人电脑业务的史帝夫·沃德担任 CEO。7 个月后，根据业务需要，又聘请戴尔公司原负责亚洲业务的威廉·阿梅里奥替换沃德成为新一任联想 CEO。并购之初，很多来自 IBM、戴尔的外国员工担心会受排斥，整个管理团队中弥漫着一种不信任的情绪。这种情绪经杨元庆、沃德和阿梅里奥等高管的身体力行，及时得到了消除。并购后，在联想的近 200 名高管中，国际高管占到 30%。3 年后，在联想的300 人高管团队中，国际高管达到 60%以上。如今联想的 18 位顶级高管中有12 位是非中国籍的全球领导人，杨元庆已经为联想组建了一个真正的、稳定的国际化团队。

《财富》杂志上发表的一篇文章里曾展示了一张照片，是联想高管团队在美国加州的合影，合影者具有不同肤色与国籍，这些高管都是联想管理团队本地化的一个体现。

经过多年的国际化运作实践后，联想发现管理团队本地化非常有利于市场运作。任何一个外来的人，永远不可能比当地人更了解当地市场。所以联想进而把充分利用当地人才作为用人策略，本地分公司基本上都是雇佣当地人做一把手。例如负责美国业务的是美国人，负责中国业务的是中国人，负责欧洲区业务的是欧洲人，新加坡的总经理是新加坡人，东盟国家的总经理也是新加坡人（因为熟悉东盟这一带），而印度的总经理也是印度人。每个国家基本上都是当地人担任总经理，这才能稳定地发展当地业务。而联想全球管理层则来自多个国家，有意大利、荷兰、美国、加拿大、中国包括香港地区等。管理层多元化的好处就是各自对所在国家区域市场熟悉并能很好把握。

除了聘请大量非中国籍人员加入团队，联想还实施了为期一年的"海归计划"，在全球寻找那些有开拓精神、有全球化管理经验的华裔高级经理人。联想挑选出几十名国际化人才，他们英语口语流利，具有海外留学或工作背景，工作年限短，职业价值观简单，容易融入联想。当时这批人在联想的岗位基本都是副总裁助理或总经理助理，主要任务就是陪同高管出席各种会议，特别是在英文会议上充当翻译。

与此同时，联想也加强了对全体员工国际化技能、文化和视野的培训，建立了金字塔结构的培训体系。针对内部人才的培养，联想启动了一系列培养计划，包括 TOP 100 计划——高潜质人才培训项目：从中国区筛选了 100 位合适的员工，给他们提供各种各样的培训，包括语言、文化融合、国际业务等方面的培训，将他们派到不同的国家和地区进行轮岗锻炼。在工作中，让这些人领受一些全球性项目，然后让他们自己整合全球的资源，完成任务。联想虽然是全球整合企业，但毕竟源自中国。杨元庆仍然希望未来能让更多的中国人在企业中发挥重要作用，使更多中国人快速成长为全球化领导人。

三、差异化战略——开启业务层国际化

差异化战略，又称差别化战略或标新立异战略，是指企业通过提供与竞争者存在差异的产品或服务获取优势的战略。

差异化战略是企业对自身的产品或服务实行差异化，避免同质竞争的举措，以帮助企业在全产业范围内形成具有独特性的竞争力。

因为差异，所以领先。差异领先战略要求企业的某些方面在产业内独树一帜，或在成本差距难以进一步扩大的情况下，生产比竞争对手功能更强、质量更优、服务更好的产品以显示经营差异。

实现差异化战略体现在品牌形象、技术特点、外观设计、客户服务、经销网络等方面具有独特性。最理想的情况是企业在各个方面都体现差异化。

（一）自主研发填补市场空白

联想实行差异化战略的历史由来已久，从最初的"联想式汉字输入系统"——"联想汉卡"开始。

当初计算机刚刚进入中国，由于操作界面全是西文的，华人使用起来存在语言障碍。为此国内业界竞相研发汉卡，各种汉卡纷纷问世，解决了计算机中文输入的基本问题。但联想汉卡与众不同的地方在于，它可以实现联想式输入，即敲击一次键盘，屏幕会出现一行字词的选项，这样就大大提高了录入效率，为此联想汉卡脱颖而出。

此后联想微机主板、联想微机系列、联想激光打印机、联想程控交换机等早年创造的无数 IT 辉煌，以及如今自主创新的超级计算机、联想 PC 实用新型外观设计等，都是联想差异化战略所取得的瞩目成就。

联想国际化战略，更是表现出差异化特色。

正如联想董事局主席柳传志在谈到联想集团国际化时所说的那样，"摆在联想集团面前的是两条路：一个是业务多元化发展，一个是专注向海外发展。2003 年，联想集团在杨元庆的带领下反复制定战略，最后还是决定以业务专注的方式发展。"

之所以"摆在联想集团面前的是两条路"，是因为其他道路已经有强大的竞争者挡在那里，因此只能走错位竞争之路。

于是，联想的业务层国际化战略首先从品牌形象开始转换。

2001 年 8 月，北京申奥成功后一个月，联想集团组成了专门小组 007，正式提出争取奥运会全球合作伙伴的计划。

2003 年 4 月，联想集团在北京正式对外宣布启用集团新标识"Lenovo"，以代替原有的英文标识"Legend"，并在全球范围内注册。

2004 年 3 月 26 日，联想集团以 6500 万美元，与国际奥委会签约，正式成为"国际奥委会全球合作伙伴（简称 TOP）"。

2004 年 12 月 8 日，柳传志代表联想对全世界宣布：联想以 12.5 亿美元的价格并购了 IBM 的全球个人电脑业务。

2008 年北京奥运会，联想又成为奥运会火炬官方合作伙伴，联想创新设计中心主创的"祥云"火炬走遍全球五大洲。

（二）接二连三的并购

2011 年 1 月 27 日，联想集团与 NEC 公司达成协议，合资成立名为"联想 NEC 控股 B.V." 的新公司，这家新公司也成为日本市场最大的个人电脑集团。为此联想付出的代价是，通过发行新股的方式支付给 NEC 公司 1.75 亿美元。当然近 2 亿美元的付出，得到的是当时联想所期盼的结果：超越宏碁，重新回到全球 PC 第三的位置。

而重回全球第三，对于当时的联想有着至关重要的意义。按照 Gartner 亚太区硬件系统集团客户端产品首席分析师叶磊的说法，未来的 PC 产业只能允许全球至多三家厂商很好地活下来。IDC 也曾做过类似的预测，即未来 PC 市场只能容下三家厂商的生存。

仅仅"全球第三"当然不会是联想的终极目标。在重新回到世界前三的位置后杨元庆便表示，联想下一步将会"超二赶一"。而距离 2011 年不过两年时间，联想便达到了目标。

2011 年，联想收购德国 Medion AG，加快进军欧洲市场。Medion AG 是德国一家消费性电子公司，主要销售及服务区域为欧洲、美国和亚太地区，主要产品有电脑、电视、冰箱、烤箱和健身器材。

在以每股 13 欧元的价格收购了 Medion AG 公司 36.66% 的股份后，联想以 2.31 亿欧元的代价换来了在欧洲市场成为第三大电脑厂商的结局，同时其在德国市场的份额也直接扩大了一倍。

此后的一年时间中，联想又不断增持股份。截止到 2012 年 10 月，联想对 Medion AG 的持股比例已经接近 80%。

收购 Medion AG 为联想带来的更有利的影响是，帮助联想加快了进军西欧消费市场的步伐，并可以借助 Medion 原有的实力，在欧洲市场获得更多增长机会。这对于联想的全球化战略来说，也是不可或缺的一环。

2012 年 9 月，联想对外宣布了第四次收购：花费约 1.5 亿美元收购巴西 CCE 公司。不过这次收购一直持续到 2013 年 1 月 2 日才正式结束。收购完成后，联想拥有的是 CCE 公司的全部股权。CCE 公司是巴西最大的电子消费产品制造商之一，主要从事 PC 以及消费电子产品的制造、推广和销售。

2012 年，巴西已经成为全球第三大 PC 市场，由此也引来全球各大 PC 厂商在这片土地上的角逐。其实早在 2008 年，联想就欲收购巴西最大的 PC 厂商 Positivo，但由于当时经济风暴的不确定性，最终放弃了这笔收购。

不过收购 CCE 也让联想成为巴西第三大 PC 厂商，还可以通过此举收获一个已经成熟的品牌，来获得在巴西市场的快速发展。而联想收购巴西厂商这一做法，不仅可以增大在全球的 PC 出货量，而且通过在巴西当地建立生产线还可以增加产能，并进一步降低集团在采购上的成本。

在 2012 年 9 月 5 日宣布收购巴西 CCE 公司后，时隔不足半个月，联想便宣布收购一家云计算软件开发公司 Stoneware。对于这次收购，联想集团高级副总裁 Peter Hortensius 表示，此举是为增强联想 PC+产品的实力，以求联想产品能够达到最终目的：为企业用户提供端到端的安全解决方案，为消费用户提供更具吸引力的云技术。

位于美国的 Stoneware 拥有 webNetwork、LanSchool 等数款云产品，主要面向的是教育及公共部门。

尽管这次收购并不会对联想的盈利产生影响，但是对于联想的"PC+"战略（也即"四屏一云"计划）却可以说有着"投石问路"的作用：拥有自己的云技术团队、打造自己的云计算，无疑是未来发展的必然要求。

联想在差异化战略方面的业绩是有目共睹的。长期以来，IT 产品市场的激烈竞争造成企业陷入价格战深渊。而联想积极实施差异化战略应对竞争，与外国品牌分庭抗礼。

1999 年，联想根据当时国内的网络热潮，在中国首创了"一键上网"的 Internet 电脑。后来又推陈出新，开发出双模式家庭电脑、启天教育电脑等。

在差异化战略中，联想集团的服务更是一大亮点，也因此一直被顾客称道。2500 名专业工程师构成的覆盖全国 33 个省市的联想阳光服务网络、联想网站"阳光社区"为用户提供多种线上服务，拥有 300 条电话线路、350 个坐席、500 多名工程师、每天接待 2 万次左右电话咨询的新型呼叫中心，构成了联想立体化的服务能力，可谓是"有阳光的地方就有联想服务"。

因特网电脑、家庭数码港、双模式电脑、存储技术等，都彰显了差异化战略的成果。

四、赞助公益——借力奥运展示企业实力

对于联想人来说，"3．26"是一个值得回忆的日子。

2004 年 3 月 26 日，联想集团与国际奥委会签约，成为"奥林匹克全球合作伙伴"（简称"TOP"），这是中国企业首次诞生的"奥林匹克全球合作伙伴"。根据规定，TOP 合作伙伴在全球范围内享有奥林匹克市场开发权利，并且是奥运会、国际奥委会、奥运会组委会以及 200 多个国家和地区奥委会和奥运会代表团的官方合作伙伴。因此，成为 TOP 合作伙伴，对企业来说是一个绝佳的全球拓展机会。联想集团抓住了这一难得的历史机遇，赢得了国际奥委会和各国奥委会的信赖，成功进入近 20 年来一直由世界顶尖品牌牢牢占据的国际奥委会全球合作伙伴计划。

众所周知，奥林匹克运动会这个四年一度的世界体育盛事，凭其在全球范围内极大的影响力，已经成为各个企业竞相开展营销战略、大显身手的绝佳机会。联想集团为了抓住这个机会，做足功课，开展了一系列的前期活动进行造势。

2004 年 4 月底，联想集团在全国范围内开展以"我支持，我参与"为主题的大型奥运推广活动，活动历时 3 个月，覆盖全国近百个城市。

2004 年，雅典奥运会期间，联想笔记本赞助中央电视台雅典报道直播间。

2004 年 8 月 5 日，国家教育部、国家体育总局和联想共同举办的公益性青少年活动"联想奥运夏令营活动"启动。

2004 年 9 月 15 日，联想打印机奥运战略发布，奥运冠军杜丽成为打印机业务形象代言人。

2004 年 11 月 10 日，联想签约雅典奥运会女子网球双打"最佳组合"孙甜甜和李婷，让其作为形象代言人。

2004 年 12 月 12 日，两大国际奥委会全球合作伙伴联想集团与 VISA 签署奥运战略合作伙伴协议，在战略、品牌、技术、营销等方面展开全方位合作，并与中国银行联合发行了中银联想 VISA 奥运信用卡。

2005 年 11 月 8 日，联想在全球启动了"联想奥运文化周活动"，同期发布了联想奥运品牌战略，联想奥运博物馆同时开放。

2005 年 11 月 11 日晚，就在北京 2008 年奥运会组委会向全球揭晓北京奥运吉祥物的时刻，联想集团同期推出了带有吉祥物形象的"北京奥运吉祥物限量珍藏版联想闪存盘"，限量发 10 套，每套由 5 个分别带有北京奥运吉祥物图案的钛合金闪存盘组成。

2006 年 2 月，联想集团借助冬奥会平台，实施了大型整合营销传播：宣布在全球范围推出 11 位冬奥会明星作为奥运形象代言人，其中包括北欧两项世界冠军安克尔曼、中国首位冬奥会冠军杨扬、首位雪上项目世界冠军李妮娜等。同时联想和 Visa、可口可乐的联合推广，与美国银行、NBC 的合作，都在都灵全面展开。2 月 24 日，联想第一次在海外大规模发布 Lenovo 品牌的 PC 产品，标志着联想在全球范围内打造 Lenovo 国际品牌的行动迈入新的阶段。

2006 年 3 月 21 日，联想集团和可口可乐公司在上海签约，正式宣布结成市场战略合作伙伴关系，联合发动一系列大规模的合作推广活动，共同助力北京 2008 奥运会。双方同时启动"揭金盖、畅饮畅赢、欢享我的数码世界"跨品牌联合推广活动。7 月 11 日，联合推出联想天逸 F20 可口可乐全球限量珍藏版笔记本电脑，掀起"红色风暴"。

2006 年 6 月 29 日，联想集团与北京奥组委共同启动普及奥运知识、传播奥运精神和奥运文化，致力于县镇奥运普及的奥运联想千县行大型主题活动。以"奥运传递梦想 教育圆梦中国"为主题，通过普及奥运知识，传播奥运精神和奥运文化，教育中国偏远地区的广大青少年。本活动历时半年，跨越全国 854 个偏远县镇，赠送了近千台电脑，征集了 20 万个奥运签名。

2006 年 8 月 8 日，在 2008 年北京奥运会倒计时两周年之际，联想集团在京举行了主题为"共享奥运品质，开启成功之道"的商用台式新品发布会。在本次发布会上，联想新开天正式成为首款支持 2008 年北京奥运会的台式电脑。联想集团和北京奥组委举行了隆重的"首款奥运机型"赠机仪式，将首台新开天电脑赠送给北京奥组委。

2007 年 3 月 27 日，2008 北京奥运倒计时 500 天之际，联想宣布完成了向北京奥组委集成实验室的第二阶段硬件供货（共三个阶段），共提供了包括笔记本电脑、台式机、打印机等在内的 700 台 IT 设备。同日，联想和 CCTV 联合启动"奥运倒计时"节目，一直持续到 2008 年 8 月 8 日奥运会开幕。

2007 年 7 月 4 日，继签约国家登山队后，联想集团和中国田径协会宣布在北京签署合作协议，联想集团正式成为中国田径队战略合作伙伴。中国田径队的领军人物刘翔，也同时成为联想的签约运动员。联想将从科技产品和资金支持等方面助力中国田径队备战北京奥运，双方将共建"联想科学化训练工作站"，通过联想的创新科技和信息产品，不断提升刘翔等田径运动员的训练水平，争取 2008 年北京奥运会上再创佳绩。

"国际化是联想的愿景，奥运是我们实现国际化愿景的载体。它不仅能够帮助联想培育国际化的市场，锻炼国际化的队伍，同时也能为联想品牌形象和企业文化注入新的激情和活力。"杨元庆在面对媒体时说出了这样一番话。

近年来，体育营销被称为国内营销手段的"新贵"，已经有越来越多的企业对此趋之若鹜。联想借助奥运大规模的宣传收到令人欣喜的绩效，产生了巨大的价值。

仅从 2004 年开始为进军 TOP 而进行的一系列体育营销活动，就使联想在中国市场的美誉度从 53% 提升到了 62%，上涨了 9%。2006 年联想品牌资产相对于 2004 年上升了近 300 亿元人民币。与此同时，联想在中国市场的份额也由 2004 年的 32.7%，上升到 2006 年的 36.7%。

"醉翁之意不在酒"，联想赞助奥运的主要目的就是冲着品牌提升去的。联想博得奥运 TOP，也有助于开拓全球市场，加大电脑及相关产品的销售。奥运盛会，全球瞩目；奥运金牌，人所聚焦。随着各国人民的关注，联想在世界各国的销售渠道得到进一步拓展。

就在 2008 年北京奥运开幕前不久，联想作为非垄断行业唯一一家中国企业，进入了世界 500 强名单。短短 4 年的时间，联想的营业额从不到 30 亿美元变成了 168 亿美元。并购 IBM 个人电脑事业部固然是重要因素，奥运战略同样功不可没。

除了财富的急速增长，联想 Lenovo 品牌的含金量也得到显著提升。根据美国《商业周刊》调查显示，全球有 53% 的受访者认为，联想是新兴国际品牌中的佼佼者。英国《金融时报》公布的第二届"FT中国十大世界级品牌调查"中，联想也名列榜首。而在中国市场，2004-2007，联想的品牌价值也从307亿元上升到607亿元，几乎翻了一倍。

2008年8月8日，北京奥运会（第29届夏季奥林匹克运动会）拉开帷幕。

2008年北京奥运会共创造了43项新世界纪录及132项新奥运纪录，共有87个国家和地区在赛事中取得奖牌，中国以51枚金牌居金牌榜榜首，是奥运史上首个登上金牌榜首的亚洲国家。而联想也成为奥运会上首个中国企业赞助商。

2008年8月24日，北京奥运会落下帷幕。16天中，声势浩大的奥运会给世界带来了无数惊喜与欢乐，而联想也凭借奥运好风之力，开启了品牌云端之旅。

体育营销专家朱小明、张勇在《体育营销》中圈点了联想奥运营销的诸多闪亮之处：规划传播契合奥运精神、商业精神和企业文化的主线；积极促进品牌和业务推广的互动；利用奥运资源提升营销层面；选择最佳触点打好奥运组合拳，实现"以最低的成本达到最大化的影响力"；整合营销组织发挥协同效应。

五、整合营销——从中国品牌到国际品牌的跨越

借助于2008年北京奥运会TOP赞助商，联想成功进行了一次全球品牌推销。经过十多年的海外拓展，Lenovo已经发展成为一个国际PC品牌。

2003年，联想把标识由"Legend"改为"Lenovo"，这是为海外扩张所做的准备。2004年3月，联想成为奥运会TOP赞助商，这对联想来说是其品牌国际化道路上的一个里程碑。

有一种说法，体育与电脑都是世界上最大的生意。联想却鱼与熊掌都能兼得：奥运期间联想集团为国际奥委会提供台式PC、笔记本电脑、台式打印机、服务器、手持计算设备以及与计算机相关的存储设备、数据网络设备，以及与服务、计算机相关的信息安全系统设备，所有这些产品都包括了联想

集团核心一类产品和部分三类产品。联想效法三星，凭借奥运，享誉天下。有鉴于此，2008 年北京奥运会为联想提供了一个提升品牌美誉度、扩大联想产品影响力的大好机会。

2004 年 4 月，国内网站争相转载了一则新闻：《外媒：联想脱掉中国本土品牌"外衣"走向世界》。据外媒报道，作为全球最大的个人电脑厂商和第三大智能手机制造商，联想已不再满足跨国公司这一身份，在不断"抹除"中国的印记。

联想集团发言人布里昂·廷格尔表示，如果联想始终牢记自己是一家中国公司，那么它的发展前景将十分有限。但如果联想将自己定位为一家国际公司，那么它将大有可为。事实上，联想确实从名字、管理层结构、分布范围到营销政策上都不那么像一家中国公司。

布里昂·廷格尔所言并非空穴来风，百度知道上就有网友提问：Lenovo 到底是中国品牌还是外国品牌？联想是中国品牌还是美国品牌？

联想公司名称"Lenovo"源于英文单词"legend（传奇）"和拉丁词根"novo（创新）"。除此之外，作为一家在香港上市的中国公司，根据已知资料，在最高管理层中，12 人来自 7 个不同的国家；排名前 100 名高管来自 20 个国家。

联想总部设在美国罗利，在全球 60 多个国家拥有分支机构，在 160 多个国家开展业务，在全球拥有约 6 万名员工，年营业额达 460 亿美元。联想在巴西、日本、美国和中国多地设立生产基地。

联想因地制宜，充分发挥管理层成员不同国籍的身份优势，在所在国根据顾客需求进行产品研发和宣传。而在本土中国市场，联想大多宣称自己是国际品牌"Lenovo"，仅在一些小城镇联想以"联想"出现。

联想还通过一系列跨国并购来加速提升其自身的世界品牌影响力。

2005 年联想从 IBM 手中收购 ThinkPad 个人电脑业务，2011 年宣布收购德国个人消费电子企业 Medion，2013 年全资收购巴西本土消费电子制造商 CCE。2014 年，则以 29.1 亿美元的价格收购摩托罗拉移动。

在中国市场研究集团高级分析师 James Roy 看来，联想的一系列跨国并购，正是中国品牌提高世界知名度的"必经之路"。不过笔者认为，虽然跨国并购确实可能有助于中国品牌提高世界知名度，但要说这是"中国品牌提高世界知名度的必经之路"，未免言过其实。

就目前来看，中国只有两家企业进入 Interbrand "全球 TOP 100 品牌排行榜"，即华为与联想。

华为于 2014 年率先闯入 Interbrand "全球 TOP 100 品牌排行榜"，2015 年华为再度登上该榜单，并从 2014 年的第 94 位跃升至第 88 位。而联想是 2015 年入围的，排名 100 位。此外，2015 年华为还首次登上 BRANDZ 全球百家最具价值品牌榜。

但是华为品牌的世界知名度扩大却并没有走跨国并购这条 "必经之路"，所以联想这个特例，并非普遍规律。

Roy 认为，大多数中国公司在收购国外企业的过程中，不仅了解了国际品牌的养成模式，还迅速提升了自身的国际知名度，比如联想对 ThinkPad 的收购模式就体现了这一点。"在收购完成后的最初几年，ThinkPad 依然使用 'IBM' 品牌标识，渐渐联想开始接近 ThinkPad，现在所有的 ThinkPad 笔记本上都是 'Lenovo' 标识。"

Roy 还表示，中国企业通过收购国外品牌提升其国际化知名度的一个原因在于中国企业在提升品牌影响方面的经验缺失。此话言之有理，但并非绝对。例如 Roy 举出的下面事例，就显得很无厘头。

"中国现有的一些国际化企业于不知名的制造业起家，通过庞大的中国市场而迅速发展壮大，和竞争激烈的国际市场鲜有接触，于是在国际市场上增长缓慢且知名度有限。拿华为来说，华为长期以来的销售模式一直是企业对企业，而极少向消费者直接销售产品。'华为的领导者不了解自己的品牌定位，他们只是一味地制造生产，然后看消费者是否喜欢这个产品'。"

按照 Roy 的意思，华为在品牌建设方面是率性而为、盲人瞎马。不过 Roy 针对华为品牌提升方面问题信口开河时，估计没能想到，华为居然是中国企业中率先进入 Interbrand "全球 TOP 100 品牌排行榜" 与 BRANDZ 全球百家最具价值品牌榜的。早知如此，何必当初。今天，Roy 面对华为创下的国际品牌之闪亮业绩，不知作何感想？

Roy 虽然在中国企业品牌拓展方面见解有所局限，但他的一个观点非常值得我们为之点赞。Roy 指出，中国品牌具有国际化知名度之后，应该回归中国文化。国外消费者在购买中国产品的时候，更多的是考虑产品上的中国元素，就像提到可口可乐，消费者一定会想到美国一样。或许联想有一天会成为知名家用品牌，但联想长期以来的"四海为家"策略是否能让消费者想起其中国身份，那就不得而知了。

事实上，无论是国际化的联想，还是民族企业联想，它几乎在 20 年前就开始已经不是单纯的一家中国企业，从其主打产品 PC 的价值构成上我们就可分析出其企业价值属性。联想 PC 主板除商用机主板 QDI 是自主技术研发、具有自主知识产权的，家用电脑主板来自海外（外企与台湾企业），操作系统由微软提供，芯片来自英特尔。而主板、操作系统、芯片，尤其是后两者在联想产品价值构成中占据主导地位，换句话说，就因为微软的操作系统与英特尔的芯片，就把联想的实际地位降低为打工身份。所以在仅从这个层面上理解，联想已经是"国际化"企业了。

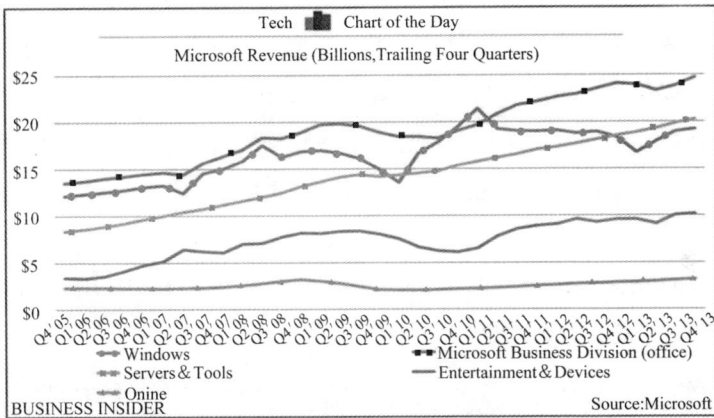

微软的销售收入中操作系统和Office占大头

联想等企业投入巨资与微软合作，等于替微软维护 OS 生态

但是，联想毕竟源自中国本土，最初是中科院计算所创办的、用于转化高科技成果的企业。尽管它从初创 10 年的"技工贸"战略转向了"贸工技"路线，最后彻底"沦为"微软、英特尔等跨国公司与外企的"打工者"。可"尘归尘、土归土"，万变不离其宗，中国企业联想，无论怎么国际化，都始终难以改变其"中国"属性。

虽然联想的国际化战略实施举措并非源自 2004 年，在早期创业的"技工贸"战略时期，联想的国际化战略就已开启。但自联想 20 年前转为"贸工技"路线后，联想不可能实施华为那样的以自主研发技术为后盾的品牌战略。因此，按照"贸工技"发展路径实施的国际化战略，并购 IBM 也是题中应有之义，或者说是无奈之举，因为联想缺乏自主研发核心技术。所以总体上讲，2004 年是联想国际化战略的转折点，是联想国际化历程最重要的一年。而收购 IBM PC 业务，是以金钱换市场，对于联想品牌国际化推广与拓展，具有至关重要的作用。从这个意义上讲，联想的第一起并购，实属大手笔之作。尽管我们在为联想称道此举的同时，也不禁扼腕，为我们的大牌民族企业都不得不去买人家视为"鸡肋"的淘汰产业来谋求发展。因此，通过这种交付巨额学费来换取发展空间的案例，反过来会激励我们自强发展、自主创新、自力更生，像华为那样，逐步走上自主创新、自主研发、拥有自主知识产权的发展道路。

联想收购 IBM 时，自身的 PC 占有率在全球排名第八，而 IBM 的 PC 全球排名第三、市场占有率 5.6%。

以联想当时百亿资产的身家，却付出约 150 亿资金进行收购，可见 IBM 品牌蕴含的无形资产、客户资源和商誉的价值所在。

"这是整个国际化业务的结果。" 联想集团上海大区总经理石德楷，曾供职 IBM 的 PC 部门，属于被联想并购的员工之一。2014 年 1 月 23 号，联想集团宣布并购 IBM 的 PC 部门。石德楷于 10 月 8 号正式加入了联想。

石德楷对联想并购前后态势自然洞悉。联想 2005 年正式并购 IBM PC 业务前，整个营业规模 23 亿美元，全球份额不足 3%。都是单一的中国人的本土管理团队，Lenovo 品牌国际知名度相对比较低。但是到 2014 年，联想全球营业规模 390 亿美元（2015 年 460 亿美元），全球份额 20%，业务遍布全球

160 多个国家和地区，连续两年都是全球 PC 市场第一，全球知名度《财富》世界 500 强排名 286。

联想的收购创下中国高科技公司最大一次海外并购纪录。收购后，新联想全球的出货量达到了 1190 万台，销售额一举升至 120 亿美元（此前联想的年销售额只有 30 亿美元左右），以 7.8% 的出货量成为仅次于 DELL 和 HP 的全球第三大 PC 厂商。不仅如此，联想还获得了 IBM 在个人电脑领域的全部知识产权、遍布全球 160 个国家的销售网络、1 万名员工，以及在为期 5 年内使用"IBM"和"Think"品牌的权利。这标志着联想正式成为真正意义上的国际跨国公司，联想的国际化品牌战略获得阶段性成功。

第十章

农村包围城市式扩张

2004 年 2 月的一天，一阵突如其来的电话铃声，打破了华为总部办公室里的宁静。

当工作人员拿起话筒时，听到对话自报家门是奥运会承办方，颇感意外。尤其在接下来的通话中得悉他们要华为给即将召开的雅典奥运会提供全套 GSM 设备系统，并表示立即支付 900 万美元的订金时，简直有点不敢相信自己的耳朵。

奥运会承办方的竞标程序一向设定得极为严格烦琐，但这次竟如此"化繁为简"，直点华为，实在令人始料未及，也让业界对华为刮目相看。

华为能够被奥运会承办方钦点绝非偶然，而是华为多年来苦心孤诣的国际化成就获得认可的结果。当你对华为在五洲四海开拓市场疆界、经年累月所付出的种种努力有所了解后，你就不会对华为"获宠"感到惊讶。

1995 年，中国通信市场竞争格局发生了巨大变化，由于通信设备的关税相对较低，造成国内、国际市场竞争态势呈白热化。当时国际市场的萎缩使中国企业国际市场拓展乏力，而跨国通信设备巨头在国际市场需求下滑的情况下转入方兴未艾的中国市场攫取更多利润，如此一来对华为等国内企业形成更大竞争压力。随后几年，尤其在 2000 年后，跨国公司以更残酷的价格战来与华为等本土企业争夺市场。

在这样险恶的环境下，华为又面临着"活下去"的紧迫问题，于是国际化似乎成了"逼上梁山"的选择。任正非对当时局势的总结是："我们的队伍太年轻，而且又生长在顺利发展的时期，抗风险意识与驾驭危机的能力都较弱，经不起打击……不趁着短暂的领先，尽快抢占一些市场，加大投入来巩固和延长我们的优势，势必一点点领先的优势会稍纵即逝。不努力，就会徒伤悲。我们应在该出击时就出击，我们现在还不十分危险，若 3 至 5 年内建立不起国际化的队伍，那么中国市场一旦饱和，我们将坐以待毙！"

未雨绸缪、居安思危，是任正非"常备不懈"的忧患观。任正非觉得"只有国际化才能救华为"。事实上早在 1990 年代中期，在与中国人民大学教授一起制订《华为基本法》时，任正非就明确提出，华为的终极目标是国际化企业。从那个时候开始，华为的国际化行动就"跌跌撞撞地开始了"。

1994 年，华为首次赴京参加北京国际通信展。1995 年 10 月，华为参加了日内瓦国际电信博览会。1996 年，华为公司正式实施国际化行动，并将其作为企业发展战略的重点。1997、1998 年，华为在国际化开拓方面业绩平平。直到 1999 年之前，华为的国际化拓展基本上维持在"屡战屡败""屡败屡战"的状态。通常的情形是，能够见到客户、拿到标书，但是投标犹如石沉大海，杳无音讯。

负责华为国际市场宣传的李杰向接受《IT 时代周刊》采访时介绍说："那个阶段是很艰苦的，一个人在几个国家来回转悠，但是一直没有单子。第一次中标是在 1999 年，越南和老挝两国招标是华为在国际市场上第一次真正的中标。"

华为国际化战略的初始阶段是占领发展中国家市场。在这个阶段，任正非已经在寻找华为同国际大公司之间的差距。其中"华为的交货时间和研发周期是最突出的毛病，都比其他公司的时间长"。这个差距用数据来直观表现就是，1999 年华为海外业务收入不到总营业额的 4%。

有业内专家评述道："华为的国际化是依仗自己的核心技术作为出发点，以自主研发的设备抢占国外市场赚取核心技术所带来的最大利润，而不是购买其他厂家的核心设备进行简单组装后再出口。在与众多国际巨头结成广泛合作时，华为因其技术的先进性，摆脱了对国际巨头的技术依赖。在这种情况下，华为与之缔结的合作才是真正平等的、双向的、互惠互利的、优势互补的。因此，拥有核心技术是华为国际化过程中最为关键的因素。"

自从中国加入 WTO 后，国际化道路成为中国企业谋求发展的不二之选。

而为了"活下去",华为从通信产品代理商发展成世界一流的电信设备供应商。

华为从 1996 年迈入国际市场以来,国际化发展路径一路坎坷。经过 20 年的不懈努力,终于"修成正果"。

一、近水楼台——香港探路

华为与香港之间的关系可谓难解难分。

初始资本只有 21 000 元人民币的民营企业华为,经过 30 年的稳健成长,已经是年销售规模超过 5216 亿人民币的世界 500 强公司。然而千里之行始于足下,华为今天的瞩目成就,跟早期与香港企业合作密不可分。

1987 年,创立于深圳的华为,成为一家生产用户交换机(PBX)的香港公司的销售代理。30 年来,华为经历了代理、组装、自主研发技术的漫长发展道路。

当华为的事业发展到需要走出国内行业领域、进军全球市场的时候,香港又成为华为海外布局的第一个战略要地、华为迈出国际化发展步伐的第一个落脚点。

1996 年,华为与长江实业旗下的和记电讯合作,提供以窄带交换机为核心的"商业网"产品。华为的 C&C08 机打入香港市话网,开通了许多国内未开的业务,华为大型交换机进军国际电信市场迈出了第一步。

香港是全球电信最发达的地区之一,全球著名的电信公司都看好这一市场,纷纷将最先进的交换机销往该地。而当地的运营商也竞相采取新技术,推出新业务来吸引客户。与国际同类产品相比,华为除价格优势外,还可以比较灵活地提供新的电信业务生成环境,从而帮助和记电讯在与香港电信的竞争中取得差异化优势。

经过香港市场的初步尝试,华为的 C&C08 机打入香港市话网,开通了许多中国内地市场未开通的新业务,这是华为大型交换机走向海外市场的第一步。2000 年之后,华为进入包括泰国、新加坡、马来西亚等东南亚市场,特别是在华人相对聚集的泰国市场,华为连续获得较大的移动智能网订单。

今天，华为再次与香港电讯合作，这是与香港续写的第 N 次缘分。

2015 年 7 月 15 日，香港电信行业史上最大规模的网络整合项目结束，原香港排名第一的移动运营商 CSL 和电讯盈科旗下 PCCW-HKT 两网合并完成，而华为是该项目的独家承建商。华为提供包括 2G、3G、LTE、核心网、承载网在内的全网端到端解决方案，以及 NFV、SDN、LTEMOCN、多频 CA、eMBMS、CloudBB 等面向未来的关键技术，帮助整合后的 PCCW-HKT 取得领先网络优势。

华为网络解决方案对原 CSL 的无线基站搬迁改造后，大大提升了港铁地铁站等话务繁忙区域的吞吐量。未来，华为要和 PCCW-HKT 共同建设亚太区域甚至全球技术最领先的移动网络，华为也由此成为香港地区移动网络的最大供应商。

2016 年 1 月 7 日，香港电讯及华为成功完成全球首个归属用户服务器（Home Subscriber Server，HSS）/话音 LTE（Voice over LTE，VoLTE）系统切换，全面整合了香港电讯及 CSL 两个核心移动通信网络。

在平安夜的庆功派对上，香港电讯集团董事总经理艾维朗先生向香港电讯及华为的项目团队颁发奖状及感谢状，以嘉许他们竭诚完成本次艰巨的任务。

这一项 HSS/VoLTE 系统切换其实是一系列系统转移的第一步，以整合香港电讯及 CSL 两个核心移动通信网络至一个新建的核心网络，是香港电讯收购 CSL 后的一项战略性措施，籍以提供简化及统一的服务组合及客户体验。长远而言，系统转移使香港电讯可以提供更先进的服务、更广泛的漫游覆盖，以及全球最佳、数据传输速度最高的移动宽带网络。整个网络整合项目已于 2016 年完成。

第一次的系统转移是网络整合中最关键及最艰巨的环节，要将数百万 CSL 用户的实时及动态的数据库，从原先供应商的 HSS（可视为移动通信网络的大脑）转移至香港电讯现时的供应商华为。因为数据量庞大，加上时间紧迫，工程极具挑战性。本次 VoLTE 网络迁移包含 IP 多媒体子系统（IMS）及电路交换域，连同核心 2G/3G/4G/IMS HSS。

香港电讯专责小组及华为专家所组成的团队花了约 9 个月时间，建造新的核心网络，并为系统切换进行周详的筹备工作，包括初期设计、设备安装及调试、系统整合及测试，以及用户验收测试。他们亦进行了 5 次仿真系统转移，其中 3 次更在实时系统上进行。2015 年 12 月 12 日及 13 日，在近 500 位香港电讯及华为工程及信息科技专家支持下，这个系统转移最终在 48 小时内顺利完成。

这个项目非常成功，除了涉及广阔的范畴及复杂的技术，亦要在两个供应商之间进行大量的协调工作。加上没有先例可借鉴，相信是全球首个供应商之间的 2G/3G/4G/IMS HSS 及 IMS/VoLTE 实时系统转移切换的例子。此创举全赖跨部门的努力及华为的支持，他们共同体现了"One Network One Team"的精神。

香港电讯工程部董事总经理林荣执先生表示："我们努力建立最先进的移动通信平台，以成就网络的演进及卓越的服务，今次系统转移是这个过程中的一大里程碑。每位参与者都担当着不可或缺的角色，组成一个强大的团队，构建一个核心网络。"

华为核心网产品线副总裁王永德表示："本次系统转移需要分组交换域、电路交换域及 IMS 的融合。因为数据量庞大，加上时间紧迫，工程极具挑战性。华为很荣幸能够参与香港电讯 2G/3G/4G 网络的无缝转移至新的核心网络的项目。这充分展示了我们在 VoLTE 领域上的实力。"

香港电讯和华为紧密合作，在过去数年带领了香港移动市场的演变。在 2014 年 5 月，香港电讯成为全港首间电讯服务商为 4G 客户提供 VoLTE 服务，而华为是此项服务的全球首间解决方案供应商，提供基于 3GPP R10 标准的 VoLTE 商用服务。在 2015 年 4 月，香港电讯与华为于香港成功展示全球首个 LTE-A 450 Mb/s 解决方案，以基站间三载波聚合（Carrier Aggregation， CA）解决方案，整合三个 20 MHz 的频段，其 450 Mb/s 的峰值下载速率打破了 4G 网络速度的世界纪录。在 2015 年 11 月，香港电讯与华为于香港举办的《全球移动宽带论坛 2015》上，进一步成功展示了全球首个 4.5G（第 4.5 代）1 Gb/s 流动网络。在 2015 年 6 月，香港电讯和华为在"LTE World Summit 2015"峰会上，荣膺全球知名分析机构 Informa 的"最佳 VoLTE 创新"大奖。

二、稳扎稳打——发展中国家市场开拓

（一）俄罗斯：华为国际化之发端

"去俄罗斯做生意一星期能挣一辆奔驰。" 20 世纪 90 年代，这类极富煽动性的说法在国内广泛传播。也是在这个时候，在北京有"国际倒爷后仓库"之称的秀水街，逐渐成为中国与俄罗斯、东欧相互了解的重要通道。那个年代，北京人曾亲眼目睹过俄罗斯商人席卷秀水街的采购狂潮，于是胆大和聪明的一些人便试着也奔向俄罗斯。

1997 年，中国《刑法》取消了"投机倒把罪"，不少人当起了"国际倒爷"，往返于中国和俄罗斯、东欧之间，大搞"投机倒把"。事实上，与俄罗斯接壤的黑龙江等地，中俄边境贸易早在 1980 年前后就已经相当兴盛，许多村庄几乎村村都有人在俄罗斯做"倒爷"，回来又走，走了又回。当地人至今念念不忘当年"一车西瓜换一辆坦克"的"盛景"。

不断传来的中国"国际倒爷"在俄罗斯大发其财的消息，刺激着华为人的耳膜，于是凭着感觉也奔着"老大哥"而去。

当年俄罗斯的电信业受到经济迟滞发展的影响，市场需求很大。行业市场没有统一的技术标准，对于通信设备的选购更注重产品的性价比和增值服务。且俄罗斯的股份制改造正初步展开，国家在其中占有很大的股份，政治对经济的影响很大。而中国政府与俄罗斯政府一直保持着良好的外交关系，这为中国企业进军俄罗斯市场提供了有利条件。

1996 年下半年，华为"万事俱备、只欠东风"。整装待发的华为国际军团，就等华为高层决定选择哪个市场打响"第一枪"。

华为领导层决定复制国内拓展市场经验，采取集中优势兵力，制胜薄弱环节的策略。即首先从电信发展较薄弱的国家"下手"，步步为营，层层包围，最后攻占发达国家。

俄罗斯和拉美市场是华为首先瞄准的"猎物"。事实上，对于俄罗斯华为

觊觎已久。早在 1994 年华为就"相中"了这块宝地，两三年间组织了数十个代表团访俄，前后数百人次，并邀请俄罗斯代表团多次访问华为。不过，尽管华为对俄战略准备多时，但对能否打开市场也显得有些茫然，仍然没有十足把握。

华为进军俄罗斯之前，已经在香港小试锋芒。但香港终归属于中国领土，因此华为在香港拓展业务依然没有走出国门。华为进军俄罗斯却是真正的国际化发展，有鉴于此，1997 年才是华为国际化元年。

华为进军俄罗斯以及大独联体市场，而当时爱立信、西门子等跨国巨头的跑马圈地已经基本结束。虽然华为在中国国内已是小有名气，但在当地的知名度几乎为零。

初期华为在俄罗斯屡屡碰壁，一个地方一去两个星期，连个客户的影子都看不到，更不用说介绍产品了。

在俄罗斯人眼里，电信是朗讯、西门子等国际巨头的专利，他们从内心里就不信任华为，华为几乎在每个客户那里都碰了钉子。起初华为派往国外的年轻员工经验不足，需要花大部分时间适应国外生活和工作环境。加之部分国内企业将质量不过关的产品销往俄罗斯，俄罗斯人对中国产品丧失了信心。华为面临的难题不仅仅是向对华为一无所知的俄罗斯客户推销华为的技术，更是推销中国制造，改善中国的国际形象，这无疑为华为在俄罗斯市场的拓展增加了难度。

但是天有不测风云，却意外送来好风。1997 年俄罗斯陷入经济低谷，卢布贬值、一泻千里。NEC、西门子、阿尔卡特等国际巨头纷纷从俄撤离，给华为带来了重大机会。

1998 年，俄罗斯的市场一片萧条。俄罗斯的一场金融危机，使整个电信业都停滞下来。当时俄罗斯经济处于低谷，市场异常萧条，开拓非常艰难。而且在金融风暴后的俄罗斯市场，资本市场极其混乱，资金链断裂，市场开拓的风险极大。一些大的国际电信设备供应商因为看不到短期收益而退出了俄罗斯市场。

华为逆水行舟，知难而上。当年，就在"亚欧分界线"的乌拉尔山西麓军事重镇俄罗斯乌法市建立了第一家合资公司：贝托—华为合资公司，由俄罗斯贝托康采恩、俄罗斯电信公司和华为三家合资，采取的经营战略是本地化模式。

在国外巨头纷纷撤资减员的情况下，华为坚持了下来，并反其道而行之，实施"土狼战术"。100多人的营销队伍，在经过严格培训后，派到俄罗斯进行市场开拓。

1999年华为依然一无所获。在日内瓦世界电信大会上，任正非对自己的爱将——负责俄罗斯市场主管李杰说："李杰，如果有一天俄罗斯市场复苏了，而华为却被挡在了门外，你就从这个楼上跳下去吧。"李杰说："好。"

李杰马不停蹄地开始组建当地营销队伍，培训后送往俄罗斯各个地区。在这个基础上，与俄罗斯建立了合资企业。而在不断的市场拓展中，了解和信任得以建立。终于华为从俄罗斯国家电信局获得第一张只有区区38美元的订单，可是这却是华为的国际贸易第一单！

在俄罗斯市场前景十分不明朗的情况下，华为对俄罗斯持续加大投入。整整4年，华为几乎没有一单业务，可这份执著换来的是客户的信任。

当普京全面整顿宏观经济，俄罗斯经济出现"回暖"之际，华为终于赶上了俄政府新一轮采购计划的头班车。2000年，华为斩获乌拉尔电信交换机和莫斯科MTS移动网络两大项目，加快了俄罗斯市场规模销售的步伐。

华为捕捉到中俄达成的战略协作伙伴这一国际关系变化中隐藏的商机，加快了与俄罗斯的合作。最终，华为抓住了俄罗斯电信市场新一轮采购机会。2001年，华为与俄罗斯国家电信部门签署了上千万美元的GSM设备供应合同。

2001年，华为在俄罗斯市场销售额超过1亿美元。

2002年，华为与俄罗斯国家电信部门签署上千万美元的GPS设备供应合同。2002年底，华为又取得了3739公里超长距离的从莫斯科到新西伯利亚国家光传输干线的订单。

2003年在独联体国家的销售额超过3亿美元，位居独联体市场国际大型设备供应商之首。经过8年艰苦卓绝的奋战，从初期的38美元销售额起步，华为最终成为俄罗斯市场的主导电信品牌。

经过十几年的不懈努力和持续投入，华为已成为俄罗斯电信市场的领导者之一，与俄罗斯所有顶级运营商建立了紧密的合作关系，并积极参与俄罗斯电子政务网络建设。

2011 年，华为在俄罗斯的销售额突破 16 亿美元。

截止到 2012 年上半年，俄罗斯华为的员工也从六七人发展到 1400 多人，覆盖了俄罗斯每个大区，员工本土化率达到 80%。

2013 年华为智能手机、平板电脑在俄共售出 60 万台。

2013 年，华为中标俄罗斯最大的电信运营商 Rostelecom DWDM 的第一条国家级干线项目，全长 3797 千米；承建的俄罗斯主要移动运营商 CCB 的 CDMA450 移动通信网正式商用，开了中国 CDMA450 海外商用的先河；还承建了白俄罗斯 BelCel 的 CDMA 国家网。

2014 年 6 月，华为与俄罗斯公司签订了一份为期 7 年的合约，总价值达 6 亿美元，涵盖了用于网络建设和更新换代的设备，以及软件和维护服务。华为之前就是 MegaFon 最大的供应商之一，帮助 MegaFon 升级了 3G 设备，还支持了"欧亚大陆"洲际高速网络的建设。

2015 年 5 月 29 日，俄罗斯技术集团宣布："RT-Inform 公司与中国华为公司在'信息技术服务于军工综合体'会议框架下签署合作协议，将合作在信息技术与安全系统领域创造互惠竞争条件。"俄罗斯 RT-Inform 公司与中国华为公司将在最新研发成果和最优惠服务支持、商业条件和人员培训基础上，共同在俄罗斯技术集团建立并使用最佳信息技术解决方案。俄罗斯技术集团是俄罗斯国有企业，为促进军工和民工高科技产品的研发、生产和出口，成立于 2007 年，其 700 多家下属机构组成了 9 家军用工业的控股公司和 5 家民用工业的控股公司。

2015 年，华为投资 850 万美元用于发展俄罗斯业务，与 2014 年相比有所增长。其中近 50%的资金用于发展合作关系，其余资金用于吸引新员工，开展合作项目，设立实验室和举办活动等。

（二）拉美市场：华为国际化第二站

20 世纪 90 年代末期，拉美地区整体经济水平处于全球中等水平，政府对通信行业的投资比较大。受经济的影响，通信业发展速度快，但地区之间发展不平衡。巴西和阿根廷是拉丁美洲最大的通信市场，占了拉美通信市场的80%，已成为发展中国家最受投资者欢迎的地方之一。

当年拉美地区人口有 5 亿，是一个有着巨大发展潜力的市场。由于拉美国家的电信服务业刚刚实行私有化不久，面临着调整经营战略，更新设备，扩大通信容量，改善服务，满足用户对电话机、移动电话、网络等方面需求的任务。

1998 年，华为开始在拉美拓展市场。但与俄罗斯相比，拉美市场的开拓更加艰难。由于拉美地区金融危机、经济环境的持续恶化，拉美国家的电信运营商多是欧洲或美国公司，采购权在欧洲或美国公司总部而不在拉美当地。

于是华为采取了一个重要策略，让自己的海外采购路线沿着中国的外交路线走。巩固和发展同周边国家友好合作关系，加强与广大发展中国家的传统友好关系，这就是"以国家品牌提携企业品牌"，尤其在亚非市场的开拓上较为典型。作为一家民营企业，华为屡获国家外交上的有力支持。

2000 年 11 月，吴邦国副总理访问非洲时亲点任正非随行，目的之一就是了解中国政府能提供哪些协助，帮助华为开拓非洲市场。当时华为进入非洲市场已有三年。

与此同时，华为的"先国家、再公司"之"新丝绸之路"活动也积极开展，再加上各种努力，终于打开拉美市场并站稳脚跟。

虽然华为的员工在出国之前都会在培训部门接受相关培训，比如文化之间的差异以及相关产品等课程，但异地的另一种文化、价值观、宗教和生活习惯给他们带来的是不适应。

曾经有个笑话，华为有位海外员工一次参加国际会议，中午吃自助餐时看到许多免费水果——桔子，于是吃完饭就拿了一盘桔子坐下慢慢吃。结果没想到那不是桔子而是柠檬，而出国前接受的培训是在国际场合就餐不能剩下，否则影响中国的国家形象。于是那位不走运的华为员工只好含着热泪（柠檬太酸、眼泪忍不住）吃完那盘"桔子"——柠檬。

那时候他们最困难的是，遇到了在国内没有想象到的很多问题，而诸如吃"桔子"之类只能算小儿科。首当其冲的就是当地人对中国不了解，当地人甚至以为中国人还在穿长袍马褂。有一次华为邀请客户到中国参观，客户出发之前到处找相关书籍，最后决定研读的书是《末代皇帝》。

由于中国媒体外宣不到位，当时的中国国际影响并不算大，中国在他们心目中的形象要么是清朝的形象，要么是红卫兵到处乱贴标语。

他们还怀疑中国人没有电视看。所以在华为内部，许多人把张艺谋的《红高粱》称做是对中国形象有负面效应的影片。尤其是《红高粱》在国外获奖后，负面影响很大。外国人对中国人的形象就更加"思维定势"了，他们还以为中国人的生活状态和《红高粱》里面是一样的，非常的悲催。

"我们驻扎在那里的员工刚开始工作是很艰难的。他们往往要花费两年时间来认识中国，再花一两年时间来认识华为，然后还要花费一两年时间来认识华为产品，最后才可能答应让我们去参加竞标。"任正非的爱将——华为当时的海外项目负责人李杰接受《IT时代周刊》采访时直陈坦言。

"1996年-2000年，我们每年都要参加几十个国际顶级的展览会，一有机会就到国际舞台上展示自己。1995年开始，我们到日内瓦去看国际电联ITU的展览会，1999年华为开始参加ITU的展览会。到2003年华为参加ITU展览会的时候，租下的是一个505平方米的展台，成为当时场面最大的厂商展厅之一，给了西方电信运营商一个颇具震撼力的印象。"李杰对《IT时代周刊》回忆说。

《IT时代周刊》李超、崔海燕在采访中遇到一个刚从拉美市场回国的市场部员工，他说："很多时候我们的困难不是如何推销我们的产品，而是我们根本见不到客户。而每个国家盛大的通信展在业内都是极受关注的，华为的展台和很多国际巨头连在一起，而且通常规模比它们更大、布置更细致，展出的也是我们最先进的技术和产品。很多人原本不了解华为，通过这些展览，他首先会在视觉上有一种震撼效应，然后他会关注华为的产品和技术。这其实不仅是一个宣传的过程，也是一个品牌再塑的过程。"

"宝剑锋从磨砺出，梅花香自苦寒来。"华为早期的国际化拓展，在不同的国家遭遇的都是相似的际遇。不过在此期间，华为人的坚忍不拔、吃苦耐劳精神被发挥到极致。精诚所至、金石为开。华为最终在拉美牢牢站稳脚跟。

现在，华为在拉美 9 个国家设立了 13 个代表处。

1997 年，华为在巴西投入 3000 多万美元建立了合资企业。1999 年，华为在巴西开设了拉美首家海外代表处。

1999 年进入厄瓜多尔市场，在厄瓜多尔的首都基多和瓜亚基尔市各设立一个办事处，至今已与厄瓜多尔签署了总价值为 1200 万美元的 4 个合作项目。

2004 年 2 月，华为获得巴西 NGN（下一代网络）项目，合同金额超过 700 万美元。

2004 年 7 月，华为与委内瑞拉电信管理委员会（CONATEL）签署了约 2.5 亿美元的合作意向书。

2011 年，华为宣布将在巴西投资 3 亿美元建立研究中心。2012 年，华为在巴西圣保罗州的索罗卡巴市投资 6000 万美元建立了他们在拉美最大的配送中心。2013 年，华为公布将在该国建立智能手机生产厂及多个配送中心。据巴西统计，2012 年华为在巴西的总营业额达到 20 亿美元，占据了华为整个拉美市场几乎 2/3 的市场份额。巴西还是华为推广 4G 网络技术的一个大本营。

2011 年 2 月，华为被拉美地区 Nextel 品牌的母公司美国 NII 控股公司选中，共同合作在巴西、墨西哥市场推广应用"下一代网络"技术。

2015 年 12 月 18 日，华为拉丁美洲消费者业务部门宣布，华为消费者业务在拉丁美洲的智能手机发货量突破 1200 万台，与 2014 年同期相比增长 68%。华为能够在拉美智能手机市场取得高速增长，得益于其在中高端手机市场中的突破、渠道零售领域的良好布局，以及品牌营销活动的深入人心。

2015 年，华为智能手机全球出货量高速增长。根据华为消费者 BG 披露的最新数据显示，智能手机全球发货量超过 1 亿台，其中拉美地区贡献了 12%，这意味着华为在拉美平均每月销量达 100 万台。

另据国际知名研究机构 GFK 报告显示，2015 年 9 月，华为智能手机的全球市场份额为 9.7%（位列全球第三），拉丁美洲市场份额为 13%。

良好的市场成绩得益于早年的辛勤耕耘。2015 年，华为在拉丁美洲成功上市 G7、Mate7 以及 P8 等多款旗舰产品，取得了良好的销售成绩，高端机的突破有效增强了渠道合作伙伴的信心。

目前，华为在拉美已取得与超过 50 家运营商和跨国渠道的深度合作，并与超过 550 家代理商、零售商携手，共建拉丁美洲智能机市场。

在品牌层面，华为选择贴近拉美消费者的生活，通过足球营销赞助活动传递品牌价值，讲述华为消费者业务"Make it possible"的品牌精神。在部分重要市场，华为则签下当地知名球星，用代言的形式讲述华为旗舰产品的故事，充分拉近了与当地消费者的情感连接。

在墨西哥，华为赞助的美洲队取得了 2015 的墨西哥联赛冠军，并参加了 15-16 赛季的世俱杯比赛。在哥伦比亚，华为与 J 罗携手，为消费者奉献了 P8 足球光绘轨迹。在智利，华为代言人桑切斯，手捧华为手机脚踩足球的桑巴舞步，更是吸引了众多年轻消费人群在社交网络上纷纷跟随效仿，引爆了 2015 圣诞季的足球热。

根据最新调研数据，华为品牌知名度在拉丁美洲从 2014 年的 37% 上升到 2015 年的 65%，同比增长 28%。

华为消费者业务拉美地区 CMO 黄迪表示，华为不仅旨在向消费者提供最顶尖、质量最好的产品，更是始终以消费者为中心，在产品体验、零售、服务上全面提升，立志成为消费者最喜爱的手机品牌。同时，华为消费者业务拉美地区部 CEO 刘涛指出："华为拉美消费者业务将在 2016 年迎来战略转型，将深度践行'以消费者为中心'这一华为核心价值观。华为拉美的 2C 转型，不仅将与运营商、渠道商和零售商建立更加紧密的合作关系，更从营销、零售、服务上更加贴近拉美消费者。"

2016 年，华为消费者业务战绩喜人，收入 1780 亿，大涨 42%；其中在拉美市场的份额就达 15% 左右，取得了令人瞩目的成绩。这也意味着华为消费者业务转型成功。

今天，人们看到华为在拉美取得的瞩目成就，然而许多人不知道，当初开拓拉美市场的步履维艰……

三、步步为营——次发达国家地区全面拓展

从 2000 年前后，华为开始在其他地区全面拓展，包括泰国、新加坡、马来西亚等东南亚市场以及中东、非洲等区域市场。

在华人比较集中的泰国市场，华为取得了相对的成功，华为连续拿下了几个较大的移动智能网订单。由于泰国华人覆盖率较大，华为销售额呈持续增长态势。

1999 年，华为开始进军泰国，经过两年的市场调查，2001 年在曼谷成立了华为泰国分公司。

华为泰国分公司本着"质量好、价格低、服务好"的宗旨，以客户和市场为中心，在泰国电信界享有一定的知名度，树立了中国电信设备供应商的海外高科技品牌。分公司在创业过程中得到泰国有关政府部门和各界人士的热心帮助与支持，与泰国的主流移动、固定电讯运营商及行业合作伙伴都有着良好的长期合作关系。

以泰国最大的移动电信公司泰国现代电信公司为例，公司原来在泰国只拥有 200 万移动电信客户，在与华为合作后，不到两年时间已发展到 1200 万移动用户，占全国用户的 60%。此外，泰国现代电信公司还拥有 1000 万预付费用户，风靡泰国的 1-2-CALL（预付费用户）就是由华为分公司独家提供的。华为分公司还为泰国现代电信公司提供了网络平台和移动智能网，仅一年时间，华为已占有该公司网络平台份额的 20%。

作为泰国电信市场的主流设备供应商，华为泰国分公司 2002 年在泰销售额已达 30 亿铢（约 7700 万美元），成为泰国纳税大户。对此华为并未故步自封，而是为自己制定了更高的目标。当年华为泰国分公司拥有 100 名员工，多数是电信高科技人员，其中泰籍员工占 75%。该分公司计划进一步推行"服务本地化"和"市场多元化"战略，加大为泰国电信行业服务的力度。

2005 年华为进入新加坡，但价格优势在新加坡对华为的市场开拓无济于事。当时新加坡电信业大部分业务由知名度高、技术成熟的电信公司承接，

名不见经传、人们闻所未闻的华为突然冒出来，让人们不以为然，对电信产品有着特殊要求的运营商并不买华为的账。华为在新加坡的业务发展一直没有起色，遭遇许多坎坷和波折，直到 2007 年命运才出现转折。

华为承接的第一个项目是新加坡三大电信运营商之一的电信公司准备上马的 NGN（网络和电话捆绑的业务）项目，为此需要专门开发一套软件。

华为方面颇感棘手。新加坡市场不大，新加坡电信公司却有不少自定义的特色业务，而为新加坡开发的产品也只能给新加坡用，其他国家无法再用。为此研发成本高昂，无论是国际电信设备巨头还是本地电信设备企业都不愿意如此不计成本地开发这套软件。引述当年华为负责人的话就是："做得蛮辛苦的。"

华为 1000 多人的团队开发了一年，投入巨资完成了项目，并通过了新加坡电信部门苛刻的测试。从此，华为在新加坡开了一个好头。

通过这次合作，华为在新加坡打开了市场局面。

2007 年以后，华为在新加坡的业务拓展开始有了大的飞跃，这与华为海外发展态势颇为相似。华为国际化发展历程也是在 2005—2007 之间形成了分水岭，2007 年以后华为海外业务拓展开始了大的飞跃。

华为在新加坡开始承接大型网络业务项目，包括 Starhup（新加坡电信运营商）的整个 3G 网络等。前几年，全球每打一个电话，有三分之一通过华为的网络和设备。但在新加坡，至少 50% 的通话，无论固定电话还是手机都是利用的华为网络和设备。

与越南、马来西亚、澳大利亚等国相比，新加坡政府对华为的支持和宽容最大，新加坡电信市场也最为成熟。

大约在 2000 年以后，随着竞争加剧和技术发展，马来西亚宽带市场发展迅速，宽带用户快速增长，马来西亚电信当时的网络已无法满足宽带市场爆炸性增长的需求。从 2005 年起，马来西亚电信网络无论是核心层还是接入层，都开始向全 IP 网络转型，向开放可赢利的宽带全业务网络演进，因而迫切需要能帮助他们实现这一转型的合作伙伴。

华为刚进马来西亚时，当地绝大多数消费者都不知道华为。2007 年以前，华为通过努力争取到的业务项目往往是一些偏远地区的接入层小盒子。经过多年诸如此类的拼搏，华为总算改变了局面，而这一切依然拜 NGN 项目所赐。

正是华为优质的产品服务、敬业的团队贡献、消费者上佳的评价反馈，才为华为带来了更多的业务机会。

与新加坡相似，同样在 2007 年底，随着华为核心网产品及解决方案在 Hajj 等重大项目中的多次出色表现，华为品牌美誉度与商业信誉在马来西亚业界声名鹊起。在华为郑重其事的承诺下，马来西亚电信开始考虑引入 NGN 来演进其核心网。

2008 年，华为开始承接马来西亚电信委托的 NGN 项目。由于 NGN 项目的阶段性相对成功，马来西亚电信与华为的合作在不断加强。

2009 年 10 月，华为获得马方 FTTH 合同和 MSAN 合同；2009 年 11 月，马方将 Metro Ethernet 三年合同授予华为；2009 年 12 月，华为获得 BRAS 三年合同；2009 年的最后一天，马来西亚代表处一片欢腾。在新年到来之际，代表处在岁末最后一天拿下了他们期盼已久的项目——IPTV EOT 项目，加上之前拿下的 FTTX、BRAS、Metro E、MSAN，以及早就在进行的 NGN 项目等，华为在马来电信的网络设备份额已占到了优势。

与此同时，在全球市场华为也是高歌猛进。2009 年华为以全年销售额 300 亿美元的创新纪录，跃居世界通信领域第二大供应商的位置。

当然，好事多磨，期间马来西亚电信 NGN 项目曾出现始料未及的一波三折，并引起严重事故，激起马方向华为董事长孙亚芳投诉，震动华为管理高层，华为方面专门进行补救才得以完善。

2010 年 9 月开始，由华为大学案例组牵头的马电项目案例总结工作开始启动。马电案例总结从问题出发，聚焦经验教训的反思，从而达到能对类似项目群提供警示的效果。案例将突出"以客户为中心"，及"集成协同"两大主题，同时兼顾项目群、流程、版本管理等涉及管理改进的具体方面。

2010 年岁末，华为内部刊物《华为人》报、《管理优化》杂志以《我们还是以客户为中心吗？！——马电 CEO 投诉始末》为题，刊登了两万多字的调查报告，披露了整个事件始末。此文被誉为"这是华为人对自己的纽伦堡审判"，目前依然在互联网上可以搜到并下载。

现在，马来西亚依然与华为保持着友好的合作关系。

作为世界上最贫穷的大陆，非洲在全球信息革命的浪潮中严重落后，通信市场基础薄弱。随着经济的不断发展和政府的支持，非洲的通信发展较快，在埃及、南非、尼日利亚等已经形成了一定的规模。但是由于非洲电信市场普遍存在收费高、服务差、政局不稳定等因素，所以华为当年进入非洲市场还是冒着一定风险的。

现在华为在全球拥有 100 多个分支机构，其中中东和非洲地区近 40 个。

目前华为在非洲部分地区的优势明显，已经是南非第二大综合设备供应商、第一大 CDMA 产品供应商、第一大 NGN 产品供应商、第一大传输产品供应商、第三大 GSM 产品供应商。

2000 年华为进入南非，依靠技术和品牌优势，成为南非所有主流运营商的合作伙伴。如今，作为长期投资南非的全球 ICT 领先供应商，华为在南非开展业务已经超过 17 年，目前是南非最主要的通信设备供应商之一，与当地主流电信运营商、政府和行业客户有着广泛的合作，已成为南非发展数字经济社会的重要战略伙伴。

华为非常重视在南非的本地化投入。华为南非公司于 2016 年 7 月与南非邮电部签署战略合作协议，开启"五年千人"培训计划，迄今已培训南非通信人才超过 300 人。此外，作为负责任的企业公民，华为南非代表处每年为进入 ICT 行业的小公司提供运营培训和技术培训，为当地社会培养 ICT 人才，带动上下游产业链发展。

据新华社约翰内斯堡 2017 年 10 月 16 日电，杰出雇主调研机构此前公布了年度榜单，在南非 103 个杰出雇主中，中国信息与通信技术公司华为榜上有名，成为唯一一家在南非获此称号的中国公司。这也是华为在南非连续第二年被该机构评为杰出雇主。

事实上，华为的本地化并不仅限于南非。在华为的国际化拓展中，本地化始终如影随行。但是华为人并不认为国际化的目标就是彻底本土化，浸润中国文化中庸之道的华为似乎在掌握着一个度，既要不断加大本土化力度，又要防止过于本土化。"伊莱克斯中国由于彻底本土化造成的深刻教训"不断被华为提起，防止本土化过度造成发展失控一时间警钟长鸣。有鉴于此，吸取中西方文化和管理精髓的华为正在朝着从必然王国向自由王国发展。

2005 年，华为开始在纳米比亚投资，如今在纳米比亚市场确立了自身地位，已与纳米比亚电信及移动运营商 MTC 建立了稳固的供应链，签订了长期技术支持服务合同。华为还与纳米比亚公共广播公司 NBC 在数字电视项目建设方面进行合作。

华为与当地运营商合作，遍布全国，投入数百座无线基站，铺设数千公里光纤，为 200 万居民提供了电话通信、互联网接入、数字电视节目等服务。目前，华为是当地最大移动运营商 MTC 的战略合作伙伴。2016 年 10 月 10 日，在纳米比亚温得和克举办的第三届信息与通讯技术峰会上，华为公司与纳米比亚信息与通讯技术部签署了合作备忘录，双方将在信息与通讯技术能力建设、通信基础设施建设、制定政策指导框架、提供通信种子培训等四个方面展开合作。

在尼日利亚，从 2005 年起，华为就与所有主流运营商建立了合作关系。MTN 是非洲最大的跨国移动运营商，在尼日利亚、南非、喀麦隆、赞比亚、乌干达等国都拥有 GSM 网络。尼日利亚 MTN 是当地第一大 GSM 运营商，占有的市场份额曾经超过 50%，网络覆盖尼日利亚 24 个州。

2004 年，华为开始与 MTN 合作。目前华为已经拥有尼日利亚 MTN 40% 的市场份额，GSM 基站已经在尼日利亚首都 Abuja，北部最大城市 Kano 以及 Ibadan、Kaduna 等地区应用超过 12 000 载频，总话务量超过 20 000 Erl。

在过去几年中，华为在尼日利亚建立了自己的销售和技术服务平台以支持其产品和解决方案，通过实际行动履行承诺，推动了企业业务在尼日利亚的发展。

2015 年 12 月 10 日，华为与尼日利亚联邦政府签订谅解备忘录，将为尼日利亚培养 2000 名信息和通信技术人才。尼日利亚副总统 Yemi Osinbajo、劳工就业部部长 Chris Ngige、通信部部长 Adebayo Shittu 和中国驻尼大使顾小杰一同出席了签约仪式。

在肯尼亚，华为是当地最大移动通信运营商萨法利通信公司的 3G 和核心网合作伙伴。

作为中东、北非地区市场份额最大的通信设备供应商，华为在埃及乃至整个中东、北非地区都拥有丰富的网络部署经验，在埃及还拥有一支专业的网络规划和优化队伍。

华为在南非和沙特这些相对比较发达的国家取得成功后，将目标转向了觊觎已久的欧洲市场。

四、勇攀高峰——发达国家有所作为

"骗子公司来了！"华为刚刚进入欧洲市场时，欧洲人将华为当做一家忽悠企业，将其拒之门外。本世纪初，欧洲是 GSM、3G 技术发源地，当时有阿尔卡特、爱立信、西门子、诺基亚四家电信设备巨头虎踞龙盘。那些欧洲竞争对手，其势力就像"大山一样，压得华为喘不过气来"，令华为"感到无边的绝望"。因此早期华为在欧洲市场的拓展，历尽艰难，吃够苦头。这些痛苦感受，"只有经历过这一切的人，才有深切体会。"

欧美市场属于高端市场，有着较为先进的消费理念，通信消费的水平高于全球大部分其他地区，对产品的要求更注重性能。并且欧美通信市场属于成熟市场，网络已经定型且标准统一，其他的制造商如果没有相当的实力是很难有所作为的。

有鉴于此，华为进军欧洲时曾被批"自取灭亡"。

（一）Telfort 的订单——催生全球首个分布式基站

华为进军荷兰时，荷兰有四家运营商，最小的一家叫 Telfort，准备建 3G 网。但其机房空间很小，摆不下第二台机柜，于是找到全网设备供应商诺基亚，想请其开发一种小型机柜，以便放置 3G 机柜。但诺基亚嫌小型机柜开发成本太高，因而拒绝。

Telfort 又找到市场老大爱立信，表示愿意抛弃诺基亚全网设备与爱立信合作，爱立信同样拒绝。

2003 年，华为欧洲拓展团队听说此事后，特意上门拜访濒临破产的 Telfort。于是，走投无路的 Telfort 抱着死马当活马医的心情，与华为尝试合作。

华为提出解决方案——分布式基站。即基站的室内部分做成类似分体式空调那样，体积只有 DVD 机大小，然后把基站大部分功能放到室外。Telfort 半信半疑："基站说分就分，说合就合吗？""我们可以做到。"华为的回答斩钉截铁。

8 个月后，华为分布式基站诞生，凭此华为进入欧洲的梦想终于变成现实。

然而，偏执的欧洲运营商与有偏见的欧洲媒体，都对华为"刮目相看"。当时欧洲媒体报道称，华为进欧洲，就像山本五十六攻击珍珠港一样，必将"自取灭亡。"

天有不测风雨，Telfort 竟被最大的运营商荷兰皇家电信（KPN）收购，华为的分布式基站惨遭抛弃。这可是华为方面呕心沥血才完成的杰作，而且这也是华为进入欧洲两三年来，费劲千辛万苦揽到的第一个项目。

经过这次沉重打击，华为的欧洲市场拓展之路，又阻延了两年。

2006 年，沃达丰在西班牙竞争不过当地龙头企业 Telefonica，于是想借助华为分布式基站打击对手。处于败北境地的沃达丰在华为面前依然不失傲慢，它告诉华为："只有一次机会。"华为心知肚明，胜负在此一决。如果分布式基站没能取得助攻成效，欧洲再也不是华为的市场。

这次华为很幸运，它打赢了。沃达丰采用的华为分布式基站，技术指标超过 Telefonica，从此华为产品逐渐进入欧洲客户采购清单。2007 年，华为的分布式基站斩获一连串大单。

此时华为面临选择，要么保持现状，要么产品升级换代，另起炉灶，用与爱立信完全不一致的架构，去做超越爱立信的革命性产品升级换代。

2016 年 2 月 22 日，华为在巴塞罗那高调发布 MateBook 笔记本。消息传开，整个 PC 行业"炸了锅"。2016 世界移动通信大会 22 日在巴塞罗那举行，这是通信业厂商发布最前沿产品的舞台。作为全球第一大电信设备商，华为发布笔记本电脑受到广泛关注。

而此次华为发布会的风云人物和主角，就是华为消费者 BG CEO 余承东。

当年的余承东，是华为分布式基站第一发明人。在征询华为内部意见时遭遇众多反对声，因为第四代基站成本会升高 1.5 倍，还有很多技术风险无法克服。如此大规模的投入，一旦达不到市场预期可能几年都翻不了身。

最后余承东一锤定音："必须做，不做就永远超不过爱立信。"

2008 年，华为第四代基站（Single RAN）问世，而且一鸣惊人、一炮打响。据悉，华为 Single RAN 技术优势太明显。当时的基站要插板，爱立信插 12 块板，而华为只需插 3 块板。

这次技术突破，一举奠定了华为无线的优势地位。从此，华为军团一路高歌猛进、四面出击，最后全面占领欧洲市场。2010 年之前，华为无线历经多年艰苦奋斗，在西欧市场仅获得 9%的份额。但在 2012 年之后，华为的市场份额飙升至 33%，高居欧洲第一。

随着无线业务突飞猛进的发展，华为在欧洲的品牌形象也建立起来，并为其他业务在欧洲的拓展奠定了基础。

（二）欧洲总部及新技术研发中心落成

2001 年，华为在英国建立了一家分公司——仅仅是伦敦北部的一个小办公室。之前，华为在英国有过长达 4 年的艰苦奋斗。

2004 年 3 月 20 日，华为欧洲地区总部新技术研发中心在英国贝辛斯托克落成。3 月 25 日，华为在英国设立欧洲地区总部。这是华为在海外最大的机构之一，也是中国企业在英国的最大投资。英国《泰晤士报》的权威评论称，此举是中国企业走向国际化的一个重要标志。从此，华为以英国为基地开拓欧洲市场。贝辛斯托克聚集着一大批全球规模最大的电信公司，华为研发中心落成标志着华为海外拓展的重点逐渐从亚非拉发展中国家转向欧美主流高端市场。

同年 6 月，华为光网络全球市场份额仿佛跨栏运动员竞赛似地把朗讯和北电远远甩在后面，气势汹汹、直逼阿尔卡特。

2004 年 7 月 28 日，思科华为案的平局，与思科对阵之前默默无闻的华为拜赐国际巨头思科官司，纵身一跃、一蹴而就，登临全球瞩目的制高点，从而获得国际市场的准入证。

2005 年，华为在英国市场实现里程碑式的突破——成功通过英国电信（BT）的严格认证，进入英国电信价值百亿英镑的 21 世纪网络改造和建设大单"优先供应商短名单"。这也是华为首次突破欧美主流市场的标志性事件。

获得 BT 项目的意义在于迎来全新发展契机，从此华为具备服务国际大客户的能力，并在欧洲站稳脚跟。这在华为国际化进程中有着重大意义。

抓住 3G 机会，华为才能真正迈入国际一流厂商的行列。

2006 年，华为选择在 3G 运营领域具有绝对优势的全球顶级移动运营商沃达丰为合作伙伴。为此华为一反常态地放弃自己的品牌，"沦为"沃达丰代工者。沃达丰借助华为的低价因素，比其他老牌厂商更有竞争优势。而华为获得沃达丰订单，标志着亚洲通信制造商成功进军国际高端市场，它对华为在移动通信领域的全球扩张具有推波助澜的作用。

2008 年，华为攻克欧洲最后一个堡垒"德国电信 DT"。

DT 发布了下一代网络 NGF 项目，了解 DT 情况的合作顾问多次告诫华为，项目的所有特性并不需要都满足，特别是一些老特性。然而华为完全满足特性需求这招，拖垮了竞争对手，并全面验证了 NGF 的可行性，实现了华为和DT 的双赢。华为就是靠着这种"笨"办法，凭借人力资源的相对优势，多干"脏"活、"累"活，取得了客户的信任，赢得了胜利。某著名咨询公司统计：世界巨头的平均需求满足率在 80% 左右，而华为超过 95%。

2009 年 2 月 9 日，华为与沃达丰进一步签订了加深双方战略合作伙伴关系的协议。根据协议，华为将在未来 5 年内为加纳电信（沃达丰新近持股 70%）部署无线网络；参与沃达丰西班牙、希腊、匈牙利及罗马尼亚无线网络及其他子网核心网及骨干网建设；并且与沃达丰携手开发研究 LTE（第四代网络技术）。

如今，华为在欧洲市场的战绩成为海外战略成功典范——华为全面占领欧洲市场。

2017 年 10 月 31 日，华为在欧洲生态大会上庆祝开放生态系统以及 ICT协作平台。在 Go Digital - Go Cloud 数字云的主题之下，华为强调创造开放、创新的 ICT 生态系统，以驱动欧洲企业的数字化转型。

华为西欧区域总裁 Vincent Pang 称，"数字化人才发展和培养与数字业务在欧洲仍有改进的余地。在过去的 15 年里，华为一直致力于支持欧洲 ICT人才和数字化技术。基于现有的项目，我们决定推出一个影响欧洲的数字化计划来提高数字化思维，帮助构建更强大的区域数字化能力。在未来 5 年我们计划让欧洲 500 万人参与进来，让 10 万人具备数字化的生活和工作技能，同时培训 5000 名 ICT 高级专业人士。"

合作永远是华为的主题。20 世纪中国通信行业爆炸式发展时，华为就创造性地跟各地区的电信公司合作成立分公司。1994 年，华为与邮电系统的合资公司莫贝克公司成立，当时就融资 9000 万，为华为研发解决了燃眉之急。之前的 1992 年，华为销售额刚刚突破 1 个亿，但在莫贝克公司成立后的 1995 年，华为销售额达 15 亿元。

通过成立合作分公司来达到扩大市场的目的，对于各电信公司来说也是天大的好事。不仅在购买设备上价钱更加便宜，而且事后还会从合作分公司获得收益。于是中国邮电系统下属无数电信公司都把华为当成"自己人"。据悉最疯狂的时候，许多电信公司甚至提前报废设备，转而安装华为的产品。后来华为在国际化开拓中，如法炮制合作公司，第一个项目就是与俄罗斯的合作公司。这种合作双赢模式，是华为国际化战略的独门武功。

（三）开拓东亚市场

2006 年，日本电信 NTT 在没有合同的前提下，要求华为提供一款新产品，技术要求之细，质量要求之高前所未有。为了按时完成任务，华为研发部门没有休息日地连续工作 60 天完成项目。日本市场的突破异常艰辛，日本既有欧美市场的高标准且更加精益求精，又有东方人的人文情怀。

KDDI 是日本第二大、全球排名 12 的电信运营商。

2008 年 7 月，KDDI 对华为生产现场进行了第一次审核。当时华为公司认为审核应该很容易过，因为他们认为证书拿了一大把，不会有问题。

KDDI 审核的主审员叫福田，他随身携带三大法宝（手电筒、放大镜、照相机）和白手套，他检查的细致程度和严谨性让很多华为员工觉得不可理喻。白手套用来抹灰尘，放大镜用来看焊点的质量，手电筒用来照设备和料箱的灰尘，照相机用来拍实物图片。每个华为人看他这样检查灰尘，都觉得太恐怖了。

第一次审核完毕，福田非常生气地丢下 93 个不合格项回了日本，并且传回话来说："华为质量水平不行，而且华为工程师太骄傲，不够谦逊。"其他的 KDDI 专家也对华为太过乐观的态度提出了质疑和批评，告诫华为不要做"井底之蛙"。

福田丢下了 93 个问题，大家的第一反应是震惊，第二反应是争论。有人说，华为在质量方面已经做得很不错了，行业规范华为早已达到了，福田这是吹毛求疵。那段时间华为各部门都很难接受这个结果，每天晚上都讨论到 12 点，讨论福田提出的问题和批评，争论不休。

确实，这 93 个问题涉及厂房环境温湿度控制、无尘管理、设备 ESD 防护、周转工具清洁、印锡质量、外观检验标准、老化规范等，每个问题都有非常高的要求，且很多地方远远超出行业标准。后来华为还通过相关渠道向摩托罗拉打听，摩托罗拉也没有通过整个认证。摩托罗拉说，如果华为要是通过了这个认证，其他公司的认证也都能通过。

最后华为的领导经过讨论，认为客户是真诚的、认真的，不然不会检查这么细。华为也要有开放的心态，华为在质量上要有更高的进取心，要迎难而上，不能退缩，不能放弃。华为要更上一层楼。

接下来的 4 个月时间，华为抛开分歧和异议，以 KDDI 的要求为标准，以客户的眼光来改进现场，投入很大资源对设备、现场进行了优化改造，准备迎接第二次审核。但说老实话，虽然华为经过了精心准备，4 个月后华为仍觉得自己离 KDDI 的高要求可能还有差距。

第二次审核是在 2008 年的 12 月，市场部和日本代表处费了九牛二虎之力才把福田等人请来。因为福田不愿意，说上次华为的工程师太喜欢争论文件条文和标准，且封闭和自满。

这次审核中，大家的心确实都是悬着的，审核过程中如履薄冰，如坐针毡。审核完毕，福田列出问题项 57 个。但华为人很高兴，因为审核的结果是通过。并且福田说："这次做得不错，其中 ESD 改善得很好。IQC 部门在所有区域中做得最好，只有 9 个问题，而有些做了十多年的公司审核问题都不下 30 条。装配部门做得不是很好，指导书还需要再完善下才能更上一个台阶。大家以后再接再厉！"

2009 年 10 月，KDDI 给了华为第一份合同，但它对华为并未完全信任。

2009 年 11 月 16 日-23 日，KDDI 第三次来到华为，派出 8 名专家在华为现场蹲点，在生产线上全过程观看华为是怎么做产品的。产品从原材料分料到成品最后装箱，KDDI 的专家都要亲眼看到、检查过才放心。这为期 8 天的光网络 OSN1800 生产全过程厂验，对华为来说是第一次。从员工到高层主管，大家都在现场，一丝不苟，全程投入，用真诚和努力感动了客户，使客户终于对华为产生了信任感。最后，虽然 KDDI 提出问题点及建议共 24 个，但对华为生产过程质量控制系统很认可，对华为的工作表示很满意。

2011 年"3·11"福岛核事故期间，爱立信撤走了，华为的机会到了。华为的服务令日本人感动。到 2013 年，华为在日本的销售从 2011 年不到 5 亿美元，增长 3 倍接近 20 亿美元。

（四）进军美国市场

美国市场是全球最成熟、最高端、最具竞争的市场，这里对手最多最强。华为进入美国市场，标志着华为真正进入了国际市场。

华为在国际市场上征战的最后"桥头堡"就是美国市场，也是思科的大本营。而思科既是全球最大的电信设备供应商，更是全球领先的网络解决方案供应商，因此也是华为最难攻克的"最后堡垒"。

不过，华为与思科之间发生的一场最后和解的诉讼，令华为声名鹊起，因祸得福。因此，思科是华为的"恩人"。

在高科技超强的美国市场，初出茅庐的华为，与年销售额 8 倍于自己的思科狭路相逢，并遭遇后者的狙击。

美国一共有 1000 多家移动运营商，其中 AT&T 以 5800 万名用户、25%市场份额排名第一；Verizon 以 5670 万名用户、24.8%市场份额排名第二；Sprint 以 5189 万名用户、22%市场份额排名第三；T-Mobile 以 2410 万名用户、10%市场份额排名第四。前四强占据的市场份额高达 81.8%。

这一格局让华为在北美市场仅占据 1%的份额。北美市场的领导者摩托罗拉为 46%，阿尔卡特朗讯 21%，北电网络 13%，瑞典爱立信 10%。

不过，2015 年华为的美国市场计划推出新的版本：通过改变形象大举进军。2015 年 3 月，据路透社报道，在被美国国会议员们定义为一种国家安全威胁的两年后，中国华为公司打算推出新手机和可穿戴设备，通过市场营销努力赢得美国消费者。

据悉，华为告诉路透社，准备向美国市场推出一些智能手机和可穿戴设备，包括其面向年轻人的"荣耀"品牌手机等。

华为曾高调宣布放弃美国市场　美国激怒了任正非

华为美国发言人 Bill Plummer 表示，华为 2015 年的美国市场计划，包括传统的广告、网络推广和赞助运动团队等。但 Bill Plummer 拒绝透露华为将赞助哪支球队。

"华为正在改变市场营销方式，试图摆脱廉价技术产品供应商的形象，而这是许多中国公司都普遍面临的消费者认知问题。"这对多年来一心一意专注于工程研发，且相对不那么重视消费者品牌的华为来说，是一个重要的转变。

2014 年 12 月，一则华为荣耀 6 Plus 手机广告在纽约时代广场高调打出，美国发言人 Plummer 表示，这是"一种新事物到来的象征"。

在 2015 年 3 月的巴塞罗那世界移动通信大会 MWC 2015 上，华为发布了首款智能手表，这款产品将在包括美国在内的 20 多个国家和地区进行销售。

2017 年 1 月 4 日，华为在美国拉斯维加斯 CES 展会上召开发布会，推出荣耀 6X 国际版。

华为的意图在于通过新手机直接吸引美国消费者，这些新手机同时包含高低端机型。华为还谋求与运营商们合作，通过亚马逊或是华为启动的美国直销网站 gethuawei.com 进行销售。

（五）全球布局

为了有效利用全球资源，经过 20 年的筹划布局，华为形成了全球的多个运营中心和资源中心。

1．行政中心

在美国、法国和英国等商业领袖聚集区，成立本地董事会和咨询委员会，加强与高端商界的互动。在英国建立行政中心，在德国成立跨州业务中心，提高全球运营效率。

2．财务中心

新加坡财务中心、香港财务中心、罗马尼亚财务中心、英国全球财务风险控制中心，目的是降低财务成本，防范财务风险。

3．研发中心

俄罗斯天线研发中心、紧靠着爱立信和诺基亚的瑞典及芬兰无线系统研发中心、英国安全认证中心和 5G 创新中心、美国新技术创新中心和芯片研发中心、印度软件研发中心、韩国终端工业设计中心、日本工业工程研究中心等，有效利用全球智力资源。

4．供应链中心

匈牙利欧洲物流中心（辐射欧洲、中亚、中东、非洲），巴西制造基地，波兰网络运营中心等，提高全球交付和服务水平。

华为轮值 CEO 胡厚崑总结道："在资本、人才、物资和知识全球流动，信息高度发达的今天，"全球化公司"和"本地化公司"这两个过去常被分离的概念正变得越来越统一。华为的商业实践要将二者结合在一起，整合全球最优资源，打造全球价值链，并帮助本地创造发挥出全球价值。"

PK6 企业智能化程度

商业智能推手 VS
提供企业信息化解决方案

第十一章

联想智能化 BI 提升企业竞争力

中国会计电算化经过 20 多年的发展，已经取得了长足进步。同时作为一个应用性的学科或实践性强的领域，知识和概念的更新程度飞快，不断跟随时代的脉搏而与时俱进。

改革开放以来，企业活力得到进一步增强，同时企业也必须承受来自各方面的压力。要在激烈的全球市场竞争中求得生存，首先就必须努力寻求与世界级企业的竞争平台，在同一个平台发现自身的竞争优势，锻造核心竞争能力。环顾世界 500 强企业，哪一家没有自己的"看家本领"？而且早在 20 年前这些企业就启动了信息化工程，十分重视以信息技术增强企业的技术创新能力，增强核心竞争力，目前都已具备很高的信息化水平。在这种情况下，国内一些领先企业率先开始了信息化进程的探索。

联想建设财务管理系统经历了 1984 年到 1990 年的手工账，1991 年到 1999 年的财务核算电算化这样一个过程。之后又经历了会计电算化—内部管理电算化历程。从 2000 年至今，开启了财务管理信息化。联想以财务电算化为切入点，到 ERP 系统成功上线，又拓展到 CRM（客户关系管理）和 SCM（供应链管理），取得了巨大的经济效益。

联想的智能化建设令联想董事局主席杨元庆感受良多，他说，"信息化助联想脱颖而出"，"财务管理是联想企业信息化的核心，准确的成本核算成为财务管理的基础。"联想 CIO 王晓岩则表示，"在联想的信息化建设过程中，联想不仅得到了巨大的回报，而且得到了更多无法用数字来表示的效益。"王晓岩用"唯一、实时、共享"六个字概括 ERP 环境下财务运作的特点。与联想公司相类似，中国绝大多数企业集团信息化都是从财务信息化开始的。通过实施信息化，优化了管理流程，规范了管理程序，细化了管理对象，强化了管理力度，实现了资金的集中管理和有效监控，减少了决策的盲目性，大大提高了企业管理的效率和水平。同时，信息化还为合作伙伴提供了更多的商业机会，在一定程度上保证了双方合作关系的稳定性。

一、功能电子化——自行开发财务电算化

1991 年，联想业务运作和内部管理还处于手工操作阶段，存在反应慢、不规范库存盘点、财务结账效率低、无法满足经营决策需要等问题。与此同时，联想正处于同国际品牌竞争时期，抢占市场先机尤为重要。

有鉴于此，负责 CAD 事业部的总经理杨元庆率先搞起了财务电算化，自行开发了打印销售票据，管理收、发货以及财务记账、核算等应用系统。

所谓电算化，是将以电子计算机为主的当代电子技术和信息技术应用到会计实务中的简称，是一个应用电子计算机实现的会计信息系统。财务电算化，也就是财务工作的信息计算机管理系统。在我国习惯叫法为会计电算化，指财务、会计信息系统的计算机管理系统。

财务电算化实现了数据处理的自动化，使传统的手工会计信息系统发展演变为电算化会计信息系统，用电子计算机代替人工记账、算账和报账，以及部分代替人脑完成对会计信息的分析、预测、决策的过程。其目的是提高企业财会管理水平和经济效益，从而实现会计工作的现代化。会计电算化是会计发展史上的一次重大革命，它不仅是会计发展的需要，也是经济和科技对会计工作提出的要求。

1991 年，联想因为业务发展规模扩大导致业务量增大，并且在全国各地建立了十几家地区分公司。但是集团总公司对这些分公司缺乏有效管理，因而他们各自为政，账目不清、账实不符问题经常出现。"手工账本记账，电子表格中间缺乏连贯性和钩稽关系。"为此，1991 年联想会计电算化软件开始启用。当时使用的是飞行公司与海淀财政联合开发的财务软件，能实现简单的

财务核算功能，以后 8 年的财务电算化过程即以此为基础。

从销售角度看，1992 年开发销售小票套打并与财务集成，销售方面的数据和报表与财务数据达到统一，解决了财务重复性工作和信息准确与及时的问题。

1994 年，联想强化了应收账欠款的管理。面对大量欠款销售，公司开始细化对欠款的管理，财务对到款的核销准确度增加。

1995 年，联想开发了坏账准备金的精确计算功能。大量的欠款销售，使呆账、坏账的风险加大了；坏账准备金的计提从财务管理角度提前规避了风险。

从库存管理角度看，1992 年初，由于库存管理电算化，进、销、存做到系统处理，准确度提高了。同年解决了库存数据与财务数据的集成，解决了库存单据二次录入的问题。

1993 年，联想开发库存对账模块，解决了收付实现制与权责发生制之间的口径问题，避免了负库存。

1995 年，联想对库存进行销价准备金精确计算，解决了计算机行业材料价格降得快，大量积压库存的市价已远远低于账面价值，虚增公司存货价值的问题。

从管理会计角度看，1992 年 5 月，联想初步对业务进行模拟利润核算，由包干制转变为模拟利润方式，从各个独立系统中获取数据，再进行勾兑加工出内部考核报表。

1994 年，联想开发了责任会计系统并进一步完善，公司转为事业部体制，内部责任会计体系应运而生，具备了内部银行功能。

1996 年，联想对外会计与责任会计系统统一，两个系统合并为一个系统，一个系统出两套报表。

从成本核算角度看，1994 年到 1996 年成本核算采用配方法（业务人员提供）。但存在的问题是：配方非标准化非精细化管理，因此产品核算不精确；同时配方月末提供一次，因此动态监控无法实现。

联想财务核算系统工作特点是：与前端业务的高度集成，使得核算速度加快；核算的层次清晰，对流程的规范性要求更高；日常核算业务与财务控制、财务分析联系更加紧密；由于架构的多元化，可提供多角度、全方位的核算信息；对信息质量要求更高。

联想核算业务系统与传统核算业务的对比，在财务内部，改变了以往只记账、不控制、不分析的做法；打破了法人概念，核算业务可在集团层面上操作；突破了管理范围，可与人力资源等其他信息系统集成。在业务运作层面上，凭证的来源都是前端业务，核算更加贴近业务、贴近市场、贴近客户。

此外在财务内部，与坏账、销价的计提系统相结合，可自动控制并降低风险；与预算计划值相结合，日常操作中，遇到超计划，可以发出警告或禁止业务继续；可以直接查询信息分析结果与财务报告，为日常管理提供方便。资产方面，与 HR 连接，可直接管理到具体的成本中心与人员，使资产管理更安全、更科学。在核算层次，取消了法人概念，业务运作可在法人间操作。

联想核算业务系统具有高度集成性。当客户的购买需求在电子商务系统中通过检查并得到确认时，系统会自动针对该销售订单向库房发出提货申请，并由运输部门安排发货与运输。当系统发票开出的同时，系统将在财务账中确认销售收入，自动生成会计凭证。它体现了服务客户的思想——与客户信用、市场客户分析等系统直接关联，到款时直接核销，及时增加信用额度，并反馈给客户，使客户迅速掌握信息（客户自动核销）。

联想核算业务系统取消了实际地域的概念，在系统中与存货所归属的法人相匹配；供应商寄存、库存可以在系统中进行控制，适时查询数量与价值；对客户寄售库存的销售、存货状况实时掌握，以及时配送发货，了解真实存货；适时了解特殊状态的库存。

而固定资产管理，可以按不同性能、不同地域、不同时期、不同部门，多维度计提折旧，增加了资产管理的科学程度。

总账可以随时自动进行多法人、多利润中心之间的费用分摊分配；法人层次、内部业务层次的多层报表实时报送。

从一定意义上讲，摆脱了财务人员以记账、核算为主的基础层面的操作，提高了核算的精准度，使财务人员更多地关注于财务管理。

联想的财务信息化为企业财务管理带来积极作用。概括起来有四点：一是集成，财务和企业的产、供、销各环节完全集成，并能产生互动，整个集团是一体的；二是共享，所有的原始数据只需一次输入，然后就能让有权限的人"通透"地共享；三是实时，每个作业都会实时反应，每项控制都会实时得到结果，每份报表都会实时生成；四是精准，它要求每次作业都是准确的、可量化的，同样的数据一定会产生一样的报表。

联想利用财务电算化替代手工账，是当时业务发展所面临的关键问题，对业务有很大的促进作用。由于是自行开发的，积累了相当的经验、知识和人才。

但美中不足的是，由于信息不集成，无法做到实时共享，业务操作还有待规范化。有鉴于此，联想集团的业务自动化构建提上议事日程。

二、业务自动化——打造关键业务能力

1996 年，联想集团处于业务高速发展时期，需要抓住市场先机，一举甩开对手。但此时企业却面对业务信息分散、不实时、不共享、流转不畅、无法适应市场快速变化之积弊。为此，沉淀自身能力，适应网络经济变化趋势，就成为形势发展的必然要求。

有鉴于此，联想决定全面建设办公自动化，引入实施 MRPII 系统，打造关键业务能力，发展满足当期业务需要的业务信息系统。

办公自动化（Office Automation，简称 OA）是将现代化办公和计算机网络功能结合起来的一种新型的办公方式。办公自动化没有统一的定义，凡是在传统的办公室中采用各种新技术、新机器、新设备从事办公业务，都属于办公自动化的范畴。在行政机关中，大多把办公自动化叫做电子政务，企事业单位就都叫 OA，即办公自动化。通过实现办公自动化，或者说实现数字化办公，可以优化现有的管理组织结构，调整管理体制，在提高效率的基础上，增加协同办公能力，强化决策的一致性，最后实现提高决策效能的目的。

MRPII 系统——制造资源计划，是 Manufacturing Resource Planning 的英文缩写。

MRPII 是对制造业企业的生产资源进行有效计划的一整套生产经营管理

计划体系，是一种计划主导型的管理模式。MRPII 是闭环 MRP 的直接延伸和扩充，是在全面继承 MRP 和闭环 MRP 基础上，把企业宏观决策的经营规划、销售/分销、采购、制造、财务、成本、模拟功能和适应国际化业务需要的多语言、多币制、多税务以及计算机辅助设计（CAD）技术接口等功能纳入，形成的一个全面生产管理集成化系统。

MRPII 是当代国际上一种成功的企业管理理论和方法，它是覆盖企业生产活动所有领域，有效利用资源的生产管理思想和方法的人机应用系统。从整体最优的角度出发，运用科学的方法，对企业各种制造资源和企业生产经营各环节实行合理有效的计划、组织、控制和协调，达到既能连续均衡生产，又能最大限度地降低各种物品的库存量，进而提高企业经济效益的管理方法。

20 世纪 90 年代后，世界经济格局发生了重大变化。制造业企业所面临的共同问题是更加激烈的市场竞争，在竞争中技术因素变得越来越重要。如果企业丧失了技术优势，就必定会丧失其竞争优势，因此谋求技术优势是现代制造业生存的需要。一方面，制造业企业发现仅靠自己企业的资源不可能有效参与市场竞争，而必须把制造过程的有关各方如供应商、客户、制造工厂、分销网络等纳入一个紧密的供应链中，才能有效安排企业的产、供、销。另一方面，在一些企业中是"多品种小批量生产"，和"大批量生产"两种情况并存，需要不同的方法来制订计划。因此，许多制造业已感觉到现有的企业经营管理模式需要进一步改革，传统的 MRPII 无法满足企业去利用一切市场资源快速高效地进行生产经营，需要新一代的 MRPII 来满足他们的需求。

1996 年到 1998 年，联想全面建设办公自动化，建设了企业基础网络设施，开发了电子邮件系统，建成了内部主页，实现了企业内部无纸化办公。就在同一时期，联想与利玛公司合作开发了联想的 MRPII 应用系统。

联想的 MRPII 应用系统，包括基础数据管理模块、车间任务管理模块、车间作业管理模块、库房管理模块、采购管理模块、操作权限管理模块等。由于 MRPII 应用系统的使用，实现了物料编码标准化、各种机型标准 BOM（生产物料清单）信息化和自动扫描出库。

办公自动化系统的开发建设，奠定了联想网络设施基础，让联想积累了实际经验和能力。MRPII 让联想人认识到业务规范化、标准建设对企业信息化建设的重要意义，通过 MRPII 项目认识到在企业信息化建设中，业务人员的参与和主导作用。

但令人遗憾的是，该系统没有与财务、销售集成，系统性能稳定性、可靠性不足。

杨元庆非常重视信息化，他领导微机事业部后，于 1996 年 6 月 6 日即通过 ISO9001 国际质量认证，后来进一步在全公司实施 ERP

三、战略集成化——全面向Internet转型

1996 年，随着联想集团业务的迅速发展，企业对管理规范化、系统化和科学化要求日益突显。为适应当时业务和中长期发展目标，需要大力加强对企业资源的统一协调和控制。与此同时，企业在高速发展过程中，面对新经济的挑战，需要尽快强化和沉淀公司的核心竞争力。

联想为此决定全面向 Internet 转型，大力投入并加速基础网络的建设，启动电子商务系统建设，继续大力投入各业务的信息化建设，论证并启动 ERP 系统。

电子商务是涉及技术和管理两方面因素的极其复杂的系统工程，是对企业物流、资金流、信息流进行一体化的管理，是对业务流程的全面梳理、整体优化和不断变革。

联想企业内部电算化水平的提高，办公自动化和 MRPII 的实施，为 ERP 和电子商务奠定了基础。但是电子商务平台有赖于网络基础建设，需要业务人员改变工作习惯，并且业务流程必须规范化，数据必须标准化。

联想较早发现了互联网的巨大潜在力量，曾提出"打破应用瓶颈，促进信息产业发展"的口号。

从 1994 年到 1998 年，联想的销售额平均增长率达 43%，这种高速增长的趋势对集团内部的管理能力，尤其是对信息系统的要求越来越高，联想原来开发的信息管理系统（MIS ）已经不能适应业务高速增长的需求。

1997 年，北京联想与香港联想整合后，在不同发展背景下成长起来的几家公司具有各自的信息管理系统，各自孤立，互不兼容，一度出现指挥失灵的状况。新的企业格局对信息系统提出了全新的要求，既要求原有的准确与及时，还要求提供集成的、全国性的、可指导业务运作的数据支持。

与此同时，随着技术发展的日新月异、国内外同行业竞争的加剧，联想不可避免地面临着国内外大公司的挑战。为此，实施电子商务，提升企业核心竞争力，就成为必然的选择。

按照联想集团当时规划的发展目标，联想到 2005 年要完成 100 亿美元营业额，进军世界 500 强。加强企业内部管理水平，尽快实现管理规范化和现代化，早日与国际先进水平接轨，通过管理信息系统的升级换代，正是实现这一战略目标的唯一途径。

1999 年，作为联想互联网战略的第一步，被人们称为"龙凤胎"的天禧电脑和 FM365 面世。2000 年 4 月，联想的门户网站"FM365.COM"首次亮相，目的是为该款电脑用户提供定制的网上内容服务，从而在互联网接入设备、局端设备和网上内容等各方面满足用户的需求，以此一改以前"传统"的形象。

联想以前有两个网站，一个是 www.fm365.com，另一个是 www.legend.com（现在已改为 www.lenovo.com）。前者的商业模式是聚集最好的信息内容和服务，包括免费电子邮件，在聚拢人气的基础上再开展电子商务，进行了网上广告的尝试，但免费服务是主流。而后者才是联想集团实施电子商务的门户，它采取的是 B2B 和 B2C 模式，处理客户的订购、培训和查询。

联想的电子商务推进了网上结算，网上结算是完整的电子商务组成部分。通过网上结算，当时每个月大约有 1～2 亿的数额。这时代理和联想都是在同一家银行开账户，比如通过招行就支持网上结算。

2000 年，联想通过电子商务系统实现的网上交易超过 168 亿，平均每天接收订单 1000 多张，高峰时可达 2000 多张。

根据联想实施的电子商务计划，联想"捆绑"三套悬挂系统：CRM（客户关系管理）、SCM（供应链管理）和 PLM（产品生命周期管理）。联想销售商务部的副总经理杨京海曾用两个圈解释，中间是 ERP，以后这块会越来越小，外围的业务转移到 CRM 和 SCM 上去。2000 年 5 月联想启动 CRM，第一期已经完成，SCM 这部分晚一点，今后还上 PLM。等这些都集成起来了，在整个产业供应链上联想就是"链主"，那个时候才会出现真正的协同电子商务。

而 2001 年 11 月 29 日，i2 公司与惠普公司宣布将联合为联想提供 i2 供应链管理解决方案（SCM）。此次合作拟建立中国第一个企业级 SCM 平台，并且是 i2 全套 SCM 解决方案在中国的第一次实施。通过惠普公司的咨询服务和实施支持，i2 SCM 解决方案将进一步优化协调联想整个供应链管理，从而使其在竞争激烈的市场中处于领先地位。

当初联想共有 4370 个签约代理商和专卖店，分布在全国 850 个县级以上城市。有了供应链系统之后，联想的电子商务系统才能完整运作。其时联想的绝大多数客户，特别是国内的代理商，是通过网上订货的。代理通过电话线，通过 Internet，登录到联想电子商务网站。电子商务网站与联想的 ERP 系统对接起来，给客户反馈订单交付的时间，安排生产，运输前反馈配送信息，真正可以做到电子商务在网上传递物流信息、资金流信息以及订单信息，包括对账和产品的信息。

联想通过建立企业信息化和电子商务模式，成功打造关键业务能力，发展起以满足当期业务需要的业务信息系统。

2000 年 8 月 15 日，联想集团正式对外宣布，由联想、SAP 中国和德勤合作的联想集团 ERP 项目实施成功。联想集团 ERP 项目的成功不但创造了中国

IT 行业在 ERP 项目中的第一，也创造了一个新的 Legend（传奇）。

面对取得的成绩，每一个参与项目实施的人员都十分欣慰与骄傲。联想集团常务副总裁李勤这样评价 ERP 项目的实施："ERP 系统的实施与上线，使联想从管理理念到管理模式都跃上了新的台阶。SAP R/3 系统的使用不但提高了联想的核心竞争力，也为联想搭建起一个符合企业长远发展的信息化平台"。

2000 年的联想，已经是拥有员工近万人，年营业额 150 亿元人民币的集团性企业，但是公司却在管理严重滞后的情况下运行。为此，需要引进更新更好的管理思想和管理模式，使企业保持不断前进的动力。

与此同时，联想集团的业务范围也相当广泛，从计算机/网络产品代理、系统集成业务到联想自有电脑品牌业务，需要有与之相当的技术实现手段来帮助企业做好内部规范化管理。而企业内部当时使用的自行开发的 MIS 系统难以完成上述使命。

在这样的背景下，联想开始寻找外部合作伙伴，考虑采用先进的 ERP 管理系统，并通过 ERP 管理系统的实施帮助企业搭建起内部管理的信息平台，提高管理水平。在经过一系列的选型调研活动之后，联想集团在 1998 年的 11 月 24 日正式与 SAP 签约。SAP 提供 ERP 应用软件（即 SAP R/3 系统），同时 SAP 中国提供部分咨询力量，参与联想集团 ERP 项目实施。

由于利用了 SAP R/3 系统提供的灵活的组织结构定义，联想对企业内的各个部门与组织进行了多角度全方位的定义。完整的企业组织模型构架让联想可以从多个角度完成对各个部门的分析和考核。以各事业部为例，不但做到了对事业部负责的产品的市场和销售情况进行考核，也可以分别就其生产、存货等情况进行个别分析，同时又将事业部看做是公司内的模拟法人公司，可以在系统内直接对事业部的财务及资金状况进行比较和分析。能够在同一套系统内完成对事业部的业务指标和财务指标的实时考核，这在联想以前的 MIS 系统中是难以做到的。

其次，联想利用 SAP R/3 系统提供的基础数据集中管理和共享功能，对业务运作过程中必需的基础数据加以整理，达到了规范、标准、统一的目标。联想在实施 ERP 项目之前，基础数据管理工作方面存在不足。例如一个真实的外在客户/供应商在企业内可能被重复定义多次，出现多个客户编码，造成在对应收账款、应付账款进行统计或对客户、供应商的销售额、采购额进行统计时出现失真现象。更突出的问题体现在集团内物料的统一管理方面，由于缺乏相应的技术保障手段，集团内的物料编码存在很多重码现象，增加了采购计划和生产计划工作中额外的工作量。联想 ERP 系统上线后物料编号缩减到 20 000 以下，相比在 ERP 系统上线前集团内的物料编号 24 000 个左右，减少了近 17% 的数据冗余量。

利用 SAP R/3 系统所提供的丰富功能，联想集团有重点地对企业业务流程进行梳理，实现了信息的准确、实时、集成收集和记录，实现了业务过程的全程与实时控制目标。例如对一张采购订单的收货将直接体现在财务的库存账上，既减少了处理环节，避免了出现错误的可能性，又达到了信息的实时与集成。再比如对销售过程中的信用和风险控制，利用 SAP R/3 系统的信用管理和风险控制功能，联想实现了以前只能利用外部制度规范由人员外部执行的信用检查过程，也将一些以前只能理论定义的信用检查方法变为现实，真正实现了在线、实时、多标准的信用检查，有效控制了业务风险。

借助 SAP R/3 系统中 EIS（Executive Information System）、LIS（Logistics Information System）、FIS（Financial Information System）的功能，联想完成了一棵比较完整的对内、对外统计与分析的报表树。在报表树中部分采用了 SAP R/3 系统提供的标准报表，同时利用开放式信息仓库所提供的强大功能，自定义了一系列满足企业自身特点和要求的分析统计报表，实现了报表数据的实时性与准确性。

以财务为例，过去需要 70 个人 20 天才可以完成的财务结账工作，在使用 SAP R/3 系统后仅需要 7 个人 1 天的时间就可以完成，工作效率得到很大提高，财务报表的处理时间也由原来的 30 天缩短到 12 天。这些进步与提高都与 SAP R/3 系统的实施和使用是分不开的。

财务管理是企业管理的重中之重，也是企业信息化的核心内容。联想财务管理上实现信息化后，业务已经实现每一科目的费用都能实时上报，部门负责人可以随时获得截至当时的收入、毛利、净利的粗报表。

在上 ERP 之前，联想基本是每一笔业务都要用计算机开出销售小票，晚上把明细和金额倒到财务的计算机上，财务以此记入当天收入。由于采集数据的时点不同，财务、商务、库房的数据往往对不上。这时财务就不得不把原始凭证（销售小票）翻出来核对。财务根本谈不上对业务环节的监控和管理。

ERP 系统打破了传统的财务运作方式，它在功能上可以用 6 个字概括其特点：唯一、实时、共享。唯一，即数据的来源唯一。整个公司经营运作的数据来源只有销售订单和采购订单。订单上的原始数据成了公司信息流、物流和资金流的源头。实时，即数据生成和传输是基于每一个业务动作而不是批处理。过去库存要定期盘点清理，应收、应付账款要每月核算一次。现在采购、生产、销售、库存等环节的业务数据可以自动生成会计凭证，实时转换成应收款、应付款等数据。共享，即通过在全公司对业务流程的规范化，经营管理的各项数据真正形成信息流，每个部门是信息流上的一个环节，依靠统一的系统数据，按既定流程规则运作。基于 ERP 系统，联想形成了支持多业务、多地域的事前预算、事中控制、事后准确核算的财务管理模式。

准确的成本核算是财务管理的基础。联想实施了 ERP 之后，财务人员不但能了解销售、采购、库房、生产的全部过程，而且伴随着它们的每一个作业，财务人员都有相应的反应，同时都有监控。

正是这种信息的通畅、透明，才保障了成本的准确、实时核算成为可能，杜绝"客观造假"的隐患。财务信息化流程不仅大大简化了原有流程，极大提高了效率，而且由于采购和财务之"墙"被推倒，建立起了采购和财务之间相互制约和监督的机制。

信息化财务可以延伸到资金的管理。联想把资金优势和信贷政策看做是支持销售的一种手段，因此公司应收账并不都是在每一笔销售时才进行审核的，但这需要一个复杂的计算模型。ERP 上线后，联想的财务能准确、实时地知道每个客户当前的账目情况、历史信誉记录，系统能自动执行能否发货的资金审核，减少了人为控制的难度和随意性。而且用户可以通过电子商务系统了解账务情况，并根据联想的信誉政策选择最适合自己的还款方式，大大提高了客户的满意度。

企业做大之后，分支机构管理失控是一个比较普遍的问题，联想是怎样通过财务信息化管理分公司的呢？

过去，分公司财务核算是一期期往上报，然后进行财务报表汇总。比如说上海分公司、西安分公司，自己先核算，然后报告总部。总部把报表加起来，把中间这个关联交易剔除掉，最后形成统一报表，这可能会有主观因素。

联想集团整体实现了一体化财务管理后，联想在各地的结算平台有9个，它的存货，任何一笔资金、产品价格等，所有操作都是通过互联网和数据中心打交道。不仅各平台运作方便，总部统筹也方便。每天接到全公司的资金往来、资金表，每家分公司有多少资金、每天收入多少、支出多少、余额多少，都一目了然。地方平台每一笔报销的数据都通过联想的广域网进入四楼机房，他们查询的内容与总部看到的是同样的基础数据。

比如上海分公司，一个人报销了多少的招待费，只要一录入系统，北京实时就能得到这笔数据，然后马上就会跟他的预算值、计划值进行比较，如果有超过的就可以不给他报销。就是10块钱的办公用品支出，在网络上也看得见。不进入系统就报不了账，而一旦进入了系统，立即受到总部的监控，而且任何的修改都会被记录。每一笔报销的数据是通过广域网进入四楼机房，所以他所有的查询和我们看的是同样的基础数据。

现在，不管在上海还是在欧洲，任何一个地方发生了一笔费用，总部都能够实时了解到这笔费用，而且计入到相应的科目中。

企业在账目上弄虚作假的问题，财务信息化能够解决。比如月底时，一些业务部门想靠虚开销售小票来冲任务。没上信息系统前，开出小票就算收入，财务上很容易被蒙骗。全面使用 ERP 系统后，货不出库就不算收入。业务部门没有权利提货出库，要由运输配送部门根据客户的名单来出货，堵住了弄虚作假的漏洞。

过去采购人员计款报销很随意，信息化系统建立起来以后，采购人员任何一笔采购都要在系统里面形成采购订单，采购订单要经过审批，库房也要验货，整个过程由财务进行监控。

综上所述，联想集团 SAP R/3 系统的使用，正逐步实现企业向未来发展方向与管理模式的转变。采用 SAP R/3 系统这一有效工具，联想集团已经搭建起一个符合企业长远发展的信息化平台，完成跨越各业务单元的通用流程定义与执行规范，建立起企业运作过程中一整套适合企业情况、具有企业特点的通用语言，并充分实现了各类数据在不同层次和使用角度的共享与利用。

联想战略集成阶段搭建了符合公司长远发展的信息化平台，联想从管理理念到管理模式都跃上了新的台阶，打下了公司进入 Internet 时代的基础，提高了公司的核心竞争力，真正具备了成功实施大型信息化项目的经验、知识和人才。不过此时企业的市场、运作、计划等环节并未与 ERP 集成，还存在大量的外挂系统，因此降低了系统效率，为此还有待通过进一步完善来加以解决。

1996 年到 1998 年，联想生产部门实施 MRP 系统，解决生产计划安排与采购计划制定的问题，进一步完善了 BOM，为成本核算的精细化打下基础。成本核算方法从单一的配方法发展为动态配方和批次法等多种方式。

随着业务量的高速增长以及联想规模的扩大，受制于系统开发平台和系统本身的限制，原有的财务系统已经到了可以支撑的极限（一张库存记账凭证需要运行 4 个小时），而业务运作与财务系统的脱节（如财务系统与生产计划系统）和业务运作系统内部的脱节（如销售与库存系统）更是不能适应高速发展的业务需要，将企业内部系统资源进行集成已是迫在眉睫的需要。

四、企业集成化——全面推进办公自助和决策支持建设

1999 年，联想集团全面落实以"客户为中心"思想，合理组织资源满足客户多种利益的需求。企业内部资源运作一体化要求实现物流、信息流、资金流三流集成，集团公司的集约统一财务结算与经营管理，要求业务与管理实现跨地域、跨业务的高度集成化管理。

为此，联想启动 CRM 系统论证和建设实施，启动 SCM 系统论证，启动 PDM 系统论证，全面推进办公自助和决策支持建设，建设以联想新大厦为中心的广域网架构。

CRM 系统即客户关系管理，它是利用信息科学技术，实现市场营销、销售、服务等活动自动化，使企业能更高效地为客户提供满意、周到的服务，

以提高客户满意度、忠诚度为目的的一种管理经营方式。客户关系管理既是一种管理理念，又是一种软件技术。以客户为中心的管理理念是 CRM 实施的基础。

CRM 客户关系管理，是一种以"客户关系一对一理论"为基础，旨在改善企业与客户之间关系的新型管理机制。最早发展客户关系管理的国家是美国，这个概念最初由 Gartner Group 提出来，在 1980 年初便有所谓的"接触管理"（Contact Management），即专门收集客户与公司联系的所有信息。到 1990 年则演变成包括电话服务中心支持资料分析的客户关怀（Customer Care），并开始在企业电子商务中流行。

CRM 系统的宗旨是，为了满足每个客户的特殊需求，同每个客户建立联系，通过同客户的联系来了解客户的不同需求，并在此基础上进行"一对一"个性化服务。通常 CRM 包括销售管理、市场营销管理、客户服务系统以及呼叫中心等方面。

"以客户为中心"，提高客户满意度，培养、维持客户忠诚度，在今天这个电子商务时代显得日益重要。客户关系管理正是改善企业与客户之间关系的新型管理机制，越来越多的企业运用 CRM 来增加收入、优化赢利性、提高客户满意度。

联想呼叫中心在降低成本与提高客户满意度方面成效卓著，客户可以通过 Internet 实现自助式服务，在快捷方便获取资料、完成查询的同时，降低了用户呼叫的处理成本。它的强化座席功能可对用户呼叫进行一站式处理，用户的查询、售前咨询、报修、投诉皆可在一次呼叫内完成，而且消除了不必要的转接和等待时间，大大提高了客户满意度。此外，联想呼叫中心对问题处理和事件跟踪的有效管理也赢得了极高的客户满意度。联想呼叫中心还建立了完善的客户回访制度，能够及时了解客户的意见并加以改进，并且联想还把对维修客户的满意度回访作为考评维修站的重要依据，及时淘汰不合格的维修站。与此同时，呼叫中心会根据维修站的地域、产品、考评表现、工作量等因素来智能分派报修单。

CloverCRM 客户关系管理系统集合了客户管理、市场管理、销售管理、采购管理、库存管理、售后管理、产品管理、费用管理、日程管理、自定义报表分析、自定义统计图分析等功能。

　　整个软件基于的 B/S 架构，不需要安装任何客户端，使用浏览器即可完成企业各种业务流程。同时还采用了最新的 Ajax 技术，最大程度地提高处理速度，改善用户操作体验。

　　简单而灵活的权限管理机制，基于"角色"控制软件各个功能的使用权限，基于"用户组"定义数据的共享。

　　当一个联想电脑的用户遇到机器故障后，打电话到呼叫中心求助时，接待人员可以马上从 CloverCRM 系统中清楚地知道该客户的许多信息，如住址、电话、产品型号、购机日期、以前的服务记录等，而不用客户再烦琐地解释，就能很快为他安排好解决问题的方案。这时接待人员可以提醒客户，您的互联网免费接入账号还有 10 天就要到期了，并向他介绍如何购买续费卡。

　　当一个销售人员要联络一个重要客户前，他可以通过 CRM 系统了解这个客户的全部情况，包括他们单位以前的购买情况、服务情况、资信状况、应用需求、谁是决策人、联想公司都有哪些部门的哪些人与他们联络过、发生过哪些问题、如何解决的等诸多信息。其中的许多情况都是由联想公司的其他部门完成的，不借助 CloverCRM 系统根本不可能了解到。这时，这个销售人员是否应该更加胸有成竹了呢？如果此时你主动通知客户，他们急需的某种产品已经到货，同时联想又有两款新产品可以更好地满足他们的应用需求时，客户的反应会怎么样呢？所以 CloverCRM 是把 IT、业务和管理有机集成在一起的大型基础项目，也是一项业务基础工程。

　　信息集成——信息化管理的特点是，来源唯一。任何数据，只由一个部门、一位员工负责输入，减少重复劳动、提高效率、避免差错、明确责任，同时可以实时共享。它还可以统一数据库、统一处理规则，对于授权人员可以共享信息，无论环境如何变化都可以实时响应。这样可以达到决策一致、减少矛盾的目的。

　　通过大型项目的引进实施，联想掌握了国际最先进的经营管理思想和观念、行业最佳模式、企业管理方法。也就是现代企业制度建设的一整套思想观念和方法论，通过项目的实施，促进了自身的管理变革。企业信息化不仅是一个引进学习的过程，更是一个结合中国企业管理实际、洋为中用、变革创新的过程。不过，与合作伙伴信息化建设水平的不一致，使核心企业无法获得价值的最大化，信息化建设的规律和知识沉淀不够。

五、企业扩展协同化——供应链一体集成

联想集团认为，由于产业的发展和变化瞬息万变，企业的生态环境如果不够稳定和牢固的话，很容易被淘汰。而供应一体化要求客户、厂商和供应商三链集成，合作伙伴必须同核心企业共同发展，才能实现共赢。

为此，加速企业内的客户导向战略落实，推动业务流程和各系统的集成，推进与合作伙伴的协同项目，提高合作伙伴的信息化水平就成为题中应有之义。

从 1998 年至 2002 年，联想集团先后实施了 SAP 的 ERP 系统、i2 的 SCM 系统、Siebel 的 CRM 系统、PTC 的 PDM 系统、自主开发的电子商务系统等五个大型系统，完成了以五大系统为核心、几十个外挂系统为羽翼的"联想集团信息化系统"。

面临国际上诸多大厂商的竞争压力，联想集团越发感觉到全程供应链系统建设的重要性，因此于 2001 年初决定投巨资建设"联想集团全球供应链系统"，简称 SCM（Supply Chain Management）项目。

联想 SCM 项目是 2001、2002 财年集团最重大的信息化建设项目，关系到联想供应链核心竞争力的发展。该项目历时 2 年，项目组超过 100 人，耗资超过 2 个亿。

联想集团的供应链项目，采用的是 i2 的产品和全球供应链解决方案，总共实施了 DP、FP、MP、SC、DF 等几乎全部的主要模组，由联想软件的实施团队（现北京博越世纪科技有限公司）负责主要系统的实施和应用集成，并完成了对联想供应链业务的梳理和联想 BOM 算法的生成。

联想集团供应链系统的成功上线，使联想集团的运作成本大大降低，拥有了与国际大厂商同等水平的全球供应链系统，让联想集团在与 Dell、HP 等跨国公司的竞争中，立于不败之地。

SCM 就是对企业供应链的管理，是对供应、需求、原材料采购、市场、

生产、库存、订单、分销、发货等的管理，包括了从生产到发货、从供应商到顾客的每一个环节。

供应链管理应用是在企业资源规划（ERP）的基础上发展起来的，它把公司的制造过程、库存系统和供应商产生的数据合并在一起，从一个统一的视角展示产品制造过程的各种影响因素。供应链是企业赖以生存的商业循环系统，是企业电子商务管理中最重要的课题。统计数据表明，企业供应链可以耗费企业高达 25%的运营成本。

联想通过实施 SCM，借助自己的 ERP 系统和高效的供应链系统，利用自动化仓储设备、柔性自动化生产线等设施，将采购、生产、成品配送以及客户服务等诸多环节纳入自己的管理范围之内，对供应链上的每个环节加以管理，力求让整条供应链的成本和效率达到最优水平。

在实施 SCM 以后，加强了与供应商的信息沟通，尽可能消除与供应商之间的信息梯度，建立了 VMI(供应商管理库存)。VMI 模式突破了传统的企业与企业之间孤立合作的模式。以前联想的两周库存导致供应商为了及时补货，会预先储存部分物料，而这部分库存成本供应商会通过提高物料价格转嫁给联想。现在通过在供应商工厂建立 VMI 动态仓库（这部分物料库存属于供应商），联想建立了一个隶属于自己的中转仓库。联想有需要就到 VMI 仓库提货，这样可以保证联想在上游不会发生供货不足导致的产品滞产。在 VMI 仓库管理上，联想与主要供应商每天通过 2 次数据交换，调整真实需求和库存水平之间的误差，双方通过可视化库存管理共同监测仓库中的存量状况。供货商一旦发现 VMI 仓库的物料消耗到达警戒线，就会及时进行补充。

VMI 模式令联想在按单生产时库存从原来的 14 天缩减到了 5 天。VMI 模式的成功关键在于企业与企业之间必须消除企业信息围墙，将信息梯度降低到最低水平，这样才能令 VMI 仓库中的库存水平对双方都有利。供应商可以减少由于对联想需求掌握不足所带来的物料积压库存成本，对联想而言供应商的库存成本降低必定会降低采购成本。而 PC 行业零部件更换速率非常大，且其月贬值率在 2%左右。VMI 仓库的建立，降低了联想在采购环节的风险，整个模式的构建体现了供应链双赢的核心思想。

2002 年 6 月，汉普开始为联想 ERP、SCM、CRM 二期工程提供咨询实施服务，并负责实施联想的 PDM（产品数据管理系统）项目。

PDM 是独立的管理系统，有自己的管理功能。PDM 负责管理产品设计数据，以及这些数据的产生过程，如设计文档管理、产品结构与配置管理、工作流程管理、项目管理和产品的分类检索等内容。工艺管理系统负责工艺文档的编制及与工艺相关的管理。为了保证工艺管理系统中的产品结构与 PDM 中的一致，同时也为了让工艺管理系统产生的工艺文档能按照 PDM 的流程进行管理，必须对 PDM 系统和工艺管理系统进行集成。

联想 2001 年 4 月开始 PDM 系统的选型，先后接触的厂家有 PTC、GEDAS、IBM 等。通过详细比较，最终选择了 PTC 公司的 Windchill 产品。并于 2002 年 2 月正式组建了联合项目组，开始了 PDM 系统的实施过程。联想集团 Windchill PDM 项目第一阶段实施部门包括商用台式事业部、消费电脑事业部、笔记本事业部下属的研发、工程(含制造厂)、质控和管理部门。

经过前期培训、需求访谈、流程梳理、系统开发、模拟测试、试运行、系统上线、推广培训等一系列过程，系统终于在同年 9 月上线运行了。在需求访谈阶段，由于笔记本和台式机的分类不完全一致，如台式机有显示器、机箱，笔记本叫 LCD，没有机箱，所以最后在文档分类上才有两套体系，笔记本与台式机分开。在文档流程类型方面，台式机和笔记本又做了整合，即双方将原来的各类流程整合了 6 种。在系统开发阶段，文档工作流与文档模板对应，文档分类要静态和动态结合。系统上线使用阶段，部件结构设计成与 ERP 中 BOM 结构一致，以便将来集成。

PDM 给联想带来的效益可以概括为：增加产品设计能力，建立企业信息资源共享，减少产品返工工作量；缩短产品设计周期，做到按单生产，减少库存，降低产品设计管理成本；规范生产制造流程，降低模装成本，增强产品的成本控制；建立有序的工作流程，降低生产成本；工程变更和产品配置有章可循，易于开发系列产品，减少版本变化造成的浪费；减少工程冗余人员的同时提高了工程和技术的管理质量，产品及其开发过程更符合 ISO 9000 系列标准。

随着信息化建设的不断深入，信息化已逐步融入联想员工工作的每一个环节，信息化也逐渐融入到联想的企业文化中。联想和信息化已经融合在了一起，散发出一种自然的味道。这些在一开始也不是自然形成的，联想采用了宣传、制度、培训和考核四位一体的方式才达到了这样的效果。

联想这样理解信息化："企业信息化是应用信息技术，通过科学的方法利用、配置和优化企业内外部资源，使企业的运作和管理规范化、科学化和系统化的过程，从而使企业达到提高效率、降低成本、提升客户满意度的目的。ERP 不是技术问题，是管理的问题。技术问题是急病，用西医开刀就好，在现实中是可以用钱解决的。管理问题就像慢性疾病，是需要中医调理的。信息化的实质是，管理观念变革、工作方式变革、业务流程变革、再创新的过程。信息化成功的第一因素是一把手的重视和支持。"

联想的信息化建设普遍得到代理伙伴认同，供应链延伸项目启动，大大加强了代理商自身的信息化水平，同时也促进了联想与代理伙伴的业务协同效应。

联想这样总结信息化："集团层面的整体规划：信息化目标的达成是整体规划、分步实施的循续渐进的过程。管理理念：信息化建设是对先进管理理念的理解和应用。业务流程：信息化要以业务为先导，离不开业务流程的分析与梳理。知识转移：对整个团队的知识转移和使用者的全程培训是信息化取得实效的保障。实施保障：项目管理是成功实施的关键。前提：数据规范化和标准化是成功上线的前提。持续优化：企业上线后要持续优化。"

第十二章

华为构建亚太地区最大企业网络

华为 IT 的发展总体可分为四个阶段：零散化、集中化、国际化、IT 2.0 全球化。第一个阶段为 1987 年到 1997 年，那时以邮件、基础 OA 及 MRPII 等作为主要着力点，进行零散的 IT 建设。第二个阶段为 1998 年到 2002 年，由于华为实施集成产品开发 IPD 和集成供应链 ISC 变革，围绕这两个业务流，华为开始 IT 集中化。第三个阶段是国际化，业务是以中国为中心逐步向海外拓展，IT 建设也是随着业务的步伐进入其他国家和区域，邮件和 ERP 系统逐渐覆盖和推广到 100 多个国家，IT 开始以中国为中心走向海外。第四个阶段是全球化，也就是 IT 2.0 以及面向服务的架构。

作为一个全球性的技术公司，华为自身就是一个需求巨大的企业用户。华为是全球化的企业，70% 以上的收入来自海外。华为内部流程和 IT 系统的建设，对于华为成长为全球 500 强之一的跨国企业起着至关重要的作用。公司 IT 系统的建设和发展，支撑了华为从小到大，从本土到全球的成长壮大过程。在华为不同的发展阶段，IT 建设也面临着不同的任务和挑战。

华为的扩张策略是"IT 先行"。在全球拓展运营商业务的时候，IT 基础架构需要第一步落地，这对其自身的技术建设和管理能力提出了巨大的挑战。华为在全球发展了多年业务，结果是 IT 基础建设经验也获得了充分的积累。在借助自有团队解决自己的 IT 基础架构问题之后，华为企业 BG 可以拿出经过实际业务检验的解决方案提供给客户。

华为是技术公司，不仅技术研发部门懂技术，业务部门也非常懂行，所以华为在信息化建设中很少走弯路。华为全球市场的巨大成功源自对技术的强烈关注和产品研发的大规模投入，华为研发体系的建立、优化，以及研发能力的提升，与信息化建设也是息息相关的。华为的信息化建设中更值得一提的就是 OA、DDN、IPD、ERP、PDM 等建设。

一、零散化建设阶段

这一时期从 1987 年到 1997 年，以邮件、基础 OA 及 MRPII 等作为主要着力点，进行零散的 IT 建设。

当时华为的客户和业务全部在国内，随着业务量的增大，管理系统跟不上发展的需要。于是 1992 年，华为开始自行开发管理信息化系统，替代传统的手工业务流程，从而实现局部业务自动化。

与此同时，华为认识到，引进成熟的 IT 产品和技术来实施 IT 的解决方案，可以减少投资风险，缩短投资回报周期。企业管理软件的复杂度已经使得企业依赖自身力量进行开发，在时间、人员和财力上都是非常不划算的，因此需要采用"引进与管理"的策略来实施 IT 解决方案。

于是 1994 年，当华为自主开发的局部小应用软件已经无法支撑业务时，华为开始着手构建 MRPII（Manufacture Resource Plan）系统，即制造资源计划。它是一种生产管理的计划与控制模式，因其效益显著而被当成标准管理工具在当今世界制造业普遍采用。MRPII 实现了物流与资金流的信息集成，是 CIMS 的重要组成部分，也是企业资源计划 ERP 的核心主体，是解决企业管理问题，提高企业运作水平的有效工具。简单来说，是在物料需求计划上发展出的一种规划方法和辅助软件。

华为通过软件考察选型，最终选取美国 Oracle 的 MRPII 产品。华为是中国企业中率先采用 MRPII 管理模式的，比联想早一、两年。联想的 MRPII 系统和 OA 系统构建始于 1996 年。

1995 年，华为 OA 系统构建。同年年底，华为引进 NOTES 群件系统。

NOTES 群件系统，是通过网络连接不同用户，尤其是企业内部不同部门用户，进而提高生产、工作效率。电子邮件就是群件的一种功能，它促使用户之间相互沟通与协调活动。凡是进入该群件系统的用户，都可以彼此进行适时交互性联络，传递各种消息诸如声音、图形和视频图像等。

1996 年，作为国内最早使用 ORACLE MRPII 软件的用户，华为上线 R10.6 版，选择了 13 个最核心、最基础的功能模块，实现了"财务业务一体化"。

按照 MRPII 应用系统业务的独立性，华为的 MRPII 应用系统分成七个应用环境：华为运行环境（HW-CRP）、新华为运行环境（NHW-CRP）、环讯运行环境（GT_CRP）、香港华为运行环境（HKHW-CRP）、华为通信运行环境（MBC-CRP）、华为测试环境（HW-TEST）、华为通信测试环境（MBC-TEST）。

华为实施 MRPII 的效果非常明显。在 MRPII 引入初期，MRPII 的方法就在部门业务中得到了具体应用。比如生产计划管理，按照 MRPII 原理采用滚动倒排和物料需求分析方法，取得了很好的效果，生产库存周转率由过去年周转 2～3 次增加到 5 次。在 MRPII 及时生产、工艺优化等方面的综合运用和实践下，交换设备的生产周期由过去的一个月降到半个月。各部门已经越来越认识到 MRPII 系统信息集成和共享所带来的好处，以及由此带来的工作效率的提高。某产品事业部从 1997 年 1 月份开始正式使用 MRPII 来进行计划运算，过去需要一周才能完成的工作，使用后仅需要几个小时就可以完成。

Oracle MRPII 项目组总结发现，华为成功实施 MRP 的关键因素有以下几点。首先，从管理入手重组业务流程。其次，是领导层的高度重视，以及项目组的有效配合推动。第三，在顾问的指导下，学习管理理念和系统功能。最后，基础数据管理到位，建立维护责任制。

1996 年，华为建立了企业内部互联网和中央数据库，并在它的基础上形成了许多新的工作方式。先进的信息技术使华为的运作效率更高，员工之间、部门之间可以通过互相访问对方的数据库、网页、公告栏等进行交流，互通有无。信息的采集、归档、管理更加方便，检索查阅非常迅速。信息在组织内的流动通过内部互联网变得非常丰富、准确、及时。便捷的信息收集和传播提高了华为的组织创新和反应能力，中间层被削减，这使组织的扁平化成为可能。

1994 年到 1997 年，华为还建成世界级数据中心，并通过不断改进和深化运作管理，加强数据中心日常运作保障。依据业界最佳实践建立 IT Service Model 及配套管理制度，建立以用户为导向的端到端服务管理模式，关注客户体验。

通过第一阶段的信息化建设，华为的业务发展告别了低效的手工作业，建立了信息化快速跑道。管理信息化的优势，为华为以后的流程管理电子化以及管理和 IT 的充分融合奠定了基础。

1996 年开始建立 DDN 广域网，以便为自己分布在全国各地的分公司形成快捷的业务联系。广域网（Wide Area Network）也称远程网（Long Haul Network），通常跨接很大的物理范围，所覆盖的范围从几十公里到几千公里不等。它能连接多个城市或国家，或横跨几个洲并能提供远距离通信，形成国际性的远程网络。

事实上，虽然当时华为还远没有国际化动作，但广域网的构建也为以后的国际化战略发展做好了"基础设施"准备，所以从这个意义上说，华为富有远见。

1995 年，华为着手实施 Oracle ERP，由此成为 Oracle 在中国的第一个国内客户。华为上马 ERP 的动因，是为了从各个方面加强部门之间的沟通，优化管理体系，重视员工的自主权，发展企业内部文化，加强企业核心价值观的宣传并落到实处等。

上马 ERP 系统后，华为的整个管理上都得到改善与提高，比如基础管理的规范，梳理与明确了各种流程、活动、岗位与制度等系统活动，即把华为企业内部的采购、开发、设计、生产、销售整合起来，使得华为很容易能够对人、财、物、信息等资源进行有效管理与调控，最后也提高了华为整个企业资源的运作效率。1997 年，意识到企业的业务流程无法适应战略的需要，经过一段时间的思考，华为决定上马 IPD。

二、变革规划进军国际市场

这一时期从 1998 年到 2002 年，是变革规划阶段，华为开始进军国际市场。华为实施集成产品开发 IPD 和集成供应链 ISC 变革，围绕这两个业务流，华为开始 IT 集中化研发，整合、优化流程，以此来支撑全球网络数据建设。

1998 年 8 月，华为与 IBM 公司合作启动了"IT 战略规划(IT S&P)"项目。通过该项目，明确了华为未来3～5年需要开展的业务流程变革和 IT 项目计划，涉及公司价值链的各个环节，其中 IPD（集成产品开发）和 ISC（集成供应链）是两个重点。此次变革，以建立流程化的组织为变革目标。在流程化组织结构设计上，主要依靠客户需求拉动，实现全流程贯通，提供真正的端到端服务。整个业务流程变革历时 5 年，耗资 10 亿元，是华为有史以来影响最为广泛和深远的一次管理变革。同时，随着业务流程变革的推行，一系列公司核心应用 PDM、SAP HR、NOTES 系统等也陆续上线，有力支撑了业务流程，固化了变革成果。

此次管理变革和 IT 建设，使华为各项工作与国际接轨，管理水平达到国际标准，真正走上了变机会型成功为可持续的管理型成功之路。同时，也为华为培养了大批的变革管理人才。在变革期建立起的项目办公室后来形成在华为有影响力的一个部门——管理工程部，从组织上保障了华为持续的业务变革推动和信息化建设维护。

（一）流程再造，上马IPD

1998 年初，华为以研发为切入点，实施 IPD（集成产品开发）项目。华为的 IPD 项目，即以研发为核心进行业务流程再造。当时选择研发领域主要基于两点考虑，一是如果华为介入系统和终端两个市场，就需要开发手机产品。国外手机厂商利用研发优势获得了产品的市场占有优势，华为由于研发周期相对较长，自己新产品的推出总会落后于对手，这样国外厂商就会获得高价撇脂和降价放量两个阶段的利润。二是研发环节属于企业经营的上游，一旦研发出现问题，会在下游的生产、销售等环节不断放大错误，企业整体损失很大。可以说华为以研发为切入点是找到了问题的核心。

华为每年把销售额的 10%投入产品研发，但是研发费用浪费比例和产品开发周期却是业界最佳水平的两倍以上。华为销售额虽然连年增长，但产品毛利率却逐年下降，人均效益只有 Cisco、IBM 等企业的三分之一到六分之一。

能够取得今天的成就，可以说是华为人牺牲了个人时间，加班加点赶出来的。"我们没时间将事情一次性做好，却有时间将事情一做再做！"这是华为人对自己的评价。

产品开发流程处于企业价值链最上游，开发流程出现的问题会在生产制造、销售、交付、售后服务等下游环节被十倍百倍地放大。因此，从产品开发源头入手，是提高产品投资收益、解决公司系统性问题的治根之举。华为花巨资引进 IPD，就是希望通过变革产品开发模式，缩短产品上市时间，降低费用，提升产品质量，最终提高产品赢利能力。

华为 IPD 项目划分为关注、发明和推广三个阶段。

关注阶段，进行大量的"松土"工作，即在调研诊断的基础上，进行反复的培训、研讨和沟通，使相关部门和人员真正理解 IPD 的思想和方法。

发明阶段，主要任务是方案的设计，选取三个跨部门产品开发团队 PDT（Product Development Team）做试点，并教练试点 PDT 按 IPD 进行运作。

推广阶段，逐步推进，先在 50% 的项目中推广，然后扩大到 80% 的项目，最后推广到所有项目。

华为在实际操作中发现，IPD 在华为的实施是艰难的，不仅因为 IPD 牵涉的面很大，而且华为规模大、产品线宽、系统复杂、技术含量高。

IPD 项目实施的难点之一是员工思想观念的改变；难点之二是组织和流程的切换；难点之三是打破部门壁垒，跨部门进行纵横管理，跨团队产品研发。

针对变革中出现的问题，任正非提出："先僵化，后优化，再固化"的变革指导思想。

所谓"僵化"，是站在巨人的肩膀上。管理进步的基本手段简单讲有两个方面，一是向他人学习，二是自我反思。对于致力于成为世界级领先企业的华为公司，向西方有着优秀管理模式的企业学习尤其重要。僵化就是学习初期阶段的"削足适履"。任正非指出："继续沿用过去的土办法尽管眼前还能活着，但不能保证我们今后继续活下去。现在我们需要脱下'草鞋'，换上一双'美国鞋'"。

所谓"优化"，是掌握自我批判武器。不能脱离公司的历史和发展阶段来讨论学习模式。公司提出要花 10 年时间实现与国际管理水平接轨，这说明在一个较长的时期内，公司都将处于一个规范化的阶段，一个追求管理进步的阶段。僵化是有阶段性的。优化对象分为两块，一是国外引进的，一是自己创造的。改进自己的，则要防止故步自封和缺少自我批判精神。只有认真地自我批判，才能在实践中不断吸收先进经验，优化自己。

所谓"固化"，是夯实管理平台。任正非指出，创新应该是有阶段性的和受约束的。如果没有规范的体系进行约束，创新就会是杂乱无章、无序的创新。我们要像夯土一样，一层层夯上去，一步步固化我们的创新和改进成果。表面上看，公司的运作特点是重变、重创新，但实质上应该是重固化和规范。固化就是例行化（制度化、程序化），规范化（模板化、标准化）。固化阶段是管理进步的重要一环。

在 IPD 实施落地过程中，华为应用产品数据管理系统（Product Data Management，简称 PDM），有效集成了公司的专业工具，管理这些工具产生的最终数据，让所有与产品相关的信息数据在整个公司范围内有效流动。PDM是 IPD 的一种使能器，它属于 IT 工具的一种，但不仅仅是 IT 工具。通过 PDM的实施提高了 IPD 流程的运作效率，并对流程进行固化。

实践证明，通过 IPD 的引入，华为产品研发周期显著缩短、产品成本降低、研发费用占总收入的比率降低、人均产出率大幅提高、产品质量普遍提升、花费在中途废止项目上的费用明显减少。

世界上，最先将 IPD 付诸实践的是 IBM 公司。1992 年 IBM 在激烈的市场竞争下，遭遇到严重的财政困难，公司销售收入停止增长，利润急剧下降。经过分析，IBM 发现他们在研发费用、研发损失费用和产品上市时间等几个方面远远落后于业界最佳。为了重新获得市场竞争优势，IBM 提出将产品上市时间缩短一半，在不影响产品开发结果的情况下，将研发费用减少一半的目标。为了达到这个目标，IBM 率先应用了集成产品开发（IPD）的方法。在综合了许多业界最佳实践要素的框架指导下，从流程重整和产品重整两个方面来达到缩短产品上市时间、提高产品利润、有效进行产品开发、为顾客和股东提供更大价值的目标。

"IPD 要培训、培训、再培训，让考试不合格者下岗。""IPD 关系到公司未来的生存与发展！各级组织、各级部门都要充分认识到它的重要性。"任正非曾专门对此作出指示。

为了 IPD 项目的实施，华为成立了专门的项目小组，配备了专业人员和专门的办公场所。经过一段时间的工作，项目组拿出了业务流程再造的方案，其中包含了新的研发流程的设计方案，以及组织结构调整的内容。随后各产品线着手推行新的 IPD 流程，其管理办法采用项目管理的方式。总的看来，大体的设计思路是希望通过研发人员与其他职能领域的相关人员紧密合作，打通整个研发流程的接口环节，逐步实现对产品生命周期过程的管理。这在方向上是正确的，然而推行的结果远远低于预期。新的流程效率低下，甚至出现了混乱局面。旧的问题仍然存在，同时又产生出新的麻烦，再造项目遭到很多人的抱怨。在后来的经验总结中，有各种对失败原因的解释，如流程的整体结构设计不够合理，研发团队没有得到相应的授权，职责定义不清，缺乏新的绩效考核等。这些问题也确实是失败的原因，一般的企业初次实施流程再造项目都会经过一段时间的不适应，甚至混乱。但如果从更为本质、更为深层次的原因来考虑，一个更为关键的问题是，华为在没有对研发业务流程进行彻底的、仔细的重新设计，投入的力量明显不足的情况下，就急于调整组织结构，这等于在不清晰具体要做的工作情况下就先调整了人员的安排，调整了权力和沟通的路线，其结果当然会造成混乱。这种混乱并不是一般意义上的由于变化多带来的不适应，而是存在着逻辑上的顺序错误。这一点在后来华为的实践中得到了充分证明。

华为上马 IPD，弥补了在产品技术研发上的管理缺陷，得以凭借技术创新立足于全球市场，并最终成为全球 500 强企业。

（二）数据集成，实施 PDM

随着研发项目的扩展推进，研发人员在研发设计过程中产生了大量电子文档，于是华为着手解决这个问题。通过考察后发现，PDM 不仅能很好地解决这个问题，而且对于华为的研发体系也是一种重新构建，对华为研发能力的提升也值得期许。基于对华为前景与定位的考虑，决策层决定上 PDM。

1999 年，华为 PDM 上马，该项目的完成为华为的发展奠定了基础。在

PDM 实施之前，华为没有急于挖掘需求和系统选择，而是请了国际著名的咨询公司对华为的集成产品开发流程 IPD 进行重组。华为的研发人员分布在深圳、上海、西安等全国各地，并且每个区域都有不少的研发人员。通过 IPD 项目可使跨部门的产品开发团队实现有效沟通、协调以及决策，更有利于将华为的研发产品推向市场。

"在实施 IPD 的时候，我们华为有个原则是：先固化后优化，削足适履，决心推下去。后来证明，这次的实践是对的。"华为 PDM 项目组负责人王冬梅坦言。事实证明：IPD 促成了产品研发周期缩短，产品成本降低。

其实 IPD 实施的魄力很充分地证明了公司领导很好的前瞻性。因为在 PDM 项目的进行期间，华为的业务正处于国际化的发展阶段。现在回头再看，PDM 项目其实正好配合了公司一步步的国际化进程。

通过前期调研和慎重选型，华为最终因自身的"架构先进，工作流强大"选择了 PTC 的 Windchill 软件，这同华为研发系统庞大、地域分散等现状密不可分。实施队伍由 PTC 的实施顾问、IBM 的咨询顾问以及华为自己的一支实施队伍三方力量组成。

2000 年 8 月，华为系统集成中心正式启动实施 Windchill 项目，在实施的过程中采用了"试点、切换、推广试点、再切换"的过程来推进项目的进行。整个项目分为四个大的阶段：首先在 2001 年年底实现了文档管理；然后 2002 年的国庆期间上线了 BOM，实现了同 ERP 的集成；2003 年 10 月份完成整个项目的切换；最后在全国进行推广普及。

让大多数华为工程师难忘的是，2003 年到 2004 年，30 多个 PDM 项目实施人员奔赴全国各地，连续对全国 1 万多名华为研发工程师进行培训。为了每一个工程师都能够在这个贯穿全华为的 PDM 系统上更好地工作，为华为创造更好的效益，一节一节细致入微的培训课程不仅赢得了华为的工程师们，更是为今天华为 PDM 的良好应用铺平了道路。

到现在，PDM 已经实现了与 ERP 等其他信息化系统的集成，华为分布在各地的 1 万多研发工程师可以很好地应用。目前 PDM 项目组主要的工作是优化应用、拓展应用。

华为的 PDM 实施到现在已经逐步掺入了许多自己的东西，从某种意义上华为把它定义为"研发工程师的工作平台"。对于采购信息与产品数据信息，甚至可以不通过 ERP，仅仅在 PDM 上就可以实现实时共享。

回首华为的 PDM 历程，项目组负责人王冬梅感慨良多。"现在看起来，我们把 PDM 产品用得这样深，早已超越了原来的一个产品本身的内涵。实际上，最初选型哪种产品都已经不是关键的因素了。"

（三）向供应链要效益，重整 ISC

ISC 是供应链相互间通过提供原材料、零部件、产品和服务的厂家、供应商、零售商、客户等组成的网络。管理原则是通过对供应链中的信息流、物流和资金流进行设计、规划和控制，保证实现供应链的两个关键目标：提高客户的满意度，降低供应链的总成本。ISC 不仅是一种物质的供应链，而且能集财务、信息和管理模式于一体。用任正非的话来说："集成供应链解决了，公司的管理问题基本上就全部解决了。"

在重整供应链之前，华为管理水平与业内其他公司相比存在一定差距：订单及时交货率只有 50%，国际上其他通信设备制造商的平均水平为 94%；华为的库存周转率只有 3.6 次/年，国际平均水平为 9.4 次/年；华为的订单履行周期长达 20~25 天，国际通信设备制造商平均水平为 10 天左右。重整供应链的目的就是为了设计和建立以客户为中心、成本最低的集成供应链，为华为早日成为世界级企业打下良好基础。

从变革的难度来说，ISC 重整对华为的挑战要大于 IPD 等其他变革，主要基于以下三方面的原因。

首先，ISC 变革的覆盖范围更广，它既包括公司内部的销售、采购、制造、物流和客户服务等多个业务系统，同时还包括企业外部的客户和供应商。因此，任何一个环节的问题，都会影响整个 ISC 链条运作绩效的改进。其次，供应链管理在相当大的程度上要依赖于企业 ERP、MRPII 的实施和改进水平。最后，不同市场环境下的供应链管理模型差别很大，华为没有现成可以学习的模板，只能在供应链理念的指导下，以自己和客户的现实为起点来摸索着开展项目。

ISC 的改进是一个循序渐进的过程。ISC 项目的目标首先是要建立完善的内部供应链运作流程，建立起支持供应链运作的组织体系和 IT 体系，形成内部集成供应链，并逐步建立良好的外部供应商平台。

1999 年 11 月 8 日，ISC 项目正式启动，帮助华为从设计制造直到销售都自己负责经营的模式，转为在全球范围内与供应商和销售商建立最佳合作伙伴关系，与他们形成一种长期的战略联盟，结成利益共同体。至于生产，华为开始只抓关键零部件或者成品的制造，其他更多采用外包模式。

这种由"纵向一体化"转为"横向一体化"的思维模式使得相邻的企业链接起来，成为一条"供应链"。企业间的竞争不再是单一的产品、业务间的竞争，而是供应链之间的竞争。

实现集成化供应链管理和提升的关键在于外部供应链集成。在这个阶段，华为需要采用销售点驱动的同步化、集成的计划和控制系统。它继承了客户需求数据和合作开发计划，基于约束的动态供应计划、生产计划等功能，以保证供应链中成员同步化地进行供应链管理。

随着项目的深入，需要各业务环节的直接参与，参与程度与项目成功与否有直接的关系。国际化大势也迫使华为这个国际化通信设备公司必须不断改进自己的供应链以适应市场需求，从而在国际竞争中占据优势地位。

三、全面提升实施全球化战略

这一时期从 2003 年到 2013 年，属于国际化阶段。业务是以中国为中心逐步向海外拓展，IT 建设也是随着业务的步伐进入其他国家和区域，邮件和 ERP 系统逐渐覆盖和推广到 100 多个国家，IT 开始以中国为中心走向海外，并聚焦全球业务端到端的打通。

从 2003 年到 2007 年，华为开始信息化系统的国际化建设。这几年实现了 IT 全球运维，将信息化系统扩展到华为在全球的所有业务终端，并且为更多业务提供平台支持。

2003 年华为数据中心启用，同时进行 EA（企业架构）、BI（商务智能）

系统规划以及华为电子商务系统规划的运筹。

2003 年，华为还进行了 IT 标准化建设。到 2004 年，华为 BI 系统一期（ISC BI）转产，华为电子商务平台搭建完成。2004 年，华为还进行了 CRM、EAI 规划的运作。2005 年，华为启动 CRM 系统整合项目和 EAI 项目。

2005 年到 2006 年，华为把 BI 推行到全公司并建立企业的信息中心，全面实施电子商务系统。

华为企业业务中国区 CTO 王涛认为，EA 是企业有效支撑业务战略的重要工具。华为企业架构管控框架，指导华为企业架构规划和管控华为的企业架构规划遵从 Zachman 企业架构框架。同时华为的 EA 采用两种方式规划：其一是通过业务变革项目，其二是 EA 持续完善。华为 IT 总体策略为：集中管控，分散资源。华为的 EAI 将进程、软件、标准和硬件联合起来，在其产业链上的企业系统之间实现无缝集成，使它们就像一个整体一样。尽管华为的 EAI 表现为自己一家商业实体的信息系统进行业务应用集成，但当在其业务关系企业系统之间进行商务交易的时候，就表现为不同公司实体之间的企业系统集成。华为通过上述整合，形成了聚焦全球业务端到端的打通。

关于华为的端到端建设，起始于 1997 年。

1997 年，IBM 对华为当时的管理现状进行了全面诊断，发现了一系列问题：缺乏准确、前瞻的客户需求关注，反复做无用功，浪费资源，造成高成本；没有跨部门的结构化流程，各部门都有自己的流程，但部门流程之间是靠人工衔接，运作过程割裂；组织上存在本位主义，部门墙，各自为政，造成内耗；专业技能不足，作业不规范，依赖英雄，这些英雄的成功难以复制；项目计划无效，项目实施混乱，无变更控制，版本泛滥等。

为此，华为通过 8 年的探索和实践，以客户需求为导向，构筑了流程框架，实现了高效的流程化运作，确保了端到端的优质交付。

端到端流程是指从客户需求端出发，到满足客户需求端去，提供端到端服务。端到端的输入端是市场，输出端也是市场。这个端到端必须快捷有效，流程顺畅。如此一来降低了人工成本，降低了财务成本，降低了管理成本，也就降低了运作成本。其实，端到端的改革就是进行内部最简单的、最科学的管理体系改革。因此端到端流程就是建立一系列以客户为中心、以生存为底线的管理体系，就是摆脱企业对个人的依赖，使要做的事，从输入到输出，直接地端到端，简洁有效地连通，尽可能地减少层级，使成本最低，效率最高。要把可以规范化的管理都变成扳道岔，使岗位操作标准化、制度化、简单化。就像一条龙一样，不管龙头如何舞动，其身躯内部所有关节的相互关系都不会改变。

端到端建设，要求在产品开发过程中构筑客户关注的质量、成本、可服务性、可用性及可制造性。

现在，任何产品一旦立项就成立由市场、开发、服务、制造、财务、采购、质量人员组成的团队（PDT），对产品整个开发过程进行管理和决策，确保产品一推到市场就满足客户需求。通过服务、制造、财务、采购等流程后端部门的提前加入，在产品设计阶段，就充分考虑和体现可安装、可维护、可制造、需求、成本和投资回报。并且产品一旦推向市场，全流程环节都做好准备。彻底摆脱过去开发部门开发产品，销售部门销售产品，制造部门生产产品，服务部门安装和维护产品各自为政的割裂状况。同时也消除产品推出来后，流程其他环节不知道或没有准备好的状况。

对于投资类市场，客户网络设备往往要使用10～20年，而不像消费品一样只使用一两年。因此客户购买设备时首先是选择伙伴，而不是设备。因为他们知道，一旦双方合作，就需在一个相当长的时间内共同为消费者提供服务。因此，客户选择的合作伙伴不但要具有领先的技术水平、高度稳定可靠的产品、能快速响应其发展需求，而且还要服务好、企业有长远生存下去的可能。如果达不到前面几个条件，就是送给客户，客户也不要。客户的要求就是质量好、服务好、价格低，且要快速响应需求。

目前，华为实现跨越式增长的一大秘诀就是流畅的业务运行体系和流程进化能力，即"端到端"的合同交付流程。

端到端交付，以合同为主线，包括项目立项、投标、合同签订、制造／发货／工程准备、工程实施和合同关闭的整个过程。

2006年，华为调整公司战略，从国际化向全球化转变。为了打通端到端交付流程，最大程度地满足客户需求，公司在全球范围内推行端到端，一时间"端到端"成为当年华为热门词汇。

在海外销售环节中，千辛万苦拿到的合同，没能让相关部门评审监控，结果签了又改，改了又签，时间消耗在流程反复中。不但自己受处罚，从前好不容易打造的客户满意度也功亏一篑。这些都是后端信息共享不通畅造成的，结果就是货期、工期延迟，受到客户投诉。

供应链环节中，合同处理效率低。由于前方环节造成的延误，结果不是加急催办就是反复更改。当业务体量升高，成千上万的物流信息不能高效汇总处理时，就会效率极低，且很多货物运输信息缺乏跟踪渠道。

技术人员在接到任务时，经常面临"时间紧，任务重"的情况，质量很难有保证。原因在于，合同工期马上到期，工程进展缓慢，计划混乱，手忙脚乱。

项目经理在项目实施过程中也很苦恼。投标、谈判期间对于一些风险的研判不足，并且没有及时与项目经理共享。当合同无法按时履约后，不得不面临罚款，免不了给公司造成损失。

如果财务人员不清楚合同交付情况，在收入确认、回款等方面会面临很多问题，结果可能造成巨大的财务损失。

华为交付流程"端到端"打通后，解决了公司各业务部门面临的困难。将各相关环节衔接起来，搭建集成信息交互平台，健全组织运作机制，解决了上面提到的一系列困难。提高效率就提高了一系列资源周转率，实现了企业效益最大化。

四、面向未来的 IT 2.0 时代

从 2013 年至今，华为进行全球化建设，也就是 IT 2.0 以及面向服务的架构。华为对信息系统的定义是全球化，与前一阶段国际化强调覆盖全球不同的是，全球化着重统一架构下的本地化。在最近几年里，华为实施了 IT 云战略，建设了"端管云"的 IT 安全体系，最终建设成覆盖 150 多个国家、包含近 2 万台路由器和交换机的亚太区最大企业网络。

2010 年底，华为启动"云帆计划"，正式宣布进军云计算。

2011 年，华为在全球建立 20 个云计算数据中心，加快实施云战略；10 月，华为宣布成立 IT 产品线。

2014 年 9 月，华为正式发布其名为 Fusion Sphere 5.0 的云操作系统。

2014 年 11 月，华为首席信息官邓飚向外界披露：华为全球化也就是 IT 2.0 以及面向服务的架构。

"全球化是华为近期才启动并规划的。"邓飚说，"与原有 IT 架构相比，全球化全部基于云计算，立足后天看明天，面向未来设计了全新架构；基于 SaaS 服务，业务模式得以改变，从以流程和管控为中心转变到以用户为中心；通过数据协同业务，推动业务发展。"

华为 IT 发布了 23 条 IT 原则（Policy），其中第 19 条内容是：规模化使用云计算等成熟先进的 IT 技术。以数据中心为例，华为将全球规划为一个虚拟化 Global 的云数据中心，并真正建设面向未来的云应用平台，构建未来 IT 架构。

IT 2.0 是华为面向未来的下一代 IT 架构，包含 IT 技术服务、软件服务。其中各项服务都分别包含很多内容，比如 IT 技术服务就包括云数据中心（Datacenter as a Service）以及 PaaS 层的 H.A.E. 解决方案。软件服务包含面向销售、交付等生产业务，规划和建设 5 朵云；面向研发体系建设 7 朵云，包括桌面云、仿真云、测试云、杀毒云等。

华为在全球布局了 3 个 EDC、8 个 RDC（区域数据中心）以及 60 多个 SR（服务器机房），形成了两地三中心、同城双活、异地容灾的格局，建立了 100 毫秒的全球数据中心覆盖圈。而在今年 1 月华为 IT 的容灾演练中，将 IT 系统从深圳切换至南京容灾中心，所有系统在 4 小时之内全部完成切换，其中最核心的系统只花了 2 小时。

华为 PaaS 层的 H.A.E 解决方案原生支撑 DevOps 模式，支持云开发、云调测、云构建、云部署、云发布的一体化，大幅提升了应用开发的性能、质量和效率。在面向未来商业环境和作业场景的问题上，华为认为 IT 系统要能够支撑好 CC3 的一线作战（CC3 包括客户经理、产品经理和交付经理）。为此，整个 IT 架构作了很大调整，以前是以流程、管控为中心，现在调整为以业务、作战单元为中心。例如交付经理通过罗盘工具（正在试点阶段）把各个原来的 IT 系统进行集成和数据打通，打通之后交付效率大幅提升。每年全球要交付大量的基站，如果每个交付经理能提升 50%的工作效率，将是非常大的效益。

华为针对大数据和实时计算，试点实时供应链。通过构建实时供应可视化引擎、订单模拟引擎、订单/配置大数据分析引擎等，驱动华为的供应体系变得更加透明、可视，智能。

不过，据华为首席信息官邓飚表示，在实时供应链上，"目前这方面做得还不够好，供应计划有些信息还不可视、不及时。希望在新的 IT 2.0 架构下，能够做到根据客户订单的变化，实时模拟计算出供应计划的调整，迅速告诉给客户调整后设备什么时候可以到达现场，使得供应体系变得更加透明可视。"

在研发领域，华为通过面向研发领域构建的 7 朵云，解决了之前编译构建效率低、无效等待时间长、业务操作不灵活的问题。

在对办公系统的规划上，华为并不是着眼于传统 IT 技术的改良，而是充分采用移动互联、社交、大数据和云计算等技术进行升级换代，构建面向未来的办公系统。华为把邮件系统和 IM 即时消息打通，通过华为内部的 eSpace 移动社交平台就可以处理邮件，通过邮件系统也可以收发即时消息。另外，华为 IT 还推出了云盘，使得全球的带宽和邮件存储大幅下降，IT 效率获得较大提升。同时实现了在全球各个办公室让员工通过移动终端无线办公；全融合的智真会议系统，每年支撑几万场智真会议，节约了大量成本。

（一）开放的 IT 2.0 架构

华为的 IT 2.0 架构是一个开放的架构，提供一个开放的平台，支撑以人为中心的作战系统。IT 2.0 的目标对企业内部而言是要实现现金流、物流和信息流的透明可视管理，对外要做到华为、客户以及合作伙伴的数据共享以及高效协同。

因此，IT 2.0 主要包括三个部分。

第一，构建一个全球云化的数据中心，对于最终用户来讲全球就一个云数据中心。华为在东莞、南京实现了两地三中心，下一步在贵州要规划计算平面的数据中心。

第二，构建一个强大的 PaaS 云平台，这个 PaaS 平台主要包括三个部分：1. H.A.E 云平台，华为大量的应用都可通过这个平台承载，支持弹性扩展；2. 软件包平台；3. 大数据平台。

第三，基于华为的应用云，构建以人为中心的作战系统，把从支撑功能部门为主导，转换成支撑以流程角色和以人为中心的 IT 作战系统。

（二）云计算引擎

营销三朵云，包括体验云、知识云、方案云。过去需要顶级专家跟客户交流，但有时专家却没法现身。现在华为在全球建立了 6 个体验中心，通过云的方式把解决方案的体验高保真、高效率地送到客户面前。在知识云和方案云方面，通过云把人和知识、专家进行了高效连接。华为以前发现专家做解决方案的时候水平有高有低，现在通过云的方式保证了解决方案高质量输出，也促进了员工技能的快速提升。华为把知识库云化，通过这个强大知识库的延伸，使得无论中方员工还是全球各国本地员工，都可以获得足够的知识支撑，快速提升技能。

生产五朵云，包括销售云、财经云、交付云、供应云、采购云。以前这些系统的后台数据库是一个一个独立的，数据之间集成负载很重，效率也比较低。现在华为把后端 30 多个数据库整合成 5 个，把传统软件包的很多功能进行了云化和服务化，架构简化解耦，实现了前轻后重的架构。前端是基于移动、社交化的一站式工作台，后端云平台负责处理复杂的业务逻辑。

（三）大数据引擎

华为认为大数据是数据、是技术，更是思维。华为以前非常多地关注内部数据，现在更多地把视角放在了外部数据，放到了多样化的数据。在这个海量数据的时代，技术进步（例如分布式技术、挖掘技术等）使得华为对大数据的处理能力有了一个质的飞跃。同时华为认为大数据更是思维，这个思维是指跨界思维、实践思维、定量思维、相关思维。华为现在看到的一切都可以数据化，例如一个人每天行走了多少步、心跳、呼吸等都可以数据化，这些数据如果和体育用品结合起来，就能发挥出全新的、更大的价值。

华为的大数据战略主要包括五个维度：文化维度、数据维度、技术维度、应用维度、组织维度。

在文化维度上，大数据工作强调高层关注、CEO 重视，因为数据就是企业资产。

在数据维度上，数据一定要贯穿、分享和沉淀才会有生命。用数据贯穿梳理整个组织，它的价值远比保留在一个部门里大得多，这也是未来 5 年华为准备做的事情，用数据来驱动整个组织。

在技术维度上，华为建立了企业级的统一技术平台，整合了企业内外的数据、结构化与非结构化数据，融合了分析与应用。

在应用维度上，大数据最终要实现企业的商业价值，因此它是用来驱动业务的，驱动产品研发、营销、销售、生产、供应和服务。总而言之，大数据对华为的产品研发、营销、服务等都有很大帮助。

在组织维度上，华为内部有 CDO，有大数据的管理团队，下面还有大数据运营团队，只有组织健全才能把大数据作为企业战略来做。

（四）华为发布企业云战略

2015 年 7 月 30 日，华为在北京正式发布面向国内市场的企业云战略。华为此次对外发布了面向金融、媒资、城市以及公共服务、园区、软件开发等多个垂直行业的企业云服务解决方案。

据悉，在 IT 领域，华为全球部署了 5 个专注于云计算的研发中心，涉及研发人员超过 10 000 人；在全球建设了 400 多个数据中心，其中有 120 个云数据中心。华为企业云服务采用一个架构支持私有云和公有云，具备开放的混合云架构。

2015 年 9 月 18 日，第五届华为云计算大会（HCC）在上海举行，来自80 多个国家的 1 万多名行业精英、意见领袖、合作伙伴参观了华为云计算领域的最新产品和解决方案。大会延续了"精简 IT、敏捷商道"的主题，并围绕"云转型、新标杆"的新理念，与参会者分享最新的产业趋势，探讨云时代的转型机遇和挑战。

"华为将聚焦 IT 基础设施，围绕软件平台和企业云服务，构建云生态。"华为轮值 CEO 徐直军向参会嘉宾介绍了华为云生态构建策略。"华为坚持以商业合作为核心，以技术合作和人才培养为支撑，共同打造华为云生态，和合作伙伴一起，共同做大产业，实现共赢。"

徐直军表示："未来几年里，充分发挥华为的技术优势和合作伙伴的优势，构建出领先的云操作系统、大数据平台、PaaS 平台，构建出如同亚马逊河一样生机勃勃的开放云生态。"

作为全球领先的 ICT 解决方案供应商，华为在大会上重点展示了三个软件平台：FusionSphere、FusionInsight 和 FusionStage。面向企业和运营商客户推出的 FusionSpheren 6.0 版本在组件、架构、生态三个维度全面拥抱开源，实现了深度的软件开放，为客户提供非常灵活的软件选择。如今，华为 FusionSphere 已服务全球 80 多个国家和地区，合计超过 1000 家客户，覆盖政府及公共事业、金融、运营商、能源、交通、媒资、制造等行业，在助力客户业务转型和商业成功的过程中，协助企业完成 IT 转型。

华为 IT 产品线总裁郑叶来表示："华为携手合作伙伴，用云的技术和方案帮助客户实现转型。在云计算解决方案的架构、软件、硬件、服务等各个层次，华为通过聚焦和不懈努力，致力于帮助客户成为云转型的新标杆。"

华为还正式发布了面向未来的数据服务平台 OceanStor DJ，通过统一管理存储资源和数据管理软件，提供按需使用的数据存储和管理服务，帮助数据中心极大地提升运营效率。

技工贸 VS 贸工技

第十三章

联想"技工贸"与"贸工技"之轮回

一、计算所独资创办联想

"在改革开放的大潮中，计算所成功地做成了两件具有长远影响的事情。

1984年，成立了计算所新技术发展公司，它是联想集团的前身。公司将联想式汉字微机系统科研成果转化成联想汉卡，作为创业阶段的主要产品推向市场，实行科研、开发、生产、销售一条龙的企业化管理体制。后来，公司更名为北京联想计算机集团公司。"

关于联想的创办，在中国科学院计算技术研究所主页"计算所概况"—"历史沿革"—"推动国民经济建设"部分有着详细的介绍。

（一）联想应运而生

20世纪80年代，在改革开放政策的指引下，校办企业、院（所）办企业纷纷涌现。1984年11月，中国第一个计算领域的研究所——中科院计算所创办了"中国科学院计算技术研究所新技术发展公司"。

新技术发展公司（又称计算所公司、后更名为"联想"），承接了计算所研究成果"联想式汉字输入系统"即联想汉卡，将其作为拳头产品推向市场，为企业发展赢得了第一桶金，汉卡利税上亿元。在推销汉卡的过程中，组建了联想的销售队伍，开辟了销售渠道，这是联想产业链的发端。后来联想顺势推出自有品牌联想微机，在推销汉卡与微机的基础上，联想销售渠道获得进一步拓展与变革。

1984 年，以四通、信通、京海、科海（两通两海）为代表的一大批民营科技公司先后成立。加上为满足本地购买需求成立的店铺，中关村"电子一条街"初具规模。事实上，无论"两通两海"还是中关村"电子一条街"，都跟中科院计算所有着直接或间接的关系。在这一时期，计算所亲自尝试创办的高科技企业有 20 多家，参与创建的则更多：联想、希望、曙光、科健等。这其中既有计算所投资创办的，也有参股创办的，抑或是以计算所人员为主体创建的，而联想则是计算所全资创办的。

新技术发展公司成立后，在计算所大院门口原有的"中国科学院计算技术研究所"和"中国计算机学会"两块牌子旁边，出现了一块"新技术发展公司"的牌子。

计算所和计算所公司的招牌并排挂在计算所大院门口

这个公司是计算所的独资公司，董事长由所长曾茂朝兼任，原业务处副处长王树和任总经理，原第八研究室副主任张祖祥和第六研究室柳传志任副总经理，倪光南副研究员任总工程师。所内员工可自愿加入公司并保留人事关系，允许退出公司回所。公司可无偿转化所内成果。历年来共有 130 多位计算所员工带着计算所的许多科技成果进入公司。现在他们大多已退休，由计算所二部管理，领取国家退休金。1989 年公司更名为"北京联想计算机集团公司"，由"所管公司"升为"院管公司"，一度成为中国高技术界的龙头企业。

图为计算所公司首任总经理王树和（坐者）与副总经理柳传志（立者）

倪光南在 1984 年 12 月就任计算所公司总工程师后，汉卡的全部技术也都带入了公司。在公司"开发、生产、销售、服务一条龙"的共同努力下，第一型联想汉卡在 1985 年 5 月开始投放市场。

计算所公司创办初期，计算所从人力、物力、财力、科技成果以及无形资产等诸多方面给予了大力支持，实际上是将其当做"计算所的窗口"对待。创办时期计算所对计算所公司的投入如下表所示。

项目	时期	贡献	投入情况
联想式汉卡等科技成果	1984 年底创建时	立即获得重大知识产权，是计算所投入的主要资产	包括联想式汉卡、FAX 卡、GK40 可编程控制器、PLAN 网等许多成果。其中仅联想式汉卡历年销售就达 16000 套，为公司头 3 年创利 1237 万元，总共创利上亿元。这些成果的知识产权价值在当时都未作评估。日前第三方机构对其中的联想式汉卡作了评估，结论是，"在资产评估基准日 1985 年 5 月 31 日，知识产权——专有技术联想式汉卡的经济价值为人民币 11007.02 万元。"
科技人员	创建时及其后	立即拥有强大、成熟的科技团队	所内 130 余位科技人员以"兼职"形式加入，形成强大的科技创新力量，他们一律保留计算所人事关系，除联想工资外，所里工资照发（至今累计几百万），福利等各种待遇依旧。如退出公司仍可回所工作，退休后则属计算所退休职工，享受国家退休待遇

续表

项目	时期	贡献	投入情况
土地和场所	创建时及其后	减少大量固定资产和研发投入	创建时给了公司几十间实验室和办公室；微机部成立后给了 "5500 大楼"；1993 年给了半个 "攻关楼"；2000 年前后联想以与计算所共建 "联想科技园" 为名，获取了计算所 6 万余平方米国拨科技用地，创建了民营的 "融科智地" 房地产公司。有很多外国跨国公司租用，是后来民营的 "联想控股" 的重要利润来源
担保及品牌	创建时及其后	立即获得重大品牌价值	为公司的上千万元贷款作担保；公司可用计算所这块 "金字招牌"，作为 "计算所的窗口" 来招揽顾客。公司全称为 "中国科学院计算技术研究所新技术发展公司"
仪器设备和现金	创建时	减少若干研发投入	可无偿使用所内众多仪器设备，其中仅 Tek 公司的宽带存储示波器和双线宽带示波器两台价值就达约 30 万元。另外计算所还投入现金 20 万元

联想创业初期，计算所知识产权的投入为其奠定了坚实的发展基础。2009 年 3 月 20 日中科院高技术研发局副局长肖云汉代表中科院，在中关村国家自主创新示范区动员大会上指出，"上世纪 80 年代……中科院又率先实行了 '一院两制' 的运行体制，以自主知识产权出资参股，成立了一批高新技术企业。联想等中科院企业从科研事业单位中 '分离' 出来，以公司的形式获得人、财、物支配的经营权，实现了科研与市场的互动，以及智力成果向市场产品的价值转移。"

所谓 "一院两制" 运行体制，事实上就是在院所里分拨出一些科研人员，专门从事某项研究或转化科技成果的市场运作。这些员工依然是院所编制，参与的公司实体事实上属于院所的一个部门，尽管这些公司实体对外具有法人主体资格。

不过由于当时的历史条件所限，无形资产都没有进行评估。有很多人认为联想集团以开发成功联想汉字系统起家并由此得名。而如上所述，在公司成立时联想汉卡已在所里研制了十多年，即将变成产品，所以在公司成立半年后即进入市场。而且汉卡推广所需的大量资金也来自计算所担保的贷款。

公司的第一个手册封面使用的就是计算所北楼（主楼）的形象。

1985 年计算所公司的第一个手册

计算所创办联想后，先后有约 130 名科技人员到联想工作，直到从联想退休。下面是其中 126 人的名单（已成为联想高管的不在本名单中）。

王平生	步铁锚	常金声	高　平	何早立	黄凤丽	霍双仁	李京红
李明义	李维忠	刘绍棠	芦杨青	梅桂娥	孟秋芬	米凤军	任晋安
王玉娥	吴国利	肖　琪	张献珍	李天福	王帮楚	王洪婵	王秋菊
王嵩正	吴红鹰	杨继文	张建平	安学林	白世昌	曹桂琴	曾冠群
陈大有	陈光明	陈美玉	陈燕云	陈芷英	陈志刚	崔宝杰	戴惠芬
董瑞珍	窦喜平	范秉真	冯恭祐	冯锡山	甘　鸿	高东荣	戈维民
葛淑云	龚国兴	郭　华	何其庆	何　涛	何玉珍	胡罗生	胡振忠
贾庆玉	贾婉珍	姜延玲	金开贵	李德君	李敬一	李　平	李燕仲

李玉新	梁培基	林秀英	凌德芳	刘汉才	刘俊麒	刘筱琇	马宝凤
马盛发	庞大伟	秦瑞祺	邵秀秀	宋世金	孙祖希	唐恩鸣	唐　煦
田玉文	万良银	汪秀英	王爱芬	王惠芝	王俊峰	王世兰	王世琪
王世儒	王世英	王双增	王廷俊	王文芳	王心蓉	王秀芬	王永利
魏元均	吴学端	谢德实	闫书琴	杨宝琪	杨丽芳	杨仁绂	杨秀香
杨永强	袁保玑	张克敏	张良超	张露茜	张品贤	张汝耀	张淑兰
张侠华	张振强	赵贵英	赵建平	赵金贵	赵全堂	赵新民	郑亚娴
支碧岑	钟秉慧	周玲秀	朱行超	庄青荣	邹志国		

脱胎于中科院计算所的联想公司继承了计算所的优良基因。计算所作为中国第一个计算机研究所，历史上创下了许多 "第一"。如生产了中国第一台大型电子计算机，中国第一台自行设计的第一代、第二代、第三代大型电子计算机……这些计算机打破了西方的封锁，支撑了"两弹一星"等重大项目，为科技事业做出了卓越贡献。为国争光、科技强国的思想深深扎根于计算所员工的心中。

事实上，中科院计算所是中国计算机事业的摇篮。计算所先后为国家培养了几百名我国最早的计算技术专业人员，在这里工作或学习过的院士有二十余位，全国各省市自治区以及高校的早期计算机人才，大多是计算所培养的。为此，中科院计算所堪称中国计算机事业的"黄埔军校"。据传，计算所内流传着这样一个说法："所里一个虫，出去一条龙。"而计算所为全国各行各业输送的许多科研骨干，他们中不少人成为了所在行业领军人物甚至高级党政负责人，比如工信部副部长陈肇雄就是计算所毕业的博士生，并在计算所从事多年科研工作，经历了实习研究员、助理研究员和副研究员的过程。

计算所的"所训"是：求实进取。核心是求实。早年的计算所公司是计算所贯彻"一院两制"，实行企业运营机制的一部分，自然继承了计算所的基因，在联想创办的前十年发挥了重要作用。

与此同时，中科院也给予公司很大支持，并将计算所公司作为中科院推行"一院两制"（两制即研究体制和企业体制）的样板推广。下图为中科院周光召院长在公司首任总经理王树和陪同下视察公司，观看倪光南等人的汉卡演示。

中科院周光召院长在公司首任总经理王树和陪同下观看联想式汉卡演示

（二）关于联想创办

联想是产学研相结合的典型，是中科院 "一院两制" 的典型。联想起家的有关资料保存完整，文字图片应有尽有，主要当事人也还都健在，计算所创办联想本是不争的事实。

但是在 1986 年柳传志出任总经理后，联想多年来投入巨资进行广泛宣传，极力渲染联想是个人创办的民营企业。最具代表性的是：2009 年 3 月 22 日，柳传志在中关村国家自主创新示范区动员大会上，当着中央领导同志和广大群众宣称："20 年前，我走出研究所，在中关村电子一条街上一间 20 平米大的传达室创办了联想。"事实上，柳传志这段话基本上不符合事实。应该纠正为：24 年前，计算所投入了以知识产权为主的许多资源，在所内创办了转化科技成果的计算所公司，20 年前该公司改名为联想。由此可见联想的这类宣传，往往在有关时间、地点、名称、人物、机构上，与事实有背离。也常常是无材料、无图片、无旁证，只凭个人口述。

不过，在海量媒体无数遍的重复下，柳传志 "带领 11 人起家" "20 万元起家" "一间传达室起家" "贸工技起家" 等宣传，已经家喻户晓，变成了 "真理"。例如全国工商联就早早地把国营企业联想当做民营企业，并将国有企业经理人柳传志选为全国工商联副主席。虽然按照国家法规，直到 2009 年泛海受让中科院 "国科" 的 29% 股份后，联想才称得上是民营企业，柳传志才称得上是民营企业家。就这样，柳传志甚至被拥上 "中国 IT 教父" 的宝座。

二、"技工贸" 战略黄金十年

（一）1985—1986 年，以技术服务积累资金阶段——联想式汉卡赚得 70 万

1985 年 5 月，第一批联想式汉卡投放市场。在 1985 年 5 月 9 日发布的计算所公司产品目录上，列出了 17 个产品，联想式汉卡位列第一。6 月 25 日，联想式汉卡送到北京市计算机展览会上参展。

第一年（1985 年）公司利润的来源正是因为已开发出联想式汉卡，因此在与其他公司的竞争中赢得了中科院的 500 台 PC 机的合同，这些 PC 机都配联想式汉卡，公司又为这 500 台微机验机、装汉卡、培训、服务，因而通过这一合同取得了 70 万元利润。正如朱丽兰同志在 1994 年 12 月 8 日联想集团成立十周年大会上所说，"联想集团的成功，是计算所多年来成果积累的一种体现，如果没有这样一个坚实的科技背景是不行的。"而联想式汉卡正是计算所多年来成果积累和坚实的科技背景的具体体现。

1984 年底计算所公司成立时计算所对公司的投入，其中主要是无形资产，包括：即将形成产品的联想汉卡技术；计算所的声誉和技术后盾；计算所提供的大量贷款担保；计算所交给公司承担的一些科研任务等。

事实上，联想创办初期，完全依靠计算所的各种资源进行业务发展，主要表现形式就是，从计算所获得 "稳定利润来源"。

在联想控股有限公司总裁柳传志署名文章《联想初创回忆录》中写道："1985年，与计算所的血肉联系，让我们终于掘得了第一桶金。"

而在凌志军《联想风云》中，第35页就有关于联想依靠计算所资源搞技术服务积累资金的叙述："最重要的一件事，副研究员倪光南兼任公司总工程师，并把计算所的研究成果'汉字系统'带到公司。""这一技术在计算所历经10年的研究，在来到公司之后不过6个月，已经售出至少100套，为公司带来大约40万元的毛利润，也让柳传志看到了公司的未来之路。"

（二）1986-1988年，以拳头产品开拓市场阶段——汉卡伴随上亿元利税谢幕

从1968年做出汉字显示器算起，到1985年投放市场，联想式汉卡从开始研究到推出产品，用了十多年时间。

1985年4月到1987年12月，计算所公司出售联想汉卡新增产值3473.5万元，新增利税1237.5万元。这不仅带动了公司的计算机销售，也使公司头3年的销售额以每年500%的速度增长，1987年产值逼近亿元，进入中关村大公司的行列。

1987年6月26日，柳传志在《科学报》发表署名文章指出："三年来，我们紧紧依靠和充分发挥所里拥有的计算机高技术优势，形成了联想式微机通用汉卡与微机通信系统等拳头产品。"

1988年3月，计算所公司总经理柳传志在中科院思想政治工作研究会上讲话说："我们主要以倪光南同志发明的联想式汉卡作为拳头产品，作为龙头，带动起整个经销。"

1988年5月31日，时任中科院院长周光召在《计算机信息报》发表文章指出："公司成立三年来，坚持'以研究所为后盾，以市场为目标，以产品为龙头，实行科研、试制、生产、经营一条龙'的方针，开发了以联想式汉卡为代表的一批拳头产品。"

1988年10月，新华社高级记者顾迈南、汤华在《瞭望》周刊发表他们采写的报道《倪光南和他的联想世界》中写道："计算所公司职员大家说'正

是倪光南的联想汉卡成为公司开发的重点产品，才使公司的生存与发展有了坚实的基础和可靠的保证。'"

历年来汉卡取得了重大的经济效益和社会效益，特别是在起家阶段，它为计算所公司挖到了第一桶金。下图为计算所公司头三年(1985-1987)营业额增长情形。

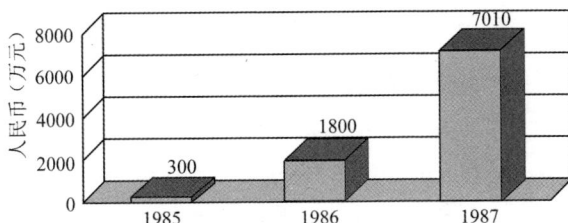

计算所公司头三年（1985-1987）营业额增长

下图为汉卡对公司业务的贡献状况，它在全部产值和利税中分别占了38.1%和45.6%。除了这一直接效益外，它还带动了PC的销售（买汉卡的用户往往都买PC），有重大的间接效益。正如公司总经理柳传志在1988年4月18日所说："联想式汉卡是参与市场竞争的拳头产品，至今已销出1万套联想式汉卡，不仅取得了明显的直接经济效益，而且其间接的经济效益和社会效益也是相当可观的。"至于其他效益，最显著的应是它对联想集团企业品牌的贡献。

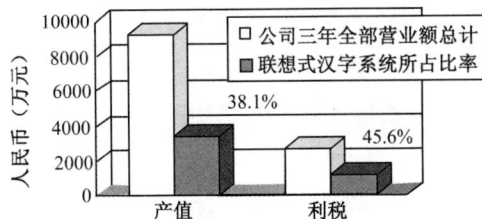

计算所公司头三年（1985-1987）联想汉卡贡献状况

（三）1988－1990，形成外向型技工贸一体化的产业结构阶段——研发联想286微机

作为公司技术带头人，总工程师倪光南认为联想式汉卡不会一直兴旺，它和其他高技术产品一样，自然会走向消亡。基于这种认识，倪光南在联想

式汉卡业绩还在上升期的 1988 年就把重点转向了微机的开发，他把联想汉字系统交给了许志平负责，自己除了仍抓汉卡硬件的改进外，软件从 V3.0 版本后就由许志平负责。

1. 自有品牌微机联想 286 推出

1988 年 6 月，由北京联想、中国技术转让公司和港商吕谭平等各投资 30 万港币合资建立了香港联想。中科院院长周光召赶赴香港，主持联想香港公司的开张仪式，鼎力支持计算所公司。

从此，倪光南和他的研制组成员夜以继日地把全部心血都投入到研制联想 286 微机身上。当时，由于一部分研发工作放在香港联想进行，倪光南不得不在香港做了很长时间的一线工作。那时来去香港还不方便，所以联想微机的主要开发工作是在计算所做的。

香港联想公司的业务依托北京联想的保底市场，以代理 AST 微机为主。因为联想式汉卡只适合国内市场，因此需要为海外市场开发新产品。依靠北京联想的技术力量，完全能够在短时间内设计出有竞争力的微机产品。在当时，PC-XT 已被淘汰，286 微机是主流机型，而 386 属于高档产品，386 的支持套片还不成熟。由于时间紧迫，公司决定先开发生产 286 微机，并成立了由倪光南、秦梅芳、杨建祖等组成的开发队伍，立下"军令状"：在 3 个月内搞出样机，参加汉诺威的 CeBIT 展览会。

计算所公司的研发场地就在计算所的大楼里，开发用的逻辑分析仪、宽带示波器、存储示波器等昂贵设备就使用计算所现成的。由于有计算所这个坚强后盾，研发团队开发微机进度很快。但是微机主板的试制生产是在香港，所以最后的调试也在香港，这样工作条件就差了。倪光南身边只有两个技术人员作助手，设备只有一台指标很低的示波器。如此一来，就要更多地依靠经验来调试，对此倪光南说，"这还要感谢多年来在计算所参与调机工作的锻炼。"最后联想 286 微机的研制赶上了赴汉诺威参展的日期。

据当时的媒体报道称，联想研发的微机板卡有着很多先进的地方，具有独特的改动。

1989 年 3 月，联想在德国汉诺威的 CeBIT 博览会上首次推出的联想 286 微机主板产品，不是采用的"公板"（已设计好的现成主板），而是联想研发人员自行设计的。尤其采用了"零等待页面模式"和"隐蔽再生"技术，使性能得到较大提高。用测速软件测试，运算速度是当时中国市场上最快的 286（AST 286）的 1.7 倍，这就使联想 286 在汉诺威展上一鸣惊人、影响轰动，并成为畅销品。

1989 年 11 月，计算所公司改名联想集团。中科院院长周光召宣布集团公司董事会名单，柳传志作为公司职工代表、倪光南作为科技专家代表入选。

联想微机在汉诺威一举成名，掀起了国内第一次微机热，成为拉动国内市场的巨手。

1990 年北京联想在国内市场上推出了采用自己设计制造的主板、打出联想自己品牌的微机，成为当时国内四家自有品牌微机的公司（长城、联想、浪潮、东海）之一。

第一台 286 开发完成后，倪光南从北京抽调了一批骨干，再招兵买马，组建了香港和深圳的 R&D 部。这两部分是一个整体，统一领导，开发人员大多在深圳以减少费用，主要骨干则来往于香港、深圳之间。PC 的核心技术如 CPU、支持套片、BIOS 等都需要依靠外国厂商，而当时这些公司在亚太地区只支持东京、汉城、香港三处。因此主要骨干来往于香港、深圳之间，可以取得这些厂商的支持，使联想微机的开发与国际同步。

2. 国内唯一最强微机开发设计团队

虽然联想推出自有品牌微机较迟，但联想在香港和深圳的 R&D 部是国内最强的微机设计队伍。联想微机能使用自己设计制造的主板、扩展卡，而其他各家只能依靠进口。这不但使联想微机具有性能价格比的优势，而且使联想能比国内别家公司更早推出新的机型。今天，一个公司如果能得到 Intel 公司的支持，可以在第一时间和跨国公司同步发布最新的机型。而且现在各家公司的微机性能指标基本一样，这是 PC 更加标准化，集成度愈来愈高以及 Intel 公司也介入支持套片和主板业务的结果。但在 1990 年时并不是这种情况，那时一家微机公司只有拥有很强的微机设计能力，才能比别人早推出新机型，而且各家公司的微机性能指标各不相同，各有特色。

例如 1990 年联想 286 微机进入国内市场时，它的速度比当时最流行的 AST 286 快 0.7 倍，价格却便宜几千元，质量也很过好。一次，前门某用户失火，一台联想 286 的外壳都被烧得变了形，但通上电后仍能正常运行。

与公司的两个主要拳头产品相关的重要事件中，最重要的是联想式汉卡创建了"联想"品牌，因而在 1989 年 11 月计算所公司改名（或称"重组"）为联想集团，当年公司产值已达到 4 亿元，和四通齐名，成为中关村高新技术企业的两大龙头。接着公司开发出联想微机，发展了"联想"品牌，使联想集团进一步成长。当然，联想微机没有直接继承计算所的成果，但之所以能迅速开发出有竞争力的微机产品，也是和公司员工在计算所长期工作所积累的知识、技能和经验分不开的。而且联想系列微机的第一个产品联想 286正是在计算所公司中开发成功的，所以联想系列微机的成功也包含着计算所的贡献。

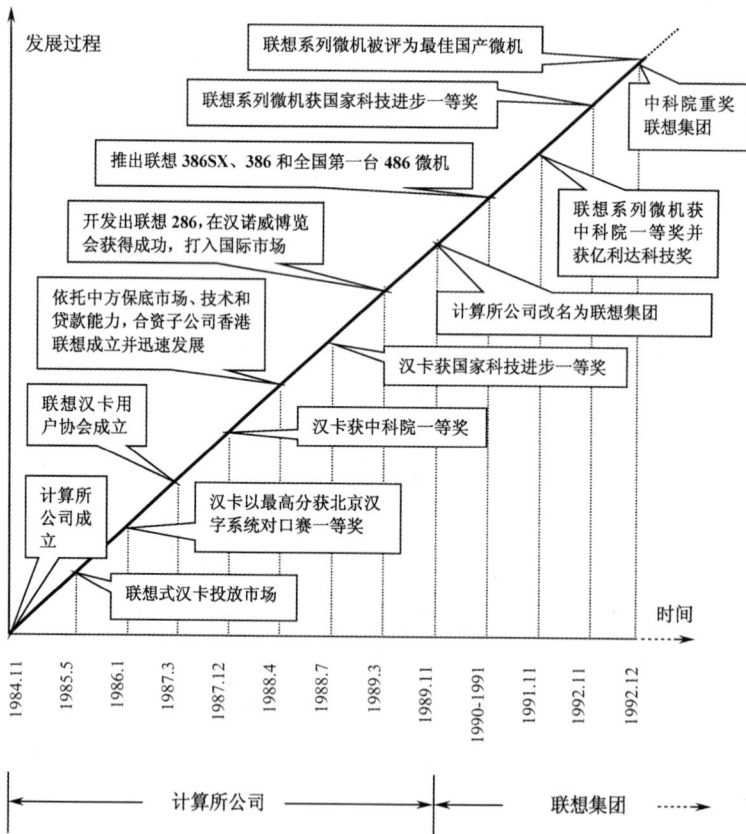

公司的两个主要拳头产品相关的重要事件（1984-1992）

下表为与联想式汉卡和联想系列微机相关的大事记。

1968	计算所研制了 717 机,六室显示组万永熙等为该机研制了中国第一台汉字显示器,倪光南参与了研制。接着,万永熙、倪光南等为 SK-1(数控 1)机研制了光笔图形显示器。后来倪光南和显示组合作,基于 SK-1 机技术研制了在 111 大型计算机上用做联想汉字处理所需的人机交互设备,即光笔汉字显示器
1974	8 月倪光南代表计算所参加了 748 工程会议,和清华大学张昕中教授等同行进行了技术交流,并在计算所阶梯教室作了"联想输入"学术报告,首次提出联想输入法,所内万永熙等听取了报告。随后根据倪光南的提议,六室输入组立项,进行汉字信息处理研究
1978	11 月第一次全国汉字编码会议在青岛召开,倪光南为六人领导小组成员之一,在会上介绍了联想式汉字系统研制情况。会后倪光南在《光明日报》发表"计算机和汉字信息处理"论文
1979	"111 汉字信息处理系统"获中科院二等奖,主要科研人员:竺乃刚、倪光南、马长山、陈芷英、刘金铎。研制中使用了 111 大型计算机及为联想汉字处理所研制的光笔汉字显示器
1980	倪光南、秦梅芳等将联想汉字处理技术产品化,研制了"汉字图形显示功能板",转让给了船舶总公司 457 厂、苏州计算机厂等单位生产
1984	5 月 LX-80 联想汉字图形微机系统获中科院三等奖,主要科技人员:倪光南、竺乃刚、秦梅芳、平镇中、杨展青、高仲操、陈芷英。该成果转让给大连科华公司、457 厂、广东省科学院实验工厂等,共生产了 600 台。LX-80 是联想式汉卡的前身
1984	LX-80 完成后,倪光南研制组着手将 LX-80 移植到 PC 上成为联想式汉卡,得到了中航深圳工贸中心和信通公司的支持。1984 年 8 月 30 日由计算所业务处(王树和为副处长)与中航深圳工贸中心签订了合作开发联想式汉卡协议
1984.11	计算所创办了计算所新技术发展公司(计算所公司),所长曾茂朝兼任董事长,王树和任总经理,张祖祥、柳传志任副总经理。12 月倪光南出任总工,把即将成为产品的联想式汉卡全部技术带入公司
1985.5	第一型联想式汉卡投放市场,公司依靠汉卡取得中科院 500 台微机(带汉卡)的合同,当年盈利 70 万元。计算所公司给中航深圳工贸中心 6 万元作为他们曾提供 2 台 PC-XT 的补偿,此后联想式汉卡由计算所公司独家进行产业化
1985.11	联想式汉字微型机(LX-PC)系统在王选教授主持下通过中科院院级鉴定
1986.1	联想式汉卡以最高分获得北京地区汉字系统对口赛一等奖
1986.4	计算所公司刘筱秀、许庆元等创建小型机部,贺志强等开发的基于联想式汉卡的 IBM3270 仿真系统成为拳头产品,从此发展了公司的系统集成和服务业务。他们和袁保玑做主任的软件中心构成后来从联想分拆出去的神州数码的重要基础

1986.7	联想式汉卡获得国务院电子振兴领导小组颁发的应用支持系统奖
1987.3	为密切与用户的联系，改进对汉卡的支持服务，中国计算机用户协会联想式汉字系统协会成立，并出版了《联想世界》期刊
1987.12	联想式汉字微型机（LX-PC）系统获得中科院科技进步一等奖。研制单位：计算技术研究所，主要科研人员：倪光南、秦梅芳、胡锡兰、何玉珍、贺志强、周晓兰、李玉新、严开明、平镇中、陈浩彬、钱华林、宫照宇、陈俭、许志平、李思东
1987.12	联想式汉卡头三年（1985.4-1987.12）为公司创造利润 1237.5 万元（包括退税），并带动了公司的微机销售，使公司头三年的销售额以每年 500% 的速度增长。1987 年产值逼近亿元，使计算所公司进入了中关村大公司的行列
1988. 4	计算所公司、中国技术转让公司和港方（吕谭平等四人的导远公司）成立香港联想公司，依托中方保底市场、技术、贷款和商誉，香港联想业务取得迅速发展
1988.11	联想式汉字微型机（LX-PC）系统获得国家科技进步一等奖，完成单位：中科院计算所。应用单位：计算所公司。主要完成人：倪光南、秦梅芳、钱华林、陈浩斌、严开明、平镇中、胡锡兰、郑茂松、何玉珍、贺志强、李玉新。这是中国众多汉字系统中首个获得国家科技进步一等奖的系统
1989.3	联想 286 微机在汉诺威博览会取得成功，联想主板和扩展卡批量进入国际市场。在博览会展出的还有公司副总工程师钱华林等研发的联想 FAX 卡
1989.11	计算所公司改名为联想集团公司，并从"所办公司"升为"院办公司"。会上，周光召院长宣布集团公司董事会名单，其中曾茂朝、王树和等为国有资产代表，柳传志、李勤为公司职工代表，倪光南为科技专家代表
1990	推出基于孙祖希等自主开发的 ASIC 芯片（DLX9000）的七型（ASIC）汉卡，成为汉卡销量最大的型号
1990	在国内推出自行设计的自主品牌微机联想 286，此后陆续推出 386SX、386 等，形成了联想系列微机
1990	成立由许志平（后为皮卓丁）任总经理的汉字部，专门负责各型汉卡开发和应用支持、服务，其中六型卡则是由袁保玑做主任的软件中心和曹志江开发的
1991.11	在公司第十四届技术交流会上推出中国第一台 486 微机
1991.11	联想微机获中科院一等奖并获亿利达科技奖
1992	推出基于许志平、秦梅芳、李思东等与 Trident 公司合作开发的 ASIC 芯片（TLX9200）的九型汉卡，该芯片集成了原 SVGA 显示芯片，成为汉字 SVGA 芯片（CSVGA）
1992	联想主板出口迅速增加，占世界市场约 2%，扩展卡占世界市场约 5% 份额
1992.11	联想系列微机获国家科技进步一等奖，项目完成单位为联想集团
1992.12	联想系列微机被评为最佳国产微机
1992.12	中科院发文嘉奖联想集团和倪光南，后者将 50 万元奖金捐出

1993.11	在公司第十六届技术交流会上推出中国第一台 586 微机
1994	因销售策略错误和管理问题,1993 年联想微机出现严重积压和亏损。杨元庆临危受命,担任微机部总经理,将原来公司的"由行业直销和和代理分销相结合的策略改变为完全由代理销售的策略",领导微机部迅速扭转销售形势,此后公司推广联想微机取得巨大成功
1995	联想式汉卡销售结束:10 年共推出 16 万套,7 个硬件型号,软件多个版本,利税上亿元(其中销量最大的七型卡,售价 2500 元,毛利 98%)
2001 年	由近百位院士评选的"20 世纪我国重大工程技术成就"评选中,汉字信息处理与印刷革命排列第二项

(四)1990–1995,技工贸一体化战略造就更多 IT 辉煌——联想程控交换机进中南海

那时外国公司的新产品首先在国外发布,到中国发布要延迟半年左右。而国内公司一般没有自己的开发部,新机型要从国外进口,也很慢。所以联想得以在国内推出第一台 486(1991 年 11 月)和第一台 586(1993 年 11 月),都比其他公司领先半年左右。那时联想正是依靠自己强大的微机开发力量和公司上下的全力投入,很快赶上了国内其他微机公司。

到 1991 年底,联想微机获亿利达科技奖。1992 年底,联想系列微机获得国家科技进步一等奖,并被全国用户评为"最佳国产微机"。

1993 年联想微机销售出现了问题,但这主要是体制、管理、销售策略等造成的。1994 年杨元庆接手微机部后,并没有改造微机开发部门,联想微机就取得了巨大的成功。

1. 汉卡与微机代代相传

从 1989 年在国外销售联想主板、1990 年在国内销售联想微机起,联想的主要拳头产品就从第一代的联想式汉卡向第二代的联想系列微机过渡。联想式汉卡在 1994 年后进入下降期,1996 年销售基本结束。但由于联想系列微机在汉卡的鼎盛时期已及时推出,在 1994 年杨元庆领导微机部后,市场推广取得极大成功,使公司在汉卡寿命到期后仍能顺利发展。联想的主要拳头产品从第一代顺利过渡到第二代,为联想公司的持续发展创造了有利条件。

1991 年 4 月 12 日，《经济参考报》报道中引用联想总裁柳传志的话说，"联想已形成了技、工、贸一体化的企业结构，其成功原因是天时，抓住了科技与产业结合的大好时机；地利，技术后盾是中科院，有取之不尽的技术资源；人和，就是有一支过硬的科研队伍。"

2. 中科院重奖联想总工程师

1992 年 12 月 19 日，为表彰联想集团在中科院科技成果商业产品化工作中做出的突出贡献，中科院决定以 50 万元人民币的巨额奖金和一套四居室住房重奖联想产品的主要研制者、总工程师倪光南同志，再以 50 万元人民币奖励联想集团全体职工。

倪光南院士

倪光南在颁奖大会上讲话时宣布，奖给他的 50 万元将全部捐献出来，用于支持社会教育事业。

1992 年 12 月 21 日，《人民日报》刊文指出："联想的成功，当然有许多方面的因素，有总裁们的努力，有全体职工的努力，其中也包括了倪总和他领导的科技开发小组的努力。今天给倪光南同志以表彰，很重要的一点，是把他作为中国这一代科学家中间的杰出代表来加以表彰的。"

1995 年，依靠汉卡（联想式汉字输入系统）与联想微机创下著名"联想"品牌的联想集团，取得的成就包括：在全国计算机行业排名第一、全国电子百家企业排名第四、全国电子行业优秀企业、全国高新技术百强企业、电子部重点支持的六大集团之一、税后利润一个亿。

1995 年 5 月，联想总裁室发布《联想之路百题问答》，总结联想集团的 "第一个战略目标" 是 "建成技工贸一体化的产业结构"。

联想 "产学研相结合" 的成功，创造了中国 IT 产业界的神话，演绎了 "技工贸" 黄金十年佳话。

3. 自主设计　掌握芯片核心技术

事实上，微机的核心技术如 CPU、操作系统、硬盘等，都已被外国跨国公司所垄断。而联想微机在技术上的可取之处在于研发人员创造的亮点，即主板的电路设计。联想的研发人员充分利用微机主板设计尚有的创新空间巧做文章，因为那时的主板电路集成度还不很高，一块主板需要由数百个元件构成，电路设计技术可以自由发挥作用。例如采用最新元器件并对电路设计进行优化处理后，联想 286 微机成为当时市场上运行速度最快的 286 微机。

也正因为联想具有自主设计主板的能力，不需要等待别人提供 "公板" 就可以第一时间推出新机型，才能依靠独家推出的新产品获得较高市场利润。

联想的成功也是一种机遇，当时的跨国公司还没有把市场重点放到中国市场，它们在国际市场推出新机型后一般要滞后半年左右才进入中国，这样联想就能在中国市场率先推出 486 微机、586 微机等新机型，捷足先登，获得较高的市场回报。有鉴于此，联想微机因为在电路设计技术方面与发达国家水平相当，就为联想抢占市场先机赢得了基础条件。但是在核心技术方面依然被跨国公司垄断，并且短时间内无法改变现状。为此倪光南在联想微机开发成功并形成系列产品后，积极推动自主芯片设计。

实际上，联想芯片技术 1988 年就初现端倪，而华为 1993 年才涉足芯片研发。可以说，华为算是联想学生的份，联想曾经领先华为好几年。

当时联想已经开发设计出 5 个芯片：联想七型汉卡芯片、九型汉卡芯片、联想激光打印机芯片以及联想微机主板用的 VESA BUS IDE 和 PCI IDE 接口芯片。与此同时，华为 1991 年也开始涉足芯片研发，但却没有计算所这样的技术后盾。

联想研发 ASIC 芯片开始于 1988 年。当时联想五型汉卡已推出，倪光南看到了计算机硬件向集成电路技术发展的趋势，决定在联想式汉卡中采用集成电路技术，即采用 ASIC 来做下一型汉卡，以提高性价比，延长联想式汉卡的寿命，也通过它在公司开发中引入新技术。

当时七型联想式汉卡上首先采用了孙祖希等设计的 ASIC 芯片并获得成功，随后由香港联想 R&D 的孙祖希、张岳松等开发了 VL 总线和 PCI 总线的 IDE 控制芯片。这种芯片总共销了近百万片，虽然由于竞争利润很小，但数量很大，不失为一个成功的尝试。

七型汉卡研发成功后，联想又和美国一家做计算机显示芯片（VGA）的 Trident 公司合作，把联想式汉卡的功能集成到一个 VGA 芯片上。为此派出了许志平、秦梅芳、李思东等到美国合作，并成功开发出 TLX9200 芯片。在这个芯片上集成了 21 000 个门电路，这个集成度在 1990 年时是比较高的。由此构成的是集成度更高的九型卡，也称为 CSVGA 卡。

联想的手册宣传说，这是从汉卡时代发展到汉字芯片时代。尽管九型卡能卖到 4000 元，有较高的利润，但与任何一个高技术产品一样，从 1985 年开始的联想式汉卡已经临近寿终正寝。

1991 年，联想成立了联想激光打印机项目，由北京联想 R&D 的孙祖希、徐非、刘洪等开发用于联想汉字激光打印机的 ASIC 芯片 LXCG9000。这是一个汉字字型发生器，一秒钟可以生成数百个汉字，大大提高了打印汉字的速度。用这个芯片做出了联想激光打印卡，插在 HP 激光打印机上销售。当时 HP 激光打印机打印汉字一页要 2~3 分钟，而加上这个卡就可以在一分钟内打印 4 页。

后来联想激光打印机事业部的徐非、刘洪等就像 HP 公司做的那样，自己设计激光打印机的控制器，再 OEM 外国公司的机芯，开发出联想自主品牌的激光打印机。他们推出了一系列联想激光打印机，有 A4 纸的 LJ-1、LJ6A，B4 纸的 LJ4B 和 A3 纸的 LJ6C。由于采用了自己开发的 ASIC 芯片和嵌入式系统，有很高的性能价格比。如 LJ4B 激光打印机，因为市场上没有同类机器，所以每台的利润可以超过 5000 元。这样，联想激光打印机从无到有，在与 HP 等外国大公司的竞争中发展起来，后来成为国内激光打印机的第一品牌。当初联想利用微机销售渠道带动打印机等自主开发的配套产品，实践表明这条路子是可行的。

TLX9200 的成功吸引了大洋彼岸产业界的眼球。1993 年，美国另一家著名的 VGA 公司来找倪光南接洽，提出合作开发 Windows 框架下的汉字芯片。倪光南告诉他们，在 Windows 框架下，这样的开发已经没有现实意义。这个公司对此深表怀疑，痴心不改地又与国内另一家集成电路设计公司"联姻"，但最终以所有努力付之东流而收场。

随着芯片集成度的不断提高，特别是 20 世纪 90 年代初，英特尔公司也进入了微机支持芯片组市场，并向 PC 厂商提供"公板"，这缩短了它的新 CPU 进入市场的周期，但也压缩了其他厂商的创新空间。在这种情况下，主板电路设计的增值空间越来越小。实践使倪光南认识到，中国计算机产业在硬件方面如果不掌握集成电路芯片这个核心技术就始终受制于人。

这样，在联想成功推出 5 个自主设计的 ASIC 芯片的基础上，1993 年他提出产学研结合的 ASIC 联合设计中心的具体方案，并在公司领导层参与下积极进行筹建。

4. 与复旦大学筹建芯片联合设计中心

从 1993 年起，他多次出国调查和联系合作者，并多次在北京联想和香港联想的领导层会议上报告方案，获得了总裁柳传志等高管的一致赞同。

1994 年 1 月 20、21 日，总裁柳传志本人也和吕谭平、倪光南一起与国外合作伙伴 X 先生进行协商，表示"我公司有意通过与某某等人的合作，发展芯片方面的能力"。

据了解，直到 1994 年 1 月 21 日，也就是香港联想上市前夕，总裁柳传志不但支持 ASIC 设计中心计划，还直接参与该计划的实施，但后来这个项目却被中止。

在北京联想和香港联想领导班子一致同意下，1994 年上半年联想多位领导与上海复旦大学微电子中心、长江集团多次谈判，筹建 ASIC 联合设计中心。香港联想总经理吕谭平、副总经理吴礼益，北京联想的张祖祥、胡靖宇副总裁和倪光南还有杨元庆共五位领导成员先后四次访问上海。

当时的上海市委副书记、副市长陈志立对此十分重视，亲自接见并宴请倪光南、复旦大学杨福家校长、长江集团陈震雷总裁等三方代表，表示大力支持他们的合作。

1994 年 4 月 26 日，三方（联想胡靖宇副总裁代表联想）签署了合作意向书，表示"三方有意密切合作，进一步研究共同投资在上海复旦大学建立联合专用芯片设计中心，以国内外市场需求为目标，引入国外最新技术，发挥复旦大学已有的技术和能力，设计各种芯片，通过联想集团和长江集团的国内外销售渠道，创造更大的效益"。

香港联想公关部 1994 年 5 月为此专门出了一个"新闻剪影"，收集了十多家报纸的报道，它们都对这项合作给予很高的评价。

由于该联合设计中心可以依托复旦大学的 ASIC 国家实验室（投资已达180 万美元），所以投资额相对较小，总股本金为 1200 万人民币，联想预计占55%，合 660 万元人民币。

正当联合设计中心准备就绪，总裁柳传志对此有了新的意见，认为是"目前条件尚不具备，不同意仓促合资"。此后联想没有再讨论此事，原来的计划就此停止执行。

倪光南觉得 ASIC 计划对联想掌握核心技术非常重要，所以依然在尝试实现计划。为了使 ASIC 计划更有说服力，也为了减轻公司的负担，1994 年 8月，倪光南担任了国家"多媒体技术"国家技术开发项目技术组长，他为联想申请了一个"多媒体芯片和板级产品技术"项目，得到了国家 1100 万元科研费。这应当没有什么风险了，可是令人遗憾的是，联想负责人柳传志对这个项目始终没有批复。

在此期间，1995 年 5 月，柳传志还批准联想用更多的钱（700 万港元）去收购一个没有价值的香港"威龙"公司，以发展 ASIC 设计。威龙公司过去做过一些 ASIC 反向工程设计（早期有点用，后来已基本无用），但其技术十分陈旧，当时已面临破产。据香港知情人士透露，是联想的收购救了这家公司。后来"威龙"也确实没有做出什么 ASIC 来给联想的产品使用，这个项目最后终止。

应当指出，在组织上述经贸委项目的科技促进经济基金委员会和倪光南项目组的共同努力下，该项目可行性研究报告后来成为国家经贸委技术装备司的范本，可惜这样一个很有前景的计划仍不被联想所赏识。

据悉，倪光南在联想 10 年，支配研发经费最多的是 1993 年的 386 万元，占当年销售收入的 0.67%。有业内人士指出，"作为高技术企业占销售收入 0.67%的研发投入是不足挂齿的，在这方面联想和华为的风格截然不同，甚至是天壤之别。"

华为研发投入最多的时候超过销售收入的 15%，而 1993 年华为同时上马程控交换机与芯片项目，倾其所有投入，搞得连员工薪水都断档。相比之下，联想当年投资 12 亿元兴建"亚洲最大的板卡生产基地"，却以缺乏人才为由，没有投资 660 万元去建一个 ASIC 设计中心。

5. 联想程控交换机进中南海

1991 年 12 月，中国邮电工业总公司与解放军信息工程学院合作开发的 HJD04 程控交换机通过国家鉴定，这是我国自主开发的第一个数字程控交换机机型。

解放军信息工程学院院长邬江兴主持研制出 HJD04（简称 04 机）万门数字程控交换机，一举打破了"中国人造不出大容量程控交换机"的预言。我国第一台具有完全自主知识产权的大型数字程控交换机在解放军信息工程学院诞生。

1992 年初，联想汉字部负责人皮卓丁介绍他长沙雅礼中学的老一辈校友——邮电科学院研究员罗教授来见倪光南，他打算与联想进行合作。罗教授对通信市场的深入分析使倪光南得到很大启发。

1992 年 2 月，联想一年一度的工作会议召开。

当时，"多种经营"是会上的热门话题。但身为总工程师的倪光南认为应该扩展 PC 相关业务，向"技工贸"广度进军，以求在"产学研"结合方面能够更好发展。他具体提出创立程控交换机和中文激光打印机等项目，获得领导层的支持。此后程控交换机和中文激光打印机等项目上马并获得成功。

与此同时，联想开始涉足房地产业，在烟台、福州买地。1993 年用 8000 万港元在惠阳购买大块地，后来成为"联想惠阳工业园"或"联想大亚湾科技园"。

中文激光打印机 10 年后成为国内中文激光打印机第一品牌。

当时，联想程控交换机项目与华为几乎齐头并进，难分伯仲，还比华为稍早拿到入网证，联想拥有的诸多优势是华为所不具备的。

1993年12月28日，联想副总裁胡靖宇与廊坊方面签约。1994年元旦，第一台联想程控交换机LEX5000在河北廊坊开局成功。

联想程控交换机曾被中办、国办机关所在的中南海采购使用。经过短短3年，该项目不但完全收回了几十万开发投入，而且为联想创造了286万元纯利。

当时，程控交换机的毛利超过40%。但这种产品是卖给电信局的，回款慢，平均回款周期约一年，因此要扩大市场就需要流动资金。同时，LEX5000只是LEX系列程控交换机的一个型号，程控部有一个完整的发展计划，这也需要加强投入。按照联想程控部1995-1997年度的投入产品方案预算，如果资金到位，到1997年就可以取得近3亿元的销售额和2000多万元的利润。

可是，就在该项目获得成功之后却因为"资金瓶颈"没有继续发展。为了帮助程控部渡过难关，倪光南就和当时分管子公司的负责人商量，想把程控部改造为子公司，把它从总公司分出去。当时联想已有不少分公司，有控股的也有不控股的，如做通信的"联宇"、《电脑爱好者》、"轻印刷"等，所以并不特殊。他们认为，如果变成子公司，就可以自己去争取贷款。以当时联想的声誉、他们的关系、程控部的实力，争取贷款不是问题。

程控部拟了一个方案，由联想控股51%，员工自己出钱投资入股，一切都依公司法的要求去做。

1994年12月1日，联想总裁柳传志批准了这个方案。于是程控部就给员工分配股份，骨干多些，一般员工少些。为了今后能搞好关系，联想各职能部门的负责人也给了一些股份，200万元左右的个人集资额度一下子就分配完了。当时大家都看好程控交换机，程控部分配的股份远不能满足大家的要求。除了本部的员工外，其他部门，包括后勤、保卫等都争着向程控部要配额。

看到大家的反应那么热烈，倪光南等都很高兴，以为这次程控部有救了。可惜，正当程控部要分发"集资入股登记表"筹资时，总裁柳传志给负责人打了一个电话，程控部改造为子公司的计划就中止了。

1995年3月，联想董事长曾茂朝、倪光南等联名，联合写了一个报告"关于发展程控交换机的几点意见"。在作了市场、技术、队伍等详细分析以后，这个报告提出：

一、在总裁室内明确：近期把程控交换事业部作为联想集团仅次于微机事业部的第二个优先发展的部门。

二、为促进程控交换机的发展，从政策上对程控进行倾斜，具体在人事、资金和用房等方面给予特殊支持。

该报告没有获得总裁柳传志认可。柳传志不批程控部资金计划的一个理由是"有亏损"。程控部负责人就会同子公司管理部和财务部对程控部从 1992年 8 月到 1995 年 4 月 25 日的财务情况作了调查。结论认为，"程控部的经营情况是比较好的"，除应收账款问题较大外（因电信局欠款），"在全部开发投入都摊入成本和费用的情况下"，仍有利润 103 万元。另外，"因为 LEX5000已属于国家级科技开发项目，可享受高新技术产品免征增值税的优惠政策，因此 183 万元的应付税金可视同国家扶植基金，列入自有资金。"两项相加，程控部从零开始，经过短短的 3 年，不但完全收回了开发投入，而且已为联想创造了 286 万元纯利，发展成为联想的第二大部。但此报告依然未能获得总裁柳传志的认可。

就在联想程控交换机项目因资金断档无法继续发展之际，华为万门程控交换机项目却在火热进行。今天，华为在通信领域具有比较优势，就因为程控交换机项目铸就的分水岭。

6. 联想 Office 曾崭露头角

20 世纪 90 年代中期，随着 Windows 3.X 和 486 以上微机的推出，我国各家基于 DOS 的汉字系统逐渐消亡。

1989 年，WPS v1.0 作为中国大陆第一套文字处理软件发布。金山 WPS的出现，给了倪光南、许志平、皮卓丁、秦梅芳、樊毅、韩振江等人启发。联想汉字系统事业部总经理皮卓丁决定开发 LX-Office（汉字办公应用软件系统），包括 LX-WP（文字处理）、LX-DTP（排版）等软件，倪光南全力支持。

1995 年，联想汉字事业部推出联想 Office，已有中文排版、文字处理、效率手册、全文检索等基本功能。

联想集团向中共中央办公厅等机关捐赠联想 Office 办公集成软件

1995 年 6 月，联想免去总工程师倪光南职务后，联想汉字系统事业部总经理皮卓丁及樊毅等离职，联想汉字事业部的 LX-Office 计划就此终结。在以后的一些年里，除了 WPS 还在勉强维持外，中国的其他公司并没有一个进行类似的计划，致使微软 Office 几乎占领了中国整个 Office 市场。

不过 2001 年，中国汉字应用软件市场迎来一个转机。2001 年 12 月 28 日，北京市政府宣布采购国产软件时，立刻赢来业内外的一片喝彩。

2000 年，国务院下发文件，打击政府部门使用盗版软件，并且把时间限定在 12 月 31 日。同时先后发布的 18 号文件、四部委通知和 57 号文件，都规定优先采购国产软件。

于是，中软和中科红旗的操作系统，金山和中文 2000 办公软件，瑞星、金山和江民杀毒软件纷纷成为北京公务员们的新宠。

2001 年底北京市政府采购中，国产的 Office 中标，国内才掀起一个发展国产 Office 的热潮，永中 Office、WPS Office、Red Office 等急起直追，力图夺回被微软 Office 占据的市场。

不过，如果当初联想继续支持 LX-Office 计划，那么今天 Office 市场的格局也许会是另一种局面。

7．可圈可点的联想技术产品

联想 LXBS 金融平台软件几乎与联想 Office 项目同时开发。据了解，联想 LXBS 在业界评价很高，它可能是我国最早的有自主知识产权的平台软件。

LXBS 及其发展和衍生出来的软件在金融行业中得到广泛应用，创造了重大的经济效益和社会效益。由于外国平台软件非常昂贵，而银行这类用户不会用盗版，所以如果没有 LXBS，我国用户将付出巨额的软件费用。

1993 年，联想集团小型机部根据市场需求提出要开发一个金融平台软件 LXBS。当时，小型机部、软件中心都没有足够的力量单独开发这个项目，于是倪光南就组织了 R&D 部、小型机部、软件中心等三个单位联合开发这个软件。从 1993 年 7 月立项到 1994 年底试运行，在秦皇岛银行试用一炮打响，接着推向全国，取得了很大成功。LXBS 帮助小型机部拿下了许多大合同，并成为后来联想集成系统公司（LAS）的拳头产品。由于 LXBS 进入市场快，又有小型机部的支持，所以风行一时。

联想集成系统公司 LAS 将 LXBS 平台软件看做公司的拳头产品、自主知识产权平台软件的优秀代表。据倪光南回忆说，LXBS 在陈俭的 R&D 部立项，小型机部和软件中心合作开发，由姜立俊、司伊健分别作为技术和行政的负责人。

他们的开发地点在计算所北楼西侧的实验室，白天的情况看来倒也一般，但一到晚上实验室里灯火通明，满满的一屋子人在电脑前紧张工作。这是因为有些开发人员是在读的硕士、博士生，他们白天需要读一些课程，晚上才能聚在一起，往往一直工作到深夜，甚至通宵达旦。联想吸引中关村地区众多高校的研究生和本科生，业余时间帮助公司搞开发。这也为后来许多公司所运用，成为产学研结合的一种形式。

有了这帮"拼命三郎"，联想的一些大项目仅仅只需一、二年时间，比如程控交换机、汉字激光打印机、多口卡、LXBS 软件等大项目，在有限的投入情况下（1992、1993 年的开发经费每年只有 300 万元左右），进度都是非常快的。

据当时有关人士估计，LXBS 为我国银行用户节省了上亿元的经费。相比之下，在其他行业中（如电信），由于缺乏像 LXBS 这样的平台软件，我国企业用户大多数需花高价购买外国平台软件，因此 LXBS 对联想、对金融行业的贡献是不容低估的。

当时在联想集团中，几个部门都从事软件开发业务：袁保玑研究员领导的软件中心主打应用软件，兼做软汉字系统，如汉卡六型卡等。汉字部负责开发与汉卡配套的汉字系统软件和应用软件，如皮卓丁的 LX-Office 计划等。R&D 部除了开发与硬件一体化的嵌入式软件外，也开发某些应用软件。小型机部则开发系统集成软件。

小型机部最早是刘莜秀、许庆元等人建起来的，开始是做 IBM 小型机的代理。贺志强、杨红青等采用联想式汉卡开发了 IBM 中小型机的汉字仿真终端，后来软件中心又进行了 3270 与 5250 仿真软件汉化工作。

IBM 的终端汉字支持差、价格贵，例如 IBM5550 终端原来是在日本设计的，改造为汉字终端后，汉字功能不大好用，而且价格比联想的汉字仿真终端要贵一倍左右。用联想式汉卡构成的 IBM 中小型机的汉字仿真终端，性能价格比大大超过了 IBM5550，帮助了小型机部开拓市场。

而由冯锡山、戴惠芬研究员等开发的 GK-40 可编程工业控制器系列也曾是计算所公司和联想集团的重要产品，取得了很好的效益。

FAX 卡是由钱华林副总工程师主持的创新产品，1989 年在 CeBIT 展出，受到国际上许多客户的好评，历年来销售出很多产品，这也是公司转化计算所科技成果的一个极为成功的例子。

8. 联想集团 1995 年规划

1995 年后，联想从"技工贸"转为"贸工技"，几乎取消了所有研发，发展 ASIC 技术的努力也中止了。

在联想技工贸十年末期，在 5 个 ASIC 芯片成功的基础上，联想与复旦微电子系、长江集团组建 ASIC 芯片联合设计中心没有成功。1994 年 7 月，联想程控交换机拿到了入网证后开始进入通信市场，向 ICT 融合转型。

但是，最终联想因为实行"贸工技"战略，转型 ICT 没有成功。而华为因为实行"技工贸"战略，成功转型 ICT。

三、"后技工贸"——"贸工技"路线十年

（一）"贸工技"战略的提出

《联想局》作者迟宇宙曾问柳传志，"未来联想是想做强还是想做大？"柳传志犹豫了一会儿回答说："那还是做大吧!"

1996 年以后，联想这辆一路拉风、疾驰在"技工贸"赛道上的 F1 赛车——中国高科技企业"一级方程式锦标赛"之领跑者，开始减速、变向，拐了一个 180 度的大弯，奔向"贸工技"。

1996 年柳传志接受《中国青年报》记者吕彤和徐滢的采访时说，他把"提倡了十年的'技工贸'道路改了一个顺序，变成了'贸工技'"。联想走上了一条以贸易发展为主的道路。

1998 年 3 月 30 日，《计算机世界》报发表了柳传志撰写的《贸工技三级跳》文章。以这篇文章为转折点，联想从此由"技工贸"发展战略彻底转到"贸工技"发展战略。

柳传志在《贸工技三级跳》中提出，高科技产业化的内涵是科研成果、规模生产、规模经销三个部分的结合。其中规模营销是龙头，它既是科研、生产投入的保障体系，又是把科研、生产成果转化为效益的制高点。只有这三者的有机结合，才能产生可观的经济效益。

不过柳传志的上述说辞显然与自己之前的观点相左。

1996 年 3 月 11 日，柳传志在《北京科技报》上发表了题为《联想集团的战略设计》一文。文中柳传志表示，联想的计划"称为海外发展三部曲：第一步……第二步建立一个集研究、生产和销售的技、工、贸一体的跨国公司。""在 1989 年底，我们开始了第二步办技工贸一体的产业。这一步就困难多了，用了 4 年多时间。"

一前一后，柳传志的观点截然不同，来了个 180 度的大转弯。用他自己的话说，就是"拐了个大弯"。

据计算所权威人士介绍，事实上早在 1993 年前后，柳传志已经开始发力转变联想的发展道路。

首先是关、停了一些重大科技项目或部门，比如原先在 1994 年要成立的联海 ASIC 设计中心。早在 1988 年起，公司就组织研发骨干孙祖希、秦梅芳、徐飞、张岳松等从事 ASIC 芯片研制，先后推出了 DLX9000（七型汉卡用）、TLX9200（九型汉卡用）、LXCG9000（联想汉字激光打印机用）、VL 和 PCI 总线的 HD 接口芯片等 5 个 ASIC 产品，取得了很好的效益。在此基础上，当时依托复旦大学的 ASIC 国家实验室（投资已达 180 万美元）及其人才，与联想的研发和市场优势相结合，拟成立联海 ASIC 设计中心。但即将签约时，柳传志认为"目前无把握"，因而对该项目予以否决。他写了一张 200 多字的便条，提出他的理由——没有"得力的管理人员和管理方式"。

但据当时的知情人士透露，实际上该项目的最大优势就是人才——正是在这个"中心"框架下的人才，后来创办了龙芯、君正、复旦微电子等 IC 设计公司，并大获成功。如当年他们能集中在联想旗下提前 10 年左右上马，其成就将更大，联想也不至于至今还"缺芯"。

据当年的研发人员回忆，1994 年联想程控事业部先于华为获得了入网许可证，其产品畅销市场甚至进入了中南海，这使联想站到了 ICT 融合的门口。但柳传志对此不看好，所以不批贷款，因为程控交换机利润虽高但回款周期较长。按说国有的 IT 龙头企业联想不缺贷款，何况程控部所要的贷款只及微机部的 5%左右，但柳传志就是没有批准。董事长曾茂朝、董事兼总工倪光南和财务副总裁胡靖宇曾联名请求但未能如愿。

最后，普遍看好程控部前景的联想员工决定自筹 500 万元成立子公司，脱离联想到市场中自谋生路（联想子公司有这样的先例）。但正要分发"集资入股登记表"，柳传志亲自打电话给程控部，表示对集资入股的事"另有考虑"，叫他们不要再搞了。之后程控部自主发展程控交换机的打算不了了之。

此外，被关、停的还有"联想 Office"。本来在 Windows 冲击下，联想汉字部许志平、皮卓丁、樊毅等决定从做系统软件转型做应用软件，并推出了"联想 Office"。该项目已有较好基础，只需继续投入人力即可。但在倪光南被免职后，该部被撤销，骨干纷纷出走，该计划也随之消亡。

（二）永久废除总工程师职位

1995 年 6 月 30 日，联想集团免去倪光南总工程师职务。与此同时，联想撤掉"总工程师"职位，宣称这是"前苏联体制的产物"，将永久废除。此后多年联想公司都没有 CTO 之类负责研发的高级领导。

原来研发中心的所有人员全部都被下放到事业部的研发部门，由事业部总经理领导。1996 年到 1997 年间，联想曾经宣布由许志平领导技术中心，不久又解散了该技术中心，从此联想的研发主要为销售市场服务。联想更重视通过市场、营销渠道的整合来实现变革，于是早期参与联想技术研发的骨干基本都离开了。

这一阶段联想的指导思想是："以贸易为突破口，实现技、工、贸三级跳。"与此相反，以 "贸工技" 起家的华为开始改弦易辙、实施 "技工贸" 发展战略。华为在这一阶段的指导思想是："强化自主研发、消化吸收，发展中高端，与先进技术接轨。"

不过，虽然联想实行 "贸工技" 战略，但 "技工贸" 时期攒下的家底还有些本钱，因此联想接下来几年的业绩也还不错。

2001 年，杨元庆出任联想总裁兼 CEO。杨元庆出任联想 CEO 后，提出 "技术的联想、服务的联想、国际化的联想" 口号，把技术摆到了战略转型的第一位。但由于联想总体战略思想并未改变，杨元庆的努力没有根本改变 "贸工技" 道路方向，只是稍微增加了联想产品的技术分量而已。

2001 年，联想分拆为杨元庆主政的联想集团 "新联想" 与郭为领军的神州数码有限公司。成立联想控股集团，在法理上继承联想身份，统辖联想集团与神州数码。联想集团继承联想的 PC 等核心业务，神州数码与 "联想" 品牌分割，重立门户、另起炉灶。

事实上，联想的拆分最后是不成功的，因为现在神州数码已经不属于联想控股下属企业——联想控股不具有控股权。关于联想控股，我们在下一部分再做介绍。

（三）"技术的联想、服务的联想、国际化的联想"

2001 年 4 月 20 日，联想集团新财年 "员工誓师大会" 召开，新上任的总裁杨元庆宣布从 2001 财年到 2004 财年的三年规划：当年实现 280 亿元营业额，以后年增长率 50%，利润增长率 40%。到 2003 财年，整个营业额将达 600 亿元。在 5 至 10 年内，联想要跨入世界 500 强的行列。联想远景目标是 "技术的联想、服务的联想、国际化的联想"。但当年营业额才 200 亿元左右，而到 2008 财年，联想净利润亏损 2.6 亿美元。

杨元庆麾下的联想集团投资 2500 万美元试图创建中国第四大门户网站 "FM365"，但由于诸多因素这个项目没有获得成功。联想还投入 3537 万美元收购"赢时通"，也没有获得预期的效果。

2001 年，联想首次大规模裁减大陆员工，几百名网站人员被辞退。2004 年 3 月，联想集团又一次裁员，在 3 个小时内辞退了占公司员工人数 5% 的 600 名员工。联想研究院上海分院院长、移动互联应用与服务总监毛世杰当时为联想研究院基层员工，他亲眼目睹同事一个个被辞退，进而有感而发写下网上盛传的《公司不是家》的文章。

"联想虽然依托技术力量强大的中国科学院，但其本身的技术研发与产品化能力并不强。"铭远咨询高级合伙人何平这样点评。联想 2001-2004 年转型失败，其实是其战略的失败。联想"以 IBM 为榜样，成为国内 IT 服务业的重量级企业"的目标是一个不适合联想的目标。IBM 转型的成功是以其强大的技术开发与整合能力、宽广的 IT 产品线、服务于大客户的多年积累为基础的，而联想在确立这样的目标前的情况却正好相反。

四、回归"技工贸"道路十年

2004 年 12 月 16 日，南方网财经频道"财富之星"板块刊登柳传志专访。柳传志在这次采访中表示，"联想贸工技积累已够，将尝试技术突破。"他同时又说，"当年联想选择贸工技道路是一个迫不得已的做法。当时的联想既没有资金积累，又不懂得企业管理，是没有销售渠道的时候走的一条路。"然后柳传志坦言：联想要想真正在行业里面做到突出领先的地位，甚至能够对中国，或者再大一点对人类有所贡献的话，"技术的创新绝对是十分重要的"。

（一）并购 IBM 与 Moto

2004 年，联想集团以总价 17.5 亿美元收购 IBM 的全球 PC 业务。

通过并购联想得到了 IBM 在 PC 领域的全部专利技术，对于自己在 PC 领域技术上的积累获得了优势，弥补了自己在核心领域缺少关键性技术的劣势。与此同时，联想得到了位于美国罗利和日本大和的两个技术研发中心，再加上联想自己的联想研究院，在技术研发上联想的实力得到增强。

2014 年 1 月，联想集团花费 29.1 亿美元，对曾经的业界巨头摩托罗拉移动进行收购。

通过收购，联想获得了摩托罗拉大量的专利资源，为此联想在专利领域间接积累了大量专利资源，这对于联想进军并立足国际舞台是有意义的。与此同时，联想还获得摩托罗拉出色的产品设计和技术研发团队，这些人的加入也为联想注入新的活力。

根据联想集团 2015 年财报，截至 2015 年 12 月 31 日，联想移动业务集团（MBG，包括摩托罗拉、联想集团品牌智能手机、安卓平板电脑和智能电视）的营业额为 34 亿美元，税前亏损 8900 万美元。摩托罗拉单季度销量突破 1000 万台，同比上升 118%，为移动业务集团带来 19 亿美元的营业额。但是，2015 年联想手机却遭遇滑铁卢，并从此败走江湖、一蹶不振，再也无法重现昔日的辉煌。

2014 年联想和摩托罗拉移动共同份额为 7.9%，但是 2015 年却大跌到了 5.4%。显然这一收购和整合并未获得成功，反而导致份额出现了大幅下滑。不少业内人士也认为，联想收购摩托罗拉移动是一个错误的决定，高估了对方的品牌价值。

2016 年 1 月，中国台湾一家市场研究公司公布了 2015 年全球智能手机市场报告。报告显示 2015 年华为成为全球手机市场大赢家，未能成功整合摩托罗拉的联想集团则成为大输家。华为以 8.4%的份额击败联想，成为全球智能机第三名。

据悉，2015 年联想智能手机交付量大跌四分之一，从 2014 年的 9200 万部跌至 2015 年的 7000 万部。

（二）再买 IBM 服务器

2014 年 1 月，联想还以 23 亿美元并购了 IBM X86 服务器业务。

联想的服务器是联想在商用领域里个人电脑的自然延伸，是联想新的利润增长点，也是联想 PC+战略的企业级业务。1995 年，联想推出第一台联想服务器。而在 2012 年 6 月，联想与美国 EMC 合作推出服务器 ThinkServer。联想服务器对中国中小企业来说比较实用，但联想的雄心不止于此。联想希望利用自己的销售渠道在政府、银行、电信这些关键领域的计算中心以及关键计算应用中，提供可靠的高性价比产品。

本次收购包含 IBM X86 服务器相关的部分知识产权，如此就会化解联想服务器技术匮乏的不少难题。同时，IBM 7500 名员工在技术、设计等方面的优势有助于联想服务器实现技术提升。

据业内专家分析，随着对 IBM X86 服务器业务并购的完成，联想已经跃居全球第三大和中国第一大服务器厂商，已经具备了自己最擅长的规模优势。但与移动互联网的智能手机类似，由于之前 IBM X86 服务器业务的营收和利润一直处在下滑之中，加上之前自身在服务器市场营收和利润一般的表现，其营收和利润，尤其是华尔街关注的利润，同样会遭受类似上述自身智能手机产业中过渡的阵痛。

按照联想 2014 财年中期业绩财报，当时 IBM X86 服务器业务的营收却是联想自身企业级业务营收的 2~6 倍。"可以说，如果没有对于 IBM X86 服务器业务的并购，联想的企业级业务几乎可以忽略不计，无论市场份额、出货量、营收等都难言规模。"这从侧面证明，联想并购 IBM X86 服务器业务核心和首要的目的是让自己的企业业务具备规模。

根据联想集团 2015 年财报，截至 2015 年 12 月 31 日，包括 ThinkServer 以及 System X 业务（前 IBM X86 服务器业务）销售的服务器、存储及软件和服务的营业额达 12 亿美元，而 System X 的营业额为 9.86 亿美元。财报称："企业级业务现正朝着在一年内达到 50 亿美元营业额，并实现较个人电脑更好的利润水平的目标进发。""结合联想 ThinkServer 和 System X 服务器的销量，联想集团已在全球 X86 服务器市场排名第三，占市场份额的 10.4%。2014 年，虽然自联想集团表示计划收购 System X 业务以来市场竞争激烈，目前已渐趋稳定。随着此业务在中国市场的迅速发展，联想集团已经跃升为中国市场的第一位，并在全球 160 个国家获得新机遇，这些商机均是 IBM 和联想集团前所未有的。"

综上所述，联想正在通过并购的方式，实现技术升级换代，以替代自主研发技术。但是让人有些遗憾的就是，买来的都不是核心技术或最前沿的技术，相反都是他人放弃的东西。这样面临一个风险，这些技术容易遭受淘汰。

比如当前联想"又遇到了一道坎儿"。用柳传志的话说，"由于技术创新，商业模式的创新，使得我们现在所在行业的主要业务，PC 业务的规模实际被压缩。而我们集团的新业务，手机、服务器、互联网服务等，和我们自己的当量，和社会地位相比，尚不匹配。"

然而正如一位业内专家问诘那样："社会地位？只有市场在，才有社会地位。包括老柳的地位，也取决于联想的市场份额，因为这是'技工贸'与'贸工技'大争论之后的结果。科研要提前，产品要紧跟市场，市场给产品的时间有限。联想的新业务不'匹配'，只能是科研提前量出了问题。"

"收购 IBM，给人的感觉好像是为进军全球市场走捷径，市场的确买到了不少，但核心技术和创新精神却没有延续。"一位业内人士评述道。

事实上，现在联想集团也拥有许多技术研发，并具有大量专利。但这些技术与专利大多是类似上面故事讲的那样，属于实用新型和外观设计专利，其价值比起"专利之王"华为的大量涉及芯片技术、硬件技术、软件技术、通信技术、网络技术、存储技术等的发明专利来看，确实存在明显差距。

而联想 PC 核心组件操作系统、处理器、硬盘、液晶显示器等均由进口或者其他供应商提供，导致 PC 定价不能完全自主。特别是在应对材料涨价时，最终导致联想 PC 成本偏高，利润微薄。就像柳传志所说那样，"比刀片还薄"，到了"拧毛巾出水"的地步。

实施"贸工技"战略的联想，销售始终是主导。"一般是市场上什么火，我们做什么产品规划，然后向研发要支持。整个环节里，研发基本是最底下的一环，企业的激励机制跟研发也没什么关系。"曾经的联想技术部门员工披露道。

而在整个企业策略上，联想也很少有大笔资金投入到研发领域。相比之下，接二连三的大笔资金投入到 IBM 服务器、Moto 的收购，联想依然更重视通过市场、营销渠道的整合来实现变革。

　　根据 2006—2015 财年财报显示，联想历年的研发支出中，仅 2015 财年的研发收入占比达到 2.6%，其余年份均低于 1.9%。这 10 年里，联想累计投入研发成本 44.05 亿美元，尚不及华为 2014 年一年的研发支出。2014 年，华为研发支出 408 亿元，研发收入占比 14.2%。有联想离职员工透露，"有时候，联想研发支出还比不上联想从政府申请到的研发项目补贴。"

第十四章

华为"贸工技"到"技工贸"之崛起

一、"二道贩子"——代理交换机起家

华为是 1987 年由任正非创办的民营企业。国家发改委经济体制与管理研究所产业室主任史炜的研究表明,在华为创业的前十年中,企业战略主要是"引进产品、国内推广"的"贸工技"型。与突出科技创新的"技工贸"相对,"贸工技"发展战略强调"引进技术""市场换技术""与巨人同行"等。

30 年来创造神话之三个节点为:1988 年,华为开始运营。1998 年,华为开始接受 IBM 等外部咨询顾问的管理改造。2003 年,华为实现国际市场的大规模突破。

近年来,随着全球电信业进入低毛利时代,华为依然保持着持续增长,成为全球通信业难得的亮点之一。这家中国最大的电信设备制造商成功地将低成本的技术与高科技产品完美结合起来,塑造了令人惊叹的全球竞争力。

华为具有不同凡响的创新能力。

华为每年研发投入超过销售额的 10%,许多时候超过 15%;从 2000 年起,华为国内专利申请量以每年翻倍的速度增长。

华为公司由一个销售代理公司成功转型为一个具有高新技术开发能力的综合性信息技术产业集团,公司运营起步的第一个项目自主开发 PBX 成功为其奠定了重要基础。华为 PBX 项目的起点低、目标高,制定了正确的长期发展规划指导思想,先占领低端市场,再慢慢向中高端市场转移。打好企业技术基础,步步为营。

最重要的是华为公司在企业创始之初就深刻认识到企业技术创新开发能力是一个企业能够长期发展的命脉，坚持不懈地加大科技创新的投入也是华为公司能够在市场中独占鳌头的重要保证。

华为在专利、标准上的突飞猛进毫无疑问都得益于研发实力的强大。华为近半数的员工从事研发，每年将超过销售额的 10%投入研发的做法使其技术研发能力迅速后来居上。而研发能力的提高，又促进了知识产权和标准工作的参与力度，这一切都促进了其核心竞争力的提高。

华为从初始资本只有 21 000 元人民币的民营企业，稳健成长为年销售规模超过 5216 亿元人民币的世界 500 强公司。如今华为的电信网络设备、IT 设备和解决方案以及智能终端已应用于全球 170 多个国家和地区。

华为每年把销售收入的 10%以上投入研发，在 18 万华为人中，超过 45%的员工从事创新、研究与开发。截至 2016 年年底，华为加入了 360 多个标准组织/产业联盟/开源社区，担任 300 多个重要职位，在 IEEE-SA、BBF、ETSI、TM Forum、WFA、WWRF、OpenStack、Linaro、OPNFV 和 CCSA 等组织担任董事会成员。2016 年提交提案超过 6000 篇，累计提交提案 49 000 余篇。

在知识产权层面，截至 2016 年年底，华为累计获得专利授权 62 519 件；累计申请中国专利 57 632 件，累计申请外国专利 39 613 件。其中 90%以上为发明专利。

（一）鲜为人知的创业故事

南国深圳，一位穷途末路、心比天高的"妄想家"，被迫创业，却置之死地而后生，演绎了一个从通信行业门外汉到中国企业家教父的传奇故事，他就是华为集团创始人与掌门人任正非。

任正非创立的华为公司，起步的生意是电信设备贸易，用那个年代的贬义说法就是"二道贩子"，用现在的话说叫"贸工技"。然而正是这个"二道贩子"的创始人在开业之初就给自己和公司画了一张大饼：20 年后，华为要成为世界级的电信制造企业。

1987 年底，44 岁的解放军团级退役军官任正非，与 5 个志同道合的中年人（国企负责人）一起集资，加上个人的转业费 3000 元，凑成 21 000 元，6 人平分股份，在南油新村乱草堆中的一个居民楼里成立了深圳华为技术有限公司。

当时除了任正非，可能谁都没有想到，这家诞生在一间破旧厂房里的小公司，即将改写中国乃至世界通信制造业的历史。1968 年毕业于重庆建筑工程学院的任正非，在 44 岁创业时，对通信行业完全是门外汉，结果却打造出一个享誉海内外的民营通信企业。

1982 年，38 岁的任正非从军队转业到深圳，在当时深圳最好的企业之一，南油集团下面的一家电子公司任副总经理。然而正是在那里，40 多岁的任正非遭遇了人生的重大挫折。一次，任正非做生意被别人骗了 200 多万货款收不回来。80 年代末，200 万元人民币不是一笔小数目（按当时货币的实际购买力不亚于 2009 年的 1 个亿），当年内地城市月工资平均不到 100 元。为此单位对他做了"离职"处理。

此时的任正非上有退休的老父老母要赡养，下有一儿一女要抚养，还要兼顾 6 个弟弟妹妹的生活，正所谓"上有老下有小"、青春不在、未来尚长的中年之际。所以任正非创业是被逼上梁山。

就这样，处于中年危机之中的任正非开始创业，华为诞生。"从此，深圳少了一个国企干部，中国多了一个高科技企业的'教父'。"

创业之初，任正非的所思所想并没有太多的远大追求，就是为了面包、为了糊口、为了家人而奋斗。

当初几个集资创业的朋友中，未必都相信他能大举成功。一位"不差钱"的好友出于友情，纯粹带着赞助任正非的想法投资 2000 元"入股"。后来华为如日中天，事业蒸蒸日上之后，市值非常可观，前期的投资者都获利颇丰。但这位无心插柳的朋友一直没把"入股"之事放在心上，得知其他几位赚得钵满盆盈后，也心有所动，就去找任正非商量回报之事。但双方在具体数额上未能达成一致，这位老友差点诉至公堂。再后来，经朋友相劝最后达成和解。

公司开办之初，华为虽然名为技术公司，但开始做的都是贸易业务。也没什么方向，什么赚钱做什么，是一个只要能活下去，什么都做的"小铺子"。

据说华为在初创的时候甚至还卖过减肥药。一次听说在深圳卖墓碑的生意很火，赚钱快，任正非还派人去调研过。

但减肥药、墓碑也都不是长久之业。任正非为了使华为生存下去，尝试百术，绞尽脑汁。

（二）赚到第一桶金

偶然的机会，任正非经辽宁省农话处一位处长介绍，开始代理香港鸿年公司的用户交换机 HAX-100（即单位里转分机的小交换机），算是走上了销售通信设备的道路。

那时中国大陆装电话需要送礼、走关系还要排队特批，代理商只要能在香港搞到用户小交换机，卖到内地去就可以获利 100%。于是凭着由于这种带点儿"倒买倒卖"色彩的代理业务，以及当时全国人民对电话通信的巨大需求，华为在短短的三四年间，就积累了几百万的资金，并在全国建立起近十个销售办事处。

华为就这样靠 2 万元注册资本起家，通过代理香港鸿年的 HAX 交换机，利用差价获得了原始资本积累。

由于当时单位用户机（也叫小总机）市场紧俏，一台 500 门的用户机开通，当地省级领导都要去现场剪彩。所以如果需要订货，单位用户需要至少提前半年以上下订金给华为，华为再下订金给香港的原厂。

但由于产品供不应求，香港的原厂会经常发不出货。产品出了问题，也无法及时修理。在备板、备件等方面也不提供给代理商。这些都使华为公司在为客户服务时非常被动。

任正非意识到，没有自己的产品，没有自主研发，所谓为客户提供优质服务就是一句空话。当时任正非已深感产品、客户、订单、公司的现金流、公司的命运都卡在别人手上的痛苦。

二、"贸工技"转型"技工贸"

（一）"贸工技"道路越走越窄

1987-1997 年，是华为从"贸工技"到"技工贸"的战略转折时期。

1990 年后，随着国内电信市场竞争机制的引入，特别是诸如爱立信、诺基亚、摩托罗拉等跨国公司在中国电信设备市场主导地位逐步确立，华为依靠进口设备谋发展的道路愈走愈窄，尽显步履维艰，"贸工技"之路走到尽头。

摆在华为面前的，是交换机极度稀缺和国内设备提供商空白。而当年在 IT 产业领域除华为外，还有联想也在研发交换机。所不同的是，华为在做代理有了初步积累后，果断地走向了自主研发和自主生产之路。

1989 年，深知做代理不能长久的任正非，决心自主研发。但自主研发没有技术、没有人才，从哪里开始入手呢？

（二）始于低端产品组装的自主研发

当时邮电部下面几家国营单位都生产小交换机。华为第一款产品叫 BH01，从国营单位买散件自行组装、做包装、写说明书，然后打"华为"品牌，再到全国找自己的代理商进行销售。

但订散件需要向厂家提供更大量的订单，这要求公司拥有更强的周转资金和市场销售能力。而散件厂家自己也销售，这样供货常常得不到保障。没有想到的是，由于华为服务好、售价低，第一款产品在市场上供不应求，可散件断了货源，收了客户的钱，却没有货可发。

（三）最早六人的研发团队

1990 年，华为被再次"逼上梁山"，必须在最短的时间内突破自主研发，实现自己控制生产，控制产品，否则客户追上门来要货要退款，公司就会面临断流及关门的危险。

于是华为开始自主研发面向酒店与小企业的 PBX 技术并进行商用。所谓 PBX 是 Private Branch Exchange 的缩写，即"用户级交换机"。公司内部使用电话业务网络，系统内部分机用户分享一定数量的外线。

华为研发队伍量力而为，从 6 个人开始，自主研发从摸着石头过河开始，一款产品做好，成功了，赚钱了，再多做几款试试。

（四）自主研发面向酒店与小企业的 PBX 问世

1991 年，华为破釜沉舟，决定集中全部资金和人力，开发和生产华为品牌的新型用户程控交换机。50 多位研发人员，工作和吃住在一幢租下来的工业大厦的三层。同一层楼分隔为四个工段，库房、厨房也在同一层。十几张床挨着墙边一溜排开，床不够，用泡沫板上加床垫代替。所有员工，包括公司领导，通宵达旦地工作，累了就趴在桌上，或在地上找张泡沫板、纸板，席地而卧，睡一下，醒来接着干。有位工程师累得连眼角膜都掉了，不得不住院手术，才保住了视力。

这一年的 12 月底，设备测试成功，华为终于有了自己的产品。而华为的账面上已没有什么资金了，再发不出货，公司就要破产。

经过接近一年的研发到试制的努力，华为终于研发生产出具有自主产权的 BH03 型号用户交换机，并通过了邮电部的验收，1991 年取得正式入网许可证。而价值 100 万元的 8 台 BH03 用户交换机，全部是工程师们一台一台地调试、修改、测试通过后，再拿给公司其他人贴标签和包装，并在公司的办公室里出货。

（五）产品升级换代

与此同时，华为很快推出 HJD48 小型模拟空分式用户交换机，一台机可以带 48 个用户（前两款产品 BH01、BH03 一块板只能带 4 个用户），在产品的集成度上大为提高。

郑宝用从 1989 年开始，专注于通信产品的研究、开发，担任多项程控交换设备的总体设计，短短几年取得了多项重大成果。1991 年，华为总工程师郑宝用主导开发的 HJD-04 500 门的用户机，一台机可以带 500 个用户，采用了光电电路和高集成器件，被邮电部评为国产同类产品质量可靠用户机。

郑宝用还为华为制定规划并带领研发人员成功开发出一台能带 100 门、200 门、400 门、500 门等系列化用户交换机，极大地填补了市场空白。

（六）销售额突破 1 个亿

1992 年，郑宝用领军研发的用户交换机系列产品给华为带来年总产值超过 1 亿元、总利税超过 1000 万元的销售业绩。

1992 年，华为开始研发并推出农村数字交换解决方案。1992 年是华为公司财务状况很好的一年，也是房地产业迅速发展的一年。这一年华为销售业绩刚刚突破一亿大关。

（七）"代理+自主研发"同时并举

与此同时，华为依然继续开展代理业务，以弥补投入研发带来的资金缺口。因为自主研发过程中缺少像中科院计算所那样的靠山支持，所以总体科研能力与成果无法与联想相比。

（八）一线工人曹贻安大胆建言

1992 年，全球数字交换机技术已经成熟，空分模拟交换技术处于被淘汰的边缘，但华为当时的技术能力只能开发模拟局用交换机。不过华为及时悬崖勒马，否则将被淘汰出局。

所幸这时出现了一个人物——曹贻安。曹贻安原来是生产线的工人，非研发人员。但他多次向任正非进言，力主开发数字交换机。任正非被他的执著所打动，在模拟交换机还在开发的时候，就同时启动了数字交换机的项目。曹贻安也因此被破格提升为数字机部项目经理，后来还出任交换机产品部的副总工。

（九）研发程控交换机

为此，华为以置之死地而后生的气概，背水一战，以较大投入开发数字程控交换机。

在开始研发 JK1000 不久，华为就开始大举招兵买马，并在 1993 年初投入更大的力量开发数字程控交换机。

1992 年，联想市场业绩是 17 个多亿，联想还有 PC 技术等华为不具备的各种优势，但联想意在房地产领域并投资上千万。不过，虽然联想仅以几十万资金投入程控交换机项目，也获得与华为相当的成就。

据曾经在华为从事 7 年技术工作的《华为研发》作者张利华披露，华为的财务部总监至今仍在称赞任正非对当时房地产业的发展形势估计得很准。但是华为公司在明知能在房地产业或股市上迅速赚一笔钱的情况下，在当年 JK1000 交换机惨遭失利的情况下，依然将全部资金投入到 C&C08 数字程控交换机的开发上。这显然是以华为公司全部资产为本钱的最后一搏，生死存亡在此一举。

事实上，自主研发局用交换机设备的工作，1992 年就已经开始了。对于当时只有 100 多人的小企业，这的确是一个非常大胆的决定。

1992 年，在总工程师郑宝用的带领下开始研发新项目。华为的十几个开发人员以前只开发过模拟空分用户机，所以在开发局用机时，他们决定先开发模拟空分局用交换机。华为第一个局用交换机命名为 JK1000；1993 年初，在技术上投入了巨额开发费用和全部的开发力量后，历经一年艰苦，JK1000 开发成功，并在 5 月份获得邮电部的入网证书。

（十）"我们活下来了！"

1993 年初，在深圳蛇口的一个小礼堂里，华为召开 1992 年年终总结大会，全体员工参加。当时员工有 270 多人，大家第一次目睹任正非满脸沉重、嗓音沧桑地流露真情。

会议开始后，只见任正非在会上说了一句"我们活下来了"，泪水就顺着脸颊流淌下来。他再也说不下去，双手不断在脸上抹着眼泪。

"一个堂堂的中年男人，和一帮年龄只有他一半的年轻人一起奔波在市场一线、生产现场，为了企业生存什么都干过；所付出的艰辛、所承载的委屈之重可见一斑。"《华为研发》作者张立华的旁白令人不无感慨！

男儿有泪不轻弹，只因未到伤心处

（十一）JK1000交换机惨遭失利

可是天有不测风雨。1993年年中，华为的JK1000空分交换机刚刚推出即面临没有市场的尴尬局面。

华为毕竟是第一次开发局用交换机，在很多技术上都不过关，而局用交换机对质量的要求比用户机要高得多。局用机不像用户机，如有中断故障发生，造成的影响将很坏，如果开不通局那问题就更严重。

华为JK1000在电信局里使用中出现了很多问题，最严重的是电源防雷问题。打雷的时候，有好几台使用中的JK1000都起火了，差点把机房烧掉。这也害得好几位与华为关系比较好的电信局长丢了"乌纱帽"。因为邮电部有规定，电信网中断两小时，局长自动免职。

更可笑的是，有好几次，华为宣传部门刚刚在报纸上登载华为交换机能防雷击，华为就收到来自用户的打雷时华为交换机出事故的投诉。

新技术的发展是任何人都无法阻挡的。到了1993年底，"一步到位"的思路取得了完胜，空分交换机已经没有市场了，取而代之的是数字程控交换机。JK1000 还没来得及改进和稳定就被淘汰了，华为在这个产品上的投入都付之东流。

不过塞翁失马、焉知非福。开发 JK1000 的失败教训为下一步开发局用数字程控交换机打下了坚实的技术基础，在失败中成长起来的研发人员也领悟了电信局用设备高质量技术要求的窍门。

（十二）陷入资金困境

刚刚"活下来"的华为在 JK1000 产品上初尝败果，但是华为并没有放弃自主研发，也没有放弃市场需求旺盛的局用交换机市场。

但 1993 年年中，华为很快就陷入了资金困境，甚至很多员工都认为华为会被项目失败拖死。在国际巨头云集的电信市场上，技术稍有落后，就会遭遇清盘的危险。

当时华为乌云压顶，被迫孤注一掷地将宝押在 C&C08 数字交换机上。如果这次再失败，华为公司将面临清盘。"退一步，就是万丈深渊，这是一次只能成功不能失败的赌局。"1992 年，数字机开发任务落到了总工程师郑宝用和项目经理毛生江身上。

1993 年对华为来说是攻克数字程控交换机的一年，但对在华为工作的人来说则是动荡的一年。每天都有新员工进来，每天也有老员工离去，每过一两个月就要搬一次办公室。

（十三）义乌"佛堂"支局的贡献

浙江义乌这个在华为发展历史上、中国通信产业发展历史上具有里程碑意义的电信局叫"佛堂"支局，当时局长丁剑峰给华为以非常大的支持，这些都应该载入华为及中国通信史的史册。

当初华为 C&C08 数字交换机开机实验过程，几个月反反复复，都是在义务佛堂支局进行的，因此佛堂是中国程控交换机的发源地。虽然联想程控交换机研发出品比华为先行一步，甚至进入了中南海，但联想程控交换机项目半途而废，没有留下任何有价值的东西。

为集中优势兵力搞研发，华为对研制队伍实行分层结构、目标管理。近300 名研发人员在 50 多个分项目负责人管理下，有条不紊，十分细致地进行着设计研制。

1993 年 8 月，在华为举办的农村通信技术和市场研讨会上，华为向市场透露了它自己的数字程控交换机——C&C08。历过一年多时间，在研究掌握国际最新技术和器件成果的基础上，严格按国标、部标要求，自行开发设计的新一代数字 C&C08 2000 门程控交换机，于 1993 年下半年投向市场。

1993 年年初，华为所有的开发力量都放在 C&C08 2000 门交换机的开发上，但是总工郑宝用已经在组织李一男等人考虑万门机的方案。

（十四）莫贝克的特殊使命

1993 年，华为开始启动与邮电系统成立合资公司——莫贝克公司。公司由全国 100 多家邮电局与邮电系统职工集资入股成立，以实收股本为注册资本，总额为 8881.1 万元。莫贝克依托华为技术产品，华为依托邮电系统市场，彼此获得双赢。

1994 年 2 月 28 日，莫贝克第二次创立会议上确定深圳华为公司总裁任正非为董事长，济南通信技术开发总公司总经理、广州华声通信股份有限公司总经理为副董事长。

拜莫贝克所赐，9000 万注册资本金成为"风险投资"拯救了 1993 年高投入研发后捉襟见肘的华为。这笔近 9000 万的资金对当时的华为简直举足轻重，因为 1992 年华为全年的销售额也才刚刚一个亿。

莫贝克筹建干 1993 年（集资），正式成立于 1994 年。

华为销售额 1992 年 1 亿，1993 年 4.1 亿，1994 年 8 亿，1995 年则升至15 亿，1996 年又达到 26 亿。从莫贝克成立开始，华为的销售额有了接近每年 100% 的井喷式增长。

从 1994 年开始，莫贝克的业务重点一方面通过股东市场进行华为交换机销售，另一方面继续在全国邮电系统招募加盟企业。于是，南宁、济南、成都、重庆、太原、西安、乌鲁木齐等莫贝克股东所在地电信市场的大门，统统为华为产品打开，尤其南宁、成都、济南等股东，为华为产品销售工作做出了更为有效的努力。

南宁局与华为公司成立联合销售机构，一边谈技术、一边做市场销售，很好地控制了交换机市场。成都局成立了专门的销售队伍，生意不仅在本地区有所发展，而且还跨界带动发展。济南局利用发展本地通信网时机，适时推广应用华为产品，不仅有了华为可靠的技术维护，而且与电信大网的运转更加匹配。

1995 年，莫贝克股东之一，辽宁省邮电管理局已将华为开发、生产的C&C08 数字程控交换机列入辽宁省本地网建设优选机型，并与华为合作生产新一代智能电源。

（十五）项目经理任正非

任正非本人虽然不是通信专业科班出身，但他长于预知未来，善于把握时代发展趋势，因此任正非在华为走向自主研发之时，仍然起到非常关键的作用，这个作用就是承担起几乎一切研发支持的责任。

他充当的角色，涵盖了项目经理、市场经理、人力资源管理、财务等职责，这些角色是一个成功的研发项目所必需的。

在一个大家对商业开发项目都不了解的年代，老总亲自担当起一个精通市场、善于聚拢人心、懂得进度控制和管理的"项目经理"，会对项目的开发产生多大的促进作用啊。

虽说已开始自主研发之路，但是华为并没有放弃代理香港鸿年公司交换机。以华为当时的技术实力，只能研发出最多 24 门的用户交换机，而香港鸿年公司的交换机可以一台带 200 门、500 门，在市场上供不应求，还要提前半年打订金预订货。

为此，华为"代理+自主研发"两条腿走路一直走了好几年，"生存第一"始终是任正非心中的主线条。

（十六）中央研究部成立

从 1995 年开始，华为建立中央研究部，开展大规模的自主研发。1995 年，任正非在一次谈话中说："高投入才有高产出，我们的成本比兄弟厂家高，因为科研投入高、技术层次高。科研经费每年 8000 万，还要花 2000 万用于国内、国外培训和考察。"

1994-1995 年期间，华为同时开展的研发项目还有智能平台、无线接入、芯片设计等多个方面。

1995 年，华为公司将分散在制造部、数字机组的各路"游击队"式研发力量汇聚起来，进一步整合全公司研发资源、优化研发部的管理，形成了华为公司规模化、集中式研发的"正规军"。

1995 年 3 月，经过分流后的开发人员还不到 100 人，却取了一个很大的名字——中央研究部，简称中研部。

（十七）建立利益共同体

1994 年开始，华为相继在四川、浙江、山东、河北、安徽、新疆等地成立与当地邮电局的合资公司，进一步打通市场销售渠道，进行强强联合，同时也进一步解决了资金发展问题。几年的时间，华为与各地邮电部门联合建立了 27 个合资企业，通过利益共同体，达到巩固市场、拓展市场和占领市场的目的。

这些合资公司大量吸纳邮电系统企业入股，缓解了华为发展资金匮乏的矛盾。有的合资公司注册资金甚至高达 2000 万元人民币，全国各地的合资公司在成立初期就提供了合计达 5.4 亿的"风险投资"基金。

1997 年底，华为已对 GSM 系统的研发累计投入 7000 多万元，1998 年更有上亿元的投入。

1993-1997 年早期的华为研发虽然抓住了 C&C08 交换机、智能网、传输接入网几个大机会，通过重点投入取得了丰厚的回报，但是每年失败的技术投入也有好几千万，成功与失败或暂时失败大概各占一半。

（十八）互联网产业推手

从 1995 年开始，华为中研部每年花在预研方面的各种经费不低于 2000 万元。1998 年，华为员工 8000 人，研发人员达到 4000 人，设备价格为每个上网用户 1000 美元，设备施工时所使用的扎带为每根 1 美元，所以中国上网费曾一度达到一个月上万元。而 1999 年之后华为的同类产品设备价格大约只有每户几百元人民币，扎带随设备免费附送。随后思科也纷纷跟着降价。最后令中国网民们高兴的是，由于质优价廉的华为接入服务器的推出，全国各地纷纷实现了拨号上网业务，中国的互联网产业因此开始展开。

1995 年，华为北京研究所成立。到 1997 年前，一直处于漫长的积累期，期间没有什么重大市场成果。但是任正非一直给予大力支持，投入巨大。每年投入 8000 万元乃至上亿的资金用于技术开发。

（十九）"价廉物美"的中国工程师

早期华为的产品在技术和功能上弱于国外竞争对手，其最重要的竞争优势就是价格。但是自华为 1996 年进入"中国电子百强"后，就一直高居中国电子百强利润排名的第一位。华为是怎么做到既有成本优势又有利润的呢？

事实上，中国企业真正具备"比较"优势的地方是在研发成本上。国外工程师月薪相当于中国几百名工人工资总和，而中国工程师月薪才相当于几位工人工资总和，国内外工程师工资差距有 10～20 倍。再算上国外工程师有效上班时间每周低于 40 小时，每年还有一、两个月假期；而国内工程师加班是常态，有效上班时间通常达每周 60 小时，一年忙到头连法定节假日都很难保证。国内外工程师薪酬相差就更大。

三、"技工贸"战略创造无数ICT辉煌

随着华为研发的逐渐深入，华为产品的技术含金量逐步增大，华为最后完成了由"贸工技"到"技工贸"的华丽转身，而华为的核心产品也全面超越思科。

（一）海思芯片撑起的天空

说起华为芯片，人们就提起海思芯片。但是，人们说到海思芯片往往都认为它始于2004年10月——深圳市海思半导体有限公司注册成立日。事实上，海思公司来自1991年成立的华为ASIC设计中心。1993年海思开发成功第1块数字ASIC芯片，它是深圳市海思半导体有限公司的前身，就像联想的前身是中科院计算所公司一样。

在2016年元旦饭局上，笔者与联想早年的一位高层负责人邂逅，他信誓旦旦地声称中国最早的芯片设计者是他的老东家联想集团。这位联想90年代主干项目负责人一口"咬定"华为芯片研发始于2004年，并举例海思芯片。我想原因在于，1990年的联想因为联想汉卡与联想微机而声名鹊起，可那时的华为还在艰苦创业，默默无闻，所以它开发的芯片也无人知晓。

华为1991年开始设计自己的芯片，1992年研发投入上千万，1993年年底成功做出第一款芯片，即用于C&C08交换机的ASIC芯片。

1994年，华为已成功设计出30多款芯片。其中最复杂的芯片设计中容下了1000万多只晶体管，每片可完成3.2万个电话用户无阻塞的通话。这些芯片正式投放使用在华为上千台各种交换机设备中，而且实践证明这些芯片稳定可靠。

华为在ASIC芯片设计上投入巨大。到1998年，中研部成立3年，华为就拥有300多名芯片设计工程师，成为当时国内最大的芯片设计公司，也是最先进的芯片设计公司。而就在同一时间，联想的ASIC芯片中心与多媒体

芯片项目反而下马了。

1993-1997年短短4年的时间，华为的C&C08交换机、SDH传输、接入网、电源监控系统等都有自行设计的ASIC芯片——华为"芯"脏。

这些自主研发芯片的大量使用降低了华为整机的成本，提高了产品竞争力。而且更为重要的是，华为掌握了产品价值链中关键芯片的核心技术，大大降低了企业成长过程中的风险，为华为公司的可持续发展提供了保障。

华为自行设计的芯片随着产品设备的扩展而不断增加设计品种，逐渐形成某领域产品开始研发，就同步启动该领域自主芯片研发设计的格局。

华为的新产品线数据通信产品如ATM机、路由器等，无线产品线GSM、3G等也在新产品刚开始投放市场时就用上自己的芯片，如此一来华为产品从开始就具有较高的成本竞争力。

而联想从20世纪80年代末起耕耘20多年，直至今日作为核心技术的芯片还是用英特尔的，操作系统用微软的，无法形成自己的产品差异化及成本最优化，最终陷入一味的价格战。受制于人的联想PC仅有1%利润的残酷现实令人无法不对华为肃然起敬。

中国电子百强企业，在芯片等核心技术上取得突破极少，虽然销量很大利润却低，平均利润率长期以来只有3%～5%。表面销售额很大的中国电子百强，多数企业在核心元器件、芯片等方面受制于国外企业，企业和产品的命运其实并不掌握在自己手中，导致企业的发展经常面临起伏，严重受制于人。比如今天的"联想告别PC"，就纯属无奈的放弃。

但是华为当年才不到100位工程师时就勇于研发芯片技术，并在设计上取得突破。其自主研发的成功经验表明，中国企业可以在芯片设计等领域掌握关键核心技术。

要想在国外技术垄断的产业上取得优势，主要是看准关键之处并勇于进取。既然华为公司的芯片设计从无到有，从几个人小作坊开始，其他的中国企业如果放手去做，同样可以取得类似的突破。

在国际竞争中，如果企业既想有成本优势，又要有可观的利润，就应当像华为一样在价值链上做得更深入，完全把控住核心技术的主要方面，拥有自己研发的"芯"脏。

说到这里,我们就很惋惜联想当初的芯片项目没有继续发展,否则就会和华为一样拥有自己研发的"芯"脏,可能也就不会提出"告别 PC",尽管现在又提出"PC+战略"。

2009 年华为公司销售额位列"中国电子百强企业"第 1 名,而 1996 年时只是第 26 名。但这十多年来,华为几乎一直高居"中国电子百强利润"第一名,这说明只有有了真正基于核心技术实力发展的销售额增长,才是可持续性的健康增长。

一次芯片的投片需要几十万上百万的资金,而一个细微的错误就会让这次芯片的投片失败,但华为公司并没有因怕失败而不敢放手让年轻的工程师们去担当重任。华为公司的勇于放手,也使年轻的工程师得以迅速成长,从而使基础研究部在很短的时间内芯片设计水平有了较大提高。

一次,世界级著名芯片生产商 ST 公司与华为公司进行合作设计。ST 公司的资深工程师做芯片设计已有 20 多年的经验,当他们看到华为公司年轻的工程师们很快就把电路设计做完时,非常惊讶,认为华为的芯片设计水平已达到了和 ST 相差不远的水平。而年轻的工程师们所有这些成绩都是华为公司勇于放手,以及他们刻苦勤奋的结果。

(二) 始于 1991 年的 ASIC 芯片设计

这里我们回顾一下华为芯片事业的成长过程。

1991 年,华为 ASIC 设计中心(深圳市海思半导体有限公司前身)成立。

1993 年,海思第 1 块数字 ASIC 开发成功。

1996 年,海思第 1 块十万门级 ASIC 开发成功。

1998 年,海思第 1 块数模混合 ASIC 开发成功。

2000 年,海思第 1 块百万门级 ASIC 开发成功。

2001 年,WCDMA 基站套片开发成功。

2002 年,海思第 1 块 COT 芯片开发成功。

2003 年年底,海思第 1 块千万门级 ASIC 开发成功。

2004 年 10 月,深圳市海思半导体有限公司注册,公司正式成立。

2006 年 6 月，海思在 TAIPEI COMPUTEX 展会推出功能强大的 H.264 视频编解码芯片 Hi3510。

2008 年 3 月，海思发布全球首款内置 QAM 的超低功耗 DVB-C 单芯片。

2012 年 2 月，在巴塞罗那 CES 大会上，海思发布四核手机处理器芯片 K3V2，并搭载与 Ascend D 上市。

2014 年 5 月，海思发布四核麒麟 910T（kirin910T），搭载于华为 P7。

2014 年 6 月，海思发布八核海思麒麟 920 芯片，并于当月搭载于华为荣耀 6 上市。

2014 年 9 月 4 日，海思发布超八核海思麒麟 925 芯片，4 个 ARM A7 核，4 个 ARM A15 核，加一个协处理器，内建基带支持 LTE Cat.6 标准网络，搭载于华为 mate7、荣耀 6Plus。

2014 年 10 月 13 日，海思发布海思麒麟 928 芯片，并搭载于华为荣耀 6 至尊版。

2014 年 12 月 3 日，海思发布 64 位 8 核芯片麒麟 620（kirin620）；搭载于荣耀畅玩 4X/4C、华为 P8 青春版。

2015 年，海思发布 64 位 8 核芯片海思麒麟 930，搭载于荣耀 X2、华为 P8（部分版本）。

2015 年 4 月，海思发布麒麟 935，主要搭载于华为 P8 高配版与荣耀 7。

2015 年 5 月，华为海思宣布与高通共同完成 LTE Cat.11 试验，最高下行速率可达 600 Mb/s。

2015 年 11 月 5 日，华为发布旗舰级手机处理器芯片——麒麟 950。麒麟 950 采用的是台积电的 16nm FF+工艺，4 个 2.3 GHz 的 A72 核心+4 个 1.8 GHz 的 A53 核心，搭载全新的 Mali T880 图形处理器。按照华为自己的说法，在性能提升 11%的同时，功耗降低 20%，图形生成能力则提升了 100%。

2016 年 10 月 19 日，华为发布麒麟 960。该芯片以打造更加快速、流畅、安全的安卓体验为目标，在性能、续航、游戏、拍照、通信、安全等方面为用户带来更好的体验。麒麟 960 首次配备 ARM Cortex-A73 CPU 核心，小核心为 A53，组成四大四小的 big.LITTLE 组合，GPU 为 Mali G71 MP8。与上一代相比，CPU 能效提升 15%（单核 10%、多核 18%），同时图形处理性能提升

180%，GPU 能效提升 20%，存储方面支持 LPDDR4 和 UFS2.1，号称 DDR 性能提升 90%，文件加密读写性能提升 150%。该款芯片也使华为有了足够的实力来对抗顶级的芯片厂商。

2017 年 9 月，华为在德国发布麒麟 970。该芯片首次采用台积电 10nm 工艺，与高通最新的骁龙 835 芯片是一个工艺，但集成了 55 亿颗晶体管，远比高通的 31 亿颗、苹果 A10 的 33 亿颗多，带来的是功耗降低 20%。AI 是此次麒麟 970 的"大脑"，AI 技术的核心是对海量数据进行处理。该款芯片的发布使得华为步入了顶级芯片厂商行列。

（三）基于自主芯片研发的服务器

2002 年，华为第一个服务器部门"服务器营销工程部"成立了。华为为了给运营商做整体解决方案，需要给系统设备做配套，所以每年采购 IBM、HP 小型机金额超过 10 亿元。一些员工向公司提出，自己做一个产品以替代昂贵的小型机。在这个背景下，华为服务器应运而生。

与其他产品线相比，服务器团队的组建颇为低调，因为他们对接的是内部客户。据服务器产品与解决方案销售总监巩建农回忆，当时公司内部部门提了很多要求，有的要求连 IBM、HP 的通用服务器都不能满足。不过服务器团队并没有打退堂鼓，邱隆说刚开始大家"抱着技术研究的态度去做，后来发现没那么神秘"。

"不神秘"的原因在于华为的硬件基因。服务器和交换机、路由器在很多地方是共通的，所以服务器的以太网交换系统、整机的供电和散热对他们来说都不成问题。唯一困难的是服务器主板的 CPU、内存等计算节点，这是服务器团队主攻的方向。大概半年时间，华为第一代电信级刀片服务器 T8000 呱呱坠地。

作为服务器市场的后来者，华为服务器目前成绩骄人：根据 Gartner 服务器市场报告(2016Q1)，华为服务器出货量连续 11 个季度稳居全球第四，八路关键业务服务器增长率全球第一，刀片服务器中国出货量第一。据 Gartner 发布的 2016 服务器魔力四象限，华为服务器凭借业务驱动的持续创新和稳定上升的市场份额，从特定领域者(Niche Players)象限迈入到挑战者(Challengers)象限。

2017 年 12 月 6 日，美国权威调研公司 Gartner 公布当年第三季度全球服务器市场报告，中国浪潮服务器出货量和销售额双双跃居全球第三，仅次于美国戴尔 EMC、惠普。

昔日美国垄断的高端服务器市场，如今涌现出越来越多的中国制造。这份报告中，排名前六位的服务器制造商中还有中国的联想和华为。

此前 Gartner 公布的 2017 年第二季度全球服务器市场报告中，指出华为增速最快。

多年以来，华为在技术研发方面一直持续高投入，每年投入额为整体经营收入的 10%，这种高投入也保证了华为服务器在各个层面的研发创新，成为支撑其产品快速成长的重要动力。在服务器产品研发上，无论是在底层芯片还是在上层的软件以及整体方案，华为都有着一系列的创新。

在芯片研发方面，华为推出了除 CPU 之外的几乎所有芯片方案。比如 ASIC、SSD 控制芯片的推出，使华为不仅大幅降低了产品的成本，还涉足 SSD 控制器领域。这在许多 X86 厂商看来有些不可思议，因为在芯片外要做研发的领域已足够多了。

此外，华为服务器还在工程、架构以及应用方案等领域进行创新，比如华为服务器研发的"黑匣子"功能。此前服务器一旦出现宕机等故障，由于没有记录一般都无法及时追踪问题原因。"黑匣子"对用户操作、系统兼容性以及软件运行参数进行记录，并通过华为长期积累的服务器故障信息数据库以及大数据分析工具，可以非常容易地帮用户发现导致宕机等故障的原因，在很短时间便能解决问题。同时，借助该功能还可以根据硬盘、内存、CPU、网卡等的表现，对硬件设备未来运行情况进行预测，从而防范相关风险的发生。这样的功能对于用户系统稳定性非常有益，以前只有在高端的大型机上才会有，而现在华为服务器已经具备这样的能力了。

2015 年，法国客户 Criteo 选择部署了华为的服务器产品，原因是经过对比，客户发现华为服务器的集群性能竟然比竞争对手高出了一倍，因此在众多服务器竞争品牌中毅然选择了华为。可见，正因为在产品研发上的持续创新和在满足用户差异化需求方面的不懈努力，才赢得了行业用户的认可。目前华为服务器产品已经基本实现了对全行业的覆盖，被广泛应用于金融、政府、能源等行业，以及以 BAT 为代表的互联网企业中。华为服务器 2015 年在国内电力、广电、公安等领域市场份额居于第一位；在银行领域的市场份额居于第二。

在质量方面，华为从设计、元器件以及流程等方面一直有着非常严格的标准和要求。华为发现导致服务器硬盘故障最大的原因就是震动。位于某数据中心机架位上的一个服务器硬盘故障率高出普通硬盘数倍，经过仔细探究发现，负责机房环境卫生的工作人员经常不经意间用吸尘器碰触到此机架位，长此以往硬盘便发生了损坏。为此华为服务器围绕硬盘托架找到许多专家，花费了近 100 万美元，购买了许多设备，进行相关结构的优化，终于制定出适合的解决方案，使位于机架上的服务器硬盘的抗震能力大为增强。

其次，在元器件质量方面确保产品的可靠性。华为服务器一直在抓部件质量，而所有供应商也都是以部件质量为核心来确保对华为服务器的供货。

华为认为，当前包括中国在内市场的人力成本非常高，如果产品质量问题多，那么维护成本将会远远高于产品的售价。例如位于欧洲的合作伙伴帮助用户上门维修或更换硬盘需要 1000 美元，而一台服务器的售价才二、三千美元，因此华为必须强调产品的质量问题。"在质量方面，华为服务器制定了相应的流程以及测试和认证方式，包括 CPU、硬盘、内存都有相应的检测流程及工具。最终华为服务器产品的故障率要远远低于竞争对手，因为华为将许多故障排除在了服务器产品发货之前。

另外，华为致力于打造最安全的服务器产品。华为的安全理念从上至下涉及服务器的各个层面，从底层的芯片、代码到上层的软件，都有自己的各种认证测试工具。华为服务器还成立了专业的团队，通过与第三方组织合作进行安全审批工作，华为服务器目前已经通过欧洲专业实验室的安全测试。正是这一系列举措，全方位保障了华为服务器产品的安全性、可靠性以及高品质。

（四）自主芯片设计的华为手机

手机研发中最为关键的技术是手机的大脑——芯片。华为最近几年因为芯片而大出风头，由于有雄厚的资金支持，ARM 核心说买就买，还以重金获得了台积电 16 nm 工艺。而其芯片研发也不辱使命，搞定 4G 高版本基带芯片，搞定 SOC，这是技术强大的 nVIDIA、Intel、三星至今没有搞定的。

华为上海研发中心是华为手机的诞生地。自 2011 年启动"精品"战略以来，华为聚焦中高端市场，不断精简手机型号，力求把每一款产品都锻造成该价位段最有竞争力的产品。

2013 年，华为研发投入 330 亿，而 2014 年约 400 亿；拥有专利 2.2 万项。相比之下，据可循的资料，小米申请专利 1546 项，专利授权仅 12 项；苹果研发投入也比华为少十多亿美元。而业界对手机镜头的突破性研发——双镜头技术，就为其产品荣耀 6Plus 带来了诸多好评和肯定。

2013 年之前的 10 年，华为研发投入累计达到 1880 亿人民币。在研发团队的支持下，华为手机技术不断突破，业绩也屡攀高峰。

2014 年，华为消费者业务有 12 亿美元投入研发，在全球拥有 16 个研发中心，研发人员占比达到 70%，是手机行业很少数愿意投资未来的厂商之一。

截至 2015 年 6 月 30 日，华为公司专利申请量总计 76 687 件，其中与终端相关的专利多达 18 000 件；全球累计专利授权量 41 903 件。丰硕的研发成果和产业贡献在行业内名列前茅。

2015 年华为研发投入约 154 亿美元，作为对比，苹果 2015 财年实际投入研发的费用为 81.5 亿美元。

按照华为消费者业务领军人余承东的说法，华为手机要在 2016 年超越三星，最快 2017 年超越苹果，所以华为手机研发费用当然会继续加强。

2016 年，华为的总研发投入中有 30 亿美元都是用于终端研发。

华为消费者业务聚焦于有价值的创新，在芯片、UI 系统、双摄像头等领域均实现了关键性突破，产品创新力进一步提升。在芯片方面，作为全球首款搭载 ARM Cortex-A73 CPU 和 Mali-G71 八核 GPU 的 SoC 芯片，麒麟 960

性能得到了全面优化。同时得益于最新 UFS 2.1 存储技术的加入，使得搭载麒麟 960 芯片的智能手机无论是加载大型 3D 游戏，还是多应用同时运行，都可以实现极速响应，给消费者带来畅快的智能手机使用体验。

在 UI 系统方面，为解决一直困扰 Android 用户的卡顿问题，华为消费者业务依靠多位世界级 Linux 系统专家带领的研发团队，对 Android 系统进行了深度优化，并在此基础上推出了全新的 EMUI 5.0。与麒麟芯片深度结合，充分发挥华为软硬件结合技术优势，通过智能感知学习系统，结合精细化资源调度，突破性解决了 Android 系统久用卡顿的问题。

（五）第一个智能路由器厂商

2003 年华为家庭网络终端部成立。

2004 年，华为发布 10G 路由器比思科落后 4 年。之后华为加快创新步伐，不断缩短与思科的技术差距，40G 路由器时间差距缩短到 2 年。直到 2010 年，华为发布 100G 路由器与思科追平。到 2012 年，华为开启 400G 路由器时代，从此处于领跑位置。

2005 年华为宽带猫实现全国市场份额 No.1。2005 年起，华为不断开拓国际市场，在欧洲、中东、中亚、拉美等国分别实现数百万的销量，并在 2010 年实现累计发货全球第一的成绩。

2012 年，华为开始进入消费类民用路由市场。华为是第一个智能路由器厂商。

2012—2013 年，对于不招人待见的无线路由器市场来说不同寻找，因为智能路由器横空出世。不同以往的、全新的、几乎颠覆式的应用体验和花样翻新，层出不穷的产品设计，让以往因为配置繁杂、功能埋没、只能屈尊躲在阴暗角落里的无线路由器重见天日。

2012 年，VDSL 超高速多功能路由器面世，搭载了博通顶级芯片，54 Mb/s 电话线与 1000 Mb/s 以太网线双接入上行，不仅支持 DECT-Catiq 无绳 IP 语音电话，首批支持 802.11AC 千兆 Wi-Fi 更使其成为德国电信专属。

"从目前来看，在网络设备领域，华为等国产品牌产品已完全可以和思科相媲美。"中国工程院院士、中科院计算所研究员倪光南如是说。

2012 年 9 月，华为成功实现了全球最大容量集群路由器搬迁工程——中国联通 169 骨干网江苏无锡节点核心集群路由器搬迁。这也是中国通信业界首个思科集群路由器的搬迁：13 张城域网、110 多条干线链路、280 G 的流量、50 多万条路由、海量的数据、复杂的网络链路和路由关系从思科的设备安全切换到华为的设备上。

2014 年，荣耀立方面世。这款搭载了 Android 和 Linux 双系统的路由器，通过实现网络互联、存储共享、媒体播放等众多使用功能打造的智能家庭中心，被业界竞相效仿。

2015 年，荣耀路由登场，继承了荣耀立方网络部分的强悍 CPU 和 Wi-Fi 性能的同时，利用独家的 Hi-Link 专利，创新性地提出了双路由分布式 Wi-Fi 方案，一键解决大户型无线信号覆盖问题。

Dell'Oro 发布的报告显示，在 2017 年第一季度，服务提供商(SP)路由器和电信级以太网交换机(CES)市场发生了巨大变化。来自中国的巨头华为首次超越了白富帅的思科，一举成为全球核心路由器的老大。

在过去的 20 年，思科一直是核心路由器市场的霸主，地位之高，如同是魔教教主的西方不败。思科占据了全球核心路由器市场份额的 80%，这意味着无论是路由器、交换机还是其他网络设备，思科几乎可以用"垄断"来形容，整个通信领域没有一个对手能对其造成有效的威胁。但如今，这一项技术壁垒被华为攻下，实现了破天荒的逆袭，中国制造再一次扬名立万，华为在国际上的影响力与日俱增。

四、国际市场崭露头角

"大陆有一家 SB 公司花钱如流水，包光了香港所有奔驰车。"华为一位员工回忆当年的情形时让人不禁发笑。"老板要求 2003 年的海外销售指标为 10 亿美元，所有的人都觉的疯了，不可能完成。刚好 2000 年的时候有一个香港展，公司就发动所有人来请客户到香港参加展会，下的指标是 2000 人来香港参展。其实当时能请来的客户的高层是少之又少的，很多客户经理就是为充数，把工程师以及客户的家属，甚至更过分的客户的司机也请来了。不管怎么说，当时应该有 2000 人了，只是素质参差不齐而已。搞得当时香港所有的出租车都说大陆有一家 SB 公司花钱如流水，包光了香港所有奔驰车。"

喜出望外的是，这次香港展会给华为带来了不可估量的影响：客户一看这么多人来华为参观，看来华为是靠谱公司。看到深圳华为总部，还有部分人到了北京、上海，发现中国远不是他们想像的那样落后。这些人回去以后，又把自身的感受传播出去，吸引了更多人对中国和华为感兴趣，之后再邀请客户回国，就相对容易多了。

这时公司认为时机成熟，开始进行销售了，就这样做市场推广到了 2003年。任正非提出了 10 亿美元目标，"我看了一下，我们一共在全球突破、开实验局的，已经有 200 个客户了，平均每个客户能带来 500 万的销售就是 10 亿美元"。

结果到年底的时候，真的达到了 10 亿销售额，从此华为在海外的增长就进入了快轨道。

2003 年，华为在俄罗斯及周边独联体市场实现销售额超过 3 亿美元。

2003 年对于华为是一个重大转折，华为的国际市场获得规模突破。对于把造就世界级企业作为毕生目标的任正非来说，华为国际化是他孜孜以求的目标。

2004 年 2 月的一天，来自奥运会承办方的一个电话令华为总部喜出望外：承办方点名要华为给即将召开的雅典奥运会提供全套 GSM 设备系统，并表示预支 900 万美元订金。

奥运会承办方竞标程序一向极为严格，这次竟反其道而行之地"化繁为简"，实在令华为始料未及，也让业界对华为刮目相看。

2004 年 3 月 25 日，华为在英国设立欧洲地区总部，这是华为在海外最大机构之一，也是中国企业在英国的最大投资。英国《泰晤士报》的权威评论称，此举是中国企业走向国际化的一个重要标志。

"踏破铁鞋无觅处，得来全不费工夫。"当初华为进入英国市场，没少吃闭门羹，甚至连标书都拿不到。然而在百折不挠的华为员工锲而不舍的努力下，2003 年英国电信（BT）市场渐渐打开了大门，BT 尝试性地给了华为两个项目来试探华为的功夫。其中一个是富有创新含量但却具有"高风险"的"Blue Phone"项目，这是涉及有线和无线双模的综合解决方案。世界通信设备巨头中只有阿尔卡特敢于尝试，而 BT 抛给了华为，显然颇有居心。可是令BT 没有想到的是，华为在不到半年的时间内，组织了跨 4 个产品线的团队，在 BT 首席技术官第一次造访深圳总部时，就演示给英国电信的高层们观看。英国电信见识了华为以市场驱动的流程组织，通过一线和总部的协同，快速形成满足客户需求的解决方案，从而对华为的创新能力刮目相看。尽管这个先驱项目不幸沦为先烈，但却开启了华为全面参与英国电信 21 世纪网络建设的序幕。多年之后，当年英国电信的首席技术官加入华为，成为华为十几万员工中的一员。

2004 年 6 月，华为光网络全球市场份额跨栏似地把朗讯和北电甩在后面，直追阿尔卡特。

7 月 28 日，思科、华为握手言和，思科耗费巨资的诉讼，免费帮华为作了盛况空前的广告，让名不见经传的华为一夜之间全球瞩目，从而获得国际市场的入门证。可以这样说，在华为国际化进程中，思科无形中扮演了推手的角色。在思科的"鼎力帮助"下，华为的国际化拓展先声夺人，让全球相关客户获悉华为品牌、产品和技术等信息，从而提高了华为全球布局的运作效率。

经过 20 年的辛勤耕耘，华为国际化成就令人瞩目。如今华为的梦想是，让宽带连接一切，无处不在；让敏捷创新打破边界，无所不及；让极致体验普济大众，无人不享。借助这些先进的 ICT 技术与理念，不断推动社会进步，与业界携手构建起连接人与人、人与物、物与物的全连接世界。

华为 2016 成绩单正式公布，销售收入达 5200 亿。

2017 年 1 月 3 日，PCB 信息网一则抢眼标题十分惹人。原来，该网转发了一篇来自 VC/PE/MA 金融圈的文章，报道华为 2016 年令全球震惊的业绩：

不平静！华为用了一份超牛的成绩单，告别 2016，迎接 2017！

超牛的华为，迎着炮火前进，不留给对手任何喘息的机会！

（1）5200 亿，震惊世界

2016 年 12 月 30 日，华为轮值 CEO 徐直军宣布，2016 年销售收入达到 5200 亿元人民币，同比增长 32%。

5200 亿，这是什么概念？相当于 5 个格力、2 个联想、5 个中兴、5 个阿里巴巴、5 个长虹、6 个比亚迪、7 个小米、20 多个康佳。这意味着超越 IBM，进入全球 500 强前 75 名，增速全球千亿规模企业第一。

这 5200 亿，不搞金融不炒房地产不上市，还有 60% 以上来自国外。同时 2016 年上半年华为仅在中国就缴税超 421 亿，也就是说，如果中国有 100 个华为，缴税就可以达到 8 万多亿。

华为消费者业务 CEO 余承东披露：2016 年华为手机发货量预计为 1.39 亿部，整体提升 29%；华为消费者业务销售收入 1780 亿元人民币，规模较 2015 年增长 42%。

（2）2016 全球研发投入 100 强

华为中国第一、世界第八。

2016 年 12 月 27 日，欧盟委员会发布"2016 全球企业研发投入排行榜"。

德国大众企业研发投资额居首，三星电子连续三年位列全球第 2，美国英特尔排第 3，华为排第 8。

这项排行榜调查统计了 2015-2016 财政年度全球 2500 家重要企业投入的研发费用，包括欧盟 590 家、美国 837 家、日本 356 家、中国大陆 327 家、中国台湾 111 家、韩国 75 家、瑞士 58 家。美国企业研发投入占全球的 38.6%，其次是日本、德国和中国。值得注意的是，中国企业的投资额同比猛增 24.7%，全球占比由前一年的 5.9% 提高到 7.2%。

作为中国企业排名最前的代表，华为 2016 年研发投入达到 83.58 亿欧元（约合人民币 608 亿元），稳居世界第八。当然其投入主要集中在电信领域，以确保其大规模基础设施供应商的领先地位。

2016全球企业研发投入排行榜
（World Top 2500 R&D investors）

欧盟委员会2016年12月发布　　　　　　　　　　@科技美学整理

企业研发投入排名	总部	研发费用（亿欧元）	所属行业
1.大众	德国	136.12	汽车及零部件
2.三星电子	韩国	125.28	电子、电气设备
3.英特尔	美国	111.40	科技：硬件和设备
4.Alphabet（谷歌）	美国	110.54	软件、计算机服务
5.微软	美国	110.11	软件、计算机服务
6.诺华	瑞士	90.02	制药和生物技术
7.罗氏	瑞士	86.40	制药和生物技术
8.华为	中国	83.58	科技：硬件和设备
9.强生	美国	83.09	制药和生物技术
10.丰田汽车	日本	80.47	汽车及零部件
11.苹果	美国	74.10	科技：硬件和设备

华为的研发经费，比 A 股 154 家化工+166 家机械设备+14 家机床业+67家医药近 400 家企业的总和还多几十亿。

再看看 BAT 的研发经费，研发投入比例最大的百度 70 亿，腾讯、阿里估计是百亿，总额 270 亿。2015 年 BAT 的研发经费总和，都不能跟华为相提并论。以投入研发经费计：华为最近十年研发经费已经达到 1900 亿元人民币。

华为足以让中国其他企业望尘莫及，因为华为有 1 万名博士，几十名俄罗斯数学家。

中国很多企业从来不注重研发，而是以短平快著称。华为用它今天的成果向我们证明，只有静下心来做研发，企业才有长远前途！

（3）面对胜利，任正非却说：警惕黑天鹅

2016 年，华为取得了辉煌的成绩，但任正非却保持着清醒。他在内部讲话中提醒道：

金融危机可能即将到来，一定要降低超长期库存和超长期欠款。以前我们的货款记录不清晰，客户来还欠款时，我们还莫名其妙，连合同和欠条都找不到了。如果客户不还钱，多少预备金都得付诸东流。

任正非，还专门让人在华为园区养了黑天鹅。

华为总部有个湖，2016 年公司正式命名这个湖叫天鹅湖。

天鹅湖里真的有天鹅，华为花了很大的价钱，从国外引进了八只黑天鹅。

黑天鹅代表着不确定性，华为自我警示未来的世界是混沌的，是迷茫的。

任正非讲他很迷惑。但事实的真相是他一点也不迷惑。他知道要把黑天鹅转化为白天鹅。

任正非的迷茫是对科学技术发展的迷茫，而不是对华为未来之路迷茫，如果有迷茫他就不会提出来 2020 年要达到 1 万亿元人民币的销售额。

图为华为总部的黑天鹅，笔者在华为南京研究所调研，意外发现华为南研所也有这么一个湖，并同样养着黑天鹅

现在，华为经过 20 多年的筹划布局，形成了全球多个运营中心和资源中心。

1. 行政中心：在美国、法国和英国等商业领袖聚集区，华为"地方董事会"和咨询委员会、英国行政中心、德国跨州业务中心等与当地高端商界互动往来，提高了全球运营效率。

2. 财务中心：设立了新加坡、香港、罗马尼亚财务中心，英国全球财务风险控制中心等，降低财务成本，防范财务风险。

3．研发中心：俄罗斯天线研发中心、瑞典及芬兰无线系统研发中心、英国安全认证中心和 5G 创新中心、美国新技术创新中心和芯片研发中心、印度软件研发中心、韩国终端工业设计中心、日本工业工程研究中心等，有效利用了全球智力资源。

4．供应链中心：匈牙利欧洲物流中心（辐射欧洲、中亚、中东非洲），巴西制造基地，波兰网络运营中心等，有效提高了全球交付和服务水平。

爬"南坡" VS 爬"北坡"

第十五章

高科技时代的新"龟兔赛跑"

多年来，人们常用"龟兔赛跑"的寓言故事教育或忠告大家，要戒骄戒躁。这种教育或忠告固然很有意义，但是如果我们进一步思考就会发现，这种教育或忠告导致人们只关心结果（兔子骄傲，输了比赛），而忽略了事情的过程——乌龟和兔子走的什么路线。

一、爬"北坡"与爬"南坡"之别

有时候，过程（发展路径）比结局更为重要，因为它决定最终什么样的结果出现。这有点像攀登珠穆朗玛峰，有两条路线：北坡与南坡，两条路线走法不同、结局也不同。

珠峰北坡陡峭、危险，无现成道路可走，攀爬需要探索，因此历尽艰辛，需经历较长的过程，可"无限风光在险峰"。更重要的是，你从北坡上去就是走的中国道路！因此，北坡的道路永远都是不设限的，撇除风暴等恶劣气候因素的话，它始终是通达的。

如果从珠峰南坡上去就不一样了，因为它不是中国道路，它在尼泊尔境内。虽然南坡道路相对平缓、好走，一路更为轻松自在，但此路未必都走得通，因为它属于跟外国"借道"，所以未来充满不确定性。

由此可见，企业发展犹如攀登珠峰，路径不同，结局也不同。因此走什么道路对于企业而言至关重要，可以说决定企业做大还是做强、兴衰甚至生死存亡。

中国两个著名的高科技企业——联想与华为的发展路径，恰如攀爬珠峰。对此联想早年创业者之一、曾任联想集团总裁、董事局主席的柳传志有过一个非常形象的比喻："联想是从南坡爬上珠峰，华为是从北坡攀登珠峰。"

据悉柳传志曾认真对比过自己和任正非的区别，他说，"华为和联想是两家完全不同的企业。华为崇尚技术，就像一直在爬喜马拉雅山的北坡，陡峭险峻。联想是从平缓的南坡向上，缓和迂回，走贸工技的通路，最后也能爬上山顶。"

不过柳传志所说联想走贸工技路线、爬南坡，其实是在 1995 年之后。而在 1984 年中科院计算所创办联想后，联想是靠技工贸起家的。

现在，联想、华为都是国际化的企业集团，都是中国制造的典型代表，都双双进入世界著名品牌 100 行列。

联想的登峰造极走的是外国道路，是在微软、IBM、Intel 等跨国企业提供的技术产品之基础上获得成功的。作为全球首屈一指的 PC 厂商，联想 PC 的核心组件操作系统、处理器、硬盘、液晶显示器等均通过进口或者其他供应商提供，联想没有完全的 PC 定价权。特别是在应对材料涨价的情况下，最终导致联想 PC 成本偏高，利润微薄。况且目前微软的 surface 产品推出后，直接威胁联想的产品。

华为的登峰造极主要是通过自主创新、自主研发技术，依靠自力更生获得成功。作为"专利之王"的华为，依靠自己大量涉及芯片技术、硬件技术、软件技术、通信技术、网络技术、存储技术等发明专利打入全球市场。

为什么联想与华为同为中国著名高技术公司，结局是一个做大、一个做强？答案是：因为发展路径不同。

华为不仅是中国制造的典范，更是中国创造的典范。

有鉴于此，联想的发展道路是做大的道路——企业规模扩大，通过规模经济实现赢利。华为的发展道路是做强的道路——坚持科技创新驱动，不断提高创新能力，自主研发核心技术，从而自己掌握发展命运。

华为不仅进入世界著名品牌 100 行列，而且排名比联想靠前几十位。所以，华为的发展道路更值得中国高科技企业选择。

现实中，"龟兔赛跑"故事还在进行，我们通过联想和华为 30 年的发展实践来探究分析，就会明白一个简单而朴素的道理——只有坚持科技创新驱动才能不断提高创新能力，使企业真正掌握发展主导权、立于不败之地。

正如国家发改委体制与管理研究所产业研究室主任史炜所指出的："中国许多民营公司都曾有过华为同样的发展机遇，但是许多公司最终败于最辉煌的时刻。如果对此作一个比较，我们将可以发现华为得以生存和发展的原因。"史炜先生作图分析如下。

公司战略取向比较

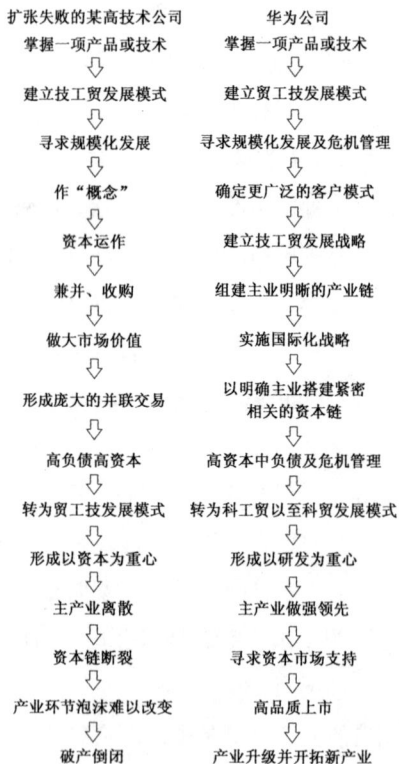

扩张失败的某高技术公司	华为公司
掌握一项产品或技术	掌握一项产品或技术
⇩	⇩
建立技工贸发展模式	建立贸工技发展模式
⇩	⇩
寻求规模化发展	寻求规模化发展及危机管理
⇩	⇩
作"概念"	确定更广泛的客户模式
⇩	⇩
资本运作	建立技工贸发展战略
⇩	⇩
兼并、收购	组建主业明晰的产业链
⇩	⇩
做大市场价值	实施国际化战略
⇩	⇩
形成庞大的并联交易	以明确主业搭建紧密相关的资本链
⇩	⇩
高负债高资本	高资本中负债及危机管理
⇩	⇩
转为贸工技发展模式	转为科工贸以至科贸发展模式
⇩	⇩
形成以资本为重心	形成以研发为重心
⇩	⇩
主产业离散	主产业做强领先
⇩	⇩
资本链断裂	寻求资本市场支持
⇩	⇩
产业环节泡沫难以改变	高品质上市
⇩	⇩
破产倒闭	产业升级并开拓新产业

从史炜先生的分析中不难看出，华为的发展道路为什么更值得中国高科技企业借鉴。

二、"技工贸"与"贸工技"之别

联想和华为几乎同时创办。初期 10 年，"技工贸"的联想遥遥领先华为；如今的华为凭"技工贸"打天下，30 年来把强化自主创新研发作为重中之重。目前，在自主拥有核心技术、市场份额、净利润、企业市值等关键要素方面华为已经领先于联想。

联想成立于 1984 年 11 月，是中科院计算所创办的国有企业，但运营机制与民营企业类似。

华为成立于 1987 年底，1988 年开始运营。华为是个人创办的民营企业，两者机制相似。

（一）联想和华为 30 年来发展历程之两个阶段

1. 第一阶段，1985-1995

联想凭着"技工贸"领军中国高科技企业，而"贸工技"的华为这一阶段还处于"蚂蚁期"，还在为生存而战，"活下去才是根本"。

联想在第一阶段的指导思想是发展"技、工、贸一体化产业"，为此实施"技工贸"发展战略。

华为在第一阶段的指导思想是："引进产品、国内推广"，为此实施"贸工技"发展战略。

联想有中科院计算所的支撑，可无偿转化所内成果，具有"产学研相结合"的独特优势，因此联想实行"技工贸一体化"成果显著。联想第一阶段依靠"联想式汉字输入系统"即汉卡赚得第一笔收入；后开发联想微机，形成联想早期的两个拳头产品，创造可观经济效益。联想汉卡给国家贡献上亿税收，给企业带来 5000 万纯利润。

国家发改委经济体制与管理研究所产业室主任史炜的研究表明：在华为创业的前 10 年中，企业战略主要是"引进产品、国内推广"的贸工技型。但随着跨国公司在中国市场逐渐做大，华为的"贸工技"道路越走越窄。

1990 年后，随着国内电信市场竞争机制的引入，特别是诸如爱立信、诺基亚、摩托罗拉等跨国公司在中国电信设备市场的主导地位逐步确立，华为依靠进口设备谋发展的道路愈走愈窄，尽显举步维艰，"贸工技"之路走到尽头。

正当华为还在生存与发展之间苦苦挣扎，甚至面临灭顶危机之时，联想却风头十足，引领中国高科技企业发展潮流。所以当年的中国电子百强企业榜单中，联想金榜题名，华为根本没有入围。

联想集团总经理柳传志，因联想集团的瞩目成就于 1995 年就被国务院授予"全国劳动模范"

事实上，根据《华为研发》披露，早期"贸工技"的华为实行的是两条腿走路策略。在"贸工技"掘得第一桶金后，开始自主研发。只不过因为缺少像中科院计算所那样的国家级科研机构提供强有力的支持，不得不一边搞技术研发一边继续代理别人产品赚钱来支持技术创新，因此总体科研势力、成果无法与联想相比。

所以，1985-1995 的 10 年间，联想市场份额遥遥领先，华为屈居联想之后。到 1995 年，联想市场份额 67 亿，华为才 15 亿，只有联想的五分之一。

联想和华为第一阶段（1985-1995）销售规模比较

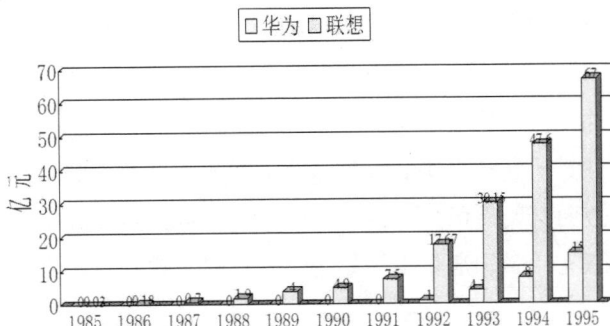

第一阶段联想胜出。1995年联想的销售规模是华为的5倍，可认为是"产学研相结合"优势的体现。　来源：联想和华为官方数据[19]

当时联想论利润、研发能力、业界地位、品牌价值等都远远超过华为，可以说 1995 年的联想对于华为而言处于绝对压倒性的优势，联想与华为根本没有可比性。这里仅用市场份额相比，还没有完全反映出"技工贸"联想与"贸工技"华为的巨大差距。

如下图所示，这一时期联想的 R&D 投入主要是继承计算所的投入（不容易量化），公司自身 R&D 投入不大。在前 10 年中投入最大的是 1993 年，总部投入 386 万元，还有各事业部和香港联想等的投入，可达千万元量级。但与当年销售收入（30 亿元）相比，比例远小于 1%。

华为和联想创新能力比较（前10年）

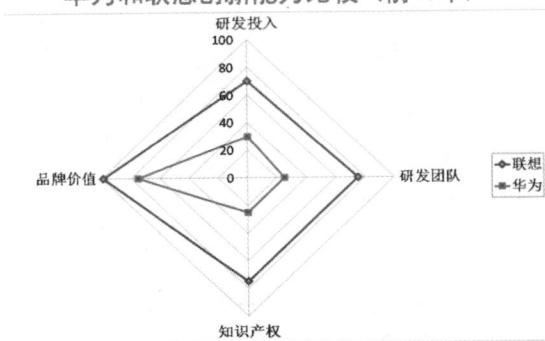

按：这里以研发投入、研发团队、知识产权和品牌价值四项作为衡量高技术企业创新能力的指标，第一阶段联想创新能力大于华为。

华为开始时 R&D 投入很小，但从 1993 年研发 C&C08 交换机开始，迅速加大力度，1993—1995 年超过联想，而且差距越来越大。

归纳起来，1985-1992 的 7 年，联想 R&D 投入（包括计算所的各种投入）大于华为，而 1993-1995 的 3 年，华为 R&D 投入大于联想。这样，我们对这一时期两家公司在 R&D 投入方面的打分为 70：30（按百分制）。

（a）研发团队

早期由于计算所科技骨干和科技人员大量进入公司，联想在研发团队的数量和质量方面有明显优势。但从 1993 年华为研发 C&C08 交换机起，华为的研发团队在数量和质量上开始赶上并很快超过联想，后来的差距越来越大。

根据联想原高层人士介绍，1993 年联想集团员工 2000 多人（包括北京、香港等地），研发人员大约 300 人左右。根据张利华所著《华为研发》披露，1993 年华为员工 400 多人，研发人员 300 人，两者的研发团队基本持平。

此后联想员工虽然增加很快，但研发团队基本上没有扩展。而华为 1994 年研发人员为 600 人，1995 年为 1000 人。

由此分析判断 1985-1992 年的 7 年，研发团队方面联想大于华为；1993 年两者持平；1994-1995 两年里，华为大于联想。按百分制打分，联想得 80 分，华为得 20 分。

（b）知识产权

由于早期中国公司对专利还不重视，不能按专利来评估知识产权，这里改为"拳头产品"，指能给公司带来重大经济效益和社会效益的产品。

这一时期联想的"拳头产品"有三个：即联想式汉卡、联想微机和联想程控交换机 LEX。前两项分别获得国家科技进步一等奖，联想式汉卡创建了联想品牌，联想微机确立了公司的主营业务。联想程控交换机于 1994 年获得入网证，本有可能成为联想进入通信领域的支撑项目，但联想最终放弃了。

这一时期华为的"拳头产品"是 C&C08 程控交换机，它几乎与联想 LEX 程控交换机同时获得入网证，华为 C&C08 程控交换机奠定了华为此后的主营业务。

这样在"拳头产品"方面两个公司的打分是 75：25。

（c）品牌价值

品牌价值按 1996 年电子百强排名估算，联想第 2 名，华为第 26 名。我们将电子百强按降序打分，即第 1 名 100 分，第 100 名 1 分，这样联想得 99 分，华为得 75 分。

（d）创新软实力

这一时期的早期，联想公司继承了计算所的"基因"，以技工贸一体化为目标，推崇科技创新。

后来联想逐渐降低科技创新地位。从 1993 年起，联想只奖励销售和管理人员，不奖励科技人员。1994 年后，联想程控交换机事业部得不到贷款支持，"ASIC 芯片联合设计中心"计划被中止，公司逐渐放弃"技工贸"战略。

华为在早期，主张"引进产品、国内推广"，但后来改为"代理+自主研发"，接着以研发 C&C08 交换机为标志，迅速走上自主研发、科技创新的道路，从"贸工技"转向了"技工贸"。

基于创新软实力不易评分，在评估中不予列入。

科技创新注重软实力，科技创新软实力可以包括（但不限于）：

重视科技创新的指导思想。体现在发展战略、目标设置、制度设计、组织架构、工作安排等方面。如"技工贸"（即"技工贸一体化"）就是改革开放后，中国高技术企业界遵循"科学技术是第一生产力"的指导所提出的突出科技创新的发展战略。

适当的、前瞻性的战略定位和布局。企业应从实际出发，定位于产业链的某个部分，或实行某种程度的产业链整合。战略定位和布局应有足够的前瞻性，并应适时进行转型，否则其结果可能是灾难性的，如诺基亚因战略定位失误两年之内即被收购就是一例。

能促进创新的制度保证。企业的股权激励等分配制度、组织制度、管理制度等应能充分调动科技人员的创新积极性，体现科技创新的价值。如现在新兴高技术公司大多都有科技人员持股制度。

有利于创新的文化氛围。这种氛围应能鼓舞斗志、增进协作、激励创新、宽容失败，如 27 岁任华为副总裁的李一男，之前就曾有项目研发失败经历。

从联想的创办、发展中我们可以得到很多有益启示。试想如果计算所公司起家时没有联想汉卡、FAX 卡、GK40 等高技术拳头产品，它当然也可以靠贸易、服务起家，不过它绝不会变成今天的联想，而会是另外一种类型的企业。

1987 年 6 月 26 日，柳传志在《中国科学报》撰文指出："三年来，我们紧紧依靠和充分发挥所里拥有的计算机高技术优势，形成了联想式微机通用汉卡与微机通信系统等拳头产品。"

在 1988 年的《计算所公司手册》里，计算所所长兼计算所公司董事长曾茂朝指出："计算所公司是计算所创办的全民所有制高技术企业。""以发展计算机高技术产品，开拓国内外市场为宗旨。"

1989 年 11 月 19 日，曾茂朝在联想集团成立大会上讲话说，"研究所数十年科技成果的积累，人才的锻炼和培养，为公司提供了雄厚的技术基础。"

正如北京市新技术产业开发试验区前主任胡昭广在 1988 年底的讲话中所说："一个企业的竞争能力，最根本的在于它有没有一个像样的产品，这就是我们的生命力所在。"

中科院前院长周光召在 1988 年 5 月 31 日发表的文章中，也把计算所公司成立三年来的发展归结为："以研究所为后盾，以市场为目标，以产品为龙头，实行科研、试制、生产、经营一条龙的方针，开发了以联想汉卡为代表的一批拳头产品。"

1994 年 12 月 8 日，国家科委朱丽兰副主任在联想集团成立十周年大会上讲话指出："联想集团的成功，是计算所多年来成果积累的一种体现，如果没有这样一个坚实的科技背景是不行的。小平同志讲，发展高科技，实现产业化。要实现高科技的产业化，不发展高科技不行。要发展高科技，不实现产业化也不行！"

1984 年至 1990 年，中关村规模最大的公司为四通、信通、科海、京海公司，被简称为"两通两海"。四通、京海为民营公司，信通、科海为中科院与海淀区合办的公司。

当时名气比联想大得多的信通公司也在努力自主创新，一直在发展自己的拳头产品。后来开发了"小巨型机"，尝试用贸易积累的资金投入研发，但因利润不足而捉襟见肘，最终由于各种原因退出了历史舞台。而联想等高技术公司的成功经验表明，高技术企业一定要依靠技术创新，没有创新就没有希望。

结论："技工贸"胜过了"贸工技"

1985-1995 的十年间，联想市场业绩遥遥领先于华为。到 1995 年，联想销售额是华为的 4.5 倍，在规模、利润、研发能力、业界地位、品牌价值等方面都远超华为。

这应归结为两者创新能力的差距。换言之，联想实行"技工贸"，通过"产学研相结合"，继承了中科院计算所的强大创新能力。而早期的华为得不到像中科院计算所那样的强大支撑，缺乏科技创新能力，只能实行"贸工技"。

这一阶段联想与华为的竞赛结果是"技工贸"胜过了"贸工技"。1995 年联想在"全国百强高新技术企业"排行榜中排名第二，华为则在百强榜之外。

2．第二阶段，1996 年至今

在这个阶段，同为中国制造业代表的联想和华为，发展过程有不少相似之处。都是在国内打下坚实的市场基础后，走上了曲折的全球化之路。拥有不同优势的联想和华为在各自领域，均成为了领头羊。

联想与华为的不同之处在于，联想针对消费者市场，主营 PC 机和笔记本，成为全球第二大 PC 厂商。而华为不仅是中国制造业的代表者，更是推动中国制造业从制造大国走向制造强国的典范。华为针对运营商市场，提供通信设备和解决方案，成为全球第二大通信设备供应商。

所以，这一阶段联想与华为的竞赛依然是"贸工技"和"技工贸"的竞赛，"技工贸"依然胜出。为此我们可以说"技工贸"具有核武器般的战斗力，联想与华为的比较就特别具有示范意义。

第二阶段，联想发展战略从"技工贸"改为"贸工技"。联想在第二阶段的指导思想是："以贸易为突破口，实现技、工、贸三级跳。"

1996 年联想正式宣布，把"提倡了十年的'技工贸'道路改了一个顺序，变成了'贸工技'"。（来源：《中国青年报》）

1995 年起，联想撤掉"总工程师"，认为这是"前苏联体制的产物"并永久废除；先后关停"ASIC 芯片联合设计中心""程控交换机事业部""联想-Office 软件"等高技术项目或业务。投 12 亿元巨资建大亚湾"亚洲最大的板卡生产基地"。

1998 年联想宣布的发展战略是："以贸易为突破口，实现贸、工、技三级跳。"（来源：《计算机世界》）

从 2004 年至今，联想花钱买技术，先后以 17.5 亿美元、29 亿美元和 23 亿美元（共 69.5 亿美元）收购 IBM PC 业务、Moto 和 IBM X86 服务器业务。

按说凭借当年"马太效应"，联想本可继续领先华为。但企业的研发被搁置一边，无人领军。联想不再奖励研发人员，联想的研发人员为此自嘲："倪院士离开联想，我们一下子年轻了很多。以前是爷爷，现在是孙子。"由于研发没有地位，技术研发的骨干基本上都离开了联想。

联想实行"贸工技"以后，最擅长的是市场营销。1996 年联想电脑首次超越国外品牌，在国内市场占有率夺得第一。2004 年收购 IBM 个人电脑业务，2008 年凭借规模效应首次入选《财富》500 强。

第二阶段，华为发展战略已从"贸工技"改为"技工贸"，其指导思想是："强化自主研发、消化吸收、发展中高端、与先进技术接轨。"

据国家发改委宏观研究院产业所研究员史炜的考证：1998 年，华为明确提出"技工贸"战略，华为由传统的交换机设备的进口和研发，全面向新一代系统设备和技术研发转变。

（1）研发投入：华为 2015 年收入 3950 亿元人民币，研发投入超过 1000 亿元人民币，占营收 25.3%。据报道，2015 年联想和华为的研发投入差约 8 倍，但 2014 年联想华为的收入非常接近，所以这方面两者的打分为 100:12.5。

（2）研发团队：华为目前已拥有 7 万余人的研发团队，而联想的研发团队约 5000 人，这方面华为是联想的 14 倍，打分为 100:7.1。

（3）知识产权：国家知识产权局发表的 2013 年国内企业（不含港澳台）有效专利拥有量统计，华为是 18 880，联想是 1411 件，华是联想的 13.4 倍，因此两者在这方面的打分是 100:7.46。

（4）品牌：按照 2015 年世界品牌实验室（World Brand Lab）的数据，华为的品牌价值高于联想（1825.96 亿元对 1287.31 亿元），即联想品牌价值是华为的 70.5%。另外，在 2015 年中国电子信息百强企业名单中，华为连续 7 年占据榜首，联想已经不在榜单上。据此，这方面两者的打分是：100:70.5。

（5）基于创新软实力不易评分，在评估中不予列入。

这一阶段华为的科技创新能力大大超过了联想。

以上情况还是根据 2015 年联想、华为相关数据进行的分析。事实上，2016 年直至 2017 年中报，联想华为之间差距更是拉大：联想手机业务跌落前三名外，华为手机崛起全球辉煌；联想总体业绩下滑，全球 PC 老大位置不保，2016 年实际亏损；反观华为 2016 年业绩赢利更进一步，有关具体细节本书其余章节已有介绍。

虽然 1995 年以后联想转为贸工技，但头十年技工贸积攒下的家底还是有一种前进惯性，尽管一路有些起伏不平。联想继承"技工贸"成果最具代表性的就是联想微机——联想 PC。

我们从联想在中国电子信息百强企业榜单上的排名变化就可从侧面看出"技工贸"与"贸工技"之别。

1992 年，联想位列中国电子信息百强企业榜单第 18 名，1993 年为第 12 名，1994 年为第 2 名，1995 年第 4 名，1996-1998 年连续第 2 名。之后 1999-2000 年蝉联冠军，2001 年分家改制成控股公司。2001-2003 年位列中国电子信息百强企业榜单第 3 名，2004 年升至第 2 名，2005 年则退到第 4 名，2006 年、2007 年再次蝉联第一，2008 年又退到第 6 名（华为第一名），2009 年、2010 年则为第 3 名，2011-2014 年保持第 2 名。但让人大跌眼镜的是，2015 年，联想居然未能进入中国电子信息百强企业榜单。而华为自 2008 年占据中国电子信息百强企业榜单头牌后，连续 10 年稳居榜首之位，令人颇为感慨！

事实上，选择"技工贸"还是"贸工技"，这是不少企业面临的哈姆雷特式疑问。对于某些企业而言，"贸工技"类似"以市场换技术"。比如联想就希望通过销售国外的产品，再引进产品生产线，最后获得先进技术。可关键的问题在于，"以市场换技术"能否真正解决有关问题？

联想多年来实行"贸工技"战略，最后在获得先进技术的美好愿望未能实现的情况下，希望通过并购获得先进技术。从 2004 年至今，联想分别以 17.5 亿美元、29 亿美元和 23 亿美元收购 IBM PC 业务、Moto 手机业务和 IBM X86 服务器业务。

联想花费 17.5 亿美元收购的 IBM 个人 PC 业务情况如何呢？2005 年，IBM

个人电脑业务占其总销售额的 10%，但利润非常低，对公司每股赢利贡献率不到 1%。放弃低利润的硬件业务，走出无利可图的 PC 市场，在利润颇丰的服务器、软件和服务业务中投入更多的精力，正是 IBM 董事长兼首席执行官萨姆·帕米萨诺接过帅印后一直奉行的策略。所以 IBM 放弃 PC 业务，让联想接棒。

但联想选择的是一条"跟在 IBM 后面吃土"的战略。联想集团原董事长柳传志曾说：这是一场赛跑。跑在前面的人说："你在后面吃土吧。"他跑得快，我在后面吃土，这没错。咱们现在必须狠下心来，踏踏实实在后面"吃土"，但心里的希望是做"领跑"。然而现实是，联想做"领跑"的理想依然属于一厢情愿的美好憧憬。

2005 年，素有"民族 IT 产业教父"之称的柳传志，因联想收购 IBM 个人计算机业务而被美中关系委员会授予推动美中关系杰出贡献个人称号，成为该组织成立 40 年来第一位获此殊荣的非美籍人士。不过联想方面对此保持低调，并未刻意宣传

曾参与创办《21 世纪经济报道》《第一财经日报》，并先后任编委和副总编辑的中华元国际金融智库创办人的张庭宾认为：联想的三次跨国收购，不仅付出了巨额现金流，而且后续重组费用也非常高昂，两者合计当不下百亿美元。而付出如此巨大的代价仅是获得了一流跨国公司的三流技术，比如

IBM 的个人电脑和低端服务器，是即将被淘汰的"鸡肋"。或者是竞争失败已经被淘汰的技术，如摩托罗拉移动。这些技术在日新月异的技术进步中大势已去，比如智能手机平板对传统电脑的替代和挤出，云端存储技术对传统低端服务器的替代。客观而言，联想花了巨资买下了外资跨国公司的落后和准淘汰技术，其技术的未来实用性较低。比如摩托罗拉手机买下后，其传统手机已经被淘汰，联想推出的还是基于安卓智能平台的手机。更何况收购摩托罗拉后，谷歌将继续持有摩托罗拉大部分专利组合，包括现有专利申请及发明披露，而联想只是获得了相关专利组合的授权许可证。

而更令人感到悲哀的是，这些花巨资买下的一流跨国公司"落后和准淘汰技术"，居然还能撑起联想业绩的一片天空。按照联想 2014 财年中期业绩财报，当时 IBM X86 服务器业务的营收数额是联想收购前企业级业务营收的 2～6 倍。"可以说，如果没有对于 IBM X86 服务器业务的并购，联想的企业级业务几乎可以忽略不计，其无论市场份额、出货量、营收等都难言规模。"这说明联想并购 IBM X86 服务器业务核心和首要的目的是做大——企业业务达到相当规模。

以上种种事例说明，通过"贸工技"实现"以市场换技术"的祈望最后很难如愿以偿。在这方面，"贸工技"起家的华为见好就收，最后走上了一条自主研发和创新的道路。

国家发改委经济体制与管理研究所产业室主任史炜指出：1998 年，华为明确提出"技工贸"战略，华为由传统的交换机设备的进口和研发，全面向新一代系统设备和技术研发转变。

华为坚持"技工贸"，把强化自主创新研发作为重中之重，聚焦中高端市场，与国际先进技术接轨，将技术研发国际化，以不断的技术创新，开拓市场，赢得用户。华为是《财富》500 强唯一的非上市公司，是国际化程度最高的中国民企。

根据世界知识产权组织报告显示：华为以 3442 件的申请数超越日本松下公司，成为 2014 年申请国际专利的冠军。特别值得一提的是，2015 年 11 月，华为推出了全球领先的麒麟 950 手机芯片。这不仅标志着华为已经成为全球电信设备业的领导者，也站到了智能手机芯片的山顶。

2016 年 10 月，华为发布麒麟 960，该芯片以打造更加快速、流畅、安全的安卓体验为目标，在性能、续航、游戏、拍照、通信、安全等方面为用户带来更好的体验，麒麟 960 使华为有了足够的实力来对抗顶级的芯片厂商。

2017 年 9 月，华为在德国发布麒麟 970。AI 是此次麒麟 970 的"大脑"，AI 技术的核心是对海量数据进行处理。该款芯片的发布使得华为步入了顶级芯片厂商的行列。

20 多年来，华为始终坚持自主研发，依靠科技创新驱动，在计算机技术和通信技术（ICT）融合的方向上取得了长足发展。华为从不搞房地产，从不急功近利，这种精神值得钦佩。

这里有一个事实必须说明，就是"华为从不搞房地产"，是说华为从来没有涉足房地产业务，但不包括没有这样的打算。2002 年华为内外交困、走投无路，曾经拟把硬件体系整体卖给摩托罗拉。笔者在这里披露这个过往事实的目的，是想说明民营企业创业发展是多么的不容易，多么的历尽艰辛。而身为国有企业的联想，创业初期拥有华为所不具备的优越条件，但却放弃了对技术的追求。从早年的领先华为，到现在被华为甩在后面，这样的结局值得人们深思。

2002 年，互联网泡沫次第破灭，全球电信市场一片凋零。虽然华为主流产品在国内市场份额均已超过 30%，但急于突破的 2G 无线通信市场却被强大的国际巨头爱立信、诺基亚等牢牢把持，华为遭遇增长的天花板。

虽然华为在国内厂商中率先开发出 3G 产品，但苦等 3 年，等来的却是政策主导下的"小灵通"。这种落后的 PHS 无线技术，以年平均 200 亿左右的设备市场规模，持续建设了 4 年。加上配套的手机终端市场，养肥了当年华为最大的国内竞争对手斯达康和中兴，他们将攫取的利润大举用于 3G 攻关和推进海外市场，与华为的差距逐渐缩小。

也就是在 2002 年，华为的 IPD 管理变革进入深水区，当时要求年底所有产品线必须完全按照 PDT2.0 的流程运作。变革的阵痛加剧，但成效又没有显现。雪上加霜的是国际对手思科发起对华为侵犯其知识产权的控告。

　　山雨欲来风满楼，屋漏偏遭连阴雨。与此同时，更危险的是，由华为前技术负责人与骨干等离职创业成立的港湾网络公司也步入竞争者的行列。这岂止是竞争，简直就是华为的"终结者"。港湾公司汇聚了一批华为前员工，"以子之矛、陷子之盾"，专门利用华为技术，仿制华为产品来与华为分庭抗礼，并重金挖走华为员工，大有搞垮华为之势。

　　此时，正如任正非所言："2001—2002年华为处在内外交困、濒于崩溃的边缘。"为此华为差一点全面转型为房地产企业。

　　前有思科的进逼，后有李一男等华为前员工创办的港湾公司挖墙脚，华为无以应对。经过与摩托罗拉进行了半年的谈判，作价100亿美元卖掉公司核心主业，华为拟全面转向房地产。

　　2002年，美元与人民币的汇率是8:1，如果当时华为和摩托罗拉成交，所获的800多亿元人民币"正好"派上用场。当时一些省市都希望华为大笔投资房地产尤其是深圳市。华为与摩托罗拉签署好转卖合同，就等摩托罗拉董事长签字批准，双方谈判人员在海南三亚海滩打起了沙滩排球，以释放半年来讨价还价的谈判给身体带来的疲惫。然而不到一周时间，摩托罗拉董事长换人，新任董事长圣德不看好这笔交易，因而拒绝在华为与摩托罗拉交易合同上签字，于是华为得以幸存。

　　断绝了去路的华为无奈只能置之死地而后生。任正非等华为高层静下心并坐下来专门开了一个关系华为未来前程的会议，大家一致决定，今后华为只在通信领域发展，心无旁骛。从此华为再未涉足房地产。

　　10年后，在巴塞罗那电信展期间，爱立信CEO亲口告诉任正非，摩托罗拉COO马克在向爱立信董事长谈及过去那件未能完成的收购时，眼泪潸然而下，因为当年摩托罗拉放弃收购华为实在属于"养虎为患"。十年后，华为咄咄逼人，反过来要收购摩托罗拉。

　　苍天有眼，摩托罗拉董事长圣德对中国华为真是"功德无量"！

　　不过，从华为的这段经历我们可以看出，民营高科技企业的发展道路是多么的崎岖不平。反观联想，作为国字号的高科技企业，我们更为其错失核心技术发展良机而痛心。

3．2001 年联想、华为互换角色

2001 年，华为销售额第一次超过联想。与此同时，华为利润额与利润率也超过联想。

据先后任联想 FM365 网站内容主编、联想信息服务事业部高级经理吕彤在《联想喘息》中透露，2001 年时，排在电子信息产业 100 强第 8 名的华为，利润额和利润率（利润率为 10.08%）都位居第一。值得注意的是，华为 2000 年的研发投入占营业额的 13.62%；而始终位列电子 100 强三甲的联想，研发投入还不到营业额的 1%。"曾经创造了联想汉卡辉煌的联想，已经好久没有摸过科技大奖的奖杯了。"吕彤为此感慨。

《联想喘息》还指出，微软和英特尔在研发上的投入，每年分别是 50 亿美元和 40 亿美元。而中国厂商呢？联想成为 IT 龙头后，在最具雄心壮志的 3 年规划中，也只是提出：研发 3 年的总投入将达到 18 亿元人民币。什么概念？3 年投入不到 3 亿美元。

根据信息产业部 2001 年公布的电子信息 100 强企业名单，华为从 2000 年的第 10 名升至 2001 年的第 8 名，营业收入则从 102 亿元增至 152 亿元。联想集团 2001 年的营业收入为 280 亿元（包含神州数码），利润 10 亿多人民币，排名第三。"虽然营业额比华为多，利润却差得远。"吕彤说。

2015 年，中国电子信息百强企业榜发布，华为连续 8 年占据榜首，但曾经多次占据榜首的联想集团已经悄然淡出榜单。

中国电子信息百强企业从规模、效益、研发创新等方面进行综合评价。其中，规模包括资产和收入规模；效益包括企业的盈利能力、发展能力、债务偿还能力以及经营能力四个方面；研发能力包括研发投入比例和专利数量两个方面。通过选取具有代表性的指标并赋予适当的权重进行加权计算，得出企业综合评分。

"贸工技"对高技术公司华为来说是一座度过资金难关的桥梁，那么"贸工技"方针对高技术公司联想究竟是"核心竞争力"还是"核心破坏力"？

从结果上看，以生产制造为主的联想和以技术创新驱动的高科技企业华为有着本质区别，表现为利润空间的巨大差别。从 2008 年开始，联想、华为净利润比较如下。

2008—2016年联想华为净利润比较（单位亿元）

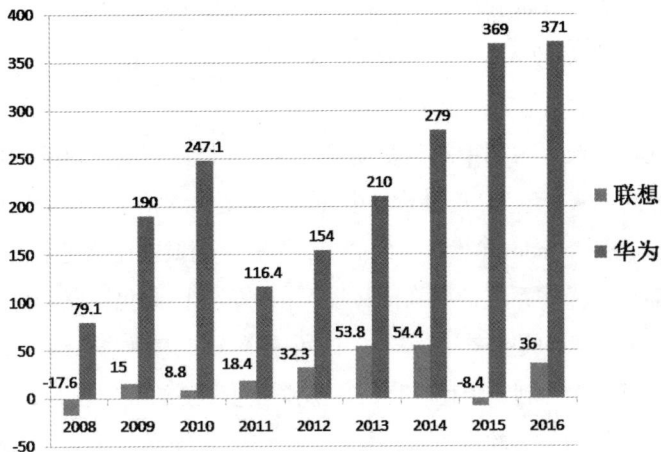

2015 年，联想销售额 449 亿美元、华为 608 亿美元，双方距离拉开。然而在净利润方面，则出现戏剧性的结果：联想净亏 1.28 亿美元，华为净利润却高达 57 亿美元。

2016 年，联想财报净利润 5.4 亿美元（约 36 亿元人民币），但实际上依然亏损约 2 亿美元。华为净利润 371 亿元人民币。

2017 年 12 月 22 日，根据港交所数据，联想市值约 70 亿美元，而华为市值超过 1900 亿美元。业界一般认为华为市值与思科相当，2017 年 12 月 22 日，根据美国纳斯达克数据，思科市值 1905 亿美元。

2016 年，华为入围 Brand Finance 全球最具品牌价值百强榜单，排名 47 位，品牌价值超过 197 亿美元。2017 年二度蝉联，排名升至 40 位，品牌价值 252.3 亿美元。而思科排名才 55 位、品牌价值 207 亿美元。

这些年来，"贸工技"对联想研发能力伤害过重，短时间也难以复原。

互联网实验室发现，中国联想集团销售的笔记本电脑上贴的商业标签几乎都是微软、英特尔等硅谷巨头的商标品牌。我国 PC、手机等设备始终受制于微软、Intel、高通等国外 IT 企业，不仅在技术上难以寻求突破，而且每年花在知识产权、专利授权等方面的费用非常之高。

在 PC 领域，从 1996 年开始，联想电脑销量一直位居中国国内市场首位。2013 年联想电脑销售量升居世界第一，成为全球最大的 PC 生产厂商。但联想的 PC 产品过度依赖微软的操作系统生态。根据微软财报，2015 年来自操作系统的收入大约 186.1 亿美元，而联想公司每年为微软的收入贡献在 20～30 亿美元。微软的收入来源主要靠操作系统和配套的 office 软件，联想等企业投入巨资与微软合作，实际上是在替微软维护 OS 生态。

联想在微软收入占比中的重要位置，是促使微软与联想保持战略合作的重要因素。然而从全球 PC 产品价格中的组成来看，软件在其中的比例在逐渐下降，但在装有 Windows 操作系统的 PC 中软件的成本比例越来越高，说明微软主要靠提高操作系统价格维持其收入和利润。因此包括联想在内的中国 PC 生产厂商如果继续在产品创新上绝对依赖微软一家操作系统，对我国 IT 产业创新有百害无一利，长期看将损害整体信息经济的健康发展。

联想公司每年为微软的收入贡献在 20～30 亿美元，而自己的利润只有 8.17 亿美元（2014 年），差的时候甚至亏损（2015 年亏损 1.28 亿美元）。

2016 财年微软净利润 168 亿美元，英特尔净利润 103 亿美元，而作为 Wintel 架构 PC 大销售商的联想"净利润"为 5.4 亿美元，这还是通过两次卖楼变现 5 个多亿美元、减少员工福利 1.29 亿美元和裁员 7000 人实现的。尽管如此，联想的"净利润"也只相当于 Wintel 两家利润总和的 2%。

当初，联想令华为难望其项背，大家本不在一条起跑线上，华为仅仅是创业跟随者。可弹指一挥间，30 年过去，乾坤大挪移，最终坚持自主创新的华为成为自主创新的领军企业，并傲视群雄。发展历程一波三折、多次改弦易辙、丧失核心技术的联想只好甘居人后、跟着"吃土"。

4．华为与联想研发投入比较

1995 年，华为因一场诉讼而创立知识产权部。

从 2000 年起，华为国内专利申请量以每年翻倍的速度增长。华为在专利、标准上的突飞猛进毫无疑问都得益于研发实力的强大。在 18 万华为人中，超过 45% 的员工从事创新、研究与开发。每年将超过销售额的 10%、甚至超过 15% 的经费投入研发的做法使其技术研发能力迅速后来居上。而研发能力的提高，又促进了知识产权和标准工作的参与力度，这一切都促进了其核心竞争力的提高。截至 2016 年年底，华为加入了 360 多个标准组织/产业联盟/开源社区，担任 300 多个重要职位。与此同时，华为累计获得专利授权 62 519 件；

累计申请中国专利 57 632 件，累计申请外国专利 39 613 件，其中 90% 以上为发明专利。

联想近年来逐步加大技术研发力度，但与华为相比依然不是一个重量级。

2006 年 7 月，联想集团大中国区总裁陈绍鹏在北京透露，"联想每年研发投入超过 25 亿元人民币，目前已经有 5000 多项专利，每年从专利上获取的回报大约为 4000 万美元。"

联想集团大中国区品牌沟通与宣传活动高级总监朱光告诉新浪科技，5000 多项专利中有 3000 项左右是收购 IBM PC 转过来的。5000 多项专利中有 2000 多项发明专利，其中 IBM PC 转过来的有 1000 多项。

2016年全球ICT企业研发投入排行榜（单位：亿美元）

排名	ICT企业	研发投入	同比增长	销售收入	研发投入强度	总部所在地
1	三星电子	148	5%	1174.40	12.6%	韩国
2	英特尔	127	4%	594	21.3%	美国
3	谷歌	139	40%	903	15.3%	美国
4	微软	130	31.2%	853.20	15.2%	美国
5	华为	110	28.18%	751	14.6%	中国
6	苹果	101	25%	2156	21.3%	美国
7	思科	68	33%	492	13.8%	美国
8	高通	51	-8%	236	21.6%	美国
9	IBM	54	0.18%	799	6%	美国
10	脸谱	52	98%	276	18.8%	美国

据速途研究院院长丁道师透露，联想每年研发投入 5 亿美元，还拥有 5000 多名优秀工程师、设计师、研究人员和 100 多个先进实验室。

据不完全统计，2006—2015 年，华为研发投入累计达到 1880 亿元人民币（250 多亿美元），而根据联想 2006-2015 财年财报显示，联想集团过去 10 年累计研发投入为 44.05 亿美元，不及华为 2014 年一年的投入。其中仅 2015 财年研发占比收入达到 2.6%（华为 25.3%），其余年份均低于 1.9%（华为历年不低于 10%）。

2016 年华为研发投入 110 亿美元；联想只有 13.26 亿美元，研发投入只占成本的 3.69%，占营收的 3.16%，为此"联想一年研发投入相当于谷歌的一个月"之说不胫而走。

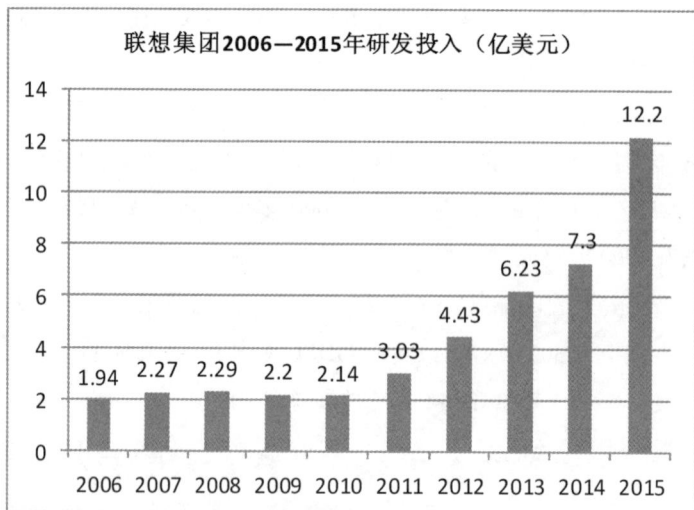

联想集团2006—2015年研发投入（亿美元）

华为近十年研发投入累计2400亿元，而联想10年研发费用仅44亿美元，华为比联想高10倍。

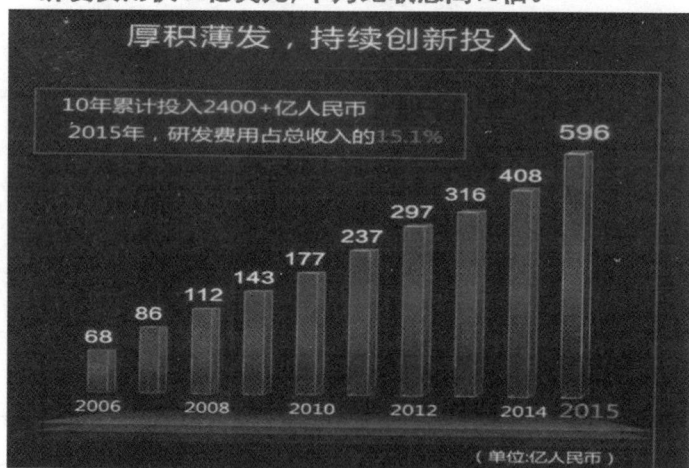

厚积薄发，持续创新投入

10年累计投入2400+亿人民币
2015年，研发费用占总收入的15.1%

（单位:亿人民币）

目前，在全球高科技研发投入领域，中国企业只有华为集团可以与跨国公司相提并论。

截至 2016 年年底，华为累计获得专利授权 62 519 件，累计申请中国专利 57 632 件，累计申请外国专利 39 613 件，其中 90%以上为发明专利。

三、只有"技工贸"才能救中国

2016 年 4 月 25 日，习近平主席在网络安全和信息化工作座谈会上指出：互联网核心技术是我们最大的"命门"，核心技术受制于人是我们最大的隐患。一个互联网企业即便规模再大、市值再高，如果核心元器件严重依赖外国，供应链的"命门"掌握在别人手里，那就好比在别人的墙基上砌房子，再大再漂亮也可能经不起风雨，甚至会不堪一击。我们要掌握我国互联网发展主动权，保障互联网安全、国家安全，就必须突破核心技术这个难题，争取在某些领域、某些方面实现"弯道超车"。

当前，信息领域新技术层出不穷，如云计算为代表的新一代信息技术对企业既是挑战也是机遇，为此转型是难免的。所以，企业的技术创新能力就成为发展的关键条件。有鉴于此，"技工贸"应该成为高技术企业的首选之路，而华为始终如一的"技工贸"市场实践与瞩目成就很好地回答了这个问题。

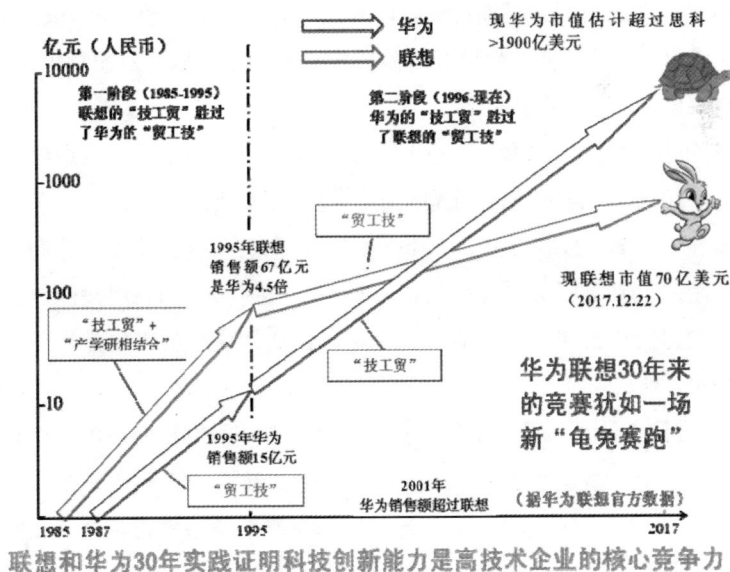

联想和华为30年实践证明科技创新能力是高技术企业的核心竞争力

四、云计算时代鹿死谁手

联想实施 PC+战略之后，其企业级业务与华为就成为竞争对手。但目前，联想在不少方面尚与华为存在差距。华为在某些领域具有不可替代的优势，甚至独领风骚。

至于手机业务，这是联想企望翻越第四道坎的寄托所在。对于 PC 业务，联想已经不再将其作为未来的发展支柱。

可是树欲静而风不止，华为手机 2015 年出货量全球上亿，已经把联想甩在后面。更有甚者，2016 年 2 月 21 日，华为在巴塞罗拉出尽风头、发布 MateBook，正式进军 PC 界，并且直言，华为要做 PC 领域的老大，直逼联想的霸主地位。与此同时，杨元庆正在亚布力峰会上解释外界对他的误会。

华为笔记本虽然不是针对联想而来，但毕竟会对联想形成压力和实际竞争态势。为此，今后的联想与华为，迟早会兵刃相见、捉对厮杀。

最关键的是，联想包括联想控股的看家本领，赖以生存和发展的基础都是联想 PC，这个源自联想早期创业阶段开发的自有品牌联想微机，依然是"技工贸"的成果。而联想在"贸工技"阶段没有创造出足以令联想称道的产品，所有并购成果都无法令联想立身。

2015 年杨元庆进行收缩，将集团业务分为个人电脑业务、企业级业务和移动业务。2016 年新年伊始，联想又再次进行集团架构调整。

2016 年 4 月 21 日，联想召开一年一度的誓师大会。杨元庆正式宣布了"创想合伙人计划"，要通过体系化的设计，让每一个业务依循自身特性顺畅发展，让每一位联想人从公司业绩的成长中获利，让全体联想员工成为与公司利益紧密关联的合伙人。

"创想合伙人计划"是一个包括管理体制、考核激励机制在内，充分考虑各业务不同特质，激发、激励员工创造力和创业激情的"多业务经营体系"。"创想合伙人计划"的目标是打破管理体制和机制的条条框框，充分激励各个业务的员工释放创造力；让专业的人，专注于专门的事；让每一个团队，每一个个人，都能通过达成适合业务特性的目标，分享到丰硕的成果；让每一个业务都有自己的主人，彻底解放生产力。

俗话说，"穷则思变"，联想的一系列动作举措都是应对行业发展态势的战略调整。但迄今为止，联想已连续 8 次调整组织架构，被业界称为"凸显战略模糊"，实在是"叫好不叫座"。

而反观华为，20 年来依靠"技工贸"战略一路艰辛却所向披靡。虽然"华为技术专利主要是追随性的技术"，但终归有技术，并且是自主研发的。因此将来可能发生在联想、华为之间的竞争，起点都不在一个层面，结局还可能平分秋色吗？

比方说，同样是 PC 产品，作为国内老牌 PC 企业、全球 PC 老大的联想，在 PC 产品创新上却没有跟上时代潮流。而作为 PC 制造商后起之秀的华为，新品笔记本却兼顾传统 PC 与移动 PC 的功能，这样一台富有新意、好用、体验好的电脑，适应了工业 4.0 的需要，可谓应运而生。华为能想到、做到，为什么联想不能？笔者以为，这就是"技工贸"思维理念与"贸工技"思维意识的差别。因为"技工贸"强调创新，"贸工技"重在跟风。正如柳传志曾说，他最佩服和欣赏的是任正非。"联想是根据市场做事，十步一扎营地做市场。但华为不是跟着市场做事，而是引领市场，拼命做事；有困难不停地调整做法，建立自己的品牌。"

在联想，销售始终是主导。一般是市场上什么火，就做什么产品规划，然后向研发要支持。整个环节里，研发基本是最后一环。企业的激励机制跟研发也没什么关系。所以华为可以开发出引领市场的产品，联想只能等市场上什么产品火了，才开发什么产品。

2015 年，苹果收入 15 000 亿，投入研发的费用仅有 550 亿，占比约 3.6%。而华为 2015 年收入 3950 亿，投入研发的费用则高达 600 亿，占比高达 15%，是苹果的 4 倍多。

更加骄傲的是，华为已累计申请了 52 550 件国内专利和 30 613 件外国专利。2015 年中国申请 6200 件，境外申请 2800 件，专利申请总量全球第一。也正是这样，苹果几年前就开始向华为支付专利费用，每年高达数亿美元。

2016 年上半年，专业信息技术研究和分析公司 Gartner 发布了一份名为《2016 CIO 议程：构建数字化平台》的报告，基于对 84 个国家的 2944 名 CIO 的访谈，给出了数据分析和观点总结。

Gartner 对 2653 名 CIO 进行调研，要求他们对合作最多及考虑合作的 10 家 IT 供应商，以李克特量表的形式，按照 1 到 5 进行打分。当然，1 是明显阻碍数字化进程，而 5 是明显加速数字化进程。得出如下结论。

Salesforce、Amazon、Google 等这些典型意义上的云计算服务提供商排在前几位并不令人吃惊，但中国企业华为能排在埃森哲、微软、思科等企业之前，却令人始料未及但又喜出望外。

这些年，华为一直聚焦在 IT 基础设施能力提供上，希望基于技术创新，打造开放、灵活、弹性、安全的平台，构筑持续发展的多赢生态系统，成为企业数字化转型的新引擎和新标杆，引领新 ICT 时代。这种平台化的思想与 Gartner 报告里所给出的平台化趋势不谋而合。

另一方面，截至 2015 年年底，华为已拥有 500 多家云计算企业级合作伙伴，服务于全球 108 个国家和地区超过 2500 家客户。这么丰富的客户实践经验，使华为能够携手合作伙伴，帮助客户从架构、硬件、软件、服务等各个方面实现转型，帮助企业在数字化转型中实现商业成功。

所以，能在与众多国外知名厂商的对比中排名领先，说明华为在云和大数据时代所秉承的"精简 IT，敏捷商道"理念已经越来越受到客户的认可。而华为围绕软件平台和企业云服务，构建云生态的努力，也确实有力推动了企业简化 IT 系统，焕发业务活力。获得高分自然是理所当然了。

2016 年 3 月 29 日，第二届"中国质量奖"在北京人民大会堂举行。大会现场宣读了授奖决定并颁奖，华为获得了国家最高荣誉"中国质量奖"，在制造业组织四个获奖单位中排名第一。

五、关于联想控股

（一）"北京联想计算机集团公司"组建

1989 年 11 月，中科院计算所公司组建（或称为"改名"）独资的"北京联想计算机集团公司"（北京联想），董事长曾茂朝，总裁柳传志，总工倪光南。"联想"名称来自公司拳头产品联想式汉卡。

在联想集团成立大会主席台就坐的有严济慈、周光召、迟海滨、余志华、侯自强、胡昭广和曾茂朝等。

美国 IBM 公司、AST 公司和法国梅兰日兰公司等国际计算机著名机构都向大会赠送了花篮。

柳传志、李勤、张祖祥、胡靖宇、张品贤、胡锡兰都已到会。而作为集团总工程师的倪光南和集团副总裁的吕谭平，此刻正在美国拉斯维加斯，在全世界最大规模的计算机博览会上拿到了每月 10000 余套联想 Q286 微机的订单。

中国科学院院长周光召即席致词："计算所公司在几年实践中，为解决科技和生产密切结合问题做出了历史性的贡献。今天，我们对联想计算机集团抱有很高期望，希望你们带头开创出一条航道来，去经受大风大浪的考验，锻炼成一艘能够代表中华民族的钢铁大船，坚定地朝你们的目标努力!"

中科院计算所所长、集团公司董事长曾朝茂说："根据中科院对联想公司分级管理的规定，把计算所办的联想公司按院级公司管理，给联想提供了许多优惠条件，使联想在更宽松的环境下运行。计算所方面充分理解中科院领导所寄予的厚望。计算所将一如既往地支持联想的工作，充分重视联想与计算所之间内在的密切联系，就像冬虫夏草那样，互为养料，循环不已，发展壮大。"

联想集团总裁柳传志在成立大会上解释联想集团名称的来历："联想集团以开发成功联想汉字系统起家并由此而得名。而后，又连续开发出联想 FAX 通信系统、联想 CAD 超级汉字系统、联想 GK40 等有重大社会经济效益的联想系列产品。尤其是我们今年研制生产的联想 Q286 微机，目前已创造了 120 万美元的产值，并正以每月 3500 套的批量，率先打开国际市场，销往美国、加拿大、欧洲和东南亚 20 多个国家的 50 多家公司。"

柳传志说，"1988 年，公司在国内的本部经营额达到 1.34 亿元人民币，在香港的联想公司达到 1.2 亿元港币。1989 年，国内本部正在向 2 个亿进军，香港联想公司前 7 个月就完成了 1.7 亿元港币的营业额，预计全年能达到 3 亿港币。4 年来，公司本部上缴国家各种利税 2200 万元人民币，上缴计算所 500

万元人民币。"

"公司创办 5 年了。这 5 年中，我们沿着科技体制改革的方向，扣紧了'科技为国民经济服务'的主题，走出了一条'科学技术迅速转化为社会生产力'的道路。" 柳传志说，"联想汉字系统的成功，一是由于汉卡的主要研制者倪光南总工程师较早突破了传统观念，高度重视市场的需求而不断改进产品；二是形成了开发、生产、销售、服务一条龙的队伍。早在前年，周光召院长在给我们的信上就特别强调，要我们注意形成一条龙的队伍。我们众多的研究员、高工、工程师打破了传统观念，充实在这支队伍当中，有效地促进了科研向生产力的转化。"柳传志总结道："5 年来，公司开发出 156 项科技成果，转成产品并产生了很大经济效益的有 27 项。目前公司自制产品和二次开发的产品占总营业额的 80%以上。1988 年，在北京新技术开发试验区 700 多家高技术企业内，计算所公司成为拳头产品最多，也是唯一一获得国家科技进步最高奖的公司。《经济参考》报把计算所公司列为全国计算机行业科技开发效益最高企业中的第一名。"

（二）联想控股非主业多元化

2001 年联想控股成立后，开始非主业多元化、跨领域发展，引进战略合作者与资金，投资房地产、物流、餐饮等。柳传志意图建成"第三个、第四个、第五个联想……"

但迄今为止，柳传志意图不仅未能实现，相反整个发展未达目标：联想控股上市首日即跌破发行价 42.98 元港币，股价一直低位徘徊。

根据 2016 年联想控股年报披露，2016 年联想控股营收 3070 亿，净利润约 50 亿。如果剔除出卖融科智地的 136.5 亿，实际亏损 86.5 亿。而所谓"柳传志十五年再造一个联想"已经不可能实现，不知当初对此炒作的媒体作何感想？

2016 年之前，整个联想控股的业绩，无论营收额还是净利润，基本来自联想集团的贡献，其次是融科智地。除去联想集团与融科智地，联想控股属下产业的业绩贡献不足挂齿。联想控股的业绩是通过合并联想集团而实现"瞒目"的。我们根据联想控股与联想集团的财报制作了下面的图表，可以一目了然地获得相关信息。

联想集团在联想控股中历年收入及净利润占比

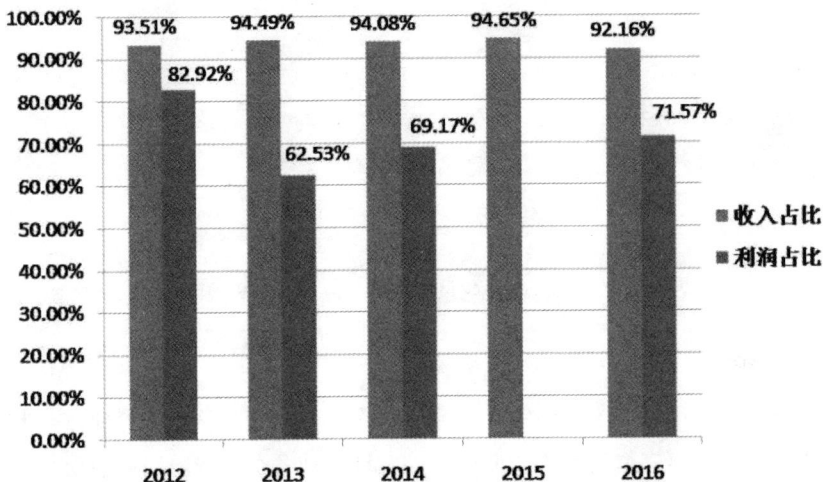

数据源自联想控股招股书及财报

如图所示，联想集团始终是联想控股的业务支柱，其营收与利润业绩对联想控股总体业绩作出了突出贡献。2016 年联想集团贡献了联想控股 94.18%的营收份额，净利润贡献约 70%份额。事实上，联想集团的 PC 业绩撑起了两个上市公司的业绩报表。

需要说明的是，联想控股与联想集团财年起止月份有所区别。联想控股是按照自然年的 1—12 月为一个财务年度，联想集团则是按每年 4 月到来年 3 月为一个财务年度。有鉴于此，其财年不完全"同步"，但总体上还是可以对比分析的。由于联想控股上市前没有公开的财务数据，故上市三年前的财务信息无从获得，分析比较只能从 2012 年开始。

截至 2016 年出售融科智地主业之前，联想控股通过战略投资已涉足 IT、金融服务、现代服务、农业与食品、房地产以及化工与能源材料六大领域，旗下拥有十余家成员企业，联想控股早已不是严格意义上的计算机企业联想公司。

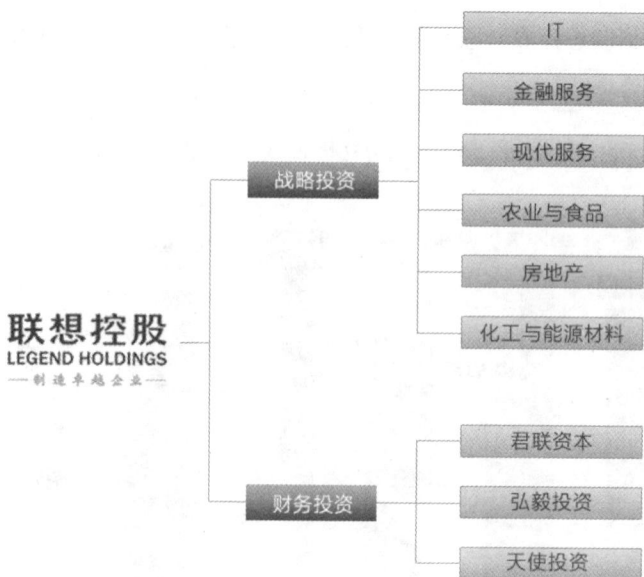

通过天使投资、风险投资、私募股权投资为核心的财务投资业务，联想控股试图打造出完整的投资产业链，并发现企业各个发展阶段的投资机遇，帮助所投企业实现价值成长，并为战略投资业务不断储备和提供项目资源。但理想很丰满，现实很骨感。

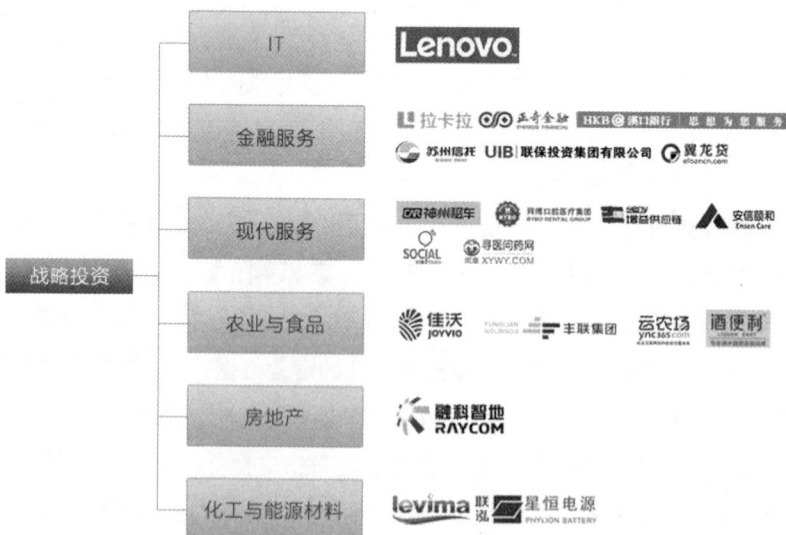

2016 年 1 月 28 日，中国经济网报道指出，联想控股下属弘毅投资，创办 12 年来业绩不佳，"投资回报率低惹怒 LP。""所投资的 19 个已上市项目中，投资回报超过 10 倍的项目仅有 4 个，而投资回报在 2 倍以下的项目竟然高达 9 个，占了所有统计数量的接近一半。已上市项目中如此之多的低回报项目，完全颠覆了外界对其的认知。"

2016 年 9 月 18 日，联想控股宣布，将旗下房地产子公司融科智地除融科资讯中心之外的几乎全部资产即 41 家附属公司出售给融创。联想控股战略收缩调整，但 IT 产业依然是业务支柱。

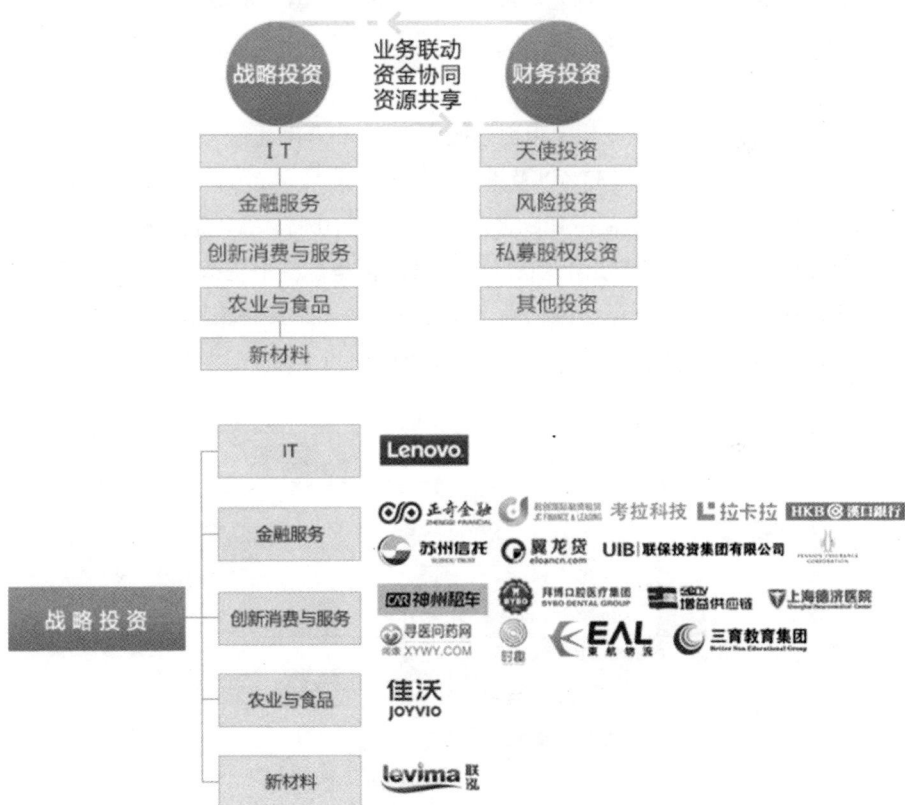

截止 2017 年 6 月，联想集团依然贡献了联想控股约 94% 的营收份额，净利润由于一个财季亏损，故仅贡献约 22.% 的份额。

1. 两个"联想"上市的异同

目前，有两个"联想"上市公司，一个是"联想集团"（HK0992），另一个是"联想控股"（HK0396）。

1994 年 2 月 14 日，北京联想的子公司——香港联想在香港上市（即现在的 HK0992 联想集团）。一般来说，公司首次 IPO 关系到公司产权和财富分配，极为重要，但联想的首次 IPO 内情几乎不为人所知。

香港联想上市前，由北京联想绝对控股，香港方面合作伙伴港方导远公司是吕谭平为总经理的四人小公司。当初为了照顾他们缺乏资金，香港联想的注册资本只有 90 万港元。经营资金全靠"中国技术转让公司"（以下简称"中转"）的贷款，而技术和市场全靠北京联想提供和拓展。吕谭平等只是普通代理商，并无其他特长。

资料表明，香港联想上市前总股本为 1100 万港元。三家股东分别是："北京联想"34%、"中转"33% 以及港商吕谭平等的"港方"即香港导远公司 33%。

根据招股书说明，在 IPO 之前的 1992 年 10 月，香港联想有一次 1270 万美元的增资。这笔巨款由北京联想提供。正是这次增资改变了原有的股权结构，使"中转"出局，而剩下了两家大股东："北京联想"38.8% 和香港导远公司 30.8%。IPO 总共发行 6.75 亿股，发行价 1.33 港元，市值约 9 亿港元。

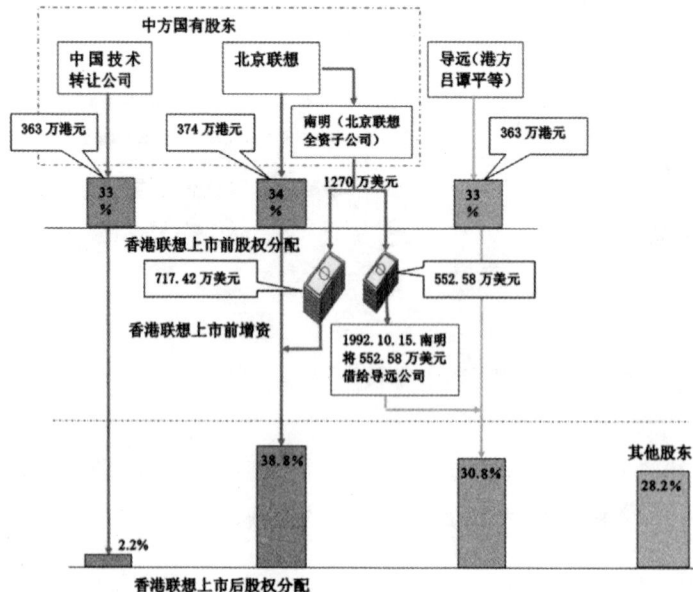

如图所示，增资的 1270 万美元是北京联想通过其在香港的全资子公司"南明"注入的，其中 717 万美元给了自己，552 万美元则"借给"了香港导远公司。

2. "中转"在香港联想 IPO 中出局

1988 年成立香港联想时，北京联想是其技术和市场的主要提供者，而"中转"则发挥了不可或缺的作用。那时，北京联想在香港贷不到款，也没有外汇储备。而"中转"作为中国贸促会旗下"中国技术代理公司"的子公司，拥有"中字头"招牌，当然能为香港联想提供商誉和运作资金。另外，"中转"还为北京联想提供了十几个往返香港的多次签证。这是稀缺资源，没有这种签证，柳传志、张祖祥、倪光南等管理、技术和业务骨干根本无法随意往返于大陆和香港之间，香港联想也就根本办不起来。相反，港商吕谭平等的香港导远公司提供的资源却显得有限。他们既无钱又无技术，只会做"微机代理"业务，可干这一行的在香港大有人在。此外，他们的管理水平也差强人意。

香港联想上市后，却在 1996 年出现巨额亏损，担任 CEO 的港商吕谭平为此被免职，柳传志也认为吕谭平没有管理大公司的能力。

按说北京联想是中科院计算所的独资公司，与"中转"同是国有企业，理应联手参与 IPO，但结果却在 IPO 中缺位。可"中转"对香港联想的支持力度非凡。"中国专利技术代理公司"董事长是柳谷书（柳传志的父亲），是"中转"的直接领导，"中转"对香港联想的支持不遗余力。

香港联想成立初期，"中转"派了一位干部担任财务总监，掌管香港联想财权；而且柳传志随时可以向柳谷书直接汇报、接受指示。所以说，香港联想能迅速发展起来，"中转"居功至伟。

1992 年前后，柳谷书从"中国专利技术代理公司"董事长任上离去，从此香港联想与"中转"关系发生变化，此后"中转"和香港联想的关系实际中断了。

香港联想上市前，北京联想建议"中转"增资 3000 万港元，但上市准备对"中转"是完全保密的，"中转"因不知道其要上市故没有增资。这时，香港联想的 IPO 已在紧锣密鼓地推进中。按照其 IPO 方案，原始股价为 0.22 港元，IPO 发行价为 1.33 港元。1999 年时，关心此事的全国政协委员走访"中转"领导人，获知他们对香港联想的 IPO 确实毫不知情，决定放弃增资。因此股份极大稀释，以致最后完全放弃股权。

3. 香港联想 IPO 对北京联想保密

香港联想的这次 IPO 不仅对"中转"完全保密，连对自己的母公司——北京联想也完全保密。此事柳传志没对北京联想董事会有任何书面或口头报告，参与 IPO 准备的马雪征，并非北京联想董事，其他参与者也都是港方人员。倪光南作为北京联想和香港联想两个公司的董事，也未能参与。其间他唯一看到的资料是马雪征要他撰写上市公司执行董事的英文简历，给他提供的是 1993 年 10 月 8 日招股书第三版的"加密版"，上面重要的数字都打了*号，无法看懂。

另外，在 IPO 前半年左右的 1993 年 6 月 14 日，柳传志召集北京联想总裁室会议。会议议程虽然安排了"香港联想情况"专题，但是柳传志既没披露香港联想上市信息，也未透露北京联想打算借钱给香港导远公司增资的情况，只说要对香港联想"加强财务监控"。北京联想的其他领导和员工直到 1993 年底左右，才得知香港联想要上市的消息。

事实上，如何筹集增资所需的上千万美元的外汇，对当时的北京联想确实是个难题。说来凑巧，这时北京联想的微机主板和扩展卡业务出口已卓有成效，根据国家有关优惠政策，1993 年中国银行给予北京联想 3000 万美元的"机电产品专项外汇贷款"。

有关文件表明，1993 年 6 月 28 日，柳传志主持的北京、香港和深圳三地联想财务工作会议，决定借贷给港商吕谭平等 552 万美元，用于购买香港联想股票。1992 年 10 月 15 日，北京联想在香港的全资子公司"南明"与港方吕谭平等的"导远"公司签订无任何担保的借款合同，期限二年。

然而天有不测风雨，香港联想上市后即出现重大亏损，股价最低降到 0.26 港元。北京联想又允许港方延期还款，直到后来北京联想把香港联想"整合"到一起，才出现股价飞涨（2000 年最高达到 70 港元）。这时，港商吕谭平等港方高管才将其所持的约 1/6 的香港联想股票按 1.33 港元的发行价还清全部借款，但其时港方四人仍持有约 5/6 的香港联想股票，按当时股市约可兑现 100 亿港元，这些数据都可在香港联交所核实。

北京联想借款给港商吕谭平等"负债持股"的做法遭到一些人大代表、院士质疑:"北京联想违反国家关于企业不得擅自向外商提供借款、外汇不得自行转往境外的禁止性规定,涉嫌挪用公款转借港商。"

中国科学院有关方面答复时承认港商"负债持股"事实,并提供了关于事实过程的一些重要文件,但解释说:"贷款给港方负债持股是基于当时客观条件和北京联想取得控股地位的需要,目前港方已全部还清贷款和利息"。

香港联想IPO的某些细节在刘韧所著《知识英雄2.0》中有所透露。吕谭平说上市前他向柳传志借了钱,他透露自己持有的联想股票,"按现在的市值35亿港币。"由此推算,四位获益的港商总收益逾百亿港元。而吕谭平还披露,他借不到钱,"要增资扩股只能向柳传志借钱。"

而时任联想集团总工程师倪光南向中科院举报此事后,引发了一个中国当代科技史上的公案——"倪柳之争",并最后以倪光南被免职总工、离开联想为结局。

4. 母公司联想控股香港上市

联想控股于2015年6月29日在香港交易所正式挂牌上市,其股票代码为3396.HK,IPO(首次公开股)发行定价为42.98港元,预计融资146.27亿港元,IPO中所发行的股票获得了45.17倍的认购。

根据联想控股2015年上市招股书,联想控股业绩数据包括联想集团的业绩数据,因为联想控股与联想集团合并报表。

2014年,联想集团全年营收463亿美元,净利润8.29亿美元。按照2014年汇率,联想集团全年营收为人民币2878亿元,净利润为51.35亿元。因此,联想集团为联想控股的业绩报告贡献了94.08%以上的营收额、69.17%的净利润。所以联想控股财报上的业绩数据,基本来自联想集团。而有些媒体报道的所谓"十五年再造一个联想",实际上属于重复计算联想集团与联想控股的财务报告业绩统计数据,因为联想控股的财务统计数字主要依靠联想集团的业绩数据支撑,即联想控股合并联想集团财务报告而成。

2015年联想集团全年收入为449亿美元,同比减少3%;净亏损为1.28亿美元。

2015年,华为集团全球营收3950亿人民币(608亿美元),净利润369

亿元人民币（57 亿美元）。

2016 年，联想控股合并下属公司收入 3070 亿元，净利润 49.85 亿，但联想控股曾出售属下融科智地房地产板块收入 136 亿。子公司联想集团 2016 年营收 430 亿美元，净利 5.4 亿美元；但联想集团两次出售联想大厦及属下房地产收入 5 亿多美元，2016 年联想员工福利成本减少 1.29 亿美元，并裁员 7000 人。因此，联想集团 2016 年业绩实际依然亏损。有鉴于此，联想的业绩引起"全球诧异"。

2016 年，华为实现销售收入 5200 亿、净利润 371 亿，成为 ICT 领域的全球领先者。其销售收入也是国内互联网三巨头 BAT 收入的 3 倍以上，华为的业绩引起"全球震惊"。

2017 年 8 月 29 日，联想控股公布了 2017 年中期财报，"数据"显示营收与利润状况"良好"。鉴于联想财报过去确实存在弄虚作假现象，笔者对联想控股 2017 年中期财报暂时不予完全采信。

（三）"联想科技园"——融科智地房地产项目

多年来，对联想控股业绩贡献最大的除了联想集团，就是融科智地。

"2017 年我们持有投资性物业，主要包括位于北京中关村地区的高档写字楼，融科资讯中心，A 座、B 座及 C 座。截至 2017 年 6 月 30 日，平均出租率约为 95%，我们通过全资附属公司融科物业投资持有融科资讯中心 A 座和 C 座，以及通过附属公司融科股份持有融科资讯中心 B 座。截至 2011 年 6 月 30 日，我们投资性物业的公允价值为人民币 103.53 亿元，不含自用部分。"2017 年 8 月 29 日，在联想控股公布的 2017 年中期财报中如是披露。

融科智地前身为联想工业实业有限公司，于 2001 年 6 月 11 日正式成立。成立之初，融科智地主要业务为科技开发、商业地产开发与运营领域，并相继建起深圳研发中心、联想集团上地总部大厦、神州数码软件开发中心、融科资讯中心 A 座、C 座。

1. "融科智地"出炉

实际上，最初联想申报的项目是建设"联想科技园"，因为所用 6 万多平米地块是中科院计算所的国拨科研用地。当时中科院授权联想"管理"计算所，因此联想顺便"拥有"了计算所的土地产权。后来，由于"战略调整"，这些土地并没有开发为"联想科技园"。2000 年前后中国房地产市场火爆，"联想控股顺势成立了融科智地，进入房地产领域。"

融科智地在全国各地的扩张主要拜赐地方政府希望通过引进联想科技园区建设带动地方实业发展，为此纷纷给联想提供廉价地块。融科智地转手进行房地产开发，赚得钵满盆盈。

但是峰回路转，始料未及。国家产业政策调整、房地产领域监管加强，再加上市场行情变化，导致联想廉价地源枯竭，习惯低拿高卖的融科智地难以应对市场竞争，因而经营业绩每况愈下。

2016 年 9 月 18 日，联想控股宣布，将旗下房地产子公司融科智地除融科资讯中心之外的几乎全部资产即 41 家附属公司出售给融创，交易金额约 136.5 亿人民币。

至此，联想控股旗下的房地产项目已经所剩无几，但融科智地起家的地块——融科资讯中心依然保留。事实上，融科资讯中心——跨国公司办公楼，一直是融科智地稳定的利润来源，甚至是最重要的利润来源。

2. 8 万平米国拨科研用地来历

20 世纪 60 年代，国务院副总理陈毅、聂荣臻特批 8 万平米土地给中科院计算所从事大型计算机研究。当时大型计算机占地面积大，因此计算所成为中科院土地面积最大的研究所。2017 年 8 月 9 日，笔者在采访中科院计算所原室主任时获知这一信息。

不过，计算所的大面积国拨科研用地（6 万平米）怎么成了联想融科智地房地产项目，这里面有很多"故事"。

1995 年 1 月 20 日，中科院任命柳传志担任计算技术研究所所长，批准文号是《经科法人任字（1995）0004 号文》，该文件上另有手写注明："兼任期 4 年"。

1998 年 10 月，柳传志不再兼任计算所所长，但仍以理事会负责人的身份代表中科院管理计算所，直到中科院撤销理事会，不再试行"理事会制度"。1998 年 9 月，又经中科院任命为计算所改革领导小组副组长。

2000 年 8 月 18 日，在公布规划为"联想科技园"的行政划拨土地上建设的第一栋大楼开工。2001 年 12 月 18 日竣工，竣工后被命名为融科资讯中心 A 座。据融科资讯中心 A 座正门右侧墙角的竣工标志记载：总策划——陈国栋（北京融科智地房地产开发有限公司责任人）；设计单位——SOM、机械工业部设计研究院；总承建商——中国建筑第八工程局。

通过以上标识我们发现，联想集团在投资建设这座大楼的过程中，于 2001 年 6 月 11 日成立了融科智地房地产开发有限公司，这家房地产公司的法定代表人与董事长是柳传志。至今可以在北京工商局企业信用网上查到，该公司曾在全国 19 个城市，开发建设 40 多个项目，有 40 万平米物业资产，土地储备超过 700 万平米。该公司自称，投资房地产的经历起源于联想集团 1993 年在广东省惠州市大亚湾开发房地产。

由此可见，柳传志从担任中科院计算所所长，到计算所改革领导小组副组长（也是联想北京科技园筹备组负责人），再到融科智地房地产开发有限公司董事长，始终是建设联想北京科技园的最重要的决策者和实际执行人。

3."跨国公司办公楼"耸立

在中关村核心区域，在计算所使用的国有划拨土地上，进行"融科资讯中心"的商业地产开发，明显违背了中科院和北京市政府当初规划设立中关村科学城的决定。

最后需要说明的是，原 8 万平方米划拨土地使用权人，按政府颁发的权证及实际使用人应该是计算所。但是，计算所作为独立法人的三项权利：无偿使用划拨土地的权利；对变更、转让划拨土地使用权的知情权和参与权；获得补偿的权利，实际上被剥夺了。

北京市国土资源局的资料中能查到北京融科智地房地产开发有限公司作为受让方的土地交易只有三笔：

发布时间	土地位置	宗地面积（平方米）	土地成交价	规划用途
2003.9.1	无名	16321	9555 万元	办公、地下车库
2004.3.1.	D 座	11000		办公、地下办公、地下车库
2007.12.1	综合楼	15388	66400 万元	公共设施

这三笔交易的总面积是 42 709 平方米，只有计算所全部地皮的一半，其他地块的交易没有披露。另外，发布的信息很不准确，"土地位置"有一笔是"无名"，另两笔也对不上实际建筑。例如 2007 年发布的"综合楼"地块，实际上并没有"综合楼"这一建筑，而且关于这一地块的"东南西北"的界限描述，地皮面积应有 40 000 平米左右，而不应是 15 388 平米。这三笔交易都只有发布日期，没有签约日期。成交价更有问题，2003 年的那笔，每平米地价只合 5854 元，大大低于市价，显然是贱卖国有资产。实际上这些地皮都不是公开招拍的、而是内部交易。规范用途大多写成"办公"，但实际盖的楼都是为外国跨国公司"办公"所用。

据笔者调查，2009 年，北京市土地市场量价齐升，土地价格一路飙升，"地王"频现，商业基准地价每平米最高接近 2 万元。融科智地的土地价格自然更为昂贵，当年房地产业自有资金平均利润率为 181%，且国内房地产价格这些年基本只升不降。拥有融科智地绝大多数股权，联想控股仅此资产价值恐怕就达数百亿之巨。

根据北京市规定，兴建大型建筑必须挂牌明示项目名称、楼盘用途、施工单位、项目经理、设计公司等。但假冒联想科技园的融科置地房地产项目，对一切都秘而不宣，只是悄悄地建设楼盘。

通过一番运作，计算所国拨土地经营的丰厚利润被联想控股取得，而联想控股现在已是民营企业。结果就是，国有资产大部成就了私人富翁。

2017 年 8 月的一天，中科院计算所某位原部门主任在与笔者聚谈时就说，"我们就是要看这块地最后是不是落到私人手里，成为私人财产，如果这样我们不会答应。"

如今，在这些被贱卖的土地上，建成了融科置地高档写字楼——"跨国公司办公楼"。由于每天每平米租金超过 1 美元、入住融科大厦的绝大多数是外国跨国公司，如 INTEL、AMD、法国电信、NTT、Thomson、CSC、日本瑞萨、希捷硬盘、Synopsys、Cadence、Conexant……

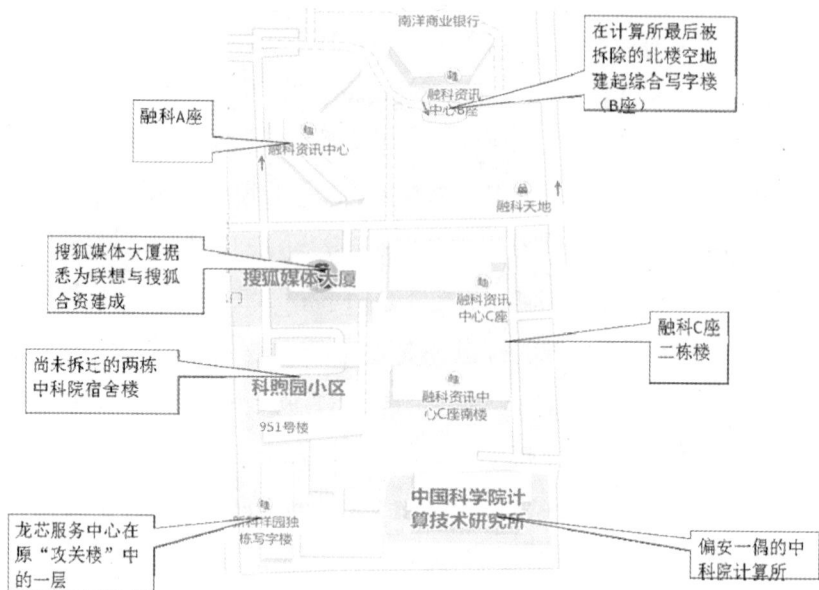

联想控股融科智地规划图

在原计算所 8 万平米国拨科研用地上，融科置地已建成主要供外国公司用的 A 座、C 座（二栋楼）和综合写字楼 B 座，D、E 两座还未建。原物主计算所的大楼已被边缘化

而"龙芯服务中心"用了原"攻关楼"（一个六层小楼）中的几间房，与其竞争对手 INTEL、AMD 在融科大厦中的豪华设施形成强烈反差。

（四）联想的股权结构变迁

1. 计算所为联想第一大股东

联想集团初始登记的计算所公司，在 1984 年成立时是中科院计算所投资注册的全民所有制企业。

计算所投入自主知识产权（以联想式汉卡为代表的一批科技成果）、大批科技骨干，提供数以千万元计的贷款担保，给予数十间房间、许多仪器设备和开办费、人头费。依托转化计算所的科技成果，联想公司发展成为技工贸一体化的高技术企业，成为"产学研相结合"和"一院两制"的典型。

1989 年改名为联想集团（简称北京联想），由中科院主管，仍属于计算所全资拥有的全民所有制企业。

"联想成立时是国有独资公司，科技人员的股权没有明确。1994 年 5 月，中科院、计算所和联想三方签订了一个'关系协议'，股权确定为：中科院 20%，计算所 45%，职工（员工持股会）35%。其中，联想公司创办者计算所为第一大股东，联想从国有独资变为国有控股。既然这个协议三方签了字，应有一定法律效力，三方也没再签订过其他协议。"权威知情人士向笔者透露。

2. 计算所股权被中科院"清零"

此后的重大变化是 2001 年，联想实行"股改"。中科院宣布联想公司的股权结构改变，联想员工持股会用历年积累的、奖励给员工的 35% 的利润，买回了联想公司 35% 的股权。中科院为大股东，控股公司 65% 股份。作为联想第一大股东的计算所拥有的 45% 股权全部归零，而其中所含的科技人员职务发明的知识产权也化为无形，至此计算所已无联想公司股权。联想集团股权结构是：中国科学院持股 65%，联想职工持股会持有 35%。

据悉，中科院对划拨计算所股权没有颁布具体文件，也没有作出相关解释。但有一种观点认为，中科院作为计算所的上级单位这样处置国有资产没有问题。

不过有业内人士指出，在计算所的 45% 股权中，理应包含计算所科技人员创造的知识产权价值，而且这些知识产权价值可能是计算所 45% 股权的主要构成部分。业内人士的依据是：2009 年 3 月 20 日，在中关村国家自主创新示范区动员大会上，中科院高技术研发局副局长肖云汉说："上世纪 80 年代……中科院又率先实行'一院两制'的运行体制，以自主知识产权出资参股，成立了一批高新技术企业。"有鉴于此，这位人士表示，"中科院计算所独资创办的联想就是一个典型，属于以自主知识产权出资参股成立的高新技术企业。"

而众所周知的是，"联想式汉卡"知识产权对联想起家做出了重大贡献。联想总裁柳传志就曾表示："联想公司以开发联想汉字系统起家并由此而得名。"

2016 年 1 月 30 日，北京中金浩资产评估有限责任公司对"联想式汉卡"知识产权价值进行了追溯性评估："在资产评估基准日 1985 年 5 月 31 日，知识产权——专有技术'联想式汉卡'的经济价值为人民币 11 007.02 万元"（约

1.1 亿元）。

考虑到计算所公司成立时，计算所投入的开办资金只有 20 万元，但仅"联想式汉卡"一项知识产权的价值就达到 20 万"开办费"的 500 倍，这充分体现了其高技术企业的特征。由此可见，包括"联想式汉卡"在内的知识产权应该是构成计算所股权的主要成分，这与上述肖云汉副局长讲话精神相符。那么，当年中科院、计算所和联想三方协议中，计算所的 45% 股权的大头应该是包括中科院计算所花费近 20 年，投入巨大人力物力财力研发的"联想式汉卡"知识产权价值与其他相关投入知识产权价值。那么参与这些知识产权价值创造的科技人员应该分享多少股权权益呢？

根据我国早期促进成果转化法的规定，对科技人员的激励比例不低于科技成果转化收入的 20%。近期，国务院在 2016 年 2 月印发《实施促进科技成果转化法的若干规定》中，明确了科技人员的激励比例不低于科技成果转化收入的 50%。所以计算所曾持有的联想 45% 股权中，应该有 20～50% 的股权权益是属于科技人员的。但是，这部分权益却被中科院"划走"，而中科院持有的联想 65% 股权中，并未明确宣示包含计算所科技人员的知识产权价值。

还有一种观点认为，在联想员工持股会的 35% 股权中已包含了科技人员的股份。不过，根据中科院的说法，这 35% 股权是联想员工持股会用历年积累的、奖励给员工的 35% 利润购买的，似乎与科技人员知识产权价值无关。公司的利润，理应按公司的产权分配，35% 利润分给了持股会，那么另外 65% 利润体现在哪里呢？实际上这部分股份的分配，基本上是按照员工在公司中的地位，而与员工在知识产权转化方面的贡献并没有挂钩。得到大量股份的主要是公司领导层，而知识产权价值的主要创造者没有或只有很少股份。

现在联想的科技创新能力不足，公司的科技人员流失增加，对科技人才的吸引力减少，应与此举有一定关系。

3. 联想优质国有资产被"贱卖"

2009 年 9 月，泛海以 27.55 亿元的价格，受让国科控股所持的 29% 的联想控股股权。转让后股权为：国科控股 36%，联想职工持股会 35%，泛海 29%。联想控股从国有控股变成民营控股。很容易算出，股权转让中，联想控股总资产仅被估值为 95 亿元。

当社会上纷纷议论这一交易有"贱卖国有资产"之嫌时，中科院一个党组成员表态说："市值有高低起伏，因此此次转让价格并未参考市值，而是按照国有资产转让当中通行的净资产估值。"由于这次股权交易没有公布联想控股资产评估的任何文件，人们无法得知中科院党组所说的"净资产估值"是怎么得来的。

但按照 2011 年权威机构联合资信评估有限公司公开发布的评估报告（见下表），联想控股 2009 年的总资产为 872.6 亿元，净资产为 153.6 亿元（资产负债率 82.39%）。据此，泛海应该出资 44.5 亿元（净资产的 29%）才能买到国科持有的 29% 股份，而实际上它只出了 27.55 亿元，等于"国科"白送了 17 亿元。

财务数据

项目	2008 年	2009 年	2010 年
资产总额(亿元)	644.51	872.64	1149.27
所有者权益（含少数股东权益）(亿元)	139.73	153.69	207.88
长期债务(亿元)	98.07	103.57	166.38
全部债务(亿元)	136.74	157.25	207.50
主营业务收入(亿元)	1152.20	1063.75	1469.51
利润总额(亿元)	18.08	11.21	58.53
EBITDA(亿元)	38.04	34.28	82.05
经营性净现金流(亿元)	-40.01	91.73	97.95
营业利润率(%)	13.35	11.42	11.10
净资产收益率(%)	3.45	7.89	17.27
资产负债率(%)	78.32	82.39	81.91
全部债务资本化比率(%)	49.46	50.57	49.95
流动比率(%)	113.78	108.95	111.75
全部债务/EBITDA(倍)	3.59	4.59	2.53
EBITDA 利息倍数(倍)	6.44	4.92	14.68
EBITDA/本期发债额度(倍)	1.31	1.18	2.83

分析师 戎伟伟 高利鹏

值得注意的是，此后，泛海和柳传志等人之间进行了一系列股权置换，因为属于民营资本之间的交易，所以基本不受监督。

2011 年 12 月 20 日，中国泛海控股集团有限公司以协议方式将其所持联想控股 9.6%的股权转让给柳传志、朱立南、陈绍鹏、唐旭东、宁旻等 5 位自然人，北京联持志远管理咨询中心（有限合伙）通过协议方式分别向中国泛海控股集团有限公司和黄少康转让其所持联想控股的 9.5%和 1.5%股权。

2012 年 2 月 20 日，中国泛海控股集团有限公司以协议方式将其所持联想控股 8.9%的股权转让给北京联恒永信投资中心（有限合伙）。

将国有企业转为混合所有制无可非议，但应遵循市场经济规则，在必要的监管下进行。当时联想的声誉不低于华为和 BAT 等互联网公司，如果采取公开、公平、公正的方式，竞争性地转让联想的资产，最后的转让价格完全可能超过实际估值。但这次股权转让，社会上评论称其是按泛海"量体裁衣"的操作。

4. 联想股权面面观

目前，联想控股董事长柳传志、常务副总裁朱立南等多位高管成为自然人股东。柳传志为最大的自然人股东，实际拥有联想股份 15.92%以上。

此外，根据北京、天津工商局 2017 年企业注册信息，柳传志担任董事长（法定代表人）的有：联想控股股份有限公司、融科智地房地产股份有限公司、融科物业投资有限公司、联想投资有限公司、弘毅投资（北京）有限公司、北京联想科技投资有限公司、北京君联资本管理有限公司、北京弘毅投资顾问有限公司。

柳传志担任法定代表人的有联想控股（天津）有限公司、弘毅至诚投资（天津）有限公司、弘毅投资（天津）有限公司。

根据 2016 年 9 月 4 日联想控股《2016 年中期报告》显示，联想公开的股权结构是：柳传志持股 3.46%，中科院持股 34.83%，泛海持股 20.36%。而 2017 年财务报告没有相关信息披露。

但在联想"职工持股会"中，上述联想高管还持有不小比例的联想股份。

北京联持志远管理咨询中心（有限合伙）由北京联持志同管理咨询有限责任公司具体运作。北京联持志同管理咨询有限责任公司注册资本 500 万，柳传志出资 255 万，持股 51%。

根据上述情况，柳传志实际占有北京联持志远管理咨询中心（有限合伙）24.43%联想股权中的 12.46%份额，再加上柳传志作为自然人股东拥有的联想 3.46%的股份，两者相加一共 15.92%。

北京联恒永信投资中心（有限合伙）由北京联恒永康管理咨询有限公司具体运作，占有联想控股 9.06%股权。

在该架构中值得一提的是，北京联持志同管理咨询有限责任公司和北京联恒永康管理咨询有限公司均为联想管理层直接控制，是其核心利益的体现，其法定代表人正是联想控股董事长柳传志和联想控股高级副总裁宁旻，二人均为执行委员会成员。通过这样的有限合伙企业的安排，联想控股的管理层占有 35.72%的控股权，成为具有最大决策权的力量，其中柳传志持股 15.92%。国有股东中科院占有 34.83%股权，泛海控股占有 20.36%股权，全国社保基金理事会占有 9.09%股权。

在联想集团，柳传志占 0.03%的股份。联想集团 2016 年财报显示，柳传志直接拥有联想集团 1 397 984 股普通股，并被视为透过信托于其配偶所持的 690 000 股普通股中拥有权益。彼亦持有 2 096 976 个可转换为普通股的股份奖励单位。

（五）结语

联想与华为都践行过"技工贸"与"贸工技"发展战略，但是我们从两家企业 30 年发展历程可见："技工贸"对联想与华为而言都是核心竞争力，而"贸工技"对华为是权宜之计，对联想则是不折不扣的核心破坏力。

六、联想华为大事表

（一）联想大事记

1984 年 11 月，联想成立。

1985 年，成功推出联想式汉卡。作为电脑汉字产品中唯一荣获国家科技进步一等奖和中国科学院科技进步一等奖的联想汉卡，不仅遍布全国，甚至还远销欧、美，亚乃至联合国和中国驻外机构。

1987 年，开始代理 HP、AST 产品。

1988 年，联想开始研发 ASIC 芯片。

1990 年，联想系列微机通过鉴定和国家"火炬计划"验收。

1992 年，联想程控交换机和中文激光打印机等项目立项。

1992 年，联想推出家用电脑概念，联想 1+1 家用电脑投放国内市场。

1993 年，联想进入"奔腾"时代，推出中国第一台"586"个人电脑，实现销售收入 30 亿元。

1994 年元旦，第一台联想程控交换机 LEX5000 在河北廊坊开局成功。联想程控交换机曾被中办、国办机关所在的中南海采购使用。经过短短的 3 年，该项目不但完全收回了几十万开发投入，而且为联想创造了 286 万元纯利。

1994 年，香港联想成功上市。

1994 年，联想与复旦大学筹建芯片联合设计中心。

1994 年，联想集团金融平台软件 LXBS 在秦皇岛银行试用中一炮打响，接着推向全国，取得了很大成功。LXBS 帮助小型机部拿下了许多大合同，并成为后来的联想集成系统公司（LAS）的拳头产品。

1995 年，联想汉字事业部推出联想 Office，已有中文排版、文字处理、效率手册、全文检索等基本功能。

1995 年，联想免去倪光南总工程师职务。

1996 年，销售收入 77 亿，6.9%的市场份额成为国内 PC 市场第一。

1997 年，联想 MFC 激光一体机问世。

1999 年，联想解聘倪光南。

1999 年，联想成为亚太市场顶级电脑商，在全国电子百强中名列第一。

1999 年，联想发布具有"一键上网"功能的互联网电脑。

2000 年，联想收入 284 亿元，联想 PC 国内市场份额 28.9%。

2000 年，联想集团一分为二，神州数码诞生。

2001 年，杨元庆接任联想集团总裁。

2001 年，联想首次推出具有丰富数码应用的个人电脑产品。

2002 年，联想"深腾 1800"（DeepComp 1800）高性能计算机问世。这是中国首款具有 1000 GFLOP/s（每秒浮点操作次数）的电脑，也是中国运算速度最快的民用电脑，在全球前 500 名运算最快的电脑中名列第 43 位。

2003 年，联想全球换标，Legend 换成 Lenovo。

2004 年，以 17.5 亿美元收购 IBM PC 事业部，成为全球第四大 PC 厂商。

2004 年，联想推出为乡镇家庭用户设计的圆梦系列电脑。

2006 年，联想推出两款面向中国大客户市场的商用台式电脑新品——新开天、新启天。联想新开天正式成为首款支持 2008 年北京奥运会的台式电脑。

2008 年，联想集团宣布首次在全球推出 IdeaPad 笔记本和 IdeaCentre 台式电脑系列产品，并宣布进军全球消费 PC 市场。

2008 年，营收 167.88 亿美元，进入世界 500 强。

2010 年，联想推出其第一代移动互联网终端产品：智能本 Skylight、智能手机乐 Phone 和全新创意的双模笔记本电脑 IdeaPad U1。

2010 年，联想新一代天翼乐 Phone 上市。

2010 年，联想发布 R680 G7 服务器。

2011 年，联想向全球首次推出平板电脑乐 Pad。

2011 年，联想与中国联通联合发布了千元智能手机联想 A60。

2011 年，联想与 NEC 成立合资公司，持股 51%。

2011 年，联想以 2.31 亿欧元收购德国消费电子品牌 Medion 36.66% 股权。

2012 年，联想智能电视 K91、一体台式机 A720 及混合架构笔记本电脑 YOGA 等推出。

2014 年，销售收入 2895 亿，利润 78.2 亿。

2015 年，联想控股香港上市。

2015 年，联想半年报亏损 37 亿。

2016 年 5 月，联想宣布对组织架构进行重大调整，波及旗下云服务业务、PC 业务、企业级业务、移动业务四大业务集团。

2016 年 5 月，联想发布 2015 财年财务报告，收入为 449 亿美元（约合人民币 2945.4 亿元），同比减少 3%；净亏损为 1.28 亿美元（约合人民币 8.4 亿元）。

2016 年 6 月 20 日-22 日，在德国举办的国际超算大会 ISC2016 上，中国再次刷新纪录，联想获得 92 套的份额。在 TOP 500 排行榜中，排名全球第二，并连续保持了中国市场第一的位置。在超算 HPC 方面，中国早已掌握核心技术，能够通过自主研发，获得世界第一，联想功不可没。

2007 年，联想的深腾系列高性能服务器入主威廉姆斯 F1 车队，联想成为中国首个被海外市场认可的高性能服务器厂商。

2016 年 8 月，全国工商联发布"2016 中国民营企业 500 强"榜单，联想名列第四。

2016 年 8 月 29 日，联想创投贺志强入选"中国最具影响力的 30 位投资人"。

2016 年 9 月 30 日，联想与北京市海淀区国有资本经营管理中心订立股份转让协议，拟以 17.8 亿元出售联创瑞业(北京)资产管理全部股权。其主要资产为北京联想研究院大厦，于出售事项完成后，该物业被租回给卖方，以确保联想集团的持续营运。

2017 年 1 月 13 日，全球知名市场调研机构 IDC 与 Gartner 相继发布了 2016 年第四季度全球个人电脑市场份额排名，联想连续 15 个季度保持个人电脑销量全球第一，市场份额创历史新高。

2017 年 5 月 25 日，联想集团发布截至 2017 年 3 月 31 日的 2016/17 财年第四财季（自然季 2017 年第一季度）以及 2016/17 财年全年财报。全年营收 430 亿美元，净利 5.4 亿美元。

2017 年 8 月 24 日，联想正式推出联想智能电视 E8 系列新品。

2017 年 11 月 2 日，联想集团发布公告称，将收购富士通个人电脑业务 Fujitsu Client Computing Limited（FCCL）已发行股本的 51%。FCCL 主要从事开发、制造、分销及销售台式个人电脑、笔记本个人电脑及平板个人电脑及其相关产品。通过该战略合作，联想将在全球范围进一步推动个人电脑业务的增长，扩大规模和竞争力。

2017 年 11 月 14 日，全球 HPC TOP 500 榜重磅揭晓，中国厂商以 202 套的份额远超美国厂商。联想以 87 套高性能计算系统占据绝对优势，连续四届雄踞全球 HPC TOP 500 榜，取得了中国第一、全球第二的耀眼成绩。

2017 年 11 月 27 日，刘军交出回归半年成绩单：企稳回升。联想中国变革初见成效。

2017 年 11 月 28 日下午，联想集团发布公告称，本公司的全资子公司摩托罗拉（北京）移动技术有限公司订立一份股权转让及框架协议，向国开新城（北京）资产管理有限公司出售联想移动通信软件（武汉）有限公司的全部股权及若干负债，协议项下所涉及的总代价约为人民币 12.4 亿元。据公告披露，出售所得款项计划将用作一般公司用途。董事会认为出售将优化本公司的固定资产及改善本公司的现金流量状况。

2017 年 12 月 5 日，联想对讲机收到了一封由联合国环境大会发来的"感谢函"，感谢其为"全球环境展望—世界环境科学家大会"提供的全方位语音通信支持。

2017 年 12 月 14 日，联想数据中心业务集团携手英特尔，为德国慕尼黑巴伐利亚科学院（Bavarian Academy of Sciences）的莱布尼茨（Leibniz）超级计算中心打造下一代超算系统。

（二）华为大事记

1987 年，公司成立，代理香港鸿年公司程控交换机。

1990 年，自主研发面向酒店与小企业的 PBX 技术并商用。

1991 年，华为 ASIC 设计中心成立，开始自主设计芯片。

1992 年，研发投入上千万。

1992 年，华为用户交换机系列产品给华为带来年总产值超过 1 亿元，总利税超过 1000 万元的销售业绩。

1992 年，研发并推出农村数字交换解决方案，销售收入突破 1 亿元大关。

1992 年，华为数字程控交换机立项。

1993 年，海思第 1 块数字 ASIC 开发成功。

1993 年下半年，历过一年多时间，在研究掌握国际最新技术和器件成果的基础上，严格按国标、部标要求，自行开发设计的华为新一代数字 C&C08 2000 门程控交换机投向市场。随后获得入网证。

1993 年，华为开始启动与邮电系统成立合资公司——莫贝克公司。公司由全国一百多家邮电局与邮电系统职工集资入股成立，以实收股本为注册资本，总额为 8881.1 万元。莫贝克依托华为技术产品，华为依托邮电系统市场，彼此获得双赢。

1994 年开始，华为相继在四川、浙江、山东、河北、安徽、新疆等地成立与当地邮电局的合资公司。几年的时间，华为与各地邮电部门联合建立了27 个合资企业，通过利益共同体，达到巩固市场、拓展市场和占领市场之目的。

1994-1995 年期间，华为同时开展的研发项目还有智能平台、无线接入、芯片设计等多个方面。

1995 年，华为建立中央研究部，开展大规模的自主研发。

1995 年，华为北京研究所成立。

1995 年，销售额达 15 亿元。

1996 年，海思第 1 块十万门级 ASIC 开发成功。

1996 年，华为与长江实业旗下的和记电讯合作，提供以窄带交换机为核心的"商业网"产品。华为的 C&C08 机打入香港市话网，开通了许多国内未开的业务。华为大型交换机进军国际电信市场迈出了第一步。

1997 年，华为进军俄罗斯市场，成为进军国际市场第一站，从此开启华为国际化元年。

1997 年，推出无线 GSM 解决方案。

1998 年，华为开始在拉美拓展市场。

1998 年，海思第 1 块数模混合 ASIC 开发成功。

1999 年，华为从俄罗斯国家电信局获得第一张只有区区 38 美元的订单，这是华为的国际贸易第一单。

2000 年，海思第 1 块百万门级 ASIC 开发成功。

2001 年，华为进军欧美市场。

2001 年，华为在俄罗斯市场销售额超过 1 亿美元。

2001 年，WCDMA 基站套片开发成功。

2001 年，以 7.5 亿美元将非核心子公司 Avansys 卖给艾默生。

2002 年，华为第一个服务器部门"服务器营销工程部"成立。

2002 年，海思第 1 块 COT 芯片开发成功。

2002 年，海外市场销售额达 5.52 亿美元。

2003 年，华为在俄罗斯及周边独联体市场实现销售额超过 3 亿美元。该年对于华为是一个重大转折——华为的国际市场获得规模突破。

2003 年，华为家庭网络终端部成立。

2003 年，华为第一代电信级刀片服务器 T8000 诞生。

2003 年底，海思第 1 块千万门级 ASIC 开发成功。

2003 年，与 3COM 成立合资公司。

2003 年 7 月，华为技术有限公司手机业务部成立。

2004 年 2 月，奥运会承办方要求华为给即将召开的雅典奥运会提供全套 GSM 设备系统。

2004 年 3 月 20 日，华为欧洲地区总部新技术研发中心在英国贝辛斯托克落成。3 月 25 日，华为在英国设立欧洲地区总部。这是华为在海外最大的机构之一，也是中国企业在英国的最大投资。英国《泰晤士报》的权威评论称，此举是中国企业走向国际化的一个重要标志。

2004 年 10 月，深圳市海思半导体有限公司注册，公司正式成立。

2004 年 2 月，华为作为中国第一款 WCDMA 手机参加法国戛纳 3GSM 大会。

2004 年，获得荷兰运营商 Telfort 2500 万美元合同，首次实现在欧洲重大突破。

2004 年，华为发布 10G 路由器。

2004 年，思科、华为握手言和。思科耗费巨资的诉讼，免费帮华为作了盛况空前的广告，让名不见经传的华为一夜之间全球瞩目，从而获得国际市场的入门证。

2005 年，华为在英国市场实现里程碑式的突破，成功通过英国电信（BT）的严格认证，成功进入英国电信价值百亿英镑的 21 世纪网络改造和建设大单"优先供应商短名单"。这也是华为首次突破欧美主流市场的标志性事件。

2005 年，华为获得在中国生产和销售手机的许可。

2005 年 6 月，华为第一款 3G 手机 U626 被查尔顿媒体集团评为"最佳 3G 手机奖"。

2005 年，华为宽带猫实现全国市场份额 No.1。

2005 年，华为拓展国际市场，在欧洲、中东、中亚、拉美等国分别实现数百万的销量，并在 2010 年实现累计发货全球第一的成绩。

2005 年，海外销售额首次超过国内合同销售额。

2006 年，以 8.8 亿美元出售 H3C 49%股份。

2006 年 6 月，海思在 TAIPEI COMPUTEX 展会推出功能强大的 H.264 视频编解码芯片 Hi3510。

2007 年底，成为欧洲所有顶级运营商的合作伙伴。

2008 年 3 月，海思发布全球首款内置 QAM 的超低功耗 DVB-C 单芯片。

2008 年，华为移动设备市场排名全球第三。

2008 年，据世界知识产权组织统计，2008 年专利申请世界第一。

2008 年，华为第四代基站（Single RAN）问世。

2009 年，无线接入市场份额全球第二。

2009 年 2 月，华为在西班牙的世界移动通信大会上首次展示了其首款 Android 智能手机，并宣布将与 T-mobile 合作推广该手机。

2010 年，华为发布 100G 路由器与思科追平。

2010 年 9 月，华为在德国 IFA 上发布了全球首款 with Google 的 Android 2.2 普及型智能手机 IDEOS。

2011 年 3 月，华为智能手机 C8500 在中国上市百天零售过百万。

2011 年，华为成立企业业务 BG，服务器和存储产品一起成为华为 IT 产品线基础设施解决方案的重要部分，正式进入企业市场。

2011 年 8 月，华为发布云服务平台和全球首款云手机华为远见（Vision）。

2012 年，华为服务器开始大力进军企业网市场，华为开启 400G 路由器时代，从此处于领跑位置。

2012 年 1 月，在美国 CES 展发布 6.68 mm 全球最薄智能手机 Ascend P1 S。凭借 6.48 mm 的宽度、业界最领先的 1.5 GHz 德州仪器（TI）OMAP 4460 Cortext-A9 双核处理器及华为软件优化处理技术，Ascend P1 S 再创两项"世界纪录"，一举成为 4.3 英寸屏智能手机阵营中最紧凑、最快的一款。

2012 年 2 月，在巴塞罗那 CES 大会上，海思发布四核手机处理器芯片 K3V2，并搭载与 Ascend D 上市。

2012 年 3 月，华为手机官方电子商城平台——华为商城正式对外运营。

2012 年 4 月，华为旗舰智能手机 Ascend P1 在北京全球首发。

2012 年 6 月，华为智能手机 C8812 在中国上市 60 天零售过百万。

2012 年，国内华为家庭网络终端发货量大幅增长，累计发货量超过 6000 万（电信）和 2000 万（联通）。

2012 年，华为开始进入消费类民用路由市场。

2012 年 9 月，华为成功实现了全球最大容量集群路由器搬迁工程——中国联通 169 骨干网江苏无锡节点核心集群路由器搬迁，这也是中国通信业界首个思科集群路由器的搬迁。13 张城域网、110 多条干线链路、280 个 G 的流量、50 多万条路由、海量的数据、复杂的网络链路和路由关系，从思科的设备安全切换到华为的设备上。

2013 年，华为智能路由器横空出世，这是市场上第一个智能路由器。

2013 年，三季度华为出货量 1270 万部，以 4.8%市场份额跻身全球第三，成为 Q3 排名榜上实至名归的明星。

2013 年，华为智能手机、平板电脑在俄共售出 60 万台。

2013 年，华为中标俄罗斯最大的电信运营商 Rostelecom DWDM 的第一条国家级干线项目，全长 3797 km；承建的俄罗斯主要移动运营商 CCB 的 CDMA450 移动通信网正式商用，开了中国 CDMA450 海外商用的先河；还承建白俄罗斯 BelCel 的 CDMA 国家网。

2014 年 5 月，海思发布四核麒麟 910T（kirin910T），搭载于华为 P7。

2014 年 6 月，海思发布八核海思麒麟 920 芯片，并于当月搭载于华为荣耀 6 上市。

2014 年 9 月 4 日，海思发布超八核海思麒麟 925 芯片，4 个 ARM A7 核，4 个 ARM A15 核，加一个协处理器，内建基带支持 LTE Cat.6 标准网络，搭载于华为 mate7、荣耀 6Plus。

2014 年 10 月 13 日，海思发布海思麒麟 928 芯片，并搭载于华为荣耀 6 至尊版。

2014 年 12 月 3 日，海思发布 64 位 8 核芯片——麒麟 620（kirin620）；搭载于荣耀畅玩 4X/4C、华为 P8 青春版。

2014 年，荣耀立方面世。这款搭载了 Android 和 Linux 双系统的路由器，通过实现网络互联、存储共享、媒体播放等众多使用功能打造的智能家庭中心，被业界竞相效仿。

2014 年 12 月，一则华为荣耀 6 Plus 手机广告在纽约时代广场高调打出，美国发言人 Plummer 表示，这是"一种新事物到来的象征"。

2015 年，在巴塞罗世界移动通信大会 MWC 2015 上，海思发布 64 位 8 核芯片——海思麒麟 930，搭载于荣耀 X2、华为 P8（部分版本）。

2015 年 3 月，在巴塞罗那世界移动通信大会 MWC 2015 上，华为发布了首款智能手表，这款产品将在包括美国在内的 20 多个国家和地区进行销售。

2015 年 4 月，海思发布麒麟 935，主要搭载于华为 P8 高配版与荣耀 7。

2015 年 5 月，华为海思宣布与高通共同完成 LTE Cat.11 试验，最高下行速率可达 600 Mb/s。

2015 年 9 月，华为智能手机的全球市场份额为 9.7%（位列全球第三），拉丁美洲市场份额为 13%。

2015 年 11 月，华为正式发布搭载最新的麒麟 950 处理器的 Mate8 旗舰新机。

2015 年，荣耀路由登场，继承了荣耀立方网络部分的强悍 CPU 和 WiFi 性能的同时，利用独家的 Hi-Link 专利，创新性地提出了双路由分布式 WiFi 方案，一键解决大户型无线信号覆盖问题。

2016 年 2 月 22 日，华为在巴塞罗那高调发布 MateBook 笔记本，消息传开，整个 PC 行业"炸了锅"。

2016 年 4 月，华为 P 系列最新旗舰产品华为 P9 发布。P9 主打影像系统，其与徕卡合作的双摄像头成为最大的卖点，一颗彩色镜头+一颗黑白镜头的组合加上徕卡的技术调教，让华为 P9 可以拍摄出具备徕卡相机味道的照片。

2016 年 4 月，华为发布 2015 年财报，2015 年销售收入 3950 亿，净利润 369.1 亿。

2016 年 4 月，英国市场产业咨询公司 Brand Finance 公布了 2016 年"全球最具品牌价值百强"报告，华为公司入围，排名第 47 位，品牌价值超过 197 亿美元。

2016 年 11 月 15 日，华为亮相 2016 巴塞罗那全球智慧城市博览会，提出以新 ICT 构筑开放平台，让智慧城市成为有机生命体，使之持续生长。华为联合合作伙伴展示了基于云计算、大数据和 IoT 的城市智能运营中心，高效的城市基础设施管理，以及优质、便捷的公共服务解决方案。同时，华为举办了全球智慧城市峰会，来自联合国人居署世界城市协会，智慧城市理事会，迪拜、阿姆斯特丹、深圳的城市管理者等重量级嘉宾，分享了智慧城市建设的理念和实践经验，吸引了来自全球超过 500 名客户、专家及合作伙伴参与。

2017 年 2 月，华为再度蝉联 Brand Finance，排名升至 40 位，品牌价值 252.3 亿美元（思科排名 55 位、品牌价值 207 亿美元）。

2017 年 3 月 31 日，华为正式公布了 2016 年全年财报。报告显示，华为 2016 年实现全球销售收入 5216 亿元，同比增长 32%；净利润 371 亿元，同比增长 0.4%。

根据华为的 2016 年报，华为 2016 年的工资、薪金、福利、时间单位计划、离职后计划的总开支超过 1218 亿元人民币。华为年人均工资接近 60 万元人民币；其中，万人年薪百万，千人年薪 500 万。

2017 年 7 月 27 日，华为发布 2017 年上半年度经营业绩。上半年公司实现销售收入 2831 亿元人民币，同比增长 15%；营业利润率 11%。

2017 年 10 月 16 日，华为 Mate 10 全球发布，开启智慧手机时代。

2017 年 11 月 15 日，华为在全球超算大会 2017 上发布了新一代 FusionServer V5 四路高性能服务器，包括 FusionServer 2488 V5 2U 四路机架服务器和 FusionServer CH242 V5 全宽刀片服务器两款。

2017 年 12 月 20 日，国际权威第三方独立测试机构欧洲高级网络测试中心宣布，华为凭借 SD-WAN 解决方案应用级智能选路、弹性扩展能力以及云化可视运维等关键优势和卓越表现，成为目前唯一通过 EANTC 严格测试的 SD-WAN 厂商。

2017 年 12 月 21 日，华为与百度共同宣布达成全面战略合作。未来双方将在互联网服务和内容生态、人工智能（AI）平台和技术等方面展开全方位深入合作，共同构建多赢的移动和 AI 生态，推动人工智能应用和全场景终端产业迅速升级，为消费者带来人工智能时代"更懂你、人性化"的智慧生活体验。

再 版 后 记

《联想做大 华为做强》2016年9月出版后，在社会上产生的反响有些令我意外。虽然我成书前预料到本书会激起一点涟漪，但全国各地与社会各界对本书的欢迎程度还是超出了我的预计，可以说令我喜出望外！

我高兴的是这本书所推崇的自主创新精神能够为大家赞同，而并非本书给我个人带来的知名度、美好声誉等。我欣慰的是本书能够唤起社会各界对我国高科技发展路径的探讨、思考和研究——对高科技企业而言，到底应该实施"技工贸"战略还是走"贸工技"路线。我激动的是本书引起社会各界朋友在感情上的共鸣——只有像华为那样坚持自主创新、专注技术研发并形成核心竞争力，才是根本出路。

早在20世纪90年代初期，"联想"这两个字就已经如日中天。那时候，联想集团是中国民族IT业的旗帜，不过当时我对这些情况也仅仅是感性上的认识。

1999年底，我从某省委机关刊物内参编辑任上离职，应聘到成都一家新创办的互联网类杂志任编辑，从此开启了我的IT"职业"生涯。作为媒体人士，其时对IT产业仅仅是一个旁观者而已。

2001年，我加盟到京城一家知名财经人物杂志，从事IT通信领域报道，主要负责"IT英才""企业交锋（企业文化）""跨国公司在中国"三个板块的采写报道。

刚入职时，当期期刊封面报道聚焦在杨元庆及其管理团队身上，以后参加了IT领域的一系列相关活动，与杨元庆也常常见面、交流。

后来，我加盟到其他媒体后，对联想也有过多次采访报道。

前些年，中国博客之父、互联网实验室掌门人方兴东博士酝酿创设"中关村历史博物馆"，发起成立"中关村历史课题组"项目。作为博客中国专栏作家的笔者，有幸加盟中关村历史课题组。

中关村历史课题组的使命是，研究从 1980 年初开始，直到 2015 年的中关村历史，撰写中关村历史系列丛书。

当年中科院、计算所创建的高科技企业，至今依然运作良好的所剩无几，但联想却依然"长盛不衰"。于是，我便对联想产生了兴趣。

实际上，今日之联想（包括联想集团与联想控股）是中关村早期创业发展硕果仅存的高科技企业之一，研究中关村历史从联想入手也显得顺情在理。

2014 年年初，踌躇满志、志在必得的我，认为自己过去对联想有着多次的采访报道以及多年的关注，对这家蜚声中外的高科技企业了然于胸。然而，在深入了解了联想的过去今朝后，我才发现自己以前对联想完全是知其然不知其所以然。

于是，一切从头做起，进行了一系列相关采访。我与中科院、中科院计算所以及联想集团在职与退休员工，包括中高层管理干部、科技专家，以及对中关村历史谙熟的媒体同仁进行了交流、沟通。又通过查阅相关历史资料，阅读相关报道、书籍，终于对联想 30 年发展历史有了进一步的系统了解。

与此同时，在研究联想发展历史时，意外发现同为中国高科技发展典型的华为集团，居然与联想的发展路径有着"异曲同工"之妙，全然不是此前坊间流传的版本。于是，我产生了把联想与华为进行比较研究的打算并付诸行动。

说来凑巧，2014 年底，在方兴东博士 IT 老友微信群里结识的朋友范根定，得悉我在研究联想华为发展历史时，向我建议："拿华为和联想来比较研究一番，看看在创新能力、管理实践、行业竞争力、国际化能力、企业智能化程度、产业链效应几个方面如何做大做强。多引用可靠事实、公开数据，避免争议。"

范根定先生是姚氏顾问欧美图书版权代理公司北京办公室负责人，弗戈博达媒体集团总编辑顾问。20 年前，他从清华大学研究生毕业后，曾经担任大型国有企业电气工程师，后来做计算机应用类杂志和网站内容编辑，担任出版行业高管达 20 年。在高科技领域与 IT 行业，他属于行家里手。

不过，当时我觉得自己在总体把握两个企业发展内在规律方面还不够到位，因此暂时没有下笔。

2015 年秋天，在方兴东博士的 IT 老友微信群里，大家讨论起联想，议论起华为，有不少人对华为赞誉有加，对联想当年没有走上技术立业道路倍感遗憾。各种议论，不一而足。

于是，我们再次谈起书稿的写作。当范根定得知我已经打算着手撰写时，再次对我面授机宜："我是觉得写这个很有意义，深入研究一个企业很有价值。从产业影响力讲，联想、华为都很大，都有自己的特点，都有可借鉴之处。但是二者个性鲜明，具有很多不同之处，比如研发组织、渠道、国际化扩张、品牌运作、内部管理和人才队伍组织等。给客户提供服务的方法和内容，差异也很大，值得深入研究。"

范兄的指导，令我眼界豁然开朗，沿着他指引的方向，我开始勾勒整个书稿的结构。与此同时，我也就相关问题进一步向计算机领域内的专家多方请教。

正因为有了高人指点迷津，我的创作如虎添翼，书稿写作得以顺利进行。

在写作中，联想、华为发展历史中一些感人的故事常常令我激动不已，每每写到这里都令我心情难以平静。比如联想当初推出汉卡产品，令华人使用计算机更加便捷；联想开发出 286 微机，在汉诺威一举成名；此后凭借自有品牌的联想微机，联想不仅在国内市场与跨国公司分庭抗礼，而且占尽风头，一举成为中国电脑市场枭雄，并成功铸造了民族品牌"联想"，最后形成国际品牌等，都令人肃然起敬。

而华为以代工开始创业，随即艰难研发，终获自主技术，从而占据了市场主导权。再农村包围城市，与跨国巨头较量，在本土市场争锋中拔得头筹。随后开启国际化发展模式，一波三折，吃尽苦头。从发展中国家再到发达国家，华为人一路征战，最后成功实现国际化布局等，都让人赞叹不已。

联想早期的种种成就，让联想扮演了中国信息化发展推手的关键角色。因此我认为，联想对中国信息产业发展的推波助澜作用是可以载入史册的。

具体而言，联想对中国信息革命的独特贡献表现在以下两方面。

一、创立初期推出联想汉卡，为华人较好地解决了在电脑中使用汉字的难题。

二、开发联想微机，大大推动了个人计算机在中国的迅速普及和应用。

关于联想汉卡，开始我曾根据原始宝贵资料撰写了上万字的联想汉卡研发故事，介绍从 1968 年开始中科院计算所组织人力物力研发汉字输入技术，到 1984 年研发成功联想式汉卡前身——汉字图形微型机，并由联想（当时叫计算所公司）在此基础上组织生产联想式汉卡投入市场。但是，由于书稿篇幅所限，不得不忍痛割爱将其略去。

而对于联想微机，书稿中有不少篇幅进行了介绍。但事实上，联想 30 年来基本上都是围绕联想微机续写发展历史的。当年的联想自有品牌联想 286 微机沿着 386、486、586 轨迹前行，后来发展成联想 1+1、联想家用台式机、联想商用台式机、联想笔记本，最后统称"联想 PC"。迄今为止，联想集团以及母公司联想控股赖以生存、发展的支柱依然是联想自有品牌"联想 286 微机"的后代产品——联想 PC。此外中国国产打印机第一品牌联想打印机，也是联想早年开发的产品。

说到联想微机，就不能不提到杨元庆。正是他在 1994 年进行销售体制改革，把陷入市场困境的联想带出泥潭。元庆也借助联想平台，"玩转"联想微机——联想 PC，创造了不俗业绩，一跃而成联想管理领袖。杨元庆对联想的突出贡献，一是早年"受命于败军之际，奉命于危难之间"，一举挽救联想；二是领军联想成为国际化企业，将民族品牌联想一举提升为国际知名品牌。

说到杨元庆，不能不提到柳传志——从联想创办时的副总经理到后来的联想控股掌门人。柳传志对联想的突出贡献，一是打破常规、不拘一格选拔人才，把杨元庆等人才延揽到联想团队；二是在任职联想总经理期间，联想研发出自有品牌 286 微机、激光打印机等产品。

说到联想开发自有品牌 286 微机，就不能不提到倪光南——联想首任总工程师。倪光南对联想的突出贡献，一是把自己领衔研发的联想汉卡带入联想，该项产品成为联想创业发展的基石；二是主持开发联想自有品牌 286 微机，该产品为联想发展壮大奠定了坚实的基础。

与此同时，比联想集团晚三年创办的华为，其创始人与企业灵魂人物任正非，是中国企业界真正的教父。

桃李不言，下自成蹊。华为目前取得的各项成就，灿烂如星河，实在难以尽数，令当今不少中国企业为之汗颜。总结起来，华为对中国与世界彪炳史册的贡献是：

一、华为是中国高科技企业后起之秀，30年来坚持技工贸战略，把强化自主创新研发作为重中之重，聚焦中高端市场，与国际先进技术接轨，将技术研发国际化，以不断的技术创新，开拓市场，赢得用户。华为是财富500强唯一的非上市公司，是国际化程度最高的中国民营企业，是中国企业国际化的标杆，是中国民营企业发展的典范。

二、华为不仅是中国制造业的代表，更是推动中国制造业从制造大国走向制造强国的典范。

三、华为是全球领先的信息与通信技术(ICT)解决方案供应商，专注于ICT领域，坚持稳健经营、持续创新、开放合作，在电信运营商、企业、终端和云计算等领域构筑了端到端的解决方案优势，为运营商客户、企业客户和消费者提供有竞争力的ICT解决方案、产品和服务，并致力于构建更美好的全联接世界。

华为产品和解决方案涵盖了移动通信、数据通信、光网络、固定通信、业务和软件、终端等领域。而在NGN、智能网、长途波分、宽带产品、MSAN等领域，华为获得了多个第一。在光网络、数据通信等方面，华为名列前茅；在3G方面，华为跻身全球第一阵营，而4G技术则领先全球。华为对全球通信基础设施的贡献在于，2015年就提供约了20%～45%的设备。目前，华为约有18万名员工，业务遍及全球170多个国家和地区，服务全世界三分之一以上的人口。

四、在全球经济一体化进程中，华为也尽了一份力量。

榜样的力量是无穷的。联想、华为在他们各自的创业发展历程中，均为中国的信息产业进步做出了不可磨灭的贡献。

不过，回顾成绩，总结经验，查找不足，方能明确今后的发展目标与方向，这也是本书的宗旨所在。

陶　勇

2018.1

联想集团公司和联想控股公司的演变（1984-2016）

顶部虚线框（子公司）： 融科智地 ｜ 神州租车 ｜ 丰联酒业 ｜ 拉卡拉 ｜ ……

联想控股获取原计划所所 6 万多平米国拨科研用地，构建了融科智地房地产公司，被中央巡视组查出，要求中科院整改。2016.9 融科智地以 138 亿元收购融科智地，联想控股股 2016 年得以盈利

后来联想控股设立一些子公司，但当年计算所国拨土地的房地产仍是重要利润来源

联想控股员工约 400 人，但营收 3070 亿元，利润 49 亿元（2016）

目前联想控股持有联想集团股份 31.91%，已不控股

2009 年泛海以 27 亿元受让国科（中国科）29%，比公开财报所计算的低 17 亿元，联想控股股权为低会 34.83%，泛海 20.36%，国科股权会 34.81%，从国有控股变成混合所有制，柳传志计持股约 15%，2015.6 上市（HK3396）

2001 年成立"联想职工持股会"，联想控股股权为 65%，其余数十人身理团队成为其控股者，此后演变成联想控股公司。据称系用未分配的 1.5 亿元利润购得，计算所股权得到归零

（标签：远海入局 ／ 计算所出局）

北京联想整合到 HK0992 后，其余数十人身理团队成为其控股者，此后演变成联想控股公司

（标签：股权 ／ 实体）

1994 年中科院所和公司三方签订"关系协议"，所 45%，职工 35%，20%，联想从国有独资变为国有控股。

北京联想资产整合到 HK0992

1989.11 计算所组建独资的"北京联想集团公司"（计算所发展公司），董事长曾茂朝，所长、总裁柳传志，总工倪光南，此后公司名称来自品牌联想式汉卡

上市招股书披露 1992.10 北京联想全资子公司南明增资 1270 万美元，其他股东增资

1996 香港联想股价最低 0.29 港元，后北京联想优质资产注入 HK0992，整合为联想集团公司，联想控股为联想集团股 70%，港方 13%。2000 年最高股价 70 港元，港方后退出。

经多次并购，联想控股股权不断摊薄，现持股 31.9%，国有股权（院）约 11%

联想集团（HK0992）员工 5 万余，营收 430 亿美元，利润 5.35 亿美元（2016）

1984.11 计算所投入科技成果和人员创办的"中科院计算所新技术发展公司"（计算所公司），所长曾茂朝兼任董事长，总经理王树和，总工倪光南

（标签：计算所独资组建（或称改名） ／ 计算所独资创办）

1958 年成立中国第一个计算机领域的研究所——中科院计算技术研究所（计算所），所长阎沛霖

（标签：计算所公司等创办的香港联想）

1988.4 计算所技术转让公司与港方导远成立的合资公司香港联想，港方股权为 2.2%，港方导远 30.8% 约 2 亿股，公司从中方绝对控股变为中方相对控股，发行价 1.33 港元

北京联想增资后，1994.2 香港联想上市（HK0992），股权为：北京联想 38.8%，中国技术转让公司 2.2%，港方导远 30.8% 约 2 亿股，公司上市增资前股本约 1000 万港元，增资后约 1 亿港元

（标签：贸促会下属中国技术转让公司 ／ 港方导远公司（吕谭平等））